明伦新闻传播学研究书系

中国学术出版"走出去"研究

——以"一带一路"建设为背景

刘 杨 —— 著

STUDY ON THE
"GOING OUT"
OF CHINESE ACADEMIC PUBLISHING
AGAINST THE BACKGROUND
OF THE BELT & ROAD INITIATIVE

社会科学文献出版社
SOCIAL SCIENCES ACADEMIC PRESS (CHINA)

　　本书受国家社会科学基金青年项目（17CXW006）、河南省高校哲学社会科学创新人才支持计划（项目批准号：2020—cx—010）资助。

序

刘杨同志即将出版的《中国学术出版"走出去"研究——以"一带一路"建设为背景》一书是她所获得的国家社会科学基金青年项目、河南省高校科技创新人才支持计划资助项目的重要研究成果。得知该书即将出版，为她高兴，也应邀为其写几句话。只是本人对该主题研究不多，有点儿惶恐。但本着鼓励与支持年轻人的研究工作、祝贺其已收获的成果的想法，解读书中内容，记下一些心得文字，却不敢以为序。

作者在书中用六个部分，分别研究中国学术出版向"一带一路"沿线国家"走出去"的历史契机与现实环境、"走出去"的现状、西方学术出版强国国际市场拓展的经验与启示、中国学术出版向沿线国家"走出去"的机制创新、策略以及总结与展望等，总体框架一目了然，思路明确，论点鲜明，试图通过推动中国学术出版"走出去"，打破西方基于其自身价值观念与利益需求的价值体系，冲破西方国家对全球学术话语权的控制，突破西方国家对全球学术出版格局、标准、平台、规范等的垄断。无论选题还是立论都显示出其站位高远，为中国学术出版"走出去"而做的分析与思考、谋划与策略，有历史意义，具时代价值。

随着中国政府"一带一路"倡议的大力推行，学术出版"走出去"呼声越来越高，实践不断向前推进，为作者提供了分析的起点与研究的基础。作者认为中国学术出版"走出去"与政府的引导行为、制度安排有关，也是中国出版市场主体的学术传播行为和国际化经营举措。该研究通过对 2 万余条数据的统计与分析，阐述了中国学术出版向"一带一路"沿线国家"走出去"的现状，包括其短板与影响因素，借鉴学术出版强国相关经验，提出了政府应有的宏观规划和具体实践路径。

"一带一路"框架下的中国学术出版"走出去"旨在以中国先进科学技术与文化思想为桥梁，让沿线各国人民相逢相知，打造互利共赢的人类命运共同体。但面对覆盖全世界 1/3 的国家和地区、超过 60% 人口的"一带一路”沿线国家，怎样发挥中国制度优势，提供中国学术出版产品和服务，实现社会效益与经济效益双丰收？怎样以沿线国家为立足点和发力点，将中国学术出版的影响拓展至西方学术界，在国际学术研究和学术出版领域争夺主动权和话语权？书中提出既要建设“大而全”的优质学术资源平台，也要依据不同国家需求打造“小而美”的特色出版产品；既要了解沿线用户资源与需求，将中国发展理念、经验、道路等的阐释融入重大前沿技术的出版内容，又要以科技为桥梁，促进沿线国家全面理解中国学术研究与学术发展现实……这些思考与策略，我个人认为是十分有价值的，对于新时代背景下中国学术出版“走出去”的理论建构与实践创新是有开拓创新之功的。

书后附有《代表性沿线国家 OCLC 成员馆馆藏中国学术出版物统计表》。这是一个既往的总结，更是开新的起点。

在“一带一路”倡议提出十周年之际，习近平主席在第三届“一带一路”国际合作高峰论坛上宣布了中国支持高质量共建“一带一路”的八项行动，这是对“一带一路”高质量共建的要求，也是对中国学术出版高质量“走出去”的期望。该研究及成果面世恰逢其时。

记得十年前，刘杨同志的博士论文是关于中国社会科学学术期刊“走出去”的研究，十年后，她依然在“走出去”领域深耕，关注中国学术出版，聚焦“一带一路”，充分展示了她的胸怀、视野与研究功力，也代表了新一代学者以国家需求为导向，勇于担当的使命与情怀。作为她过去的老师和现在的同行我十分欣慰，也期待她能在学术研究领域做出更多更大的贡献。

吴平

2023 年 11 月 28 日

前　言

自文明伊始，亚洲的中心就是其成长的摇篮。正是在亚洲，诞生了世界最早的村镇和城市，崛起了数个伟大的城邦与帝国。2000 多年前，张骞西行踏开丝绸之路，通达西域诸藩邦。后经中华先辈们奋力开拓，形成了由陆地和海洋上众多通道构成的古代丝绸之路。这些通道成为整个世界的中枢神经系统，将沿线各民族各地区联系到了一起，开拓了商贸往来、文化交流、东学西渐、西学东用的繁荣时代。自此，中华民族开始引领着世界的发展。从秦汉时期的"自葱岭以西至于大秦，百国千城，莫不款附，商胡贩客，日奔塞下"①的繁荣景象，到隋朝委任礼部侍郎裴矩前往河西走廊监管互市，再到唐朝"无数铃声遥过碛，应驮白练到安西"的盛世局面，丝绸之路上"使者相望于道，商旅不绝于途"，成为最具活力的国际贸易走廊。然而由于中国边疆政局动荡、政府闭关锁国政策等原因，丝绸之路在明清两朝陷入沉寂，终于在 1840 年鸦片战争后走到了尽头。与此同时，在西方，伴随着 15 世纪 90 年代末期克里斯托弗·哥伦布和瓦斯科·达·伽马海上探险航行取得成功，世界商业贸易与文化交流的格局发生了重大转变，继而造成了世界政治经济中心的重大转移。忽然之间，欧洲成为东西方之间的新中心。

斗转星移，过去 40 年来，世界上没有哪一个国家像中国一样呈现出翻天覆地的变化：数亿人摆脱了贫困，国家经济飞速增长②。在日益走近世界舞台中央的当下，中国怎样保持国家经济的可持续增长，怎样处理与中亚、东南亚、西亚、中东欧等远邦近邻之间的关系，怎样在全球事务中发挥更大作用，同各国一道为解决全人类问题做出更大贡献等，这是在世界

---

① 杨炫之. 洛阳伽蓝记［M］. 长春：时代文艺出版社，2008：69.

② 〔英〕彼得·弗兰科潘. 丝绸之路［M］. 邵旭东，孙芳，译. 杭州：浙江大学出版社，2016：10.

"百年未有之大变局"中实现中国和平崛起必须要思考和解决的问题。2013 年 9 月和 10 月，习近平主席先后提出共建"丝绸之路经济带"和"21 世纪海上丝绸之路"（以下简称"一带一路"）的重大倡议，重新唤起世界人民对那段很久之前就已经熟悉的繁荣的回忆，得到国际社会的高度关注。"一带一路"与古代丝绸之路之间具有深厚的历史联系和丰富的内在逻辑，但其不是古代丝绸之路的复兴，更不是古代丝绸之路的翻版，而是伟大的超越，因为其汲取了古代丝绸之路文明的精髓，传承了古代丝路文明的精神，承载着沿线国家共同发展的美好愿景，致力于打造互利共赢的人类命运共同体，是一项造福沿途各国人民的大事业①。

历史经验告诉我们，一项没有文化支撑的事业难以持续长久②，文化交流与文明互鉴既是"一带一路"实施的根基，也是其生生不息的动力源泉。出版是人类传播知识、信息与技术的一种活动，对人类文明传承、实现民心相通具有重要作用。中国出版的国际交流实践历经多年，不论是 1956 年中国首次参加法兰克福书展③，还是 1986 年首届北京国际图书博览会的开幕，中国出版"走出去"基本处于自觉自发状态。2003 年 1 月，时任新闻出版总署署长石宗源在北京召开的全国新闻出版局长会议上第一次提出了出版业"走出去"战略，这是中国推进文化输出、践行文化传承的必然要求。2004 年，中国在法国巴黎图书沙龙担任主宾国，拉开了进入 21 世纪后中国在重大国际书展担任主宾国的序幕。2005 年，中共中央办公厅、国务院办公厅印发《关于进一步加强和改进文化产品和服务出口工作的意见》。此后，中国出版"走出去"支持政策不断完善，资助项目不断丰富，覆盖了从内容建设到渠道拓展、从管理支持到保障规范等多方面。在政策的有力支持和中国出版市场主体的不断探索下，中国出版"走出去"取得了令人瞩目的成绩。版权贸易统计数字显示，从 2003 年"走出去"战略提出至 2019 年，中国版权输出数量呈现快速增长态势，从 2003 年的 1443 项增长至 2019 年的 15767 项，增长了近 10 倍。与此同时，版权贸易逆差越来越小，从 2003 年的 14112 项下降到 2019 年的 373 项，下降

① 习近平. 弘扬人民友谊共创美好未来 [N]. 人民日报，2013 - 09 - 08 (03).
② 范玉刚. 没有文化支撑的事业难以持续长久——学习习近平总书记关于文化发展繁荣的重要论述 [N]. 光明日报，2014 - 01 - 08 (02).
③ 中新网. 法兰克福书展劲吹中国风中国首次担任主宾国 [EB/OL]. (2009 - 10 - 12) [2021 - 07 - 15]. http://www.chinanews.com/cul/news/2009/10 - 12/1904403.shtml.

比例为 97.36%。版权输出与引进比值快速提升，从 2003 年的 0.09 升至 2019 年的 0.98，越来越趋于平衡①。

作为三大出版领域的重要组成部分，学术出版"走出去"有着独特价值和重要意义：从政治层面来看，其"走出去"有提升国际话语权、树立大国形象、巩固大国地位的政治必要性；从经济层面来看，学术出版是三大出版领域中利润最高、稳定性最强的出版类型，随着中国市场经济的蓬勃发展，中国学术出版肩负着扩大国际市场、实现利润的经济责任；从文化层面来看，中国学术出版"走出去"为中外文化交流和本国文化输出搭建了桥梁，发挥着维护国家文化安全、促进中国文化大发展大繁荣的重要作用②。因此，国家对学术出版"走出去"给予了高度重视，相继启动"中国图书对外推广计划""中国文化著作翻译出版工程""经典中国国际出版工程""国家社科基金中华学术外译项目"等重大工程项目，并推动中国学术出版全方位、多渠道"走出去"，进一步融入世界、影响世界。2013 年习近平主席提出的"一带一路"倡议，为中国学术出版"走出去"提供了全新的方向和视野。随着《推动共建丝绸之路经济带和 21 世纪海上丝绸之路的愿景与行动》中"广泛开展文化交流、学术往来""人文交流更加广泛深入，不同文明互鉴共荣"及《中华人民共和国国民经济和社会发展第十三个五年规划纲要》和《中华人民共和国国民经济和社会发展第十四个五年规划和 2035 年远景目标纲要》中"共创开放包容的人文交流新局面""形成多元互动的人文交流格局""加强国际传播能力建设"等战略的提出，重视并强化中国学术出版向"一带一路"沿线国家"走出去"，成为当前及未来我国学术出版"走出去"工作的重要内容。截至 2021 年 6 月，中国已经同 140 个国家和 32 个国际组织签署 206 份共建"一带一路"合作文件③，为中国学术出版"走出去"奠定了坚实基础。在宏观规划层面，国家发布并实施了《推动共建丝绸之路经济带和 21 世纪海上丝绸之路的愿景与行动》《进一步支持文化企业发展的规定》等一

① 版权贸易统计数字来源于历年中国新闻出版统计资料与国家版权局官方网站 http://www.ncac.gov.cn/.
② 刘杨. 中国社会科学学术期刊"走出去"研究 [M]. 北京：社会科学文献出版社，2015：11-19.
③ 中国一带一路网. 已同中国签订共建"一带一路"合作文件的国家一览 [EB/OL]. (2021-06-23) [2021-09-15]. https://www.yidaiyilu.gov.cn/xwzx/roll/77298.htm.

系列发展措施,提出要与"一带一路"沿线国家广泛开展文化交流、学术往来与媒体合作①,加大对我国文化出口重点企业和项目扶持力度,加强国家文化出口基地建设②等;在项目支持层面,丝路书香工程获批立项,旨在打造我国与沿线国家出版资源互联互通、内容共同发掘、渠道共享共用的出版发展新格局,并将学术出版作为主要支持对象之一;在具体实践层面,科学出版社、中国人民大学出版社、外语教学与研究出版社等多家学术出版机构在不断探索中拓展了"一带一路"沿线国家的出版市场,积累了宝贵经验。"一带一路"背景下中国学术出版"走出去"正在用学术出版的力量呈现中国学术成就,推进与众多沿线国家的思想交流,从精神和文明的高度促进民心相通,打造人类命运共同体。

本书综合运用出版学、传播学、管理学、情报学等学科理论与方法,开展"一带一路"背景下中国学术出版"走出去"研究。在全面分析中国学术出版向"一带一路"沿线国家"走出去"的历史契机与现实环境的基础上,开拓性廓清中国学术出版向"一带一路"沿线国家"走出去"的现状。基于对"走出去"现状及对现行"走出去"机制的分析,合理借鉴西方学术出版强国的相关经验,构建"一带一路"背景下中国学术出版"走出去"创新机制,并在新机制指导下,从政府宏观层面和"走出去"主体实践层面设计中国学术出版向沿线国家"走出去"的策略体系。以学术出版向沿线国家全面高效"走出去"为"一带一路"倡议行稳致远提供有力支撑,促进我国学术出版国际传播能力的提升与话语体系建设的完善。本书是在我国家社会科学基金青年项目结项报告基础上修订而成的。在修订过程中,相关政策规划需要重新梳理与归纳,数据和图表需要重新核实与制作。戴鑫负责整理全书所需资料及编制附录,并在整理最新政策规划资料的基础上编写了第一章;王延召负责所有动态数据的收集整理及图表更新,并基于最新数据编写了第二章;于小玲负责全书统稿工作。

当然,"一带一路"背景下中国学术出版"走出去"研究涉及多个学科理论、多种研究方法和大量数据分析,受自身知识水平、研究能力以及

---

① 国家发展改革委,外交部,商务部.推动共建丝绸之路经济带和21世纪海上丝绸之路的愿景与行动 [N].人民日报,2015 – 03 – 29 (04).
② 进一步支持文化企业发展的规定 [N].中国新闻出版广电报,2018 – 12 – 16 (02).

研究时限的影响，本研究在现状考察指标丰富程度、研究领域覆盖范围等方面还存在不全面、不完善之处，敬请读者批评指正。

刘杨

2023 年 2 月 8 日

目　录

0　绪论

0.1　研究动态与评述

实践的开展需要理论的指导。笔者以"'一带一路'中国学术出版'走出去'"、('the belt and road'+'one belt one road'+'OBOR'+'B&R'+'BRI')＊('China'+'Chinese')＊('academic'+'scholarly')＊'publishing'＊('go global'+'go aboard'+'go out'+'international')为检索词，在超星数字图书馆、CADAL 数字图书馆、读秀学术搜索、CNKI、Web of Science、Scopus、SpringerLink 等国内外数据库进行主题检索，共查询到相关中文论文 60 篇，未查询到中文图书资料及外文资料。若扩大检索范畴，以"'一带一路'中国出版'走出去'"、('the belt and road'+'one belt one road'+'OBOR'+'B&R'+'BRI')＊('China'+'Chinese')＊'publishing'＊('go global'+'go aboard'+'go out'+'international')为检索词进行主题检索，共查询到中文论文 162 篇，中文图书 5 本，未查询到国外文献。这些文献对中国出版向"一带一路"沿线国家"走出去"进行了整体研究，一些论述涉及学术出版这一类型，对其"走出去"进行了一定程度的探讨。综观现有文献，可以看出针对"一带一路"背景下中国学术出版"走出去"的研究成果集中于国内且数量较少，专题研究较为匮乏。具体来说，相关研究内容主要集中在中国学术出版在"一带一路"沿线国家"走出去"概况、具有的优势、面临的挑战、"走出去"经验总结、路径探索等方面。除此之外，鉴于本研究以"一带一路"倡议为背景，国外一些研究成果中所涉及的国际学者对"一带一路"倡议的认知、沿线国家对此倡议的回应等为本研究提供了背景资料，这有助于笔者更好地把握中国学术出版向沿线国家"走出去"的国际环境，因此对国外文献相关内容进行了综述。

1

0.1.1　国内研究动态

0.1.1.1　中国学术出版物在 "一带一路" 沿线国家输出情况

整体来看，"一带一路" 倡议为中国出版物向 "一带一路" 沿线国家 "走出去" 指明了方向，带动了新兴的出版市场。范军和邹开元[①]基于中国对 "一带一路" 沿线国家版权贸易统计数据，指出中国输出到 "一带一路" 沿线国家的版权数量从 2015 年的 47.75%，猛增至 2019 年的 63.51%。王慧和徐淑欣[②]也指出，在 2013 年 "一带一路" 倡议提出之后，中国对 "一带一路" 沿线国家的版权输出有了明显提升。在语种结构上，李明轩和王田[③]、王璐璐和赵玉山[④]指出 "一带一路" 倡议带动了小语种版权贸易的增速，我国输出版权的语种不断发生改变。与此同时，方英和刘静忆[⑤]指出虽然中国与 "一带一路" 沿线国家的出版物贸易总体上呈顺差格局，但贸易总额较低，与我国出版大国地位不相称，且与不同区域间的出版物贸易不平衡，区域结构明显失衡。

具体到学术出版物在 "一带一路" 沿线国家的出版发行情况，笔者对相关成果从两方面进行了考察。首先，从出版物规模上看，郑磊[⑥]、樊程旭和刘莹晨[⑦]通过对丝路书香工程及经典中国国际出版工程资助出版图书进行统计分析，指出学术出版物在受资助数量规模上远不及文学类、历史类及文化类图书。其次，从出版物学科上看，刘宇阳[⑧]通过对第十五

① 范军，邹开元. "十三五" 时期我国出版走出去发展报告 [J]. 中国出版，2020 (24)：3 – 10.

② 王慧，徐淑欣. "一带一路" 背景下学术出版的产品策略研究 [J]. 中国编辑，2018 (1)：39 – 44.

③ 李明轩，王田. "一带一路" 下图书 "走出去" 的出版设想 [J]. 出版广角，2017 (23)：37 – 39.

④ 王璐璐，赵玉山. "一带一路" 背景下中国出版业的国际合作现状与发展建议 [J]. 出版广角，2019 (19)：10 – 13.

⑤ 方英，刘静忆. 中国与 "一带一路" 沿线国家间的出版贸易格局 [J]. 科技与出版，2016 (10)：26 – 30.

⑥ 郑磊. 中国出版机构应开拓 "一带一路" 图书市场——兼谈国家 "丝路书香工程" [J]. 科技与出版，2016 (10)：7 – 11.

⑦ 樊程旭，刘莹晨. 中国出版物在周边国家和 "一带一路" 沿线国家出版发行情况简析——以经典中国国际出版工程为例 [J]. 出版发行研究，2016 (11)：86 – 88.

⑧ 刘宇阳. 乘 "一带一路" 东风拓版权贸易新路——第十五届输出版引进版优秀图书推介活动综述 [J]. 出版参考，2016 (10)：5 – 8.

届输出版引进版优秀图书推介活动进行考察，指出中国学术出版物向"一带一路"沿线国家版权输出的类型集中于科技出版物，尤其是医学出版物。宋婷[1]通过对前三批丝路书香工程重点翻译资助图书进行统计分析，指出针灸疗法、中医等图书在东南亚国家是翻译资助的重点，罗雪英和王璐妍[2]、周朝虹[3]指出中国医学类和哲学类学术图书在俄罗斯最受欢迎。

0.1.1.2 中国学术出版机构在"一带一路"沿线国家"走出去"情况

从"走出去"出版机构数量上看，缪立平[4]指出，截至 2019 年底，我国出版机构已与 83 个"一带一路"沿线国家开展出版合作；范军和邹开元[5]指出，截至 2020 年 5 月底，我国 500 多家出版机构在境外建立分支机构，与国外主流机构合资合作，出版发行我国优秀的出版物。从出版机构"走出去"形式上看，郑磊[6]、李明轩和王田[7]等从图书翻译资助、境外参展、海外分支机构、海外营销渠道、数字传播五个方面梳理了中国出版机构向"一带一路"沿线国家"走出去"所取得的成果，指出我国学术出版机构"走出去"已经从版权和实物"走出去"为主上升到资本"走出去"层面。从"走出去"取得成绩上看，缪立平[8]、李永强[9]等总结了中国社会科学出版社、社会科学文献出版社、中国人民大学出版社、商务印书馆、清华大学出版社等学术出版机构的表现，如中国人民大学出版社与沿线国家建立了稳定的合作机制，范围覆盖俄罗斯、土耳其、以色列、波兰

---

① 宋婷."丝路书香工程"实施中重点翻译图书出版产业链研究与对策 [J].中国出版，2017 (6)：13 - 16.

② 罗雪英，王璐妍."一带一路"倡议下中俄图书版权贸易发展研究 [J].科技与出版，2019 (4)：47 - 51.

③ 周朝虹.中俄出版合作现状及思考 [J].中国出版，2016 (2)：59 - 61.

④ 缪立平.中国主题学术表达——基于第十八届输出版优秀图书的研究 [J].出版参考，2020 (1)：5 - 8.

⑤ 范军，邹开元."十三五"时期我国出版走出去发展报告 [J].中国出版，2020 (24)：3 - 10.

⑥ 郑磊.中国出版机构应开拓"一带一路"图书市场——兼谈国家"丝路书香工程"[J].科技与出版，2016 (10)：7 - 11.

⑦ 李明轩，王田."一带一路"下图书"走出去"的出版设想 [J].出版广角，2017 (23)：37 - 39.

⑧ 缪立平.中国主题学术表达——基于第十八届输出版优秀图书的研究 [J].出版参考，2020 (1)：5 - 8.

⑨ 李永强.促进学术出版国际化推动中国经验走出去 [J].出版发行研究，2015 (8)：11 - 13.

等"一带一路"沿线重要节点国家;中国社会科学出版社积极参加"一带一路"沿线国家举办的国际书展并大力拓展多语种合作出版;社会科学文献出版社坚持品牌合作,将合作区域扩大到新加坡、埃及等多个国家并成功启动了新的国际合作项目;清华大学出版社立足科技类图书,向其他学科领域成功扩展。甄云霞和王珺[1]指出,在新冠疫情蔓延全球之时,我国出版机构积极推出一大批优秀抗疫图书,助力"一带一路"相关国家疫情防控,夯实了出版合作的基础。

0.1.1.3 中国学术出版在"一带一路"沿线国家"走出去"的基础和优势

在国内层面,国家为学术出版向"一带一路"沿线国家"走出去"提供了强有力的政策和资金支持,并为学术出版机构搭建了多个"走出去"平台。郭瑞佳[2]、刘敏和李旦[3]等指出"一带一路"倡议为中外出版交流合作提供了有力的经费支持,方英和刘静忆[4]指出国家出版管理部门为出版机构搭建起了对"一带一路"沿线国家的书展、图书交易和信息咨询平台,打造了与"一带一路"沿线国家信息共享、内容共建、渠道互联互通的出版合作格局,不断加大对中国图书出版"走出去"的扶持力度。

在国际层面,刘叶华[5]、田又萌[6]等认为历史上的亲缘关系、文化上的亲和力、政治上的伙伴关系、稳定的双边和多边贸易关系为中国学术出版向"一带一路"沿线国家"走出去"提供了良好的环境。周朝虹[7]以俄罗斯为研究对象,指出中俄两国在发展道路上有着不少共同之处,如都经历了计划经济到市场经济的变革,且在出版合作方面有充分的法律与制度保

---

① 甄云霞,王珺. 变化中蕴含新机遇,困境中开拓新局面 [M]//魏玉山."一带一路"国际出版合作发展报告(第二卷). 北京:中国书籍出版社,2020:10.

② 郭瑞佳. 中国出版物东南亚国家市场拓展策略研究 [J]. 出版广角,2015(14):34-37.

③ 刘敏,李旦. 全球视域下中国学术出版"走出去"的创新与发展 [J]. 出版广角,2020(18):13-15.

④ 方英,刘静忆. 中国与"一带一路"沿线国家间的出版贸易格局 [J]. 科技与出版,2016(10):26-30.

⑤ 刘叶华. 中国图书出版企业进入土耳其市场模式调查研究 [J]. 出版参考,2014(34):6-9.

⑥ 田又萌."一带一路"战略下我国出版产品"走出去"的机遇及策略研究 [J]. 出版广角,2016(16):61-63.

⑦ 周朝虹. 中俄出版合作现状及思考 [J]. 中国出版,2016(2):59-61.

障，这为两国的出版合作奠定了坚实的基础。郑良①也认为俄罗斯有很大的版权输出空间。王大可②、谢清风③等指出多个沿线国家对中国出版物有着浓厚的兴趣，且在沿线国家大力发展教育的现实背景下，其数量庞大的中产阶级消费人群的知识素养会有较大程度的提升，这都意味着中国学术出版在"一带一路"沿线国家的巨大潜力与红利。

0.1.1.4 中国学术出版在"一带一路"沿线国家"走出去"面临的挑战及存在的问题

（1）"一带一路"沿线国家社会环境较为复杂

范军④、王璐璐和赵玉山⑤、甄云霞和王珺⑥等指出沿线国家在文化、语言、民俗等方面千差万别，除个别国家外，大部分沿线国家都是发展中国家，经济相对落后，且民族矛盾、宗教矛盾等问题比较突出。因此中国学术出版向沿线国家"走出去"面临一定的困难和风险。

（2）大部分沿线国家出版能力较弱，且对中国学术出版物不一定认可和接受

缪立平⑦指出大部分沿线国家的出版市场规模普遍较小，且出版运作能力、读者基础、文化教育程度差别较大。宋婷⑧认为与我国出版机构相比，部分沿线国家合作出版机构规模较小、专业性较差，且项目签约后续管理能力与抗风险能力不足。甄云霞和王珺⑨指出受经济因素的影响，近

---

① 郑良."一带一路"战略在版权贸易领域的实践和思考——以中南传媒为例［J］.出版发行研究，2015（6）：74-77.
② 王大可.2015年"一带一路"出版工作述评［J］.科技与出版，2016（5）：27-31.
③ 谢清风."一带一路"倡议与提高中国出版国际竞争力分析［J］.科技与出版，2018（1）：20-25.
④ 范军."一带一路"战略中出版"走出去"的新转变［N］.中华书目报，2016-07-27（08）.
⑤ 王璐璐，赵玉山."一带一路"背景下中国出版业的国际合作现状与发展建议［J］.出版广角，2019（19）：10-13.
⑥ 甄云霞，王珺.服务"一带一路"倡议推动出版交流合作高质量发展［M］//魏玉山."一带一路"国际出版合作发展报告（第一卷）.北京：中国书籍出版社，2019：6.
⑦ 缪立平.中国主题学术表达——基于第十八届输出版优秀图书的研究［J］.出版参考，2020（1）：5-8.
⑧ 宋婷."丝路书香工程"实施中重点翻译图书出版产业链研究与对策［J］.中国出版，2017（6）：13-16.
⑨ 甄云霞，王珺.服务"一带一路"倡议推动出版交流合作高质量发展［M］//魏玉山."一带一路"国际出版合作发展报告（第一卷）.北京：中国书籍出版社，2019：5.

几年沿线国家出版市场均有所衰退，表现在出版物销量下滑、出版机构减少、书店等发行机构减少等方面。2020 年初开始，新冠疫情全球蔓延，甄云霞和王珺①指出沿线许多国家的传统出版困难重重，线下图书零售渠道也遭遇重创。

范军②、王璐璐和赵玉山③指出由于文化和意识形态的差异，且过去我国"走出去"的出版物往往带有较为强烈的外宣色彩，导致部分沿线国家读者较为敏感，对我国出版物不一定认可和接受。高标④以中医药学图书为研究对象，指出中医"阴阳、气血津液"等理论概念及其蕴含的东方形象思维对于西亚和东欧地区这些不熟悉中医药传统文化且习惯于逻辑思维的读者来说，确实难以理解。

（3）中国出版机构不了解、不重视沿线出版市场，"走出去"主动性不足

郑良⑤认为沿线国家信息推介有限、优秀翻译人才难寻、版权代理机构较少等原因导致我国出版机构对"一带一路"沿线国家的出版市场了解不够，且中国出版机构普遍缺乏国际出版合作的主动性，未能根据图书在海外的销售情况和海外读者的喜好组织生产。范军和邹开元⑥指出尽管国内目前建立了一些有关出版"走出去"的资讯库，但所包含的内容十分有限，数据大多比较陈旧，针对性和实用性普遍较低，无法为出版机构向沿线国家"走出去"提供全面有效信息。罗雪英和王璐妍⑦、辛颖⑧等

---

① 甄云霞，王珺. 变化中蕴含新机遇，困境中开拓新局面 ［M］//魏玉山. "一带一路"国际出版合作发展报告（第二卷）. 北京：中国书籍出版社，2020：8.

② 范军. "一带一路"战略中出版"走出去"的新转变 ［N］. 中华书目报，2016 - 07 - 27（8）.

③ 王璐璐，赵玉山. "一带一路"背景下中国出版业的国际合作现状与发展建议 ［J］. 出版广角，2019（19）：10 - 13.

④ 高标. 图书编辑的专业能动性在"一带一路"出版项目中的作用 ［J］. 科技与出版，2018（4）：67 - 70.

⑤ 郑良. 一带一路"战略在版权贸易领域的实践和思考——以中南传媒为例 ［J］. 出版发行研究，2015（6）：74 - 77.

⑥ 范军，邹开元. "十三五"时期我国出版走出去发展报告 ［J］. 中国出版，2020（24）：3 - 10.

⑦ 罗雪英，王璐妍. "一带一路"倡议下中俄图书版权贸易发展研究 ［J］. 科技与出版，2019（4）：47 - 51.

⑧ 辛颖. "一带一路"背景下学术图书的开发与走出去 ［J］. 传媒论坛，2021（2）：95 - 96.

认为国内一些学术图书出版机构仍以传统经营理念为主,多立足于国内的资源和市场,不主动开发学术图书的国际传播价值,缺乏开拓海外市场的动力。周朝虹①指出中俄两国对彼此出版市场了解较少,出版机构直接交流不多,未能建成全面战略合作关系。谢卓华②以广西出版产业向东盟拓展为例,指出广西在面向东盟的版权输出和图书销售上投入与产出不成正比,极大地影响了其"走出去"的主动性。左健和卢忆③指出一些大学出版社作为学术出版的主力军,认为沿线国家语言障碍多、出版市场小,难以有所作为,因此对向沿线国家"走出去"不够重视,主动性不足。

(4)我国出版机构整体实力不强

甄云霞和王珺④指出我国出版机构在沿线国家的影响力和传播力较低。在行业领军方面,谢卓华⑤和姚宝权⑥认为我国出版机构整体实力不强,缺乏具有国际影响和强大风险应对能力的龙头企业。在出版业务方面,郭瑞佳⑦认为我国出版机构在选题、运作、营销等方面水平较弱。在海外渠道拓展方面,徐淯琪⑧、宋婷⑨指出我国出版机构的大多数海外分支机构出版规模小,一年出版图书从几种到十几种不等,市场占有率低,难以引领学术潮流,且某些海外分支机构在当地主流图书营销渠道中探索乏力,使得我国图书翻译出版过去仅仅完成了"到达"而没有真正"进入"当地文化体系;辛颖⑩认为我国学术图书在沿线国家的传播主要依靠版权输出,模

---

① 周朝虹. 中俄出版合作现状及思考 [J]. 中国出版,2016(2):59 - 61.

② 谢卓华. 广西出版产业面向东盟拓展的路径思考 [J]. 广西财经学院学报,2016(10):74 - 81.

③ 左健,卢忆. "一带一路"背景下大学出版社"走出去"的经验与思考——以中国人民大学出版社为例 [J]. 现代出版,2019(1):61 - 64.

④ 甄云霞,王珺. 服务"一带一路"倡议推动出版交流合作高质量发展 [M]//魏玉山. "一带一路"国际出版合作发展报告(第一卷). 北京:中国书籍出版社,2019:7.

⑤ 谢卓华. 广西出版产业面向东盟拓展的路径思考 [J]. 广西财经学院学报,2016(10):74 - 81.

⑥ 姚宝权. "一带一路"视域下出版走出去的问题、优势与路径选择 [J]. 中国出版,2015(17):51 - 53.

⑦ 郭瑞佳. 中国出版物东南亚国家市场拓展策略研究 [J]. 出版广角,2015(14):34 - 37.

⑧ 徐淯琪. 我国学术出版资本"走出去"研究 [J]. 出版参考,2020(10):28 - 30.

⑨ 宋婷. "丝路书香工程"实施中重点翻译图书出版产业链研究与对策 [J]. 中国出版,2017(6):13 - 16.

⑩ 辛颖. "一带一路"背景下学术图书的开发与走出去 [J]. 传媒论坛,2021(2):95 - 96.

式较为单一；谢卓华①提出广西出版机构对东盟缺乏长期稳定的销售渠道。在内部机制建设方面，罗雪英和王璐妍②、谢卓华③认为我国出版机构与沿线国家出版交流整体规划、长效合作机制尚未形成，特别是固定的交流机构、人员、资金等条件尚未具备。在品牌建设方面，马小侠④认为我国出版机构品牌意识不足，品牌建设能力较弱。

（5）学术出版向沿线国家"走出去"产品问题

首先，"走出去"内容品质亟待提升。刘叶华⑤、薄九深⑥等指出沿线国家主流图书市场上的中国出版物普遍存在品种匮乏、题材陈旧、学术价值偏低、编辑水平不高、翻译品质低劣现象，缺乏内容新、品质好的出版物。其次，"走出去"内容资源开发滞后。邬书林⑦指出能真正反映当代中国最新科技文化研究成果的项目还不够多，存量内容资源已经利用得相对充分，但增量内容资源的谋划、开发、组织力度还不够大。再次，"走出去"载体形式亟须创新和提升。邬书林⑧、甄云霞和王珺⑨指出目前中国学术出版"走出去"的载体形式过于单一，缺乏真正实现媒体与科技融合、服务经济社会发展的大型数字出版项目。最后，语言与文体问题。王慧⑩、高标⑪等指出语言差异是横亘在中国作者与沿线国家读者之间的主要阻碍，且由历史、地域等原因造成的文体差异也是学术出版物向沿线国家传播的

① 谢卓华. 广西出版产业面向东盟拓展的路径思考 [J]. 广西财经学院学报，2016（10）：74－81.
② 罗雪英，王璐妍. "一带一路"倡议下中俄图书版权贸易发展研究 [J]. 科技与出版，2019（4）：47－51.
③ 谢卓华. 广西出版产业面向东盟拓展的路径思考 [J]. 广西财经学院学报，2016（10）：74－81.
④ 马小侠. "一带一路"倡议助力中国出版"走出去" [J]. 渭南师范学院学报，2021（8）：86－93.
⑤ 刘叶华. 中国图书出版企业进入土耳其市场模式调查研究 [J]. 出版参考，2014（23）：6－9.
⑥ 薄九深. "一带一路"战略布局下中医图书出版的新机遇 [J]. 传播与版权，2015（9）：37－38.
⑦ 邬书林. 做强专业出版促进中外经济科技文化交流 [J]. 出版参考，2015（14）：1.
⑧ 邬书林. 做强专业出版促进中外经济科技文化交流 [J]. 出版参考，2015（14）：1.
⑨ 甄云霞，王珺. 服务"一带一路"倡议推动出版交流合作高质量发展 [M]∥魏玉山. "一带一路"国际出版合作发展报告（第一卷）. 北京：中国书籍出版社，2019：7.
⑩ 王慧. 一带一路"背景下学术出版的产品策略研究 [J]. 中国编辑，2018（1）：39－44.
⑪ 高标，陆小新，尹茶. 图书编辑的专业能动性在"一带一路"出版项目中的作用 [J]. 科技与出版，2018（4）：67－70.

重要障碍之一。

（6）"走出去"专业人才匮乏

何明星①、方英和刘静忆②等指出大多数"一带一路"沿线国家没有能力投入专项资金大规模开展中国出版物的翻译出版活动，所以"走出去"的主要力量在于中国学术出版自身。总体看来，"走出去"专业人才较为匮乏。从"走出去"作者来看，姚宝权③认为我国缺少既懂中国文化，又熟悉对象国文化和读者心理的"跨文化"写作群体。从翻译人才来看，方英和刘静忆④、杨庆存⑤等认为沿线国家小语种较多，且学术外译难度大、要求高，因此翻译人才是中国学术出版"走出去"的关键。郭瑞佳⑥、聂震宁⑦、王慧⑧、魏冰⑨等提出目前我国沿线国家语种翻译人才严重匮乏，绝大多数出版物"走出去"依赖的是版权引进国家的翻译，对于翻译的精准度我们很难把控。范军和邹开元⑩指出国内翻译人员不仅数量匮乏，且翻译能力、水平及质量考核能否过关无人监督。王大可⑪、金强⑫等认为中国学术出版在沿线国家翻译人才储备上存在着极大的缺口，且针对沿线国家语言的教育和培训处于缓慢增长的阶段，现有人才不足以匹配当下学

① 何明星."一带一路"国家、地区中国图书翻译出版的现状与应对 [J].出版广角，2015（14）：20－22.
② 方英，刘静忆.中国与"一带一路"沿线国家间的出版贸易格局 [J].科技与出版，2016（10）：26－30.
③ 姚宝权."一带一路"视域下出版走出去的问题、优势与路径选择 [J].中国出版，2015（17）：51－53.
④ 方英，刘静忆.中国与"一带一路"沿线国家间的出版贸易格局 [J].科技与出版，2016（10）：26－30.
⑤ 杨庆存.中国学术出版"走出去"还缺些什么 [N].社会科学报，2014－11－20（05）.
⑥ 郭瑞佳.中国出版物东南亚国家市场拓展策略研究 [J].出版广角，2015（14）：34－37.
⑦ 聂震宁.关于制定"一带一路"出版业走出去相关规划的思考 [J].科技与出版，2016（10）：4－7.
⑧ 王慧.一带一路"背景下学术出版的产品策略研究 [J].中国编辑，2018（1）：39－44.
⑨ 魏冰.提质增效，外研社使"一带一路"出版合作实现共赢 [M]∥魏玉山."一带一路"国际出版合作发展报告（第二卷）.北京：中国书籍出版社，2020：454.
⑩ 范军，邹开元."十三五"时期我国出版走出去发展报告 [J].中国出版，2020（24）：3－10.
⑪ 王大可.2015年"一带一路"出版工作述评 [J].科技与出版，2016（5）：27－31.
⑫ 金强."一带一路"图书出版中的学术交流与学术研讨合作 [J].出版广角，2019（21）：14－16.

术出版"走出去"之需。从编辑人才来看，薄九深①、谢卓华②等认为沿线国家小语种编辑人员匮乏，且编辑水平不高。从版权贸易人才来看，方英和刘静忆③、马小侠④等指出在出版机构中专门从事"走出去"工作的专业人员很少，并且许多都是半路出家，对沿线国家出版市场、营销方向、版权贸易规则等大多是一知半解，经验不足。另外，谢卓华⑤等学者还指出在数字出版蓬勃发展的当下，我国面向沿线国家出版市场的数字出版复合型人才引进不足。

0.1.1.5　中国学术出版在"一带一路"沿线国家"走出去"实践经验总结

（1）用好扶持政策，争取项目支持

王敬华和杨烦烦⑥、郑磊⑦、左健和卢忆⑧、谢娜和赵欣⑨等指出政策支持是中国学术出版向沿线国家"走出去"的有力保障和助推器，学术出版机构应密切关注并全力配合"一带一路"倡议的推进，借力国家利好政策，争取丝路书香工程、经典中国国际出版工程等重大工程项目的支持，在沿线国家长线布局。如中国人民大学出版社、社会科学文献出版社、五洲传播出版社、外研社等一批中国学术出版机构在国家扶持启动资金的支持下，在沿线地区设立众多海外分支机构；北京大学出版社的《中华文明史》多语种外译均得到了中国图书对外推广计划的资助，为翻译出版的顺

---

① 薄九深."一带一路"战略布局下中医图书出版的新机遇［J］.传播与版权，2015（9）：37 - 38.

② 谢卓华.广西出版产业面向东盟拓展的路径思考［J］.广西财经学院学报，2016（10）：74 - 81.

③ 方英，刘静忆.中国与"一带一路"沿线国家间的出版贸易格局［J］.科技与出版，2016（10）：26 - 30.

④ 马小侠."一带一路"倡议助力中国出版"走出去"［J］.渭南师范学院学报，2021（8）：86 - 93.

⑤ 谢卓华.广西出版产业面向东盟拓展的路径思考［J］.广西财经学院学报，2016（10）：74 - 81.

⑥ 王敬华，杨烦烦.广西出版传媒集团"一带一路"初显［J］.出版参考，2015（14）：40 - 41.

⑦ 郑磊.中国出版机构应开拓"一带一路"图书市场——兼谈国家"丝路书香工程"［J］.科技与出版，2016（10）：7 - 11.

⑧ 左健，卢忆."一带一路"背景下大学出版社"走出去"的经验与思考——以中国人民大学出版社为例［J］.现代出版，2019（1）：61 - 64.

⑨ 谢娜，赵欣.积极响应"一带一路"倡议发挥自身学术出版优势［N］.国际出版周报，2020 - 11 - 30（08）.

利推进提供了有力支持。

（2）挖掘自身优势，实现局部突破

新华文轩出版集团四川辞书出版社利用渠道优势，与埃及大学出版社合作翻译出版《中国伊斯兰百科全书》（阿拉伯语版）①，此大型工具书全面系统介绍了伊斯兰教知识，在阿拉伯出版界产生了较大影响②。甄云霞和王珺③指出北京师范大学出版社基于与阿拉伯多国良好的合作基础，与沙特阿拉伯、卡塔尔、约旦、科威特等多个阿拉伯国家的学术出版企业和相关机构建立了紧密的合作关系，强化了高校智库对外学术交往的能力。朱昌爱④指出时代出版传媒股份有限公司根据其在丝路国家的合作基础和布局概况，指导其各出版社分板块、分区域、分重点地与沿线国家开展合作，如安徽教育出版社以蒙古、俄罗斯、中亚5国为主，安徽科学技术出版社、安徽美术出版社以东南亚11国为主，安徽人民出版社以南亚8国为主。李永强⑤指出中国人民大学出版社凭借高端学术图书出版的产品优势，向沿线国家输出了金灿荣、方立天等众多学术名家的经典著作，树立了"走出去"的优质品牌，扩大了中国学术出版在沿线国家的影响力。樊文⑥提出电子工业出版社充分挖掘自身在互联网、智能制造等产业与科技领域的专业出版优势，促使国际读者更加深入地理解中国科技创新对全球科技发展的意义。孙玮⑦指出生活·读书·新知三联书店将深厚的学术资源与"主题文化"相结合，以学术视角探索主题出版之路，使学术资源更好地为国家战略服务。

---

① 出版创新越有特色越有市场 [N].四川日报，2016 – 06 – 07（06）.

② 期刊编辑部.我国出版业在一带一路项目上硕果颇丰 [J].全国新书目，2016（2）：8 – 12.

③ 甄云霞，王珺.变化中蕴含新机遇，困境中开拓新局面 [M]//魏玉山."一带一路"国际出版合作发展报告（第二卷）.北京：中国书籍出版社，2020：11.

④ 朱昌爱.时代出版：以丝路书香工程引领走出去发展新格局 [J].出版参考，2015（7）：11 – 12.

⑤ 李永强.促进学术出版国际化推动中国经验走出去 [J].出版发行研究，2015（8）：11 – 13.

⑥ 樊文.向世界讲好"中国故事"——专访电子工业出版社总编辑刘九如 [N].国际出版周报，2017 – 03 – 27（07）.

⑦ 孙玮.传播中国声音：谈学术与主题出版的"走出去"路径 [J].出版广角，2016（1）：44 – 45.

（3）专注精品开发，拓展出版范围

樊文①、谭跃②、左健和卢忆③等指出电子工业出版社、中国出版集团、中国人民大学出版社在充分了解"走出去"目标国出版政策、外资政策、法律法规、读者个性化需求的基础上，有针对性地出版当地读者最需要的图书。王敬华和杨烦烦④、徐来⑤、吴尚之⑥、谢娜和赵欣⑦等认为中国学术出版向"一带一路"沿线国家"走出去"，一定要将提升内容质量放在首位，着力打造学术精品，把中国优秀学术成果全面介绍给沿线读者。同时，鉴于大部分沿线国家在学术研究领域发展水平不高，我国学术出版机构应构建立体化内容资源体系，积极拓展出版范围，让学术资源更好地为"一带一路"倡议服务。任志茜⑧、孙玮⑨分别以中国社会科学出版社和生活·读书·新知三联书店出版社为研究对象，指出两社出版图书覆盖范围较广，既有高端学术专著，又有学术普及读物，前者树品牌，后者求效益，多层级学术出版物协同发力拓展沿线市场。李永强⑩、于殿利和樊文⑪、孙玮⑫以中国人民大学出版社、商务印书馆和生活·读书·新知三联书店出版社为

---

① 樊文. 向世界讲好"中国故事"——专访电子工业出版社总编辑刘九如 ［N］. 国际出版周报，2017 - 03 - 27（07）.

② 谭跃. 扩大文化影响打造数字集团保持稳健增长——关于"十三五"时期中国出版集团发展的基本思考 ［J］. 出版广角，2016（18）：21 - 23.

③ 左健，卢忆. "一带一路"背景下大学出版社"走出去"的经验与思考——以中国人民大学出版社为例 ［J］. 现代出版，2019（1）：61 - 64.

④ 王敬华，杨烦烦. 广西出版传媒集团"一带一路"初显 ［J］. 出版参考，2015（14）：40 - 41.

⑤ 徐来. 把更多中国学术佳作推介给"一带一路"沿线国家——专访中国人民大学出版社国际出版中心主任刘叶华 ［J］. 全国新书目，2017（10）：28 - 31.

⑥ 吴尚之. 共同开创"一带一路"出版合作新未来 ［N］. 中国新闻出版广电报，2017 - 08 - 23（02）.

⑦ 谢娜，赵欣. 积极响应"一带一路"倡议发挥自身学术出版优势 ［N］. 国际出版周报，2020 - 11 - 30（08）.

⑧ 任志茜. 探寻中国文化"走出去"的多种出版路径 ［N］. 中国出版传媒商报，2020 - 09 - 25（19）.

⑨ 孙玮. 传播中国声音：谈学术与主题出版的"走出去"路径 ［J］. 出版广角，2016（1）：44 - 45.

⑩ 李永强. 新时代主题出版和大学出版社的使命与探索 ［J］. 出版广角，2020（1）：6 - 8.

⑪ 于殿利，樊文. 坚持精品战略拓展国际合作的深度和广度 ［N］. 国际出版周报，2018 - 09 - 17（09）.

⑫ 孙玮. 传播中国声音：谈学术与主题出版的"走出去"路径 ［J］. 出版广角，2016（1）：44 - 45.

例，分析了学术资源服务主题文化的出版实践路径。中国人民大学出版社依托母校学术资源和深厚的学术底蕴，邀请国内权威学者撰写学术专著，从学术角度论述中国发展现状与模式，阐释中国政府的立场和政策，回应国际舆论的关切，致力于增进国际读者对中国的正确理解和客观认知。商务印书馆大力推进"国家治理丛书"的出版和"走出去"，实现中国道路的学术表达，在世界范围内分享中国的建设经验。生活·读书·新知三联书店出版社探索出了"学术"与"主题文化"融合出版道路，为世界了解中国及中华民族拓宽渠道。

（4）构建合作体系，丰富合作内容

加强与"一带一路"沿线国家的出版合作是促进中国学术出版"走出去"的有效做法，这是众多研究者的共识。"一带一路"倡议提出以来，中外出版企业、出版行业组织、高等院校、科研机构等构建立起了全方位合作体系，不断丰富合作内容。谭华[1]指出中国人民大学出版社于2017年8月发起成立"一带一路"学术出版联盟（2019年更名为"一带一路"共建国家出版合作体），有效团结和组织沿线国家及其他国家的学术出版机构、科研机构及相关机构开展深层次出版交流合作。李永强[2]、徐来[3]指出近年来中国人民大学出版社将"一带一路"沿线国家作为合作重点，与十几个不同语种国家的出版机构确立了合作关系，力求实现重要学术著作的多语种版权同步输出和出版，同时，中国人民大学出版社还通过与"走出去"目标国出版机构共建图书出版中心、与目标国相关机构合建人文交流平台等方式构建全方位中外学术出版合作体系。外研社[4]、社会科学文献出版社[5]积极与沿线国家高等院校和学术机构建立合作关系，坚持品牌合作，依托合作双方的学术、出版和翻译资源，推进中国优秀学术研究成果

---

[1] 谭华."一带一路"学术出版联盟成立 [N].光明日报，2017-08-26（01）.

[2] 李永强.促进学术出版国际化推动中国经验走出去 [J].出版发行研究，2015（8）：11-13.

[3] 徐来.把更多中国学术佳作推介给"一带一路"沿线国家——专访中国人民大学出版社国际出版中心主任刘叶华 [J].全国新书目，2017（10）：28-31.

[4] 期刊编辑部."一带一路"出版战略为更多优秀图书走出去铺平道路 [J].全国新书目，2015（7）：10-11.

[5] 期刊编辑部.我国出版业在一带一路项目上硕果颇丰 [J].全国新书目，2016（2）：8-12.

"走出去"。朱音①、谭跃②指出中国出版集团与阿拉伯出版商协会签署合作协议,建立包括定期规划、定期互访等在内的合作机制,并将择机建立合资公司。周朝虹③指出中国出版协会早在 2012 年就与俄罗斯出版协会签订合作框架协议,就两国出版行业组织间的合作达成共识。樊文④提出电子工业出版社以专业为接口,开展多渠道合作,除了与"一带一路"目标国出版机构进行合作外,还积极探索以工业为接口,在我国向沿线国家输出技术、装备、服务等的同时,将配套的图书产品输出到目标国市场。

(5)建设营销渠道,创新营销方式

在营销渠道建设上,郑磊⑤总结了中国出版机构在"一带一路"沿线国家拓展的营销渠道包括以实体书店、图书专架为主要形式的实体销售渠道,以及以第三方销售平台和自建跨境电子商务平台为主的数字销售渠道。张健⑥提出北京语言大学出版社遵循"以点成线带面原则"和"层级区分原则",前者强调渠道布点要通过重点区域重点城市覆盖、兼顾整个"一带一路"地区,后者坚持要对不同城市的不同渠道进行分级,以确定不同的策略。谢娜和赵欣⑦强调了国际书展在推进中国学术出版向沿线国家"走出去"工作中的重要性,指出中国学术出版机构可以通过书展了解海外市场,与沿线同行沟通交流,及时发现"走出去"的机会。张健⑧、谢卓华⑨指出北京语言大学出版社等学术出版机构不断丰富数字营销渠道,以电子商务平台统合相关自建平台,构建立体化的渠道体系。在营销方式创新上,刘叶华⑩将中国人民大学出版社的营

① 朱音. 中国出版集团与阿拉伯出版商协会签署合作协议 [J]. 中国出版,2015(18):77.

② 谭跃. 弘扬丝路精神,务实推进"一带一路"的出版合作 [N]. 中国出版传媒商报,2016-08-30(02).

③ 周朝虹. 中俄出版合作现状及思考 [J]. 中国出版,2016(2):59-61.

④ 樊文. 向世界讲好"中国故事"——专访电子工业出版社总编辑刘九如 [J]. 国际出版周报,2017-03-27(7).

⑤ 郑磊. 中国出版机构应开拓"一带一路"图书市场——兼谈国家"丝路书香工程" [J]. 科技与出版,2016(10):7-11.

⑥ 张健. "一带一路"战略下北京语言大学出版社"走出去"的实践探索 [J]. 科技与出版,2016(10):18-21.

⑦ 谢娜,赵欣. 积极响应"一带一路"倡议发挥自身学术出版优势 [N]. 国际出版周报,2020-11-30(08).

⑧ 张健. "一带一路"战略下北京语言大学出版社"走出去"的实践探索 [J]. 科技与出版,2016(10):18-21.

⑨ 谢卓华. 广西出版产业面向东盟拓展的路径思考 [J]. 广西财经学院学报,2016(10):74-81.

⑩ 刘叶华. 走中国高端学术国际出版道路 [J]. 出版参考,2019(12):32-36.

销方式总结为：入书店，上展会；发书评、登广告；开渠道，添馆藏；做活动，增影响，实现国际书展、出版社间互访、学术交流等多种方式并存。

（6）培养扶持人才，夯实发展之基

在扶持沿线作者方面，王淑华和王亨君①以英文科技期刊 *Journal of Earth Science* 为研究对象，阐释其在严守学术标准的前提下，为沿线国家作者稿件邀请高水平审稿人提供修改建议，尽量满足其发文要求，受到了沿线地区作者的普遍欢迎，提升了刊物在沿线地区的美誉度。在译者人才积累方面，刘叶华②指出中国人民大学出版社通过多渠道努力挖掘目标国语言译者资源，目前与沿线国家合作出版的图书中，95% 以上由通晓中文的当地青年学者翻译。文一③提出中国出版集团从 2014 年开始每年举办中外出版翻译恳谈会，促进作者和译者的有效沟通。

此外，王敬华和杨烦烦④、朱昌爱⑤、张健⑥等通过分析广西出版传媒集团、时代出版传媒股份有限公司、北京语言大学出版社等学术出版机构向沿线国家"走出去"的实践，指出通过建立海外基地、合资成立出版公司等方式实施资本"走出去"，以及举办和参与学术会议等都能够进一步推动中国学术出版向沿线国家更有效地"走出去"。

0.1.1.6　中国学术出版在"一带一路"沿线国家"走出去"的对策与建议

（1）加强国家宏观支持引导

王淑华⑦、郑良⑧、田又萌⑨等提出国家的政策引导是中国出版成功

① 王淑华，王亨君．"一带一路"背景下中国科技期刊先发战略实践——以《Journal of Earth Science》为例［J］.编辑学报，2016（6）：569 – 571.
② 刘叶华．走中国高端学术国际出版道路［J］.出版参考，2019（12）：32 – 36.
③ 文一．翻译出版在"一带一路"战略中发力［N］.人民日报海外版，2015 – 09 – 01（07）.
④ 王敬华，杨烦烦．广西出版传媒集团"一带一路"初显［J］.出版参考，2015（14）：40 – 41.
⑤ 朱昌爱．时代出版：以丝路书香工程引领走出去发展新格局［J］.出版参考，2015（7）：11 – 12.
⑥ 张健．"一带一路"战略下北京语言大学出版社"走出去"的实践探索［J］.科技与出版，2016（10）：18 – 21.
⑦ 王淑华．"一带一路"建设中中国科技期刊的先发战略——宏观、中观和微观层面的策略思考［J］.编辑学报，2015（6）：528 – 530.
⑧ 郑良．一带一路"战略在版权贸易领域的实践和思考——以中南传媒为例［J］.出版发行研究，2015（6）：74 – 77.
⑨ 田又萌．"一带一路"战略下我国出版产品"走出去"的机遇及策略研究［J］.出版广角，2016（16）：61 – 63.

"走出去"的必要保证，国家相关部门应站在高屋建瓴的高度，从政策、资金、项目等方面为中国学术出版向沿线国家"走出去"做好顶层设计。姚宝权①、范军②提出国家出版基金、国家文化产业发展基金、国家文化出口重点企业和项目扶持资金等支持资金，以及经典中国国际出版工程、中国图书对外推广计划等"走出去"工程项目应对向沿线国家"走出去"成绩较为突出的出版机构和出版产品给予重点支持和出版资源优先配置，并扶持一些有实力的出版机构开拓外向型业务，在沿线国际市场中发展壮大。郑良③进一步指出支持资金要按照学科分板块制定支持政策，并制定相应的扶持细则，这样才能使中国各方面文化成果得以均衡展示。安徽出版集团原董事长④提出应设立"一带一路文化产业发展基金"。何明星⑤（2015）指出要建立专门面向"一带一路"国家的中华文化传播基金，并对其进行国际化、专业化、市场化管理。

（2）提升出版机构管理与运营水平

第一，借力扶持政策，主动融入"一带一路"沿线出版市场。李延玲⑥、谢卓华⑦、方英和刘静忆⑧等指出要加强政策研究，充分了解国家各项"走出去"项目的资助特点，借力国家各项扶持政策，积极推动学术出版向沿线国家"走出去"。田又萌⑨、聂震宁⑩等提出面对"一带一路"沿

① 姚宝权．"一带一路"视域下出版走出去的问题、优势与路径选择［J］.中国出版，2015（17）：51－53.
② 范军．"一带一路"战略中出版"走出去"的新转变［N］.新华书目报，2016－07－25（08）.
③ 郑良．一带一路战略在版权贸易领域的实践和思考——以中南传媒为例［J］.出版发行研究，2015（6）：74－77.
④ 孟歌，王永群．应设立"一带一路文化产业发展基金"［N］.中国经济时报，2015－03－10（06）.
⑤ 何明星．"一带一路"国家、地区中国图书翻译出版的现状与应对［J］.出版广角，2015（14）：20－22.
⑥ 李延玲．中国学术出版如何真正"走出去"［J］.出版参考，2015（11）：33－34.
⑦ 谢卓华．广西出版产业面向东盟拓展的路径思考［J］.广西财经学院学报，2016（10）：74－81.
⑧ 方英，刘静忆．中国与"一带一路"沿线国家间的出版贸易格局［J］.科技与出版，2016（10）：26－30.
⑨ 田又萌．"一带一路"战略下我国出版产品"走出去"的机遇及策略研究［J］.出版广角，2016（16）：61－63.
⑩ 聂震宁．关于制定"一带一路"出版业走出去相关规划的思考［J］.科技与出版，2016（10）：4－7.

线市场，出版机构要理性分析市场格局，进行长远规划，这是最终赢得市场的必要保证。

第二，整合出版资源，推进现代化管理运营方式。王璐璐和赵玉国[1]提出要积极参与国际大型出版企业的管理运营，学习对方先进经验，以探索"一带一路"沿线更大市场空间。李延玲[2]从学术图书合作出版流程着眼，提出国内出版机构要加强对合作出版图书的后期管理，确保合作出版既有量，更有质。

第三，推进资本"走出去"，培育出版实体。聂震宁[3]、范军[4]、张琛[5]等指出要针对沿线国家具体情况，做好"走出去"目标国投资发展规划，多种方式培育出版实体，如鼓励有能力的出版企业通过上市、参股、控股等方式扩大在沿线国家的投资，收购沿线国家出版实体、出版品牌、营销网络和研发机构等。

第四，探索多元合作模式，加强与沿线国家合作力度。何明星[6]、方英和刘静忆[7]、渠竞帆和梁帆[8]等指出中国出版机构应面向沿线国家积极组织中外共同参与的合作出版项目，大力探索与沿线国家的多元化合作模式。王璐璐和赵玉山[9]认为我国出版机构应不断加强与国外大型出版企业在版权、技术、资源和人才等方面的合作力度。

第五，加强法律保障，为"走出去"工作保驾护航。谢卓华[10]强调中国

---

① 王璐璐，赵玉山. "一带一路"背景下中国出版业的国际合作现状与发展建议［J］. 出版广角，2019（19）：10 - 13.
② 李延玲. 中国学术出版如何真正"走出去"［J］. 出版参考，2015（11）：33 - 34.
③ 聂震宁. 关于制定"一带一路"出版业走出去相关规划的思考［J］. 科技与出版，2016（10）：4 - 7.
④ 范军. "一带一路"战略中出版"走出去"的新转变［N］. 新华书目报，2016 - 07 - 25（8）.
⑤ 张琛. 拥抱科技出版国际化的春天［J］. 科技与出版，2019（6）：6 - 12.
⑥ 何明星. "一带一路"国家、地区中国图书翻译出版的现状与应对［J］. 出版广角，2015（14）：20 - 22.
⑦ 方英，刘静忆. 中国与"一带一路"沿线国家间的出版贸易格局［J］. 科技与出版，2016（10）：26 - 30.
⑧ 渠竞帆，梁帆. 共话"一带一路"倡议与国际出版合作［N］. 中国出版传媒商报，2017 - 08 - 25（02）.
⑨ 王璐璐，赵玉山. "一带一路"背景下中国出版业的国际合作现状与发展建议［J］. 出版广角，2019（19）：10 - 13.
⑩ 谢卓华. 广西出版产业面向东盟拓展的路径思考［J］. 广西财经学院学报，2016（10）：74 - 81.

出版机构向沿线国家"走出去",首先要强化法律保障。在版权保护方面,李菊丹①认为必须根据"走出去"业务特点做好版权保护工作,我国学术出版机构应掌握目标国版权保护基本情况与法律法规,当出现版权纠纷时,要在维护自身合法权益的前提下争取自身与目标国利益的双赢。

(3)开发高质量学术出版产品

第一,在出版产品形态上,要充分利用数字技术,打造多种数字出版产品。谢清风②强调要实现出版产品创新,数字出版要成为出版主流。李延玲③、王璐璐和赵玉山④、马小侠⑤等认为中国出版机构应根据沿线国家数字出版发展特点,运用先进的技术手段大力开发数字产品形态,推动数字出版产品向沿线国家"走出去"。范军⑥提出要重点支持电子书、数据库等数字出版产品进入"一带一路"沿线国家。

第二,在出版产品内容上,要以内容为本,不断创新,拓展内容覆盖面。姚宝权⑦、聂震宁⑧等指出中国学术出版向沿线国家"走出去",必须以内容为本,要不断提升内容质量,实现内容创新。王彤⑨、王慧和徐淑欣⑩聚焦出版产品的选题定位,指出要策划适合沿线国家市场的选题,满足沿线读者的核心需求,实现"走出去"产品内容的高精度匹配。在出版产品内容开发上,在出版产品内容组合上,王慧和

---

① 李菊丹.论"一带一路"国家版权制度的国际化与版权保护的地域性[J].科技与出版,2016(10):11-15.

② 谢清风."一带一路"倡议与提高中国出版国际竞争力分析[J].科技与出版,2018(1):20-25.

③ 李延玲.中国学术出版如何真正"走出去"[J].出版参考,2015(11):33-34.

④ 王璐璐,赵玉山."一带一路"背景下中国出版业的国际合作现状与发展建议[J].出版广角,2019(19):10-13.

⑤ 马小侠."一带一路"倡议助力中国出版"走出去"[J].渭南师范学院学报,2021(8):86-93.

⑥ 范军."一带一路"战略中出版"走出去"的新转变[N].新华书目报,2016-07-25(08).

⑦ 姚宝权."一带一路"视域下出版走出去的问题、优势与路径选择[J].中国出版,2015(17):51-53.

⑧ 聂震宁.关于制定"一带一路"出版业走出去相关规划的思考[J].科技与出版,2016(10):4-7.

⑨ 王彤.创新与完善:"一带一路"机遇下的中国出版走出去[N].中国新闻出版广电报,2015-06-17(04).

⑩ 王慧,徐淑欣."一带一路"背景下学术出版的产品策略研究[J].中国编辑,2018(1):39-44.

徐淑欣[①]提出"经典＋前沿"的组合方式，即一方面出版学术经典作品，促使受众从历史文化的深度理解中国学术发展；另一方面出版学术前沿内容，将中国当代政治、经济、科技的最近研究成果输出到"一带一路"沿线国家。

（4）注重国际营销推广

谢卓华[②]强调中国出版机构要面向沿线国家构建自己的发行体系，同时布局传统书店与电子书店。郭瑞佳[③]指出中国出版机构要与"走出去"目标国相关机构合作进行出版产品的营销推广，并搭乘 B2C 电子商务顺风车。王彤[④]认为在互联网高度发达的当下，中国出版机构要在沿线国家加强出版产品的互联网宣传。

（5）重视国际出版平台搭建

薄九深[⑤]、郑磊[⑥]、张琛[⑦]、马小侠[⑧]等指出建立面向"一带一路"沿线国家的国际出版平台的重要性，强调要凭借经济和科技优势积极抢占向沿线国家开展数字传播的先机。郑良[⑨]提出要建立中介信息平台，用于沿线国家出版信息的汇聚、交流和匹配。李延玲[⑩]认为要搭建学术传播平台，充分利用国际书展提供的交流机会，对合作出版的学术图书进行推广与宣传。范军[⑪]提出要加快数字出版产品版权输出平台的建设，在出版资源整

① 王慧，徐淑欣．"一带一路"背景下学术出版的产品策略研究［J］.中国编辑，2018（1）：39－44.
② 谢卓华．广西出版产业面向东盟拓展的路径思考［J］.广西财经学院学报，2016（10）：74－81.
③ 郭瑞佳．中国出版物东南亚国家市场拓展策略研究［J］.出版广角，2015（14）：34－37.
④ 王彤．创新与完善："一带一路"机遇下的中国出版走出去［N］.中国新闻出版广电报，2015－06－17（04）.
⑤ 薄九深．"一带一路"战略布局下中医图书出版的新机遇［J］.传播与版权，2015（9）：37－38.
⑥ 郑磊．中国出版机构应开拓"一带一路"图书市场——兼谈国家"丝路书香工程"［J］.科技与出版，2016（10）：7－11.
⑦ 张琛．拥抱科技出版国际化的春天［J］.科技与出版，2019（6）：6－12.
⑧ 马小侠．"一带一路"倡议助力中国出版"走出去"［J］.渭南师范学院学报，2021（8）：86－93.
⑨ 郑良．一带一路"战略在版权贸易领域的实践和思考——以中南传媒为例［J］.出版发行研究，2015（6）：74－77.
⑩ 李延玲．中国学术出版如何真正"走出去"［J］.出版参考，2015（11）：33－34.
⑪ 范军．"一带一路"战略中出版"走出去"的新转变［N］.中华书目报，2016－07－27（08）.

合的基础上对出版内容进行全方位、深层次的开发与运营。马小侠①以尼山书屋的海外推广线上平台——尼山馆藏为例,指出要培育优质商业模式和应用场景,汇聚国内外出版资源并进行深度开发。

(6) 建设国际化、专业化人才队伍

范军②、聂震宁③、甄云霞和王珺④等指出"走出去"人才的培养是重中之重,要针对"一带一路"沿线国家具体需求,做好"走出去"出版人才培养规划,加强针对沿线国家的经营管理人才、版权贸易人才、专业技术人才、翻译人才的培养。王彤⑤、谢卓华⑥提出要建立科学有效的"走出去"人才培养机制。在编辑队伍建设方面,李延玲⑦、方英⑧等指出我国学术出版机构要培养具有语言优势、较高专业水平、丰富国际合作出版经验的编辑队伍,同时还要加大对沿线国家出版机构编辑人才的培训力度。在翻译队伍建设方面,杨亦鸣和赵晓群⑨提出要开展我国现有"一带一路"沿线国家语言人才现状和沿线国家汉语人才培养和储备现状的调查,并建立"一带一路"语言人才新型培养机制。李延玲⑩、何明星⑪等认为要有针对性地培养翻译人才,建设由国内外外语人才组成的译者队伍;郭瑞佳⑫列举了法国、西班牙、俄罗斯等国家针对中国出版市场采取的翻译人才

---

① 马小侠. "一带一路"倡议助力中国出版"走出去" [J].渭南师范学院学报,2021 (8):86 – 93.

② 范军. "一带一路"战略中出版"走出去"的新转变 [N].中华书目报,2016 – 07 – 27 (08).

③ 聂震宁. 关于制定"一带一路"出版业走出去相关规划的思考 [J].科技与出版,2016 (10):4 – 7.

④ 甄云霞,王珺. 服务"一带一路"倡议推动出版交流合作高质量发展 [M] // 魏玉山."一带一路"国际出版合作发展报告(第一卷). 北京:中国书籍出版社,2019:17.

⑤ 王彤. 创新与完善:"一带一路"机遇下的中国出版走出去 [N].中国新闻出版广电报,2015 – 06 – 17 (04).

⑥ 谢卓华. 广西出版产业面向东盟拓展的路径思考 [J].广西财经学院学报,2016 (10):74 – 81.

⑦ 李延玲. 中国学术出版如何真正"走出去" [J].出版参考,2015 (11):33 – 34.

⑧ 方英,刘静忆. 中国与"一带一路"沿线国家间的出版贸易格局 [J].科技与出版,2016 (10):26 – 30.

⑨ 杨亦鸣,赵晓群. "一带一路"沿线国家语言国情手册 [M].北京:商务印刷馆,2016:3.

⑩ 李延玲. 中国学术出版如何真正"走出去" [J].出版参考,2015 (11):33 – 34.

⑪ 何明星. "一带一路"国家、地区中国图书翻译出版的现状与应对 [J].出版广角,2015 (14):20 – 22.

⑫ 郭瑞佳. 中国出版物东南亚国家市场拓展策略研究 [J].出版广角,2015 (14):34 – 37.

培养方法，供中国出版机构借鉴。在出版人和作者队伍建设方面，马小侠①提出要吸引一批优秀出版人和作者，深入研究沿线国家读者的文化背景和阅读习惯。

除此之外，一些学者还从发挥出版协会国际交流与合作功能②、开拓多元相关产业③等层面展开论述，为中国学术出版向沿线国家"走出去"提供推进策略。

0.1.2　国外研究动态

自 2013 年底"一带一路"倡议提出以来，国外文献从经济、政治、地理、交通、物流、环保、能源、气候等多方面展开了大量深入的研究，但目前尚未发现有关中国学术出版，甚至中国出版面向"一带一路"沿线国家"走出去"的相关文献。由于本研究以"一带一路"倡议为背景，国外部分研究成果中所涉及的国际学者对"一带一路"倡议的认知、沿线国家文化政策和贸易环境等内容为本课题提供了研究背景资料，因此将相关内容进行简要综述，有助于在后续研究中更好地把握中国学术出版向沿线国家"走出去"的国际环境。具体来看，相关研究主要有以下四个方面。

0.1.2.1　国际学者对"一带一路"倡议的认知

整体来看，国际学者多在全球化和区域一体化的背景下，从经济、政治、文化、军事等角度对"一带一路"倡议进行分析和阐释。

Lim④ 等、Cheng⑤ 等、Rumyantsev⑥ 等讨论了中国"一带一路"

---

① 马小侠. "一带一路"倡议助力中国出版"走出去"[J]. 渭南师范学院学报，2021（8）：86–93.

② 王淑华，王亨君. "一带一路"背景下中国科技期刊先发战略实践——以《Journal of Earth Science》为例［J］. 编辑学报，2016（6）：569–571.

③ 杨瑰玉. 借力"一带一路"推动科技出版走出去［J］. 新闻研究导刊，2016（12）：286.

④ Tai Wei Lim, Henry Chan, Katherine Tseng, Wen Xin Lim. China's One Belt One Road Initiative ［M］. London：Imperial College Press，2016：113–131.

⑤ Yu Cheng, Lilei Song, Lihe Huang. The Belt & Road Initiative in the Global Arena：Chinese and European Perspectives ［M］. New York：Palgrave Macmillan，2018：55.

⑥ E. N. Rumyantsev. On Belt and Road Initiative ［C］∥A. B. Vinogradov, P. V. Troshshinskiy. Proceedings Paper of Annual Scientific Conference of the Center-for-Political-Studies-and-Forecasting-of-the-Institute-of-the-Far-Eastern-Studies. Moscow，2019：209–216.

倡议的起源、内涵、意义等。Fallon① 和 Moreno② 等提出"框架论",前者认为"一带一路"倡议是一个巨大的外交政策框架,试图将多方利益整合进去;后者认为"一带一路"倡议是一个官方话语框架,旨在为一系列不同的项目和政策建立一个连贯的叙事(a coherent narra-tive)。

许多学者从经济层面着眼进行分析。Li③ 认为此倡议有助于加快中国经济结构的调整,增加中国企业在海外市场的机会,并且有利于中国西部地区的发展,是中国的"新一轮改革开放"。Nadege④ 认为"一带一路"倡议是一个促进中国经济发展的工具,通过促进出口为国内重要产业提供支持。Bashir⑤ 等认为"一带一路"倡议的目的是鼓励全球价值链的延伸,促进区域一体化,提高资源配置效率。Lim 等⑥强调"一带一路"倡议在全球产生的经济影响是显而易见的。

Lim⑦ 等(2016)认为中国持续推进与沿线国家基础设施互联互通体现了"以合作共赢为核心的新型国际关系"模式。Feng 等⑧指出"一带一路"倡议为中国和沿线国家提供了合作和双赢的新机会。Wang⑨

---

① Theresa Fallon. The New Silk Road: Xi Jinping's Grand Strategy for Eurasia [J]. American Foreign Policy Interests, 2015, 37 (3): 140 – 147.

② J. E. S. Moreno, Diego Telias, Francisco Urdinez. Deconstructing the Belt and Road Initiative in Latin America [J]. Asian Education and Development Studies, 2021, 10 (3): 337 – 347.

③ Mingjiang Li. China's "One Belt, One Road" Initiative: New Round of Opening Up? [EB/OL]. (2015 – 04 – 15) [2021 – 09 – 15]. http://www. rsis. edu. sg/wp-content/uploads/2015/04/CMS_Bulletin0015. pdf.

④ Rolland Nadege. China's New Silk Road [EB/OL]. (2015 – 02 – 12) [2016 – 04 – 22]. http://nbr. org/research/activity. aspx? id = 531.

⑤ Muhammad Farhan Bashir, Benjiang Ma, Yifang Qin, Muhammad Adnan Bashir. Evaluation of One Belt One Road Publications: A Bibliometric and Literature Review Analysis [J]. Environmental Science and Pollution Research, 2021, 28 (28): 37016 – 37030.

⑥ Tai Wei Lim, Henry Chan, Katherine Tseng, Wen Xin Lim. China's One Belt One Road Initiative [M]. London: Imperial College Press, 2016: 119.

⑦ Tai Wei Lim, Henry Chan, Katherine Tseng, Wen Xin Lim. China's One Belt One Road Initiative [M]. London: Imperial College Press, 2016: 121.

⑧ Tiantian Feng, Qi Kang, Binbin Pan, Yisheng Yang. Synergies of Sustainable Development Goals between China and Countries along the Belt and Road Initiative [J]. Current Opinion in Environmental Sustainability, 2019, 39 (10): 167 – 186.

⑨ Zheng Wang. China's Institution Building, Leading the Way to Asian Integration [J]. Georgetown Journal of Asian Affairs, 2015, 1 (1): 16 – 20.

以亚洲国家为研究对象，指出虽然亚洲国家在规模、文化和财富方面差异巨大，但中国提出的"一带一路"倡议将为亚洲国家带来更多机遇。Zhang① 等运用脆弱国家理论（fragile state theory）和新经济地理学理论（new economic geography theory），以阿富汗和朝鲜为研究对象，指出"一带一路"倡议所倡导的发展模式比传统的国际发展援助模式更先进。

0.1.2.2 沿线国家对"一带一路"倡议的回应与参与

Koh②、Foon③、Patrick④、Lim⑤ 等指出东盟、中亚、欧盟等众多国家都从"一带一路"倡议中受益，并对此倡议表示支持。一些国家将自身发展规划与"一带一路"倡议相融合，如 Greiman⑥ 指出越南作为中国在东盟最大的贸易伙伴，通过整合自身五年发展计划与"一带一路"倡议，大力促进了区域贸易和投资。Isik 和 Zou⑦ 指出中国的"一带一路"倡议与土耳其的"中间走廊"倡议促进了双方的经济合作和安全合作，加强了两国的沟通与相互理解，使两国关系更加紧密。Lim⑧ 指出东南亚国家期待着在大型基础设施项目完成后能有经济增长的

---

① Yanzhe Zhang, Huizhi Zhang. "One Belt One Road" Strategy and the Sustainable Development of Asia: The Case of Afghanistan and DPRK [C]//Proceedings Paper of 3rd International Conference on Economics and Management. Englewood: DEStech Publications, Inc., 2016: 135 – 139.

② Jeremy Koh. ASEAN Diplomats Welcome China's One Belt, One Road Initiative [EB/OL]. (2015 – 11 – 16) [2021 – 09 – 15]. http://www.channelnewsasia.com/news/asiapacific/asean-diplomats-welcome/2265422.html.

③ Ho Wah Foon. Belt-Road to Benefit Businesses in Malaysia [EB/OL]. (2015 – 08 – 02) [2021 – 09 – 15]. http://business.asiaone.com/news/belt-road-benefit-businesses-malaysia.

④ John Lim Patrick. China's One Belt, One Road Initiative Could Usher in New Growth [EB/OL]. (2015 – 06 – 27) [2021 – 09 – 15]. http://www.channelnewsasia.com/news/business/singapore/china-s-one-belt-oneroad/2010212.html.

⑤ Tai Wei Lim, Henry Chan, Katherine Tseng, Wen Xin Lim. China's One Belt One Road Initiative [M]. London: Imperial College Press, 2016: 119.

⑥ Virginia A. Greiman. Building Bridges on the Silk Road: A Strategy for Vietnam [J]. Journal of International Business Research and Marketing, 2020, 5 (5): 52 – 59.

⑦ Ahmet Faruk Isik, Zhiqiang Zou. China-Turkey Security Cooperation Under the Background of the 'Belt and Road' and the 'Middle Corridor' Initiatives [J]. Asian Journal of Middle Eastern and Islamic Studies, 2019, 13 (2): 278 – 293.

⑧ Alvin Cheng-Hin Lim. China's "Belt and Road" and Southeast Asia: Challenges and Prospects [J]. JATI-Journal of Southeast Asian Studies, 2015, 20 (4): 3 – 15.

发展红利。

部分研究成果也揭示出沿线国家对"一带一路"倡议的迟疑态度及相关做法。Kanaev 和 Terskikh[①] 探讨了目前越南与中国在数字资源上的合作，指出仅从提高中国产业技术政策和对外经济政策支持效率的角度来看，数字丝绸之路可以大大促进"一带一路"倡议在东南亚的推进，但数字丝绸之路的实施减小了东南亚国家在信息和通信技术领域推行独立政策的可能性，且越南也在努力提高自身数字竞争力，因此作者对中越联合推进数字丝绸之路持悲观态度。

0.1.2.3 "一带一路"倡议推进中的风险与挑战

Lim[②] 等指出"一带一路"倡议可能会受到多方质疑，面临多种挑战。"一带一路"沿线包括三大洲 65 个国家，各国利益、合作动机、优先发展事项与议程各不相同，且多边关系复杂，"一带一路"倡议的推进可能会遇到许多挑战和阻碍。

Pathiranage 和 Xiao[③] 等以金砖四国与中国的合作为研究对象，指出沿线国家与我国在文化、制度、法规等方面的差异较大，对可持续合作与发展有重要影响；Sun[④]、Zhang[⑤] 等认为由于沿线一些国家复杂的国内冲突及其他大国的战略计划，"一带一路"倡议的推进会面临政治冲突频发、投资环境不稳定的挑战；等等。

0.1.2.4 "一带一路"倡议顺利推进的对策

相较于对"一带一路"倡议的解读，国外文献在此方面的研究成果较

---

① E. A. Kanaev, M. A. Terskikh. Prospects for Vietnam-China Relations in Light of Digital Silk Road Project in Southeast Asia [J]. Russian Journal of Vietnamese Studies, 2020 (4): 5 – 15.

② Tai Wei Lim, Henry Chan, Katherine Tseng, Wen Xin Lim. China's One Belt One Road Initiative [M]. London: Imperial College Press, 2016: 130.

③ H. S. K. Pathiranage, Huilin Xiao, Weifeng Li. The Impact of Institutional Distance on Sustainable Investment: Evidence from China's Belt and Road Initiative [J]. Nankai Business Review International, 2020, 11 (4): 485 – 505.

④ Yun Sun. Inserting Africa into China's One Belt, One Road strategy: A New Opportunity for Jobs and Infrastructure? [EB/OL]. (2015 – 03 – 02) [2021 – 09 – 15.]. http://www.brookings. edu/blogs/africa-in-focus/posts/2015/03/02-africa-chinajobs-infrastructure-sun.

⑤ Yanzhe Zhang, Huizhi Zhang. "One Belt One Road" Strategy and the Sustainable Development of Asia: The Case of Afghanistan and DPRK [C]//Proceedings Paper of 3rd International Conference on Economics and Management. Englewood: DEStech Publications, Inc., 2016: 135 – 139.

少。Lim[①]等提出倡议的顺利推进需要细心谋划。Nurettin 和 Tang[②]认为中国需要了解沿线国家的具体需求，加强对"一带一路"倡议的宣传，并大力加强与沿线国家民众的联系，以应对与沿线国家的认知差异。Simpfendorfer[③]指出中国企业应充分了解本土市场，积极与目标国企业合作，促进区域稳定。Li 和 Wong[④]认为在改善中国国际形象及增进沿线国家对中国的了解上，应重视智库的作用。

针对不同区域，研究者们提出了针对性的建议。针对中亚地区，Zhang[⑤]建议中国采取双边方式，设计循序渐进的推进过程，建立区域供应链，尽量减少直接竞争。针对非洲地区，Sun[⑥]建议中国制定"更系统、更协调、更有效的"推进战略。针对欧盟国家，Sarsenbayev 和 Véron[⑦]认为中国应努力促进与欧盟的建设性关系。

0.1.3 国内外研究评述

总体来看，国内外现有研究成果涉及中国学术出版向"一带一路"沿线国家"走出去"的环境、取得的成绩、具备的优势、存在的问题、实践经验总结及战略设计，对本课题研究有积极的借鉴作用，但还存在以下不足之处亟待进一步完善。

第一，针对本课题展开的系统性研究较少。大部分有关本课题的成果包含在"中国出版向沿线国家走出去""中国图书向沿线国家走出去"

---

① Tai Wei Lim, Henry Chan, Katherine Tseng, Wen Xin Lim. China's One Belt One Road Initiative [M]. London：Imperial College Press, 2016：128.

② Akcay Nurettin, Qingye Tang. Turkey's Perceptions of China's Belt and Road Initiative (2013—2017)：Media and Think-Tanks Discourse Analysis [J]. China Report, 2020, 56 (2)：221 –241.

③ Ben Simpfendorfer. One Belt, One Road：Assessing the Economic Impact of China's New Silk Road [EB/OL]. (2015 – 07 – 02) [2021 – 09 – 15]. http：//www. bloombergbriefs. com/content/uploads/sites/2/2015/07/SC_062615-OBOR. pdf.

④ Hak Yin Li, Seanon Wong. The Evolution of Chinese Public Diplomacy and the Rise of Think Tanks [J]. Place Branding and Public Diplomacy, 2018, 14 (1)：36 – 46.

⑤ Hongzhou Zhang. Building the Silk Road Economic Belt：Challenges in Central Asia [J]. Cambridge Journal of China Studies, 2015, 10 (3)：17 – 35.

⑥ Yun Sun. Inserting Africa into China's One Belt, One Road strategy：A New Opportunity for Jobs and Infrastructure？ [EB/OL]. (2015 – 03 – 02) [2021 – 09 – 15.]. http：//www. brookings. edu/blogs/africa-in-focus/posts/2015/03/02-africa-chinajobs-infrastructure-sun.

⑦ Madi Sarsenbayev, Nicolas Véron. European Versus American Perspectives on the Belt and Road Initiative [J]. China & World Economy, 2020, 28 (2)：84 – 112.

"中国出版机构向沿线国家走出去"等研究中。这些研究或着眼于中国出版整体在沿线国家"走出去"成绩的宏观梳理总结，或从某一支持项目或某一出版机构层面入手，对其"走出去"具体实践进行分析。可以看出，目前本课题研究的系统性、针对性不足，未能建立起整体研究框架。

第二，现有成果对本课题的研究尚不深入。虽然部分研究成果提出了"走出去"实践路径与提升措施，但并未展开深入、具体的探讨，如现有文献对"加强数字出版"这一措施已形成了共识，但对具体方法、发力点与突破点等并未进行深入探讨；一些成果提出要针对沿线国家开展知识服务业务，但仅停留在宏观规划层面；一些学者指出要建设科学有效的"走出去"工作机制，但并未对机制内涵、运行方式、创新之处进行具体阐释。可以看出，目前有关本课题的研究尚不深入，未能提出可持续性与实践性强的"走出去"实践方案。

第三，现有成果对本课题的研究不够全面。从研究对象来看，现有成果多围绕学术图书展开，对学术期刊、数据库等学术出版产品涉及极少。从研究领域来看，现有成果对本课题某些领域还未涉及，如随着互联网技术的快速发展及"数字丝绸之路"的稳步推进，各类社交平台在中国学术出版向沿线国家"走出去"进程中正在发挥越来越重要的作用，但现有文献尚未涉及此研究话题；在国际局势空前复杂的当下，中国学术出版如何服务国家发展战略，在"走出去"进程中实现新的突破，现有研究对此涉及也不多。

第四，现有成果的研究方法以定性研究为主，定量研究较为匮乏。现有研究多基于个体视角和经验，未对"一带一路"背景下中国学术出版"走出去"的客观现状进行数据统计与梳理，因此所得结论往往囿于某一领域与范畴，可推广性相对较弱。

总之，现有成果为本课题研究奠定了基础，但存在的不足之处亟待进一步完善，以更好地服务于"一带一路"背景下中国学术出版"走出去"工作的推进。这是提升国家"软实力"的重要工作，是促进中国与其他国家共谋发展、民心相通的重要手段。为此，笔者以出版学、管理学、传播学、情报学等学科理论与方法为支撑，开展"一带一路"背景下中国学术出版"走出去"的系统研究，为我国出版管理部门及学术出版市场主体实施学术出版"走出去"提供参考。这是推进我国学术出版有效"走出去"的重要工作，也是推动我国加强国际传播能力建设和对外话语体系建设的重要保证。

0.2 相关概念阐释

0.2.1 "一带一路"倡议

0.2.1.1 "一带一路"倡议的提出与发展

2013 年 9 月 7 日，中国国家主席习近平在哈萨克斯坦纳扎尔巴耶夫大学发表演讲时提出：为了使欧亚各国经济联系更加紧密、相互合作更加深入、发展空间更加广阔，我们可以用创新的合作模式，共同建设"丝绸之路经济带"，以点带面，从线到片，逐步形成区域大合作①。2013 年 10 月 3 日，习近平主席在印度尼西亚国会发表演讲时提出：中国愿同东盟国家加强海上合作，使用好中国政府设立的中国 – 东盟海上合作基金，发展好海洋合作伙伴关系，共同建设 21 世纪"海上丝绸之路"②。自此之后，"一带一路"便成为党中央、国务院制定的长远、重大国家战略。2013 年 11 月 12 日，中共十八届三中全会通过的《中共中央关于全面深化改革若干重大问题的决定》提出"推进丝绸之路经济带、海上丝绸之路建设"③。2015 年 3 月 28 日，在海南博鳌亚洲论坛上，经国务院授权，国家发展和改革委员会、外交部、商务部共同发布了《推动共建丝绸之路经济带和 21 世纪海上丝绸之路的愿景与行动》，指出加快"一带一路"建设，有利于促进沿线各国经济繁荣与区域经济合作，加强不同文明交流互鉴，促进世界和平发展，是一项造福世界各国人民的伟大事业④。

"一带一路"倡议提出以来，秉持共商、共建、共享理念，以政策沟通、设施联通、贸易畅通、资金融通和民心相通为主要内容扎实推进，为各国发展与稳定提供了耳目一新的方案，得到了越来越多国家和国际组织

---

① 习近平在哈萨克斯坦纳扎尔巴耶夫大学发表重要演讲［EB/OL］.（2013 – 09 – 08）［2021 – 09 – 15］. http://jhsjk. people. cn/article/22843681.

② 习近平在印度尼西亚国会的演讲（全文）［EB/OL］.（2013 – 10 – 03）［2021 – 09 – 15］. http://www. gov. cn/govweb/ldhd/2013 – 10/03/content_2500118. htm.

③ 中国中共党史学会. 中国共产党历史重要事件辞典［M］. 北京：中共党史出版社，党建读物出版社，2019：642 – 643.

④ 国家发展改革委，外交部，商务部. 推动共建丝绸之路经济带和 21 世纪海上丝绸之路的愿景与行动［EB/OL］.（2015 – 03 – 29）［2021 – 09 – 15］. https://www. yidaiyilu. gov. cn/wcm. files/upload/CMSydylgw/201702/201702070519013. pdf.

的积极响应，受到国际社会广泛关注，影响力日益扩大。

在政策沟通方面，中国与有关国家和国际组织充分沟通协调，形成了共建"一带一路"的广泛国际合作共识。目前，共建"一带一路"倡议及其核心理念已写入联合国、二十国集团、亚太经合组织及其他多个区域组织的相关文件中①。签署共建"一带一路"政府间合作文件的国家和国际组织数量逐年增加，截至 2021 年 6 月，中国已经同 140 个国家和 32 个国际组织签署 206 份共建"一带一路"合作文件②。共建"一带一路"专业领域对接合作有序推进，在数字丝绸之路建设、标准化合作、税收合作、知识产权务实合作、法制合作、能源合作等多领域取得重要进展。

在设施联通方面，全方位、多层次、复合型基础设施网络正在加快形成，为各国互利合作、共赢发展奠定了坚实基础。新亚欧大陆桥、中蒙俄、中国－中亚－西亚、中国－中南半岛、中巴和孟中印缅等六大国际经济合作走廊和通道建设取得明显进展，铁路、公路、港口、航空、能源设施、通信设施等基础建设互联互通水平大幅提升③。

在贸易畅通方面，共建"一带一路"释放了贸易潜力，提升了各国参与经济全球化的广度和深度。自 2013 年 "一带一路" 倡议提出以来，中国与"一带一路"沿线国家货物贸易累计达 9.2 万亿美元。仅 2021 年一季度，中国与沿线国家货物贸易额就达到 2.5 万亿元，同比增长 21.4%，占总体对外贸易额的 29.5%，比 2020 年全年上升了 0.4 个百分点④。近年来在疫情影响下，全球经济面临困境，但中国与沿线国家货物贸易额快速提升，形势大好。与此同时，贸易方式创新进程加快，跨境电子商务等新

---

① 推进"一带一路"建设工作领导小组办公室. 共建"一带一路"倡议：进展、贡献与展望［EB/OL］.（2019 - 04 - 22）［2021 - 09 - 15］. https://www. yidaiyilu. gov. cn/lazd/dejg-fld/wjxz/86708. htm.

② 曹家宁. 已同中国签订共建"一带一路"合作文件的国家一览［EB/OL］.（2021 - 06 - 23）［2021 - 09 - 15］. https://www. yidaiyilu. gov. cn/xwzx/roll/77298. htm.

③ 推进"一带一路"建设工作领导小组办公室. 共建"一带一路"倡议：进展、贡献与展望［EB/OL］.（2019 - 04 - 22）［2021 - 09 - 15］. https://www. yidaiyilu. gov. cn/lazd/dejg-fld/wjxz/86708. htm.

④ 周慧敏. 商务部副部长：中国与"一带一路"沿线国家货物贸易累计达 9.2 万亿美元［EB/OL］.（2021 - 04 - 20）［2021 - 09 - 15］. http://www. xinhuanet. com/2021 - 04/20/c_1127353387. htm.

业态、新模式正成为推动贸易畅通的重要新生力量①。

在资金融通方面，各国主权基金和投资基金不断探索新型国际投融资模式，多边金融合作支撑作用显现，国际金融机构合作水平不断提升，国际金融市场体系建设日趋完善，国际金融互联互通不断深化，为共建"一带一路"提供了稳定、优质的资金支持。

在民心相通方面，各国充分发挥文化纽带作用，增进情感共鸣，为共建"一带一路"奠定了坚实的民意基础。中国通过与沿线国家互办艺术节、电影节、书展等活动丰富文化交流形式；通过设立政府奖学金项目、建立孔子学院等方式提升教育培训成效；通过与多个国家共同举办旅游年、创办旅游市场推广联盟等扩大旅游合作；通过与各类国际组织的合作促进卫生健康合作的不断深化；通过粮食援助、援外文物合作保护等持续推进国际救灾、援助与扶贫工作②。

正如习近平主席所说，共建"一带一路"倡议源于中国，机会和成果属于世界③。它为世界经济增长开辟了新空间，为国际贸易和投资搭建了新平台，为完善全球经济治理拓展了新实践，为增进各国民生福祉做出了新贡献，成为共同的机遇之路、繁荣之路。

0.2.1.2 "一带一路"倡议的科学内涵

"一带一路"不是古代丝绸之路的复兴，更不是古代丝绸之路的翻版，而是伟大的继承和超越，其内涵是古代丝绸之路不可比拟的。

第一，"一带一路"是促进沿线国家互联互通、共享发展机遇的倡议。"一带一路"是中国向世界提供的公共产品，互联互通是其经脉网络，决定着"一带一路"倡议的成效和发展。这要求沿线国家在政治、经贸、文化等多领域加强开放与合作，从小到大、稳步扩展，构建全方位、多层次、立体化的互联互通网络，补齐制约其经济发展的短板，盘

---

① 推进"一带一路"建设工作领导小组办公室. 共建"一带一路"倡议：进展、贡献与展望 [EB/OL]. (2019 – 04 – 22) [2021 – 09 – 15]. https://www.yidaiyilu.gov.cn/lazd/dejgfld/wjxz/86708.htm.

② 推进"一带一路"建设工作领导小组办公室. 共建"一带一路"倡议：进展、贡献与展望 [EB/OL]. (2019 – 04 – 22) [2021 – 09 – 15]. https://www.yidaiyilu.gov.cn/lazd/dejgfld/wjxz/86708.htm.

③ 新华社. 习近平在第二届"一带一路"国际合作高峰论坛记者会上的讲话（全文）[EB/OL]. (2019 – 04 – 27) [2021 – 09 – 15]. http://world.people.com.cn/n1/2019/0427/c1002 – 31053689.html.

活沿线市场，全面提升沿线国家合作能力和水平，实现沿线国家多元、自主、平衡、可持续的发展，让沿线各国人民共享和谐、安宁、富裕的生活①。

第二，"一带一路"是我国全面深化改革开放、深度融入世界的倡议。正如习近平主席指出，共建"一带一路"不仅为世界各国发展提供了新机遇，也为中国开放发展开辟了新天地②。首先，"一带一路"建设能够促使中国不断扩大开放，从而倒逼深层次改革，加大科技创新力度，形成参与和引领国际合作竞争的新优势③。其次，"一带一路"建设能够进一步推动我国区域协调发展，形成陆海统筹、内外联动、东西互济、面向全球的开放新格局。再次，"一带一路"建设能够推进区域经济一体化，打造国际合作经济带。最后，"一带一路"建设能够促使中国进一步参与全球经济治理和公共产品供给，打造广泛的利益共同体，实现中国发展与世界发展的良性互动④。

第三，"一带一路"是以打造人类命运共同体为最终目的的倡议。当今国际社会呈现出世界多极化、经济全球化、文化多样化、社会信息化等特点，粮食安全、气候变化、资源短缺、环境污染等全球性非传统安全问题层出不穷，新冠疫情的肆虐对国际秩序和人类生存与发展造成了极大影响。在越来越多、越来越严峻的全球性问题面前，任何一个国家都难以独善其身，可以说，世界各国已经处在一个命运相关的共同体中。"一带一路"倡议立足沿线各国谋求发展的利益诉求，致力于打造政治上讲信修睦、经济上合作共赢、安全上守望相助、文化上心心相印、对外关系上开放包容的人类命运共同体。因此，"一带一路"倡议是打造"人类命运共同体"的路径和支撑，而打造"人类命运共同体"则是"一带一路"倡

---

① 国家发展改革委，外交部，商务部．推动共建丝绸之路经济带和 21 世纪海上丝绸之路的愿景与行动［EB/OL］．（2015 - 03 - 29）［2021 - 09 - 15］. https://www. yidaiyilu. gov. cn/wcm. files/upload/CMSydylgw/201702/201702070519013. pdf.

② 新华社．习近平在第二届"一带一路"国际合作高峰论坛开幕式上的主旨演讲［EB/OL］．（2019 - 04 - 26）［2021 - 09 - 15］. http://www. gov. cn/xinwen/2019 - 04/26/content_5386544. htm.

③ 国家发展改革委，外交部，商务部．推动共建丝绸之路经济带和 21 世纪海上丝绸之路的愿景与行动［EB/OL］．（2015 - 03 - 29）［2021 - 09 - 15］. https://www. yidaiyilu. gov. cn/wcm. files/upload/CMSydylgw/201702/201702070519013. pdf.

④ 李国强．"一带一路"倡议：从理论到实践的观察与思考［R］. 重庆：西南政法大学，2017.

议的终极目标①。

第四,"一带一路"是以文化交流为支撑的倡议。民心相通是"一带一路"建设的社会根基②,这要求沿线各国以开放的精神、包容的胸怀及海纳百川的气魄,把多元文化之间的交流融合置于重要地位,充分发挥文化的桥梁和纽带作用,增强不同文化间的共鸣与联系,拉近各国人民文明互鉴的距离,形成多元互动的文化交流格局,为深化双多边合作奠定坚实的民意基础。

0.2.1.3 "一带一路"覆盖的空间范围

2017 年 5 月,中国国家主席习近平在首届"一带一路"国际合作高峰论坛上指出,"一带一路"以亚欧大陆为重点,向所有志同道合的朋友开放③。因此,"一带一路"是一个开放的国际合作网络,并没有精确的空间范围。为了实现对重点区域的聚焦研究,推动中国学术出版向沿线国家更有效"走出去",本研究依据《推动共建丝绸之路经济带和 21 世纪海上丝绸之路的愿景与行动》框架思路中对"一带一路"所覆盖地理区域的描述,从学术研究角度划定重点研究范围,即丝绸之路经济带重点畅通中国经中亚、俄罗斯至欧洲(波罗的海)、中国经中亚、西亚至波斯湾、地中海、中国至东南亚、南亚、印度洋;21 世纪海上丝绸之路重点方向是从中国沿海港口过南海到印度洋,延伸至欧洲,从中国沿海港口过南海到南太平洋。根据"一带一路"沿线国家对我国倡议的回应及其政策意向,从与我国签署"一带一路"合作备忘录的国家中,梳理出沿线 64 个国家作为统计与研究对象(见本章末表 0 - 1)。

0.2.2 学术出版

0.2.2.1 学术出版的概念

"学术出版"这一概念最早于 19 世纪由美国约翰·霍普金斯大学的创

---

① 马琼."一带一路"倡议最终目标:打造人类命运共同体——专访中国社科院中国边疆研究所党委书记李国强 [EB/OL]. (2017 - 08 - 14) [2021 - 09 - 15]. http://www. xinhuanet. com/globe/2017 - 08/14/c_136500539. htm.
② 国家发展改革委,外交部,商务部.推动共建丝绸之路经济带和 21 世纪海上丝绸之路的愿景与行动 [EB/OL]. (2015 - 03 - 29) [2021 - 09 - 15]. https://www. yidaiyilu. gov. cn/wcm. files/upload/CMSydylgw/201702/201702070519013. pdf.
③ 中国一带一路网.关于"一带一路"的 15 个认知误区 [EB/OL]. (2019 - 04 - 22) [2021 - 09 - 15]. https://www. yidaiyilu. gov. cn/sy/zlbw/86705. htm.

立者丹尼尔·科伊特·吉尔曼（Daniel Coit Gilman）提出①。经过 200 多年的发展，学术出版的概念逐渐清晰，国内外不同学者从不同角度对其进行了阐释。徐华东②指出学术出版的本质是学术研究的物化形式。韩筠③侧重于学术出版的任务和宗旨，指出学术出版是"以社会效益为首位，以学术传承和传播为根本任务，以追求人类知识进步为宗旨的出版"。多数学者阐释了学术出版的功能与价值，邬书林④指出学术出版是一个国家思想创新、科技创新、文化传承的最直接体现，其实力和水准是一个国家经济与文化发展水平的重要标志，集中反映了一个国家的文化软实力和文化影响力；徐华东⑤指出学术出版是学术成果展示和传播的平台；也有学者⑥认为学术出版是体现一个国家、一个民族科学文化发展水平的重要窗口；吴平⑦指出学术出版是人类学术成果记录、传播与共享的重要渠道；是认可学术成果、展开学术争鸣、推动学术创新的重要平台；是学术与出版有机结合、互补与共赢的纽带；刘敏和李旦⑧提出学术出版是学术成果的载体和传播平台，它服务于时代，承载着思想传播、科技创新、文明传承的功能；徐淯琪⑨指出学术出版直观反映了国家的科技文化发展水平和核心竞争力。谢寿光⑩、韩筠⑪明确了学术出版的主要形态包括学术图书和学术期刊。邬书林⑫、谢

① 韩筠. 媒体融合背景下学术出版的发展策略 [J]. 科技与出版, 2018 (10): 35 - 36.

② 徐华东. 高校出版社"一带一路"主题出版现状与路径探究 [J]. 中国出版, 2017 (23): 21 - 24.

③ 韩筠. 媒体融合背景下学术出版的发展策略 [J]. 科技与出版, 2018 (10): 35 - 36.

④ 邬书林. 加强学术出版打牢中华民族伟大复兴知识根基 [N]. 中国新闻出版广电报, 2013 - 08 - 16 (01).

⑤ 徐华东. 高校出版社"一带一路"主题出版现状与路径探究 [J]. 中国出版, 2017 (23): 21 - 24.

⑥ 同济大学出版社. 专家学者齐聚同济, 共话"学术出版与国际影响力提升" [EB/OL]. (2017 - 05 - 18) [2021 - 09 - 15]. https://news. tongji. edu. cn/info/1003/41809. htm.

⑦ 吴平. 学术出版的价值与意义 [J]. 出版科学, 2019 (6): 5 - 8.

⑧ 刘敏, 李旦. 全球视野下中国学术出版"走出去"的创新与发展 [J]. 出版广角, 2020 (18): 13 - 15.

⑨ 徐淯琪. 我国学术出版资本"走出去"研究 [J]. 出版参考, 2020 (10): 28 - 30.

⑩ 谢寿光. 学术出版研究——中国学术图书质量与学术出版能力评价 [M]. 北京: 社会科学文献出版社, 2017: 20.

⑪ 韩筠. 媒体融合背景下学术出版的发展策略 [J]. 科技与出版, 2018 (10): 35 - 36.

⑫ 邬书林. 加强学术出版打牢中华民族伟大复兴知识根基 [N]. 中国新闻出版广电报, 2013 - 08 - 16 (01).

寿光①、刘敏和李旦②阐释了学术出版在出版产业中的地位，认为学术出版已经成为当今世界的重要产业，处于整个出版产业链的顶端，有举足轻重的地位。江波③、Molchanova④等强调了学术出版的前沿性，认为学术出版要紧跟学术前沿步伐，注重对创新研究成果的刊发。邬书林⑤、江波⑥、Padmalochanan⑦强调了学术出版的开放性和国际交流职责，指出学术研究没有国界，学术出版也应该跨越国家和地域的限制，成为一个国家学术成果与世界学人对话的桥梁和推动世界学术交流的纽带。推动学术出版"走出去"，是提升我国文化软实力、增强我国文化国际竞争力和影响力的客观要求，更是实现中华民族伟大复兴中国梦的重要任务。

综合各学者对学术出版不同侧重点的阐释，本研究将学术出版定义为：以社会效益为首位，追求社会效益与经济效益相结合，以认可、记录、传播人类学术成果为根本任务，以追求人类知识进步为宗旨的出版工作。它反映了国家的科技文化发展水平和核心竞争力，推动了学术创新，具有科学性、前沿性和开放性。

0.2.2.2 学术出版物

学术出版物是学术成果的物质载体，包括学术图书和学术期刊两种主要形态。

长期以来，出版学界、业界和管理部门对学术图书未形成统一认识，也没有公认、明确、具有可操作性的定义，在一定程度上导致了图书出版管理部门、学术评价机构等对学术图书的内涵、覆盖范围、著作方式等的

---

① 谢寿光. 学术出版的问题与机遇 [N]. 光明日报, 2013 – 01 – 15 (13).

② 刘敏, 李旦. 全球视域下中国学术出版"走出去"的创新与发展 [J]. 出版广角, 2020 (18)：13 – 15.

③ 同济大学出版社. 专家学者齐聚同济, 共话"学术出版与国际影响力提升" [EB/OL]. (2017 – 05 – 18) [2021 – 09 – 15]. https://news. tongji. edu. cn/info/1003/41809. htm.

④ Alla Molchanova, Natalya Chunikhina, Wadim Strielkowski. Innovation and Academic Publishing: Who Will Cast the First Stone? [J]. Marketing and Management of Innovations, 2017 (4)：40 – 48.

⑤ 邬书林. 加强学术出版打牢中华民族伟大复兴知识根基 [N]. 中国新闻出版广电报, 2013 – 08 – 16 (01).

⑥ 同济大学出版社. 专家学者齐聚同济, 共话"学术出版与国际影响力提升" [EB/OL]. (2017 – 05 – 18) [2021 – 09 – 15]. https://news. tongji. edu. cn/info/1003/41809. htm.

⑦ Padmapriya Padmalochanan. Reimaging Academic Publishing from Perspectives of Academia in Australia [J]. Publishing Research Quarterly, 2019, 35 (4)：710 – 725.

认识存在局限和不足。这一方面反映出学界对学术图书的基本理论问题研究尚不深入，另一方面也说明学术图书出版状况较为复杂，存在定位不清晰、内容界限模糊等问题，如一些学术图书内容和形式不统一，从内容上看是学术图书，从形式上看则是教科书；又有些图书实际上是教材，却以学术图书的形式出版。这些都使得在科学研究中甚难将学术图书与其他类型图书做严格的区分。针对上述情况，叶继元教授在《学术图书、学术著作、学术专著概念辨析》一文中明晰了学术图书的概念，较详细地阐释了其内涵、特征、涵盖范围等，是较为清晰、可操作性强的概念界定。因此本研究采用叶教授对学术图书的定义作为认定学术图书的标准。根据叶教授的论述，学术图书指"内容涉及某学科或某专业领域，具有一定创新性，对专业学习、研究具有价值的图书，通常在书中有文献注释或参考文献，书后有索引。它包括学术著作、学术专著、学术论文汇编/论文集、会议录、大学及以上程度的教材/教科书和参考书（专业参考书：比较完备地汇集某一学科、主题的知识、资料、事实，按照特定的方法加以编排，供学科专业人员检索查考而不是供系统阅读的书）、某学科百科全书等工具书、学术随笔等。其'著作方式'，多数是'著''撰'，少数是'编著'（编著是一种著作方式，汇集其他多个作者、多种作品的思想、观点和内容资料，但有作者自己独特见解的陈述和成果，凡无独特见解陈述的书稿，不应判定为编著），极少是'编'。但是中专科及以下层次的教材、通俗读物、时事读物、一般的字典、词典等不包括在内"①。此外，鉴于相当一部分"一带一路"沿线国家的学术发展水平与我国有一定差距，为了使我国学术图书能够为沿线国家更多的学者服务，有一定学术普及性质的图书也属于本研究的统计与研究范畴。

同样，对于学术期刊的概念，出版学界和业界也进行了广泛的讨论。为了规范我国学术期刊出版秩序、促进学术期刊健康发展，国家原新闻出版广电总局于 2014 年和 2016 年分两批对中国学术期刊进行了认定，最终确定中国学术期刊共 6449 种。尽管原新闻出版广电总局发布的《关于开展学术期刊认定清理工作的通知》并未对学术期刊进行明确定义，但从出版资质、办刊宗旨、编辑队伍、编辑出版制度、编排规范、刊载内容等多

---

① 叶继元．学术图书、学术著作、学术专著概念辨析［J］.中国图书馆学报，2016（1）：21 - 29.

层面明晰了学术期刊的内涵。在出版学界，多数观点认为学术期刊的概念有广义和狭义之分。基于本研究具体情况，参考国内外学界和业界对学术期刊的理解，结合尹玉吉和李逢超①、魏瑞斌②、叶继元③等学者对学术期刊概念的阐释，笔者将学术期刊定义为：以学术传播和学术问题的探讨为主要目的，以学术交流为宗旨，以刊载学术论文、学术评论（包括综述、书评等）、学术研究动态等为主要内容，具有学术出版资质、采用学术出版规范、实行同行评议制的期刊。既包含以刊载原创研究成果为主的一次期刊，也包含以文摘、索引为主要内容二次期刊。既包括理论性学术期刊，也包括应用型学术期刊。当然，以时事性、文学性、消遣性、科普性等内容为主的期刊不包括在内。

随着互联网和数字技术的高速发展，传统纸质学术图书和期刊经历了剧烈的数字化变革，数字学术图书和期刊顺应时代的潮流产生并快速发展，大大拓展了传统纸质学术出版物的传播广度和深度，改写了学术出版的历史和现实图景。近年来，E-only 学术图书和期刊数量快速增长，数据库出版成为最有潜力的新型出版形态。这些新技术、新理念催生的出版物新形态也都在本研究范围内。

---

① 尹玉吉，李逢超. 学术期刊分级研究述评 [J]. 山东理工大学学报（社会科学版），2004（3）：102 - 107.
② 魏瑞斌. 学术期刊核心竞争力 [M]. 太原：北岳文艺出版社，2008：21.
③ 叶继元. 学术期刊的内涵、外延及其评价机制探讨 [J]. 云梦学刊，2016（4）：7 - 10.

表0-1 "一带一路"沿线国家基本情况

序号	区域	国家或地区	国土面积（万平方公里）	人口数量（万人）	官方语言	主要宗教	GDP（亿美元）	币种	汇率（100元人民币/外币）
1	东北亚	蒙古	156.65	340	喀尔喀蒙古语	喇嘛教	131	图格里克	44511.71
2		俄罗斯	1709.82	14600	俄语	东正教、伊斯兰教	15000	俄罗斯卢布	1112.92
3	东南亚	新加坡	0.07	545	马来语、英语、华语、泰米尔语	佛教、道教、伊斯兰教、基督教、印度教	3877	新加坡元	21.11
4		印度尼西亚	191.35	27100	印尼语	伊斯兰教	11900	印度尼西亚盾	221449.61
5		马来西亚	33.00	3270	马来语	伊斯兰教、佛教、印度教、基督教	3567	林吉特	65.00
6		泰国	51.30	6617	泰语	佛教、伊斯兰教	5189	铢	519.68
7		越南	32.96	9826	越南语	佛教、天主教、和好教、高台教	3500	越南盾	352671.49
8		菲律宾	29.97	11000	菲律宾语、英语	天主教、伊斯兰教	3919	比索	318.58
9		柬埔寨	18.00	1600	柬埔寨语（又称高棉语）	佛教	277	瑞尔	63405.91
10		缅甸	67.66	5458	缅甸语	佛教、伊斯兰教	760	缅币	27625.30
11		老挝	23.68	734	老挝语	佛教	204	基普	163682.19
12		文莱	0.58	43	马来语	伊斯兰教、佛教、基督教	135	文莱元	20.97
13		东帝汶	1.50	132	德顿语、葡萄牙语	天主教	19	美元	15.64

续表

序号	区域	国家或地区	国土面积（万平方公里）	人口数量（万人）	官方语言	主要宗教	GDP（亿美元）	币种	汇率（100元人民币/外币）
14	南亚	印度	298.00	139000	印地语、英语	印度教、伊斯兰教	32000	印度卢比	1151.63
15		巴基斯坦	79.61	20800	乌尔都语、英语	伊斯兰教	2782	巴基斯坦卢比	2650.47
16		斯里兰卡	6.56	2167	僧伽罗语、泰米尔语	佛教、印度教、伊斯兰教	807	卢比	3139.20
17		孟加拉国	14.76	17000	英语	伊斯兰教	3550	塔卡	1333.79
18		尼泊尔	14.70	3000	尼泊尔语	印度教、佛教	304	尼泊尔卢比	1839.49
19		马尔代夫	11.53	56	迪维希语	伊斯兰教	38	卢菲亚	240.61
20		不丹	3.80	76	宗卡语	藏传佛教、印度教	22	努扎姆	1152.74
21	西亚北非	阿联酋	8.36	930	阿拉伯语	伊斯兰教	4101	迪拉姆	57.44
22		科威特	1.78	446	阿拉伯语	伊斯兰教	1332	科威特第纳尔	4.70
23		土耳其	78.36	8468	土耳其语	伊斯兰教	8027	土耳其里拉	151.48
24		卡塔尔	1.15	266	阿拉伯语	伊斯兰教	1692	卡塔尔里亚尔	56.67
25		阿曼	30.95	449	阿拉伯语	伊斯兰教	859	阿曼里亚尔	5.99
26		黎巴嫩	1.05	607	阿拉伯语	伊斯兰教、基督教	180	黎巴嫩镑	23535.17
27		沙特阿拉伯	225.00	3617	阿拉伯语	伊斯兰教	8335	沙特里亚尔	58.55
28		巴林	0.08	150	阿拉伯语	伊斯兰教	328	巴林第纳尔	5.87
29		以色列	2.50	959	希伯来语	犹太教、伊斯兰教、基督教	4166	新谢克尔	48.45

续表

序号	区域	国家或地区	国土面积（万平方公里）	人口数量（万人）	官方语言	主要宗教	GDP（亿美元）	币种	汇率（100元人民币/外币）
30	西亚北非	也门	52.80	2980	阿拉伯语	伊斯兰教	269	也门里亚尔	3893.10
31		埃及	100.10	10400	阿拉伯语	伊斯兰教	3856	埃及镑	244.81
32		伊朗	164.50	8502	波斯语	伊斯兰教	5046	土曼	65.37
33		约旦	8.90	1105	阿拉伯语、英语	伊斯兰教	451	约旦第纳尔	11.03
34		叙利亚	18.52	1929	阿拉伯语	伊斯兰教、基督教	165	叙利亚镑	39103.44
35		伊拉克	43.83	4225	阿拉伯语、库尔德语	伊斯兰教	2015	伊拉克第纳尔	22707.20
36		阿富汗	64.75	3220	普什图语、达里语	伊斯兰教	198	阿富汗尼	1419.08
37		巴勒斯坦	0.62	1350	阿拉伯语	伊斯兰教	150	新谢克尔	48.45
38		阿塞拜疆	8.66	1017	阿塞拜疆语	伊斯兰教	537	马纳特	26.44
39		格鲁吉亚	6.97	390	格鲁吉亚语	东正教、伊斯兰教	187	拉里	49.14
40		亚美尼亚	2.97	296	亚美尼亚语	基督教	139	德拉姆	7389.57
41		波兰	32.26	3803	波兰语	天主教	6133	兹罗提	62.18
42	中东欧	阿尔巴尼亚	2.87	279	阿尔巴尼亚语	伊斯兰教、天主教、东正教	171	列克	1648.96
43		爱沙尼亚	4.53	133	爱沙尼亚语	基督新教、东正教、天主教	274	欧元	13.52
44		立陶宛	6.53	280	立陶宛语	天主教、东正教、基督新教	592	欧元	13.52

续表

序号	区域	国家或地区	国土面积（万平方公里）	人口数量（万人）	官方语言	主要宗教	GDP（亿美元）	币种	汇率（100元人民币/外币）
45		斯洛文尼亚	2.03	211	斯洛文尼亚语	天主教	557	欧元	13.52
46		保加利亚	11.10	683	保加利亚语	东正教、伊斯兰教	725	列弗	26.29
47		捷克	7.89	1070	捷克语	天主教	2823	克朗	339.51
48		匈牙利	9.30	969	匈牙利语	天主教、基督教	1645	福林	4853.95
49		北马其顿	2.57	210	马其顿语	东正教、伊斯兰教	120	代纳尔	827.90
50		塞尔维亚	8.85	687	塞尔维亚语	东正教	569	第纳尔	1579.78
51		罗马尼亚	23.80	1895	罗马尼亚语	东正教	2554	列伊	66.51
52		斯洛伐克	4.90	546	斯洛伐克语	天主教	1037	欧元	13.52
53	中东欧	克罗地亚	5.66	406	克罗地亚语	天主教	611	库纳	101.05
54		拉脱维亚	6.46	188	拉脱维亚语、通用俄语	基督新教、东正教	351	欧元	13.52
55		波黑	5.12	353	波斯尼亚语、塞尔维亚语、克罗地亚语	伊斯兰教、东正教、天主教	200	可兑换马克（波黑马克）	26.29
56		黑山	1.39	62	黑山语	东正教	45	欧元	13.52
57		乌克兰	60.37	4113	乌克兰语	东正教、天主教	2000	格里夫纳	405.90
58		白俄罗斯	20.76	926	白俄罗斯语、俄语	东正教、天主教	670	白俄罗斯卢布	38.01
59		摩尔多瓦	3.38	349	摩尔多瓦语	东正教	131	摩尔多瓦列伊	272.40

续表

序号	区域	国家或地区	国土面积 （万平方公里）	人口数量 （万人）	官方语言	主要宗教	GDP （亿美元）	币种	汇率（100 元 人民币/外币）
60	中亚	哈萨克斯坦	272.49	1913	哈萨克语、俄语	伊斯兰教、东正教、 天主教、佛教	1766	坚戈	6690.46
61		吉尔吉斯坦	19.99	670	俄语	伊斯兰教	80	索姆	1320.21
62		土库曼斯坦	49.12	572	土库曼语	伊斯兰教、东正教	452	土库曼斯坦马纳特	54.39
63		塔吉克斯坦	14.31	1000	塔吉克语	伊斯兰教	88	索莫尼	175.05
64		乌兹别克斯坦	44.89	3560	乌兹别克语	伊斯兰教、东正教	692	苏姆	163583.12

说明：

1. 本表数据检索时间为 2021 年 5 月 15 日。

2. 本表中国土面积、人口数量、官方语言、主要宗教、GDP、币种等信息来自中国外交部官网"国家（地区）"的相关介绍。

40

1 中国学术出版向"一带一路"沿线国家"走出去"的历史契机与现实环境

"一带一路"倡议为中国学术出版"走出去"开创了崭新的历史契机，提供了宝贵的发展机遇，但也提出了前所未有的挑战。深刻认识"走出去"的历史契机与现实环境是后续研究开展的重要前提。

1.1 中国学术出版向沿线国家"走出去"的历史契机

"一带一路"倡议提出以来，中国同沿线国家的交流合作不断深入。在"一带一路"建设由"大写意"到"工笔画"不断聚焦、精雕细琢的当下，加强我国学术出版国际传播能力与话语体系建设成为我国国际交流合作的一项重要工作。在这样的背景下，中国学术出版向"一带一路"沿线国家"走出去"迎来了历史性的发展契机。

1.1.1 中国学术出版向沿线国家"走出去"是"一带一路"建设的重要组成部分

总体看来，自 2013 年"一带一路"倡议提出以来，中国与沿线国家及相关国家在政策沟通、设施联通、贸易畅通、资金融通、民心相通这五大领域取得了令世界瞩目的成果。但是相较于基础设施工程建设、经贸合作的大踏步前进，"一带一路"文化交流较为滞后，学术出版向沿线国家"走出去"没有及时跟进，明显落后于其他领域拓展沿线市场的程度。可以说，中国学术出版在"一带一路"沿线国家的影响力和传播力低于中国经贸的影响力①。

---

① 甄云霞，王珺.服务"一带一路"倡议推动出版交流合作高质量发展［M］//魏玉山."一带一路"国际出版合作发展报告（第一卷）.北京：中国书籍出版社，2019：7.

针对中国学术出版向沿线国家"走出去",多数研究者强调了其在"民心相通"方面发挥的积极作用。实际上,中国学术出版向沿线国家"走出去"涉及了五大建设领域的各方面,除了致力于"民心相通"的学术交流,还包括与沿线各国就出版政策的交流调适、对数字出版设施连通的规范制定、在版权贸易领域的经济往来、在出版合作领域的投资融资等。从学术出版的功能来看,由于其满足了人类社会对创新知识的极大需求,所以能够为经贸等各领域的中外合作打下坚实的文化基础和民心基础,形成文化认同和价值认同,为"一带一路"倡议营造良好的国际舆论环境,为"一带一路"建设的行稳致远提供文化、精神与思想层面的长久保障。

虽然目前相较于基础设施工程建设等领域,中国学术出版向沿线国家"走出去"成果尚不丰硕,真正反映当代中国前沿研究成果的出版产品向沿线国家"走出去"的程度还不高,但随着"一带一路"建设的持续推进及中国学术出版与沿线国家出版交流的全面开展,中国学术出版"走出去"在促进沿线国家学术交流、打造沿线国家学术出版共同体、加强我国学术出版国际传播能力与话语体系建设等方面的积极作用必定会全方位凸显。因此,"一带一路"倡议为中国学术出版"走出去"指明了新方向、开辟了新市场,中国学术出版向沿线国家"走出去"也必然成为"一带一路"建设的重要组成部分。

1.1.2 中国学术出版向沿线国家"走出去"是中华民族伟大复兴历史任务的内在要求

"一带一路"建设的全面推进,也是我国不断与欧美发达国家相比较的过程,在这一过程中,我国正迎来实现中华民族伟大复兴的良好契机[1];对于中国学术出版"走出去"来说,这一过程更孕育着我们打破西方价值观念与利益需求的价值体系,冲破西方国家对全球学术话语权的控制,突破西方国家对全球学术出版格局、标准、平台、规范等的垄断,实现自主"走出去"的历史契机。中国学术出版向沿线国家"走出去"是中华民族伟大复兴历史任务的内在要求。

---

① 洪俊浩,严三九. 中华文化"走出去"的喜与忧 [M]//单波,刘欣雅. 国家形象与跨文化传播. 北京:社会科学文献出版社,2017:297.

从政治和文化层面考察，中国学术研究成果与国际传播能力是国家重要的战略资源，中国学术出版"走出去"也必然担负着构建新时期国际话语体系、树立我国负责任的大国形象的政治和文化任务。从世界发展历史来看，整个 19 世纪，西方主要国家创立的渗透着西方价值观念与利益需求的学术研究体系随着其对世界各国的征服被赋予了普世的价值，使得西方主要国家牢牢掌握了国际学术话语权，学术话语权又反过来赋予了它们支配国际学术资源和决定学术出版发展方向的强大权利。在这一过程中，西方主要国家成了世界上的学术出版"大国"，其他国家，特别是欠发达地区的国家只能遵循其制定的种种所谓公平的"国际标准"①，这从根源上导致了中国学术出版向英、美等西方主要国家"走出去"努力多年却收效甚微的现状。直至今日，中国学术出版都未能对西方乃至世界学术界产生足够的影响。与此同时，西方主要国家对中国普遍存在偏见，受西方舆论和学术观点的影响，许多国家很难认同中国的发展道路、经验、理念和模式。因此，我国迫切需要学术出版通过知识传播和思想创新形成舆论引导，构建新时期国际话语体系。在"一带一路"背景下，我国学术出版"走出去"的外部环境发生了巨大的变化：一方面，大多数沿线国家的学术成果质量及学术出版整体水平低于中国，这表明中国学术出版在沿线国家有着广泛的市场；另一方面，沿线国家也有众多的优秀作者，拥有诸多优秀稿源，这也正是中国学术出版"走出去"所需要的。此外，基于民族血缘、文化、语言的相同或相似性，中国学术出版在沿线国家"走出去"的阻碍要远小于西方国家，更容易得到文化认同并通过学术的力量构建深层次认同②。因此，中国学术出版要抓住这一历史机遇，为构建新时期国际话语体系、树立我国负责任的大国形象、实现中华民族伟大复兴构建坚实的学术基础，营造良好的国际舆论氛围和文化环境。

从经济层面考察，学术出版是利润最高、稳定性最强的出版类型。荷兰学者迪克·凡·莱特（Dick van Lente）和弗雷·德胡耶（Ferry de Goey）通过实证研究提出学术出版处于出版金字塔的最顶端，平均利润率可达到

---

① 刘杨. 中国社会科学学术期刊"走出去"研究［M］. 北京：社会科学文献出版社，2015：39.

② 张伟伟，王磊，赵文义."一带一路"倡议助力中国学术期刊国际传播［J］. 科技与出版，2019（6）：18－22.

30% ~40%，而且其出版物内容几乎没有任何的地域限制①。因此，相较于大众出版和教育出版，学术出版不仅利润丰厚，同时也是最容易且最有可能率先"走出去"的出版类型。改革开放以来，中国市场经济蓬勃发展，而市场经济的本质需要市场的扩大，需要利润的不断丰富。中国对外文化贸易的战略目标是建党 100 周年基本建成体现对外文化贸易强国的框架，到中华人民共和国成立 100 周年全面形成对外文化贸易强国的实力②。中国学术出版作为中国出版产业的核心及中国对外文化贸易的重要组成部分，必须"走出去"，也必然"走出去"。"一带一路"覆盖了全世界约 1/3 的国家和地区与超过 60% 的人口，有着巨大的市场潜力。中国 90% 以上的出版机构都涉及学术出版③，因此，中国学术出版要抓住这一历史机遇，主动谋划布局，积极扩大市场，为实现中华民族伟大复兴提供强大的经济保障。

1.1.3　中国学术出版向沿线国家"走出去"是中国学术对世界文明发展产生积极贡献的重要路径

回望历史，古代丝绸之路首开人类文明交流先河，是不同国家、不同民族和平交往的典范，其发展和繁荣不仅首次实现了科学技术大传播，而且是人类社会和生产方式巨变的孵化器④，对世界文明发展产生了意义深远的贡献。2000 多年后，"一带一路"倡议传承了古代丝路文明的精神，致力于与沿线国家及相关各国在多元文明交流互鉴中走向共同繁荣，为世界文明的发展做出积极贡献。

作为"一带一路"倡议中"民心相通"的重要组成部分，"广泛开展文化交流、学术往来"要求中国学术出版积极向沿线国家"走出去"。事实上，中国 5000 年的发展史本身就是一个"文化富矿"和"学术富矿"，这段历史中有太多问题需要中国学术研究做出解释，尤其是改革开放 40 多年以来，中国社会发生了天翻地覆的变化，而这些变化之中一定隐含着中

① Dick Van Lente, Ferry de Goey. Trajectories of Internationalization: Knowledge and National Business Styles in the Making of Two Dutch Publishing Multinationals, 1950—1990 [J]. Enterprise & Society, 2008, 9 (1): 165 - 202.
② 谢清风. "一带一路"倡议与提高中国出版国际竞争力分析 [J]. 科技与出版, 2018 (1): 20 - 25.
③ 谢寿光. 中国学术出版：现状、问题与机遇 [J]. 出版发行研究, 2013 (5): 27 - 30.
④ 李国强. "一带一路"倡议：从理论到实践的观察与思考 [R]. 重庆：西南政法大学, 2017.

国自身的特殊经验，因为中国并没有按照西方的发展模式却达到了发展的目的①。这些中国经验中蕴含着中国人对社会文化、历史、制度、价值观念的认识，而所有这些都是西方文化和西方学术思想无法解释的，需要我们通过自己的研究成果来总结和阐释②。随着中国经济、政治实力的不断提升，"一带一路"沿线国家越来越渴望了解中国，借鉴中国经验与中国模式，提升自身发展水平，如面对消除贫困这一沿线国家普遍面对的重要问题，中国正通过"一带一路"建设的推进，将帮助7亿人口脱贫的珍贵经验与模式和沿线国家分享。乌兹别克斯坦总统沙夫卡特·米尔济约耶夫（Shavkat Mirziyoyev）指出应当借鉴中国在扶贫事业中的成功经验，并利用上合组织以及其他地区和国际多边合作框架机制，传递中国成功的治国理政经验和理念，以期达成"一国治而后天下治"的目标③。

"一带一路"倡议把我国与沿线国家发展的美好愿景联结起来，中国学术出版向沿线国家"走出去"则为中国和沿线国家之间的学术往来及中国经验与模式的输出搭建了桥梁，承担着中国和沿线国家学术及学术出版发展繁荣的重要职责，为构建人类命运共同体奠定了坚实基础，体现了中国学术出版为世界文明进步做出应有贡献的内在要求。

总之，中国学术出版向沿线国家"走出去"能够从精神和思想的高度引导中国和沿线国家人民之间形成足够的文化认同、弥合相互之间价值观的差异④，形成不同国家之间在政治、经济、科技、文化等多方面的凝聚力。因此，中国学术出版应承担起新的历史使命，为共建"一带一路"注入新动力。

1.2 中国学术出版向"一带一路"沿线国家"走出去"的现实环境

知识和文化是联结人类的天然纽带，是"命运共同体"意识的核心

---

① 邓正来. 全球化时代的中国社会科学发展 [J]. 社会科学战线，2009（5）：1 – 13.

② 刘杨. 中国社会科学学术期刊"走出去"研究 [M]. 北京：社会科学文献出版社，2015：42.

③ 李明智. 中国扶贫经验为"一带一路"国家提供借鉴 [EB/OL].（2021 – 03 – 18）[2021 – 09 – 15]. https://www.sohu.com/a/456233594_115239.

④ 甄云霞，王珺. 服务"一带一路"倡议推动出版交流合作高质量发展 [M]//魏玉山. "一带一路"国际出版合作发展报告（第一卷）. 北京：中国书籍出版社，2019：7.

和基础，这是由人类的种属性特征决定的。"一带一路"倡议符合人类的这一种属性特征，知识与文化有理由成为"一带一路"的开路先锋和铺路石①。作为知识传播和学术传承的基本渠道，中国学术出版向"一带一路"沿线国家"走出去"迎来了崭新的发展机遇，也面临着前所未有的挑战。

1.2.1　中国学术出版向沿线国家"走出去"的发展机遇

"一带一路"倡议将中国学术出版"走出去"纳入了自身宏观构建和整体布局，为其提供了全新的方向和崭新的发展机遇。

1.2.1.1　沿线国家学术出版市场潜力巨大

在经济层面，"一带一路"贯通中亚、南亚、西亚、东北亚、东南亚、北非、中东欧等区域，连接亚太和欧洲两大经济圈，是世界上跨度最大、最具发展潜力的经济合作带。沿线 64 个国家有约 44 亿人口，经济总量约 21 万亿美元，分别占全球的 63% 和 29%②。除个别国家外，大多数沿线国家都是新兴经济体和发展中国家，普遍处于经济发展上升期且不断加快融入经济全球化的速度，可以说"一带一路"沿线是世界经济新的增长区域。同时，沿线各国还通过一些优惠政策，鼓励外国投资和贸易，带动本国经济的发展。相当一部分国家的学术出版产业成熟度与中国有一定差距，这为中国学术出版向其"走出去"提供了广阔市场。

在社会环境层面，历史上的亲缘关系、文化上的亲和力、政治上的伙伴关系、稳定的双边和多边贸易关系为中国学术出版向沿线国家"走出去"提供了良好的环境和发展机遇③，如东盟国家出版市场凭借地缘、文化、语言和血缘的独特优势，在中国学术出版"走出去"发展版图中越发重要。

在学术信息需求层面，随着"一带一路"建设的推进，沿线国家渴望了解中国和加强学术交流的呼声日益强烈，对中国学术出版产品的需求不断提高。中国 5000 年的发展史蕴含着无数的学术宝藏，尤其是改革开放 40 多年来，中国没有走西方的发展路径却依然实现了快速的发展，这都使

---

① 于殿利. "一带一路"文化铺路 [J]. 科技与出版，2018（4）：36 – 40.
② 高虎城. 深化经贸合作共创新的辉煌 [N]. 人民日报，2014 – 07 – 02（11）.
③ 刘叶华. 中国图书出版企业进入土耳其市场模式调查研究 [J]. 出版参考，2014（34）：6 – 9.

沿线国家渴望深入了解、学习和借鉴中国经验和中国模式,提升自身发展水平。中国人民大学出版社国际出版中心主任刘叶华指出,沿线国家对中国经济发展方面的研究类书籍非常感兴趣,需要很多讲中国案例的学术书籍①。原国家新闻出版广电总局副局长邬书林也指出对于先进有用的科技,沿线国家会千方百计地获取②,如中医学与中药学出版物尽管翻译难度较大,但仍在沿线国家广为传播。

在基础设施与技术合作层面,沿线国家有巨大的合作潜力与空间。学术出版是三大出版领域中与数字和网络技术结合最紧密的类型,而相当一部分沿线国家由于经济发展水平和所处区域的制约,在网络基础设施、数字出版技术等方面较为落后,与发达国家之间的"数字鸿沟"越发凸显,而这种"数字鸿沟"的出现和加剧恰恰说明了这些沿线国家在数字出版领域有较强的市场开发潜力③。因此,"一带一路"沿线国家与中国在数字出版技术开发、网络基础设施建设等方面有巨大的合作潜力与空间。

1.2.1.2 沿线国家学术出版内容资源丰富

优质的学术内容是学术出版的根基,也是中国学术出版能否真正"走出去"的关键。学术无国界,中国学术出版除了承载中国本土研究成果,更应努力发掘和吸引国外前沿学术成果,通过出版内容的不断丰富,促进自身国际传播能力的提升与话语体系建设的完善。

"一带一路"沿线文明源远流长,有古印度文明、古巴比伦文明、古埃及文明等,还有东亚华夏文化圈、南亚婆罗门文化圈、中东伊斯兰文化圈等九大文化圈④,蕴含着数不尽的文化经典与区域性特色学科,也不乏众多优秀作者与稿源,为中国学术出版"走出去"提供了丰富的内容资源和本土化智力支持。

1.2.1.3 国家政策规划持续引领

2003年初,时任新闻出版总署署长石宗源第一次提出推动我国新闻出版业进一步发展的"走出去"战略,此后配套政策不断完善,对学术出版

---

① 孟妮.推动学术图书"走出去" [EB/OL].(2016 - 06 - 28) [2021 - 09 - 15].http://finance.china.com.cn/roll/20160628/3788011.shtml.
② 陈怡.中国学术出版"走出去"空间巨大 [N].上海科技报,2015 - 08 - 21(01).
③ 黄楚新,彭韵佳.信息化建设打造数字"一带一路" [J].网络传播,2017(4):30 - 31.
④ 谢清风."一带一路"倡议与提高中国出版国际竞争力分析 [J].科技与出版,2018 (1):20 - 25.

"走出去"给予了明确、具体的指导。2013 年"一带一路"倡议的提出，为中国学术出版"走出去"提供了全新的方向和视野，以及强有力的政策支持。

2016 年 11 月 1 日和 12 月 5 日，中央全面深化改革领导小组第二十九次和三十次会议分别审议通过《关于进一步加强和改进中华文化走出去工作的指导意见》和《关于加强"一带一路"软力量建设的指导意见》，强调要加强和改进中华文化走出去工作，创新内容形式和体制机制，拓展渠道平台，创新方法手段①；加强理论研究和话语体系建设，推进舆论宣传和舆论引导工作，加强国际传播能力建设，为"一带一路"建设提供有力理论支撑、舆论支持、文化条件②。2017 年 7 月，中共中央办公厅、国务院办公厅印发了《关于加强和改进中外人文交流工作的若干意见》，这是党和国家首次针对中外人文交流工作制定专门文件，从指导思想、基本原则、工作重点、重大举措及工作机制等方面系统规划新时代中外人文交流，为更好地发挥包括"一带一路"在内中外人文交流机制在党和国家对外工作中的作用提供了重要遵循③。2018 年 11 月 14 日，中央全面深化改革委员会第五次会议审议通过《关于加强和改进出版工作的意见》，指出要加强内容建设，深化改革创新，完善出版管理④。2018 年 12 月 18 日，国务院办公厅印发《进一步支持文化企业发展的规定》，提出要加大对国家文化出口重点企业和项目的扶持力度，加强国家文化出口基地建设⑤。2021 年 9 月，中共中央、国务院印发了《知识产权强国建设纲要（2021—2035 年)》，强调要构建多边和双边协调联动的国际合作网络，深化与共建"一带一路"国家和地区知识产权务实合作，打造高层次合作平台，推进

---

① 巩育华，管克江. 文化走出去，更要走进去 [N]. 人民日报，2016 – 11 – 23 (12).

② 亚玮，邹磊. 阐述中国方案加强"一带一路"话语体系建设 [EB/OL]. (2017 – 08 – 12) [2021 – 09 – 15]. http://www. xinhuanet. com/politics/2017 – 08/12/c_1121468857. htm.

③ 中国"一带一路"战略研究院. 中共中央办公厅国务院办公厅印发《关于加强和改进中外人文交流工作的若干意见》 [EB/OL]. (2017 – 12 – 21) [2021 – 09 – 15]. http://www. gov. cn/xinwen/2017 – 12/21/content_5249241. htm.

④ 中央全面深化改革委员会第五次会议通过《关于加强和改进出版工作的意见》 [J]. 出版与印刷，2018 (4)：50.

⑤ 中华人民共和国中央人民政府. 国务院办公厅关于印发文化体制改革中经营性文化事业单位转制为企业和进一步支持文化企业发展两个规定的通知 [EB/OL]. (2018 – 12 – 25) [2021 – 09 – 15]. http://www. gov. cn/zhengce/content/2018 – 12/25/content_5352010. htm.

信息、数据资源项目合作①。从内容建设到渠道拓展，从机制体制创新到方法手段创新，从基地建设到合作网络构建，从话语体系建设到国际传播能力建设，上述指导文件为中国学术出版向沿线国家"走出去"指明了前进方向和根本遵循。

在此期间，国家新闻出版署、国家版权局、教育部、文化和旅游部等有关部门也先后出台相应专项规划和工作方案，推动学术出版"走出去"。①国家新闻出版广电总局于 2017 年 1 月 20 日印发《新闻出版业"十三五"时期"走出去"专项规划》，对出版"走出去"内容生产、渠道拓展、本土化运作等各项任务作出系统安排②。同年 9 月，印发《新闻出版广播影视"十三五"发展规划》，提出要以"一带一路"沿线国家为重点，深入实施丝路书香工程，同时要在沿线国家重点培育版权交易中心（基地）③。2021 年 12 月 30 日，国家新闻出版署印发《出版业"十四五"时期发展规划》，指出要加大对学术出版的支持力度，加强出版"走出去"内容建设，拓展出版"走出去"方式渠道，扎实推进丝路书香、中国出版物国际营销渠道拓展工程等出版"走出去"重点工程项目，增强出版国际竞争力和影响力④。②国家版权局于 2017 年 1 月 25 日印发《版权工作"十三五"规划》，指出要积极推动"一带一路"涉外版权工作，拓展国际交流合作渠道；促进与"一带一路"沿线国家版权工作开展；重点培育"一带一路"沿线国家版权交易中心，继续举办中国国际版权博览会，扩大版权产业影响⑤。2021 年 12 月 29 日，印发《版权工作"十四五"规划》，强调要深化与共建"一带一路"国家和地区的高层次版权交流合作，巩固和发展与有版权合作协议的重点国家版权对话合作机制，开创更高水

---

①　中共中央 国务院印发《知识产权强国建设纲要（2021—2035 年）》［N］.人民日报，2021 - 09 - 23（01）.

②　钱凤强，刘叶华."十三五"时期我国图书走出去提质增效路径分析［J］.中国出版，2017（13）：10 - 14.

③　新闻出版广播影视"十三五"发展规划［EB/OL］.（2017 - 09 - 28）［2021 - 09 - 15］. https://www.sohu.com/a/195178581_160257.

④　国家新闻出版署.国家新闻出版署关于印发《出版业"十四五"时期发展规划》的通知［EB/OL］.（2021 - 12 - 30）［2022 - 01 - 15］.https://www.nppa.gov.cn/nppa/contents/279/102953.shtml.

⑤　国家版权局.国家版权局关于印发《版权工作"十三五"规划》的通知［EB/OL］.（2017 - 02 - 15）［2021 - 09 - 15］.http://www.ncac.gov.cn/chinacopyright/contents/12228/346356.shtml.

平开放型版权发展新局面①。③文化部（现文化和旅游部）于 2016 年 12 月 28 日印发《文化部"一带一路"文化发展行动计划（2016—2020 年)》，以健全"一带一路"文化交流合作机制、完善"一带一路"文化交流合作平台、打造"一带一路"文化交流品牌、推动"一带一路"文化产业繁荣发展、促进"一带一路"文化贸易合作为重点任务，旨在助推"一带一路"沿线国家和地区积极参与文化交流与合作，推动中华文化"走出去"，为全面推进"一带一路"建设夯实民意基础②。2017 年 4 月 11 日，印发《文化部关于推动数字文化产业创新发展的指导意见》，强调中国数字文化产业要积极面向"一带一路"沿线国家开展国际合作③。2021 年 7 月，印发《"十四五""一带一路"文化和旅游发展行动计划》，提出要推动"一带一路"文化发展，构建全方位发展新格局，推动国内政策支撑体系和国际协调机制建设水平不断提高，与共建"一带一路"国家合作的广度和深度不断拓展④。④教育部于 2016 年 7 月 13 日印发《推进共建"一带一路"教育行动》，明确指出要打造"一带一路"学术交流平台，吸引各国专家学者、青年学生开展研究和学术交流⑤。2018 年 11 月 7 日，印发《高校科技创新服务"一带一路"倡议行动计划》，规定各高校"一带一路"建设的服务贡献度将作为评价高校"双一流"建设的重要方面⑥。可以看出，国家各部门从平台建设、内容供给、工程实施、数字化建设、国内

---

① 国家版权局. 国家版权局关于印发《版权工作"十四五"规划》的通知 [EB/OL].（2021 - 12 - 29）[2022 - 01 - 15]. https://www.ncac.gov.cn/chinacopyright/2022xcz/12696/356148. shtml.

② 中华人民共和国文化和旅游部. 文化部关于印发《文化部"一带一路"文化发展行动计划（2016—2020 年)》的通知 [EB/OL].（2016 - 12 - 28）[2021 - 09 - 15]. http://zwgk.mct.gov.cn/zfxxgkml/ghjh/202012/t20201204_906371. html.

③ 中华人民共和国文化和旅游部. 文化部关于推动数字文化产业创新发展的指导意见 [EB/OL].（2017 - 04 - 11）[2021 - 09 - 15]. http://zwgk.mct.gov.cn/zfxxgkml/zcfg/gfxwj/202012/t20201204_906313. html.

④ 中华人民共和国文化和旅游部. 《"十四五""一带一路"文化和旅游发展行动计划》制定印发 [EB/OL].（2021 - 07 - 19）[2021 - 09 - 15]. https://www.mct.gov.cn/whzx/whyw/202107/t20210719_926507. htm.

⑤ 中华人民共和国中央人民政府. 教育部关于印发《推进共建"一带一路"教育行动》的通知 [EB/OL].（2016 - 07 - 13）[2021 - 09 - 15]. http://www.gov.cn/gongbao/content/2017/content_5181096. htm.

⑥ 张伟伟, 王磊, 赵文义."一带一路"倡议助力中国学术期刊国际传播 [J]. 科技与出版, 2019 (6)：18 - 22.

外协调机制设计等多方面对中国学术出版向沿线国家"走出去"给予了全面规划与支持。

北京、广东、上海、江西、新疆、浙江、内蒙古、四川、广西等多地政府也相继出台出版向沿线国家"走出去"的支持政策,为各地学术出版"走出去"主体提供了更具针对性的政策指引。如 2016 年 6 月,新疆维吾尔自治区新闻出版广电局(现新疆维吾尔自治区新闻出版局)印发的《新疆新闻出版业"十三五"时期发展规划》指出要抓住中央推进"一带一路"建设的重大战略机遇,充分利用国家和自治区丝路书香工程、边疆地区新闻出版"走出去"扶持计划以及"睦邻固边"工程等扶持政策和项目资金,加快新闻出版业"走出去"步伐,提升新疆出版产品在周边国家和"一带一路"沿线国家的市场份额①。2017 年 1 月 10 日,北京市新闻出版广电局(现北京市新闻出版局)印发的《北京市"十三五"时期新闻出版业发展规划》强调要围绕中央加强周边国家外交和推进"一带一路"建设的重大战略部署,通过实施"一带一路"精品内容建设工程等,扩大新闻出版业走出去的范围,提升出版产品在周边和沿线国家的市场份额和影响力。② 2017 年 8 月,广东省新闻出版广电局(现广东省新闻出版局)印发的《广东省数字出版"十三五"发展规划》指出要以岭南文化为载体,充分利用"客都""侨乡"的文化优势,借力"一带一路"、丝路书香工程,实施数字出版产品"走出去"战略③。

1.2.1.4 各类项目工程不断推进

中国出版业积极响应"一带一路"倡议,丝路书香工程于 2014 年 12 月 5 日正式获中宣部批准立项,由国家新闻出版署组织实施,是中国出版业向沿线国家"走出去"的重大项目。丝路书香工程旨在加快推动中国精品图书、汉语教材在丝路国家的出版发行,搭建我国对丝路国家的图书版权贸易平台、出版信息资讯平台,形成与丝路国家新闻出版资源互联互

---

① 新疆维吾尔自治区广播电视局. 新疆新闻出版业"十三五"时期发展规划 [EB/OL]. (2017 - 09 - 26)[2021 - 09 - 15]. http://gdj. xinjiang. gov. cn/xjgdj/ghjh/201709/8d9402e 80f6a45e4b06323cf77ad47b6. shtml.

② 北京市广播电视局. 北京市"十三五"时期新闻出版业发展规划 [EB/OL]. (2017 - 01 - 10)[2022 - 01 - 15]. https://gdj. beijing. gov. cn/zwxx/zdgz/201912/t20191204_834389. html.

③ 广东省新闻出版广电局. 关于印发《广东省数字出版"十三五"发展规划》的通知 [EB/OL]. (2017 - 08 - 08)[2021 - 09 - 15]. http://gbdsj. gd. gov. cn/touch/zwgk/jhgh/content/post_1763432. html.

通、内容共同发掘、渠道共享共用的发展格局①。

除了丝路书香工程，中国图书对外推广计划、中外图书互译计划、经典中国国际出版工程、中国文化著作翻译出版工程、中国出版物国际营销渠道拓展工程、国家社科基金中华学术外译项目、图书版权输出奖励计划、图书"走出去"基础书目库、亚洲经典著作互译计划等重大对外出版工程和项目（表1-1）也纷纷向"一带一路"沿线国家倾斜。这极大激发了我国学术出版市场主体向沿线国家"走出去"的积极性和能动性，也加强了我国与沿线国家学术出版资源的共同挖掘、互联共享②。

表1-1　重大出版"走出去"工程项目情况

序号	名称	组织单位	起始年份	资助内容
1	中国图书对外推广计划	国务院新闻办公室、国家新闻出版署	2006	以翻译费资助方式，鼓励国外出版机构翻译出版优秀中国图书。重点资助反映中国当代社会政治、经济、文化等各个方面发展变化，有助于国外读者了解中国、传播中华文化的作品；反映国家自然科学、社会科学重大研究成果的著作；介绍中国传统文化、文学、艺术等具有文化积累价值的作品
2	国家文化出口重点企业和重点项目	商务部、宣传部、财政部、文化和旅游部、国家新闻出版署	2007	对包括新闻出版机构在内的文化出口重点企业和重点项目进行支持，着力培养一批国际文化市场竞争主体，鼓励、支持和引导各种所有制文化企业开拓国际市场
3	中外图书互译计划	国家新闻出版署	2008	选取重点国家，签署政府间互译协议，采取政府资助、出版机构市场化运作的方式，遴选图书互译出版
4	经典中国国际出版工程	国家新闻出版署	2009	重点支持国内出版机构向世界主要国家和地区输出经典作品，向国际市场推广中华文化，展示当代中国形象。重点支持由海外汉学家、翻译家、作家翻译出版和写作中国的项目，以及"大家写小文"相关项目
5	中国文化著作翻译出版工程	国务院新闻办公室、国家新闻出版署	2009	侧重支持高端类出版物，以资助文化、文学、科技、国情等领域系列产品为主。不仅资助翻译费用，还资助出版及推广费用

---

① 中国一带一路网. 丝路书香工程［EB/OL］.（2016-11-11）［2021-09-15］. https://www.yidaiyilu.gov.cn/qyfc/xmal/2462.htm.

② 范军，邹开元."十三五"时期我国出版走出去发展报告［J］. 中国出版，2020（24）：3-10.

续表

序号	名称	组织单位	起始年份	资助内容
6	边疆地区新闻出版业走出去扶持计划	国家新闻出版署	2009	鼓励新疆、西藏、云南、广西、内蒙古、辽宁、吉林、黑龙江等省（区）与周边国家建立更加密切的联系，扩大我国新闻出版产品与服务对周边国家的输出
7	重点新闻出版企业海外发展扶持工程	国家新闻出版署	2009	重点扶持20家外向型骨干企业，通过独资、合资、合作等方式，到境外建社建站、办报办刊、开厂开店、开网站；通过参股、控股等多种方式，扩大境外投资，参与国际资本运营和国际企业管理；鼓励和支持各种所有制企业拓展新闻出版产品和服务出口业务
8	中国出版物国际营销渠道拓展工程	国家新闻出版署	2010	重点构建以国际主流营销渠道、百家海外华文书店和国际重点网络书店为主体的立体化中国出版物国际销售网络
9	国家社科基金中华学术外译项目	全国哲学社会科学工作办公室	2010	主要资助代表中国学术水准、体现中华文化精髓、反映中国学术前沿的学术精品以外文形式在国外权威出版机构出版并进入国外主流发行传播渠道
10	图书版权输出奖励计划	国家新闻出版署	2014	对国内出版机构、版权代理机构和作者在海外已翻译出版的图书进行奖励。培育专业图书版权贸易代理机构，集中推广中国图书版权
11	丝路书香工程	国家新闻出版署	2014	组织实施各类项目共计11种，包括重点翻译资助项目、丝路国家图书互译项目、汉语教材推广项目、重点图书展会项目、国际营销渠道项目、出版本土化项目等，覆盖出版内容建设、营销渠道拓展、出版数字化、出版人才培养等多方面，推动中国出版产品向"一带一路"沿线国家输出
12	图书"走出去"基础书目库	国家新闻出版署	2015	重点推荐一批深入阐释习近平总书记系列重要讲话精神、展现中国发展道路、中国经济社会发展成就和当代中国价值观念的出版物，重点推广展示中华文化独特魅力的经典著作和当代文艺作品，以及代表我国人文社科和科学技术领域最新研究成果的出版物
13	亚洲经典著作互译计划	中宣部	2019	选取亚洲重点国家和地区，签署政府间互译协议，遴选经典图书互译出版

资料来源：根据各工程项目官网、国家新闻出版署官网、央广网等权威网站资料整理。

除了各部委发布的支持项目，地方政府、相关职能部门、出版物进出口机构、高等教育机构、文化传媒公司等也发布了多个奖励扶持项目，如北京市新闻出版局设立的北京市提升出版业国际传播能力奖励扶持项目、中共上海市委对外宣传办公室负责的上海市"中华文化走出去"专项扶持资金、中国国际图书贸易集团有限公司设立的"一带一路"沿线国家图书馆拓展项目、上海新闻出版发展公司设立的"一带一路"中国图书销售渠道拓展计划项目、北京语言大学教育基金会设立的丝路文化基金、中国人民大学设立的人大外译项目、天津大学设立的天津大学外译项目、宁夏智慧宫文化传媒有限公司设立的"一带一路"沿线国家阿拉伯语数据库建设项目等。多级多个工程项目对中国学术出版"走出去"各个环节各有侧重,形成了多层面、立体化的项目工程支持体系,为中国学术出版"走出去"提供了有力支撑和重要发展机遇。

1.2.2 中国学术出版向沿线国家"走出去"的风险挑战

"一带一路"沿线地区大多是国际战略和政治博弈的敏感区,国家多,地域广,地缘政治关系和社会关系较为复杂,沿线各国在文化传统、意识形态、生活方式、经济水平、宗教信仰、风俗习惯等方面差异明显,利益诉求各不相同,使中国学术出版向沿线国家"走出去"面临多种挑战。

1.2.2.1 政治风险:大国利益冲突,沿线国家内部政局不稳

总体看来,中国学术出版向沿线国家"走出去"的政治风险来自两个方面:一方面是个别大国利益与战略对冲的挑战,另一方面是沿线部分国家内部政局的变化。前者主要指"一带一路"倡议与个别大国之间在国家利益和战略上存在一定程度的不一致,甚至是冲突,从而对包括学术出版在内的中国文化"走出去"产生负面影响。如为了制约我国"一带一路"建设的推进,美国重返亚太脚步加快,不断加强对东南亚地区的控制,在改善传统盟友关系的同时发展新的盟友关系,且一些东南亚国家受美国影响深刻,与其保持着极其密切的政治关系①;又如2014年印度莫迪政府推出的"季风计划"(Project Mausam)以"历史与文化"为基本内容,旨在加强印度洋沿岸国家间的相互理解和信任,使沿岸国家与印度逐渐形成某种共同的价值认同②,从而实现"印度主导的海洋

---

① 王义桅. "一带一路"机遇与挑战 [M].北京:人民出版社,2015:99.
② 陶亮. "季节计划"、印度海洋战略与"21 世纪海上丝绸之路" [J].南亚研究,2015
(3):95 – 110.

世界",此计划与"一带一路"倡议既相互重叠,又相互竞争,对中国文化"走出去"有一定的制约作用。后者主要指沿线部分国家正处于政治转型过程中,其未来政府或政权的性质存在不确定性,导致其未来政治与政策也存在不确定性,从而影响中国学术出版向沿线国家"走出去"工作的可持续开展,如缅甸、柬埔寨处于民主化转型初期,社会和政治动荡,民族宗教矛盾开始显露,泰国政治分裂的局面短期内无法改善①等都影响着中国学术出版向沿线国家"走出去"的进程。除此之外,以美国为首的个别大国在战略上大幅提升亚太地区海洋争端的地位,导致亚太地区不稳定因素和紧张气氛日趋加剧②,这些都滞缓了中国学术出版向沿线国家"走出去"的进程。

1.2.2.2 经济风险:区域经济发展不平衡,出版产业发展水平参差不齐

"一带一路"沿线各区域经济发展的不平衡性对中国学术出版向沿线国家"走出去"力图实现的经济目标产生了强大阻力。"一带一路"建设重点是对我国周边若干经济区域的整合与提升,但沿线国家发展水平参差不齐,发展需求不尽一致,相当一部分国家经济条件较差、基础设施薄弱、经济结构单一、内生动力不强,海外投资环境堪忧,一些国家还存在投资风险,包括长期投资无法取得经济回报。

国家经济发达程度决定了其文化产业的发展水平,"一带一路"沿线国家经济发展不均衡的现状决定了其出版业的发展呈现出明显的差异化特征。少数国家如波兰、匈牙利、以色列、新加坡等,经济与文化产业相对发达,出版业经历了长期稳定的发展,一些国家与我国有着广泛的版权贸易与出版合作,为中国学术出版向其"走出去"提供了良好的市场环境。然而,相当一部分沿线国家文化产业的发展受到一定限制,如东欧的白俄罗斯、哈萨克斯坦等受经济因素的影响,出版市场均有所衰退,表现在出版物销量下滑、出版机构与发行机构减少等方面③。还有一些沿线国家文

---

① 李国强. "一带一路"倡议:从理论到实践的观察与思考 [R]. 重庆:西南政法大学, 2017.

② 李国强. 战略、风险与澳门的选择——建设 21 世纪海上丝绸之路的观察与思考 [R]. 澳门:澳门科学馆, 2015.

③ 甄云霞,王珺. 服务"一带一路"倡议推动出版交流合作高质量发展 [M]// 魏玉山. "一带一路"国际出版合作发展报告(第一卷). 北京:中国书籍出版社, 2019: 6.

化产业较为滞后，出版业基础薄弱，有的甚至没有形成自己独立的出版业，如柬埔寨、老挝等国家从事出版活动的机构很少，出版业在很大程度上依赖其他国家的投资和援助。

巨大的经济和文化产业发展水平差异给中国学术出版向沿线国家"走出去"提出了一系列问题：中国学术出版产业如何布局沿线市场才能满足不同国家的具体需求？采用何种方式和模式开展与沿线国家的学术出版合作才能实现可持续"走出去"？这些都需要中国学术出版管理部门、学术出版市场主体等深入思考。

1.2.2.3　法律风险：法律制度差异明显，国内涉外法律体系滞后

沿线国家的法律分属大陆法系（白俄罗斯、匈牙利、蒙古、波兰、俄罗斯等国）、海洋法系（新加坡、马来西亚、印度、巴基斯坦等国）、宗教法系（印度、孟加拉国、阿联酋等国）和具有当地特色的混合法系等①，司法环境各异，法律完善程度不同，使中国学术出版"走出去"往往会面临法律风险。首先，法律信息不对称风险，比如中国与沿线国家在税制税率、税收优惠政策等领域有较为明显的区别，如果中国学术出版机构忽视差异性而用中国的法律视角将对外出版合作简单化，风险便会随之而来②。其次，目标国法制欠缺风险。一些沿线国家立法不够完备，法律条款经常修改，执法也较为随意，往往对于外资企业有所歧视，甚至会基于本国政治、经济利益的考虑对某些跨国公司或者海外企业进行一定程度的法律管制③。最后，沿线投资仲裁机制不统一，如海洋法系的证据发现规则与我国"谁主张，谁举证"规则不同，它允许一方当事人要求对方当事人提供对己方有利的证据，对方或其律师若不配合，则可能构成藐视法庭罪④。此外，仲裁结果的执行也主要依靠国际社会压力，法律强制性较弱⑤。

与此同时，国内涉外法律法规体系较为滞后，特别是与"一带一路"

---

① 李原，汪红驹．"一带一路"沿线国家投资风险研究［J］．河北经贸大学学报，2018（4）：45 - 55.

② 康旸．中国与"一带一路"沿线国家出版合作风险评估研究［D］．河北大学，2011：29.

③ 王义桅．"一带一路"机遇与挑战［M］．北京：人民出版社，2015：137.

④ 邓君．一带一路建设中我国律师提供国际仲裁法律服务面临的挑战［EB/OL］.（2016 - 11 - 14）［2021 - 09 - 16］．https://zhuanlan.zhihu.com/p/23659504.

⑤ 李原，汪红驹．"一带一路"沿线国家投资风险研究［J］．河北经贸大学学报，2018（4）：45 - 55.

倡议相适应的法律体系建构较为迟滞。具体表现在与沿线国家的制度协调、规则对接存在较大欠缺,与某些国际法、国际条约、国际规则存在不衔接、不吻合问题,既涉及适用与查明外国法、适用国际公约和国际惯例、公共秩序保留等具体细节性法律问题,也涉及国际司法服务和国际司法保障机制不健全的问题①。

总之,从国际层面上看,中国与沿线国家法律制度差异明显;从国内层面上看,中国自身涉外法律体系建设较为滞后,这都增加了中国学术出版向沿线国家"走出去"的法律风险。

1.2.2.4 文化风险:世界舆论格局西强我弱,学术话语体系构建壁垒重重

在学术出版领域,西方国家早已在世界范围内搭建好了平台,确立好了标准,制定好了规则,拓展好了地盘,规定好了语言,并使之成为"国际标准"②,从而掌握了世界学术话语权,进而可以从精神思维、理论思想的更深层次使社会成员的认知、思想和行为在潜移默化、不知不觉中产生变化,久而久之能够使社会成员主动地、自觉地改变自己的思想方式和行为方式③。加之学术出版的影响对象通常是社会精英群体,即各个领域的"意见领袖",他们对学术信息的接受和吸收往往会对一般受众产生较大影响。可以说,学术出版对学术话语构建及社会舆论引导至关重要,中国学术出版向沿线国家"走出去"对中国国际学术话语构建、树立大国形象、打造人类命运共同体有着特殊作用,然而目前中国学术出版在国际出版市场上的地位和份额与中国在世界政治、经济格局中的地位并不匹配,在长期西强我弱的世界舆论格局下,面临着语言、规范、渠道、平台等方面的重重壁垒和诸多困难。

---

① 李国强."一带一路"倡议:从理论到实践的观察与思考 [R].重庆:西南政法大学,2017.

② 刘杨.中国社会科学学术期刊"走出去"研究 [M].北京:社会科学文献出版社,2015:19.

③ 潘文年.中国出版业"走出去"研究 [D].南京:南京大学,2011:26.

2 中国学术出版向"一带一路"沿线国家"走出去"现状

两千余年来，伴随着古丝绸之路上的商贸往来，丝路诸国的科学技术、文化思想不断交融，特别是随着中国造纸术与印刷术的西传，东西方文化交流日益频繁，开启了东学西渐、西学东用的繁荣时代。思想文化纽带的连接、精神力量的支撑和多元文明的融合与传承赋予了丝绸之路强大的生命力。进入 21 世纪，中国提出的"一带一路"倡议更是把文化与思想的交流与融合置于突出地位，致力于让沿线各国人民相逢相知，打造人类命运共同体，其中，承载着中国先进科学技术与文化思想的学术出版"走出去"发挥着至关重要的作用。

2.1 中国学术出版向沿线国家"走出去"考察指标

中国学术出版向沿线国家"走出去"有着特殊的内涵，具体体现在三方面。第一，中国学术出版向沿线国家"走出去"是政府部门的一种引导行为和制度性安排，有利于最大限度地发挥文化与学术的纽带作用，拉近各国人民思想交流、文明互鉴的距离，促进中国国际话语体系的完善。第二，中国学术出版向沿线国家"走出去"是中国学术出版市场主体的一种学术传播行为，通过学术出版物及出版物版权在沿线国家进行传播，实现其肩负的传承中国学术思想、促进"民心相通"的历史使命。第三，中国学术出版向沿线国家"走出去"是中国学术出版市场主体的一种国际化经营行为，以产品出口或外部资源利用为导向，主动参与国际竞争或国际分工，开拓和利用国际、国内两个市场、两种资源①。据此，本研究从以下三个指标对中国学术出版向

---

① 潘文年. 中国出版业"走出去"研究［D].南京：南京大学，2011：27.

沿线国家"走出去"现状进行考察：①中国政府相关部门主导的各类工程项目支持学术出版向沿线国家"走出去"情况；②中国学术出版市场主体向沿线国家"走出去"情况，主要包括在沿线国家参与与组织书展、建立分支机构、建设推广渠道、成立沿线国家出版联盟等；③中国学术出版物向沿线国家"走出去"情况，主要包括出版物被沿线国家图书馆馆藏情况和学术期刊被沿线国家学术期刊引用情况。指标①从中国政府规划层面着眼，分析我国主要出版"走出去"项目工程对学术出版向沿线国家"走出去"的支持重点与倾向；指标②从"走出去"主体角度出发，深入分析中国学术出版市场主体"走出去"措施、方式、成效等；指标③从"走出去"目标国客体角度入手，旨在全面总结并重点揭示沿线国家对中国学术出版物的接受程度与特点。三个指标侧重不同，互为补充，力求全面廓清中国学术出版向沿线国家"走出去"现状。需要说明的是，从不同角度进行审视，学术出版"走出去"的考察指标应该是多元的：从出版物的国际影响力看，如果一种学术出版物在沿线国家有一定的影响力，那完全可以说其实现了"走出去"；从出版物传播途径看，除了被沿线国家图书馆馆藏或被沿线国家出版物引用外，中国学术出版物还可以通过政府文化交流、网络社交媒体、人际学术交流等途径实现"走出去"。但由于这些指标较难量化为标准尺度并以其为依据进行统计总结，所以本研究以上述三个标准来考察中国学术出版向沿线国家"走出去"的现状。

2.2　相关项目工程支持中国学术出版向沿线国家"走出去"现状

自 2013 年"一带一路"倡议提出以来，丝路书香工程重点拓展沿线国家出版市场，中国图书对外推广计划、经典中国国际出版工程、中国出版物国际营销渠道拓展工程等出版"走出去"项目工程均对向沿线国家"走出去"有所倾斜，不断扩大中国出版向沿线国家"走出去"的规模。具体到学术出版领域，上述项目也为"一带一路"倡议注入了学术内涵和深层次的文化推动力，有效促进了中国与沿线国家的文化互鉴和民心相通。

2.2.1　资助范围：覆盖学术出版向沿线国家"走出去"的关键要素

仔细审视丝路书香工程、经典中国国际出版工程、重点新闻出版企业海外发展扶持工程等表 1 - 1 中列出的重大出版"走出去"项目工程资助范围，可以发现这些项目工程或针对出版产业链某一要素，或涵盖出版"走出去"所有环节，对中国学术出版向沿线国家"走出去"提供了多元支持力量，全面覆盖了中国学术出版在沿线国家传播的关键要素。

中国图书对外推广计划、中外图书互译计划、图书"走出去"基础书目库等多聚焦于"走出去"内容建设；中国出版物国际营销渠道拓展工程、图书版权输出奖励计划等致力于"走出去"渠道拓展；边疆地区新闻出版业"走出去"扶持计划、重点新闻出版企业海外发展扶持工程在培育"走出去"主体上发力。以沿线国家和地区为"走出去"目标区域的丝路书香工程自 2015 年实施以来，组织实施各类项目共计 11 种，涵盖了出版内容建设、营销渠道建设、出版数字化、出版人才培养等中国学术出版海外传播的关键要素，并不断促进关键要素之间的融合发展，从而强化出版产业各要素之间的关联性①，有利于推动中国学术出版在沿线国家有效"走出去"。

2.2.2　资助规模：保持向沿线国家输出体量的持续扩大

自"一带一路"倡议提出以来，各大出版"走出去"工程项目纷纷向沿线国家倾斜。多家学术出版机构获得各类工程项目支持，在沿线国家建立分社和中外合作出版中心、成立国际编辑部、参加沿线国家书展、拓展学术出版产品营销渠道等。获资助学术出版物数量持续增长，已形成一定的规模，从"一带一路"倡议提出至 2021 年，丝路书香工程重点翻译资助项目资助学术图书 804 本，其中沿线国家语种学术图书 578 本，以英语为主要立项语种的相关工程项目如经典中国国际出版工程、中华学术外译项目等明确要求向周边和沿线国家倾斜，对沿线国家语种图书的支持力度逐渐增大。值得强调的是，一些工程项目持续扩大资助主体，力求吸纳更多的力量扩大中国学术出版在沿线国家"走出去"的规模，如 2009 年正

---

① 刘叶华，刘莹晨，朱宝元. 从丝路书香工程实践经验谈中国出版合作项目的溢出效应 [J]. 出版参考，2017（8）：9 - 13.

式实施的经典中国国际出版工程于 2014 年开始允许海外出版机构和版权代理机构申请；2015 年正式实施的丝路书香工程重点翻译资助项目于 2019 年开始允许海外出版机构和版权代理机构申请资助（不含中国港澳台地区），2020 年进一步扩大申报主体，允许重点民营文化机构申请资助。值得特别关注的是，北京龙之脊图书有限公司、北京求是园文化传播有限公司、云南新知集团等优秀民营企业在相关项目申报与实施中表现亮眼，发挥了自身在网络数字产品、内容传播方式和海外渠道布局等方面的独特优势，成为政府和国有出版企业在上述领域的重要补充力量。

2.2.3 本土化程度：接驳学术出版向沿线国家跨文化传播要求

中国学术出版向沿线国家"走出去"是一项庞大系统的跨文化传播活动，既要符合跨文化传播的普遍规律，也要满足学术出版国际传播的基本要求，更要探索沿线国家学术信息传播的特殊规律和个别路径。语言是影响跨文化传播效果和传播范围的重要因素，是中国学术出版向沿线国家"走出去"首先要解决的问题。一方面，英语是国际学术通用语言，中国前沿学术科研成果的英文翻译出版能够确保其传播范围的广泛性与国际学术界的影响力；另一方面，沿线国家本土语言的翻译出版可以极大地提高受众群体数量和在目标国的跨文化传播效果。据本研究统计，64 个"一带一路"沿线国家共有非华语官方语言 52 种，其中英语、俄语和阿拉伯语使用较多，其他均为小语种。"一带一路"倡议提出至 2021 年，经典中国国际出版工程资助的 337 种学术图书涉及 18 个语种，其中英语图书受资助最多，共 215 本（63.80%），共有 10 个沿线国家官方语种（不含英语）图书受到资助；丝路书香工程重点翻译资助项目资助的 804 本学术图书涉及 45 个语种，其中英语图书获资助最多，共 158 本（19.65%），共有 35 个沿线国家官方语种（不含英语）受到资助。由此可见，我国主要出版"走出去"项目工程对学术出版向沿线国家"走出去"的规划支持符合学术出版跨文化传播的基本规律与特殊要求，兼顾了学术传播的广泛性与本土化。另外，各大项目工程通过资助国内学术出版机构参加国际书展及举办中国主宾国活动、扶持外向型出版骨干企业扩大境外投资、扶持边疆地区出版机构与周边国家建立密切联系等，都为中国学术出版机构在目标国开展学术出版交流与合作创造了良好的契机。

可以说，我国从 21 世纪初开始实施的各大出版"走出去"项目工程已经形成了较为全面的支持网络，成为中国学术出版向沿线国家"走出去"的引擎力量。

2.2.4 三大主要项目工程资助学术出版物分析

出版业归根结底是内容产业。上文从定性角度总结了我国出版"走出去"项目工程对学术出版向沿线国家"走出去"的宏观支持现状，本部分从获资助学术出版物这一微观视角入手，以丝路书香工程重点翻译资助项目（以下简称"丝路书香重点翻译资助项目"）、经典中国国际出版工程和国家社科基金中华学术外译项目（以下简称"中华学术外译项目"）资助学术出版物为分析对象①，量化分析其对向沿线国家"走出去"学术出版物的支持重点与倾向。

2.2.4.1 丝路书香重点翻译资助项目资助出版学术图书情况

丝路书香工程是中国新闻出版业唯一进入国家"一带一路"倡议的重大项目，于2014年12月5日正式获得中宣部批准立项，是国家"一带一路"倡议在新闻出版领域的政策布局。作为丝路书香工程的重要组成部分，重点翻译资助项目通过对国内出版机构申报图书的翻译出版和海外发行给予资助，着力推动当代中国题材图书在沿线国家传播。项目要求获资助图书的输出方式必须是版权输出或合作出版，对与"一带一路"沿线国家知名出版机构签署版权输出、合作出版协议书或合同的项目将给予重点资助，立项语种侧重沿线国家通用语种。2019年开始允许海外出版机构和版权代理机构申请资助（不含中国港澳台地区），2020年进一步扩大申报主体，允许重点民营文化机构申请资助。在历年来多个申报重点主题中，哲学社会科学类、科技类、习近平新时代中国特色社会主义思想的阐释等多个选题范围都涉及学术出版。

自丝路书香工程2015年正式开始实施至2021年，重点翻译资助项目共计资助2550种图书，涉及57个语种，相继有242家国内出版机构获得资助。其中，资助学术图书804种，涉及45个语种，社会科学文献出版社、中国人民大学出版社、生活·读书·新知三联书店等107家国内学术出版机构获得资助（见表2-1）。

---

① 在表1-1梳理的12个出版"走出去"工程项目中，这三个工程项目与学术出版物向沿线国家"走出去"关联性最高，有较强的代表性与研究价值，故作为本部分研究对象。

表 2-1 丝路书香重点翻译资助项目资助学术图书概况（2015—2021 年）

年份	2015	2016	2017	2018	2019	2020	2021	共计
资助数量（种）	122	118	92	133	103	113	123	804
输出语种数量（种）	14	21	22	29	29	28	28	45
立项单位数量（个）	29	30	27	32	31	58	56	107

数据来源：2015—2021 年丝路书香重点翻译资助项目立项名单

整体看来，学术图书占年资助图书总量比例呈逐年上升态势，由 2015 年的 22.34% 上升至 2021 年的 37.96%（见图 2-1）；输出文种数量由 2015 年的 14 种快速上升至 2018 年的 29 种，2019 年保持 29 种，2020 年和 2021 年为 28 种；立项单位数量由 2015 年的 29 个上升到 2021 年的 56 个。

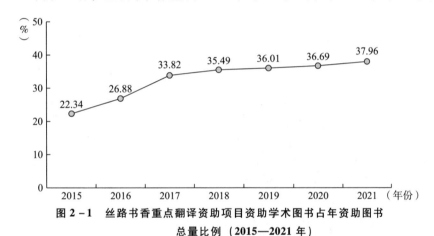

图 2-1 丝路书香重点翻译资助项目资助学术图书占年资助图书
总量比例（2015—2021 年）

（1）资助语种：英语、周边国家和沿线经济发达国家语种占绝对优势

通过对受资助学术图书的语种进行统计（见图 2-2），前 10 位[1]受资助语种依次为英语、阿拉伯语、俄语、越南语、哈萨克语、印地语、波兰语、马来西亚语、乌尔都语和印度尼西亚语。英语学术图书获资助最多，共有 158 本，占比 19.65%，再次说明英语在世界学术交流与学术出版中的重要地位。获资助的阿拉伯语学术图书共 121 本，占比 15.05%，这一方面由于阿拉伯国家在丝路沿线国家中所占比例较高，另一方面与国家新闻出版署近年来对阿拉伯语翻译人才的培养、国内学术出版机构在阿拉伯国家建立多个海外出版分支机构（如国际编辑部和海外分社）及政府间互

---

① 由于第十位受资助语种存在并列情况，故有 11 个语种计入统计。

译协议的持续签订不无关系①。获资助的俄语学术图书共 101 本，占比
12.56%，这是由于我国与俄语国家有着坚实的文化交流基础，并在能源、
科技、基础设施建设等多方面有着长期合作关系，加之我国学术出版机构
近年来在俄语国家大力推动出版本土化进程，这些都促使重点翻译资助项
目对俄语图书的资助力度较大。综观受资助较多的语种，可以看出如下两
点。①中国周边国家、特别是与中国接壤的国家语言受资助较多，如俄罗
斯官方语言俄语、越南官方语言越南语、马来西亚官方语言马来西亚语
等，这是由于中国与周边国家地缘相接相邻，文化渊源深厚，更容易在学
术交流与互动中形成学术和文化认同。②经济与文化产业较为发达的国家
语言受资助较多，如波兰官方语言波兰语、阿联酋等阿拉伯国家官方语言

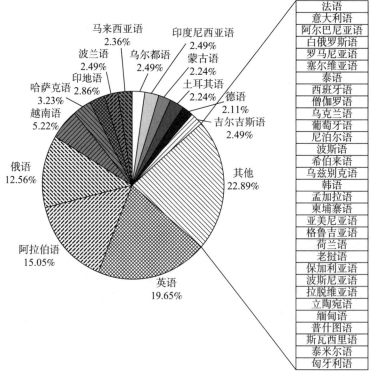

图 2-2 丝路书香重点翻译资助项目资助学术图书
语种分析（2015—2021 年）

---

① 郝婷. 中国主题图书在"一带一路"沿线国家出版发行情况简析——以丝路书香工程重
点翻译资助项目为例 [J]. 中国编辑，2018（12）：46－52.

阿拉伯语等，这说明"走出去"目标国的经济发展水平是决定中国学术出版"走出去"力度的重要指标，也说明一个国家的经济发展水平是推动其进行国际学术交流的重要力量。

（2）资助出版机构：社科类出版机构和大学出版社获资助最多

丝路书香重点翻译资助项目资助的学术出版机构既包括中央出版机构，又包括地方出版机构，既有大学出版社，又有民营文化公司等，其中，受资助学术图书品种较多的学术出版机构如表2-2所示。①社会科学出版机构占绝对优势。以出版社会科学图书为主的社会科学文献出版社和中国人民大学出版社获资助图书品种最多，分别为138种（17.16%）和119种（14.80%），此外，中国社会科学出版社、北京师范大学出版社、外文出版社等都是我国社会科学图书出版重镇。②大学出版社凭借其在学术出版领域的独特优势，向沿线国家"走出去"成绩斐然。中国人民大学出版社、北京大学出版社、北京师范大学出版社、上海交通大学出版社和浙江大学出版社共计获资助227种，占受资助总品种数的近三分之一。一些大学出版社能够很好地将大学学科优势转化为学术出版资源，如北京大学出版社受资助的《温超导体中的电声子相互作用和晶格动力学》《液晶相生物膜弹性理论的几何方法》等图书就将北京大学物理学研究优势转化为了优质出版资源。③专业出版社与地方出版社向沿线国家"走出去"力量凸显，潜力较大。一方面，化学工业出版社、国防工业出版社、电子工业出版社、人民交通出版社等专业出版机构获资助图书品种较多，说明这些专业出版社对我国在化学、通信科技、航空航天、基础设施建设等方面的先进技术进行了深入挖掘，能将我国科学技术优势转化为优质学术出版资源。另一方面，江苏、广东、天津、浙江等地的地方出版社在向沿线国家"走出去"工作中显示出较大潜力，说明区域经济发展水平是推动其学术出版"走出去"的重要力量。

表2-2 丝路书香重点翻译资助项目资助学术图书出版机构
前15统计[①]（2015—2021年）

序号	出版机构	获资助学术图书数量（种）
1	社会科学文献出版社	138
2	中国人民大学出版社	119
3	北京大学出版社	44

续表

序号	出版机构	获资助学术图书数量（种）
4	中国社会科学出版社	35
5	北京师范大学出版社	32
6	生活·读书·新知三联书店	32
7	化学工业出版社	23
8	中信出版社	19
9	上海交通大学出版社	16
10	浙江大学出版社	16
11	中华书局	16
12	外文出版社	15
13	五洲传播出版社	15
14	国防工业出版社	14
15	中国图书进出口（集团）总公司	14
16	江苏人民出版社	12
17	广东教育出版社	11
18	人民出版社	10
19	电子工业出版社	9
20	中国科技出版传媒股份有限公司	9
21	人民交通出版社	8
22	天津人民出版社	8
23	浙江教育出版社	8

①由于出版机构受资助图书数量存在并列情况，故有 23 个机构列入统计。

（3）资助区域：不同区域受资助情况差异明显

在 107 家受到丝路书香重点翻译资助项目资助的学术图书出版机构中，北京地区有 53 家，占受资助出版机构总数的半壁江山（49.53%）。这 53 家北京出版机构以图书版权输出或合作出版的形式共获批 640 种学术图书的翻译出版资助，占受资助学术图书总量的 78.43%。大陆地区除北京外，受资助学术图书超过 20 种的区域共 4 个，依次为浙江（35 种）、上海（22 种）、江苏（21 种）和广东（20 种），共占受资助学术图书总量的 12.01%。辽宁、吉林、黑龙江、海南、贵州、甘肃、青海、内蒙古和西藏地区目前尚未有学术图书获得资助（见图 2-3）。可以看出：①北京地区出版机构在受资助学术图书品种数量上有明显优势；②浙江、上海等经济与文化产业较为发达的地区表现较为活跃，而西北、东北、西南地区虽然在与沿线国家文化与学术交流中占有一定的地缘优势，但学术出版向沿线国家"走出去"活力不足，这再次说明区域经济发达程度是出版机构"走出去"工作的重要推动力量，也表明西北、东北、西南地区学术出版机构的出版潜力亟待开发。

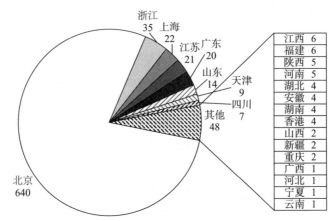

图 2-3　丝路书香重点翻译资助项目资助各地出版机构学术
图书品种数 (2015—2021 年)

（4）资助学科：侧重从经济学、政治学、历史学等视角阐释主题文化

丝路书香重点翻译资助项目着力推动当代中国题材图书在"一带一路"沿线国家翻译出版。笔者依据国家技术监督局颁布的《中华人民共和国学科分类与代码国家标准》（GB/T13745-2009），对 2015—2021 年 804本受资助学术图书进行学科统计和分析（见图 2-4），力求明晰其资助学科特点。可以看出，获资助学术图书覆盖了 62 个一级学科中的 43 个学科，其中经济学与政治学占比最大，分别占获资助学术图书总量的 20.02%（161 种）和 17.66%（142 种），紧随其后的是历史学（11.07%）、民族学与文化学（6.72%）、社会学（5.35%）、马克思主义（4.73%）等学科。一方面，这是因为获资助学术图书中有相当比例的主题出版物。一般来说，主题出版物以对外宣传为目的，内容围绕国家政治、经济、社会、文化等方面的工作大局，就党和国家发生的一些重大事件、重大活动、重大题材、重大理论问题等主题展开[1]。出版机构因为各自特色与专长迥异，

---

① 曹建，郭占文.中国共产党百年主题出版工作［J］.出版广角，2021（20）：28-33.

所出版的主题出版物也各有千秋。社会科学文献出版社、中国人民大学出版社、生活·读书·新知三联书店等出版机构充分发挥自身学术资源优势，将学术与主题文化相融合，以学术的角度切入主题思潮，使学术资源更好地为国家战略服务。针对在新的历史时期中国选择何种发展模式、如何处理发展中的问题、如何处理同世界各国的关系、如何应对一系列重大全球和地区议题，中国人民大学出版社出版了《中国道路能为世界贡献什么》《大道之行：中国共产党与中国社会主义》《人民币读本》等一批学术图书，深入阐释了中国政府的立场和观点，回应了国际舆论的重大关切①，获得了丝路书香重点翻译资助项目资助，实现了向沿线国家的多语种输出。生活·读书·新知三联书店则重点考虑从中国传统文化解读、历史文化研究等方面实现学术与主题出版的结合，其出版的《中华文明的核心价值——国学流变与传统价值观》不仅在国内销售火爆，其阿拉伯语、白俄罗斯语、哈萨克语等11个语种版本还获得了丝路书香重点翻译资助项目资助。另一方面，这也说明经济学、政治学、历史学等社会科学学科是此项目重点资助学科。除了上文分析的学术类主题出版物，出版机构对经济、政治、历史等多个学术研究领域进行出版资源开发，一大批学术图书受到资助，如《"大流行"经济学》《后疫情时代的全球经济与世界秩序》以新冠疫情全球大流行为背景，探讨相关经济问题，《量天度地衡万物：中国计量简史》《中国古代火药火器史》《中国香文化简史》等历史类图书聚焦于专门史展开深入研究。

相比之下，除了中医学与中药学进入了学科排名前十，自然科学众多学科受资助学术图书数量偏少。尽管如此，相当数量的自然科学学术图书聚焦我国自主顶尖科技，如西南交通大学出版社的《动车组车辆构造与设计》《现代铁路远程控制系统》《城市地下铁道与轻轨交通》等图书就将我国在动车技术、轻轨技术等方面的科技优势转化为优质出版资源。另外，力学、心理学、畜牧兽医科学、安全科学技术、考古学、新闻学与传播学、统计学等19个学科尚未有图书获得资助。

综上所述，丝路书香重点翻译资助项目所资助学术图书在学科分布上有以下特点：①学术类主题出版物数量较多，主要从经济学、政治学、历

---

① 李永强. 促进学术出版国际化推动中国经验走出去 [J]. 出版发行研究，2015（8）：11 - 13.

史学等视角阐释主题文化;②社会科学学术图书获资助数量远高于自然科学学术图书;③约30%的学科尚无图书获得资助,"走出去"潜力亟待挖掘。

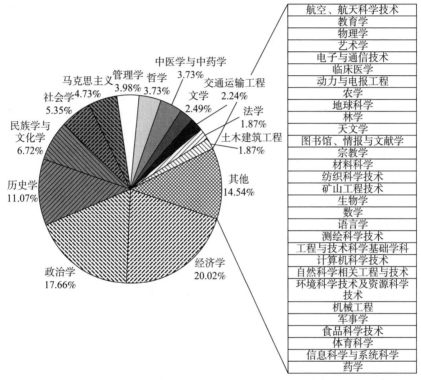

航空、航天科学技术
教育学
物理学
艺术学
电子与通信技术
临床医学
动力与电报工程
农学
地球科学
林学
天文学
图书馆、情报与文献学
宗教学
材料科学
纺织科学技术
矿山工程技术
生物学
数学
语言学
测绘科学技术
工程与技术科学基础学科
计算机科学技术
自然科学相关工程与技术
环境科学技术及资源科学技术
机械工程
军事学
食品科学技术
体育科学
信息科学与系统科学
药学

中医学与中药学 3.73%
管理学 3.98%　哲学 3.73%
马克思主义
社会学 4.73%
交通运输工程 2.24%
文学 2.49%
民族学与文化学 6.72%
法学 1.87%
土木建筑工程 1.87%
历史学 11.07%
其他 14.54%
政治学 17.66%
经济学 20.02%

图2-4　丝路书香重点翻译资助项目资助学术图书学科
分布统计(2015—2021年)

通过审视梳理2015—2021年丝路书香重点翻译资助项目资助出版的学术图书,并对其出版语种、机构、区域、学科等进行分析,总结出其特点如下。第一,丝路书香重点翻译资助项目在学术图书资助数量、输出文种数量、立项单位数量上均呈上升态势。第二,图书输出区域集中在西亚北非、东北亚、东南亚和南亚地区,尤其是与中国地缘相接相邻的国家。第三,不论是"走出去"图书的出版机构还是"走出去"目标区域,其所处地区的经济与文化产业发展水平是推动其进行国际学术交流的重要力量。第四,社会科学出版机构,特别是大学出版社获资助数量最多,专业出版社和地方出版社是具有较大潜力的生力军。第五,一些学术图书出版机构在地缘、语言等方面有独特优势,其"走出去"潜力亟待开发。第六,学术类主题出版物较多，研究视角多集中于经济、政治、历史、民族学与文化学等学科，但还有相当一部分学科"走出去"潜力亟待挖掘。

2.2.4.2 经典中国国际出版工程资助出版学术图书情况

为大力实施中国出版"走出去"战略，鼓励和支持适合国外市场需求的优秀外向型图书出版，讲好中国故事，增强国家文化软实力，新闻出版总署于2009年正式组织实施经典中国国际出版工程①。与丝路书香重点翻译资助项目一样，经典中国国际出版工程也采用项目管理方式，资助外向型中国精品图书以版权输出、合作出版的形式，在海外翻译出版发行。两者不同点主要在于丝路书香重点翻译资助项目主要支持国内出版机构向周边国家和"一带一路"沿线国家输出中国图书版权及开展合作出版，立项语种集中于国际学术出版通用语言英语和"一带一路"沿线国家语言；经典中国国际出版工程主要支持国内出版机构向世界主要国家和地区输出中国经典图书，立项语种侧重英语。自2009年至今，经典中国国际出版工程资助范围不断扩大。2009—2013年，主要资助"中国学术名著"和"中国文学名著"两个系列的高水平优秀选题出版物，前者主要涵盖哲学、政治、法律、经济、军事、历史、语言、文艺理论等社会和人文学科领域，后者主要涵盖诗歌、小说、戏剧、散文杂著等领域。2014年起，经典中国国际出版工程允许所有类别的优秀出版物申请资助，并允许海外出版机构和版权代理机构申请。2015年起，资助项目开始向面向周边国家和地区的版权输出或合作出版项目倾斜②。

经典中国国际出版工程自2009年正式开始实施至今，共计资助1635种图书。其中，学术图书共计514种，涉及18个语种，相继有129家国内出版机构和5家海外出版机构获得资助。自2013年底"一带一路"倡议提出以来，经典中国国际出版工程资助学术图书337种，涉及18个语种，社会科学文献出版社、北京大学出版社等94家国内出版机构和科学出版社东京株式会社、美国时代出版公司等5家海外出版机构获得资助（见表2－3）。

---

① 房毅，吕健泳."经典中国国际出版工程"情况综述［J］.出版参考，2017（8）：14－17.

② 国家新闻出版署.关于申报2015年度"经典中国国际出版工程"资助项目的通知［EB/OL］.（2015－01－12）［2021－09－15］. http://www. nppa. gov. cn/nppa/contents/279/2081. shtml.

表2-3 经典中国国际出版工程资助学术图书概况（2009—2021年）

年份	2009	2010	2011	2012	2013	2014	2015	2016	2017	2018	2019	2020	2021	共计
资助数量（种）	51	40	26	30	30	72	30	50	35	39	35	40	36	514
输出文种数量（种）					4	9	7	9	7	7	7	6	9	18
立项单位数量（个）	30	23	19	21	18	36	22	28	20	25	17	28	28	129

数据来源：2009—2021年经典中国国际出版工程立项公示名单

2009—2013年，即"一带一路"倡议提出之前，由于经典中国国际出版工程主要资助"中国学术名著"和"中国文学名著"两个系列的高水平优秀选题出版物，学术图书受资助比例较高，2009—2011年占比均在50%左右，2012—2013年由于小说、儿童读物等大众图书受资助数量增多，学术图书受资助比例有所下降，特别是2013年下降至18.18%。2014年起，经典中国国际出版工程将资助范围扩展至所有类别的优秀出版物，学术图书受资助比例降至17.22%。之后，此比例快速上升，2015年为29.41%，2016年上升至39.68%，并一直保持在40%左右至今（见图2-5）。输出文种自2014年有较大幅度增长，保持在6~9种。立项单位数量一般随着获资助学术图书数量的变化波动，如2014年和2016年获资助学术图书数量较多，立项单位数量也随之增多。

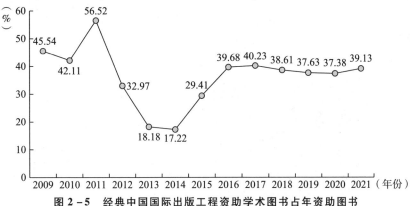

图2-5 经典中国国际出版工程资助学术图书占年资助图书总量比例（2009—2021年）

（1）资助语种：沿线国家语种逐渐增加但图书数量偏少

通过对 2014—2021 年受资助学术图书的语种进行统计（见图 2-6），可以看出在 337 种受资助学术图书中，英文图书受资助最多，共有 215 本，占比 63.80%，这是由经典中国国际出版工程资助目标决定的，即"主要支持国内出版机构向世界主要国家和地区输出中国经典图书，立项语种侧重英语"。2009—2013 年，只有俄语一种沿线国家语种受到资助，再次表明我国与俄语国家有着坚实的学术交流基础。2014 年，资助语种大幅增加，特别是 2015 年申报通知明确"资助项目开始向面向周边国家和地区的版权输出或合作出版项目倾斜"，越来越多的沿线国家语种学术图书受到资助：2014 年阿拉伯语和蒙古语学术图书第一次受到资助，2015 年塞尔维亚语和越南语学术图书第一次受到资助，2016 年开始有白俄罗斯语、哈萨克语和土耳其语学术图书受到资助，2017 年资助名单上首次出现印地语学术图书，2019 年波斯语学术图书开始受到资助。2014—2021 年，共有 29 种"一带一路"沿线国家语种学术图书受到资助，占此期间受资助学术图书总量的 8.61%，这表明尽管受资助沿线国家语种在不断增加，但这些语种的学术图书数量却依然较少。一些学术图书有多个语种受到经典中国国际出版工程资助，如社会科学文献出版社的《中国梦与中国道路》的俄语版、朝鲜语版和日语版于 2014 年受到资助，法语版和阿拉伯语版分别于 2017 年和 2018 年受到资助。此外，经典中国国际出版工程和丝路书香重点翻译资助项目对一些学术图书向沿线国家多语种"走出去"提供了互为

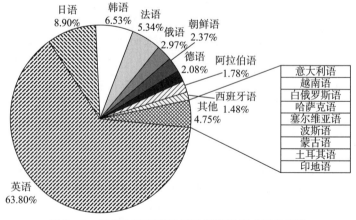

图 2-6 经典中国国际出版工程资助学术图书语种

占比（2014—2021 年）

补充的支持力量,如《中国文化的根本精神》白俄罗斯语版于 2018 年受到经典中国国际出版工程的资助,波兰语版、土耳其语版和罗马尼亚语版分别于 2019 年和 2020 年受到丝路书香重点翻译资助项目的资助。

(2) 资助出版机构:社科类出版机构引领下多类出版机构合力"走出去"

自 2013 年底"一带一路"倡议提出以来,经典中国国际出版工程所资助的 337 种学术图书由 94 家国内出版机构和 5 家海外出版机构出版,其中受资助学术图书品种较多的学术出版机构如表 2 - 4 所示。①社会科学出版机构占较大优势。社会科学文献出版社和中国社会科学出版社获资助图书品种最多,分别为 37 种(10.98%)和 24 种(7.12%),此外,中国人民大学出版社、北京大学出版社、高等教育出版社等均为我国知名社会科学图书出版机构。尽管自然科学学术图书受资助数量较少,但中国科技出版传媒股份有限公司及其海外全资子公司科学出版社东京株式会社在自然科学学术图书"走出去"领域有着突出表现。②大学出版社实力凸显。中国人民大学出版社、北京大学出版社、清华大学出版社等 15 家大学出版社共有 73 种学术图书获得资助,占受资助总品种数的 21.66%。③专业出版社、地方出版社和海外出版社成为学术图书"走出去"的重要生力军。首先,经济科学出版社、人民卫生出版社等专业出版机构致力于向世界分享中国经济发展模式与经验、中国医学研究新进展等,利用自身专业内容优势推动中国学术图书"走出去"。其次,上海、江苏、浙江等地的地方出版社在学术图书"走出去"工作中显示出较大潜力,共计有 100 种学术图书获资助,占受资助总品种数的近三分之一,再次证明区域经济发展水平是推动其学术出版"走出去"的重要力量。最后,科学出版社东京株式会社、美国时代出版公司等 5 个海外出版机构的 18 种学术图书受到资助,内容涉及经济学、考古学、生物学等多个学科,为中国学术图书"走出去"提供了海外基地与渠道。

表 2 - 4 经典中国国际出版工程资助学术图书出版机构前 8 统计[①] (2014—2021 年)

序号	出版单位	获资助图书数量(种)
1	社会科学文献出版社	37
2	中国社会科学出版社	24
3	中国人民大学出版社	21

序号	出版单位	获资助图书数量（种）
4	中国科技出版传媒股份有限公司	17
5	北京大学出版社	15
6	生活·读书·新知三联书店	14
7	科学出版社东京（株）	10
8	高等教育出版社	8
9	经济科学出版社	8
10	清华大学出版社	8
11	人民出版社	8

①由于出版机构受资助图书数量存在并列情况，故有 11 个机构列入统计。

（3）资助区域：北京绝对优势下的显著区域差异

自 2013 年底"一带一路"倡议提出以来，共有 99 家出版机构受到经典中国国际出版工程的资助，其中北京地区有 44 家，占受资助出版机构总数的 44.44%。这 44 家北京出版机构共有 239 种学术图书获得资助，占受资助学术图书总量的 70.33%。在此期间获资助的 29 种以沿线国家语言出版的学术图书中有 21 种由北京出版机构出版。除北京外，受资助学术图书超过 10 种的地区有上海（20 种）、浙江（12 种）和江苏（11 种）。吉林、海南、贵州、广西、西藏、新疆等 15 个地区目前尚未有学术图书获得资助。由图 2-7 可以看出：①北京地区出版机构在受资助学术图书品种数量上有明显优势；②上海、浙江、江苏等经济与文化产业较为发达的地区表现活跃，但东北、西南及西北部分地区学术出版"走出去"缺乏活力，再次说明区域经济与文化产业发达程度是学术出版"走出去"的重要力量；③海外出版机构除了中国科技出版传媒股份有限公司的海外全资子公司科学出版社东京株式会社获资助学术图书品种数较多，其他机构均较少，且近 5 年来，海外出版机构获资助图书集中于大众出版领域，学术图书未有涉及，说明中国学术图书"走出去"的本土化渠道需要进一步巩固和加强。

（4）资助学科：经济学、政治学、历史学等学科获资助比例高

采用同样技术路线，对 2014—2021 年 337 本受资助学术图书进行学科统计和分析（见图 2-8）。可以看出，获资助学术图书覆盖了 62 个一级学科中的 42 个学科，其中经济学和政治学占比最大，分别占获资助学术图书

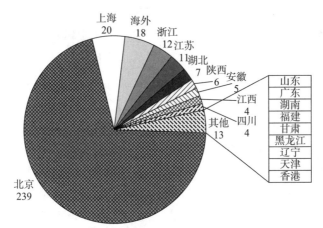

图2-7 经典中国国际出版工程资助各地出版机构学术
图书品种数（2014—2021年）

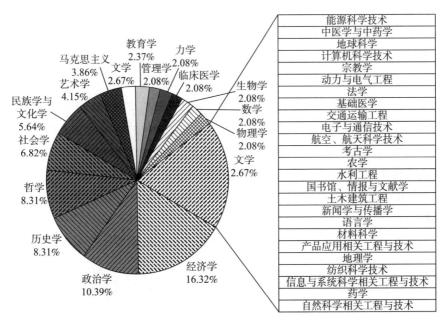

图2-8 经典中国国际出版工程资助学术图书学科
分布统计（2014—2021年）

总量的16.32%和10.39%，之后依次为历史学（8.31%）、哲学（8.31%）、社会学（6.82%）、民族学与文化学（5.64%）等学科。在此期间获资助的29种以沿线国家语言出版的学术图书的学科分布也基本符合这一比例。整体看来，经典中国国际出版工程与丝路书香重点翻译资助项目所资助学术图书的学科分布基本一致。获资助学术图书中既有相当数量的学术类主题出版物，从经济学、政治学、历史学等角度向世界展示中国发展成就、阐释中国发展模式与经验等，又包括多个学科的优秀研究成果，如《中国蚕桑、丝织的产生、发展与西传》聚焦中国特有的丝织史，《中国陶瓷史》《中国水钟史》等图书对中国艺术专门史进行深度研究，《新媒体舆论：模型、实证、热点及展望》《性别失衡与婚姻挤压》则对前沿及热点学术问题进行了学理探讨。同样，相较于社会科学学科，自然科学多个学科受资助学术图书数量偏少，但不少图书聚焦我国自主顶尖科技，如电子工业出版社的《物联网与北斗应用》、清华大学出版社的《智能电力系统与智能电网》等。此外，心理学、畜牧兽医科学、安全科学技术、统计学等20个学科尚未有学术图书获得资助。综上所述，在受资助学术图书的学科层面，经典中国国际出版工程与丝路书香重点翻译资助项目基本一致。

通过全面梳理2014—2021年经典中国国际出版工程资助出版的337本学术图书，并对其出版语种、机构、区域、学科等进行分析，总结出其资助特点为：第一，经典中国国际出版工程资助项目向"一带一路"沿线国家倾斜力度较小，以沿线国家语言出版的学术图书数量偏少；第二，社会科学类出版机构占绝对优势，专业出版社、地方出版社和海外出版社是学术图书"走出去"的重要生力军；第三，区域经济与文化产业发达程度是学术出版"走出去"的重要推动力量；第四，一些学术图书出版机构在地缘、语言等方面有独特优势，其"走出去"潜力亟待开发；第五，经济、政治、历史、哲学等学科图书受资助数量较多，但还有相当一部分学科的"走出去"潜力亟待挖掘。

2.2.4.3　国家社科基金中华学术外译项目资助出版学术出版物情况

中华学术外译项目设立于2010年，主要资助代表中国学术水准、体现中华文化精髓、反映中国社会科学学术前沿的学术精品以外文形式在国外权威出版机构出版并进入国外主流发行传播渠道，旨在发挥国家社科基金的示范引导作用，深化中外学术交流和对话，进一步扩大中国学术的国际影响力，提升国际学术话语权，让世界了解"哲学社会科学中的中国"[①]。目

---

① 全国哲学社会科学工作办公室.2021年国家社科基金中华学术外译项目申报公告[EB/OL].
(2021 – 09 – 18)［2021 – 09 – 21］.http://www.nopss.gov.cn/n1/2021/0918/c431031 –
32231283.html.

前，中华学术外译项目是国内设立时间较长、以社科学术出版物为资助对象的学术出版"走出去"重要支持项目。其资助成果以单本学术著作、学术期刊为主，以及少量高质量的专题论文集、系列学术丛书。具有国际合作出版经验的国内学术出版机构、对外学术交流广泛深入的国内科研机构、国内社科类外文学术期刊社和国内具备本学科领域较高专业水平和双语写作能力的科研人员均可申请此项目。项目资助成果必须以外文或中文外文对照形式由国外权威出版机构单独出版或中外出版机构联合出版，并进入国外主流发行传播渠道。项目资助文版以英文、法文、俄文、阿拉伯文和西班牙文为主，德文、日文、韩文等文版侧重于资助中外学界共同认可的名家经典，其他文版也可资助，且自 2019 年起，其他文版主要侧重于服务"一带一路"沿线国家与地区。

中华学术外译项目自 2010 年正式开始实施至今，共计资助 1458 种社科类学术出版物，涉及 26 个语种，相继有 105 家国内出版机构获得资助。自 2013 年底"一带一路"倡议提出以来，中华学术外译项目资助学术出版物 1265 种，涉及 26 个语种，社会科学文献出版社、中国人民大学出版社等 100 家国内出版机构获得资助（表 2 – 5）。

表 2 – 5 中华学术外译项目资助学术出版物概况（2010—2021 年）

年份	2010	2011	2012	2013	2014	2015	2016	2017	2018	2019	2020	2021	共计
资助数量（种）	13	40	73	67	86	113	130	165	185	154	195	237	1458
输出文种数量（种）	1	1	5	7	7	8	9	14	12	13	17	19	26
立项单位数量（个）	4	6	12	11	15	21	22	21	24	38	50	55	105

数据来源：2010—2021 年中华学术外译项目立项公示名单

整体看来，中华学术外译项目资助学术出版物数量呈明显上升态势，由 2010 年的 13 种上升至 2021 年的 237 种；输出文种数量由 2010 年的 1 种稳步上升至 2021 年的 19 种；立项单位数量由 2010 年的 4 个上升到 2021 年的 55 个。

（1）资助语种：沿线语种数量不断增加，但除俄语外其他语种出版物数量偏少

通过对 2014—2021 年 1265 种受资助学术出版物的语种进行统计（见图 2 – 9），可以看出英语（55.10%）、韩语（11.62%）、俄语（9.96%）、

日语（8.77%）、法语（3.87%）、德语（3.00%）、西班牙语（2.37%）
和阿拉伯语（1.74%）为主要受资助语种，这是由中华学术外译项目资助
语种要求决定的，也再次说明英语在国际学术研究与出版中的重要地位。
2010—2015年，受资助语种中只有俄语和阿拉伯语属于"一带一路"沿线
国家语言，2015年之后，受资助的沿线国家语言逐渐增多：2016年哈萨克
语学术图书第一次受到资助，2017年保加利亚语、蒙古语、僧伽罗语、土
耳其语、乌兹别克语和越南语学术图书第一次受到资助，2018年开始有波
兰语、吉尔吉斯语和希伯来语学术图书受到资助，2019年资助名单上首次
出现波斯语和匈牙利语学术图书，2020年葡萄牙语、泰语和印地语学术图书
开始受到资助，2021年马来语学术图书首次受到资助。总体看来，2014—
2021年，有18种沿线国家语言出版的185种学术出版物受到资助，占此期
间受资助学术出版物总量的14.62%，虽然占比不低，但其中有125本学
术图书以俄语出版。这表明尽管受资助沿线国家语种数量在不断增加，但
除俄语外，沿线国家语种学术图书数量依然较少。《跨越战后：日本的战
争责任认识》《丝绸之路考古十五讲》《中国共产党少数民族文化建设研
究》等多本学术图书的多个语种版本受到中华学术外译项目的资助。此
外，中华学术外译项目与同样致力于中国优秀出版物"走出去"的经典中
国国际出版工程和丝路书香重点翻译资助项目对一些学术图书向沿线国家
多语种"走出去"提供了互为补充的支持力量，如《世界是通的："一带

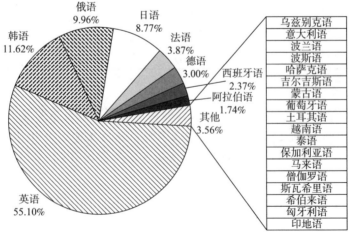

图 2 - 9   中华学术外译项目资助学术出版物
语种占比（2014—2021 年）

一路"的逻辑》的蒙古语版受到中华学术外译项目的资助,俄语版受到丝路书香重点翻译资助项目的资助。

(2)资助出版机构:社科类出版机构及大学出版社占半壁江山

自 2013 年底"一带一路"倡议提出以来,中华学术外译项目所资助的 1265 种社科类学术出版物由 100 家国内出版机构出版,其中受资助学术出版物品种较多的学术出版机构如表 2-6 所示。①社会科学文献出版社和中国社会科学出版社获资助出版物品种最多,分别为 159 种和 95 种,占受资助学术出版物总量的 1/5 左右。尤其是在获资助的 189 种沿线国家语种学术出版物中,社会科学文献出版社以 28 种位居首位,覆盖俄语、阿拉伯语、波斯语等 6 种沿线国家语言。这显示了中国社会科学院旗下两大出版社在向国际学术界,特别是"一带一路"沿线国家学术界"走出去"的骄人成绩与重要作用。②大学出版社是中国社科学术出版"走出去"的支柱力量。受资助出版物数量最多的 11 家学术出版机构中有 6 家是大学出版社。北京大学出版社、中国人民大学出版社、上海交通大学出版社等 21 家大学出版社共有 406 种学术出版物获得资助,占受资助总品种数的 32.09%。在获资助的 189 种沿线国家语种学术出版物中,北京大学出版社、中国人民大学出版社、华东师范大学出版社、上海交通大学出版社分别有 19 种、17 种、15 种和 12 种学术出版物获资助。尤其是北京大学出版社和中国人民大学出版社,在上述三个"走出去"工程项目中表现突出,再次凸显其学术出版,特别是社科学术出版"走出去"的强大实力。③专业出版社和地方出版社"走出去"工作稳步推进,但仍有较大潜力。一方面,中国经济出版社、知识产权出版社、法律出版社等专业出版社能发挥自身专业优势,推动优质学术出版物"走出去",但整体看来,专业出版社受中华学术外译项目资助出版物数量普遍较少,且在获资助的 189 种沿线国家语种学术出版物中,由专业出版社出版的数量也偏少。另一方面,上海、浙江、天津、四川等地的地方出版社共计有 80 种学术出版物获资助,且在获资助的 189 种沿线国家语种学术出版物中,由地方出版社出版的只有 9 本。另外,从 2019 年开始,申报文件显示"出版社之间也可联合作为出版责任单位",至 2021 年,共计 18 种学术出版物采用此联合出版模式,这有利于发挥出版社各自的优势,合力推动中国学术出版"走出去"。值得注意的是,联合出版多在北京、上海、浙江、江苏这四地开展,再次证明了区域经济与学术出版"走出去"两者之间的密切关系。

表 2-6 中华学术外译项目资助学术出版机构前9① （2014—2021 年）

序号	出版单位	受资助出版物数量（种）
1	社会科学文献出版社	159
2	中国社会科学出版社	95
3	北京大学出版社	77
4	中国人民大学出版社	75
5	商务印书馆	67
6	中华书局	50
7	上海交通大学出版社	44
8	华东师范大学出版社	37
9	生活·读书·新知三联书店	33
10	外语教学与研究出版社	33
11	浙江大学出版社	33

（3）资助区域：经济与文化产业发达地区成绩显著

自 2013 年底"一带一路"倡议提出至今，在 100 家受到中华学术外译项目资助的学术出版机构中，50 家来自北京地区。这 50 家北京出版机构共有 737 种学术出版物受到资助，占受资助学术出版物总量的 58.26%。目前中华学术外译项目暂不接受港澳台出版与科研机构的申请，除北京外，受资助学术出版物超过 10 种的地区有上海（159 种）、江苏（46 种）和浙江（34 种）。黑龙江、海南、贵州、青海、内蒙古、西藏等 9 个地区目前尚未有学术出版物获得资助（见图 2-10）。可以看出：①北京地区出版机构在受资助学术出版物品种数量上有明显优势；②上海、江苏、浙江等经济与文化产业较为发达的地区在学术出版"走出去"工作中取得了骄人的成绩，但东北、西南和西北部分地区"走出去"活力不足，再次说明区域经济发达程度是学术出版"走出去"的关键因素。

（4）资助学科：历史学、经济学、哲学占比最高

对 2014—2021 年中华学术外译项目所资助的 1265 种社科学术出版物进行学科统计和分析（见图 2-11）。可以看出，除心理学和军事学，获资

---

① 由于出版机构受资助图书数量存在并列情况，故有 11 个机构列入统计。

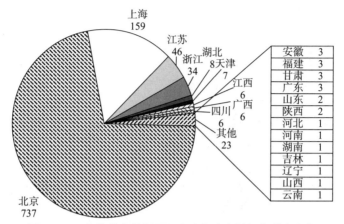

图 2 – 10　中华学术外译项目资助各地出版机构学术出版物品种数（2014—2021 年）

助社科类学术出版物基本覆盖了社会科学所有一级学科，其中历史学出版物占比最大，占获资助学术出版物总量的17.15%（217 种），经济学和哲学紧随其后，占比均为11.86%（150 种），占比超过5%的学科依次为文学（9.41%）、社会学（9.25%）、法学（7.27%）、政治学（7.19%）及语言学（5.77%）。整体来看，获资助出版物的学科分布与丝路书香重点翻译资助项目和经典中国国际出版工程资助学术图书的学科分布基本一致。经济学、政治学、历史学、社会学等学科受资助出版物较多，不仅包括一定比例的学术类主题出版物，如《辩论"中国模式"》《破解中国经济发展之谜》等学术图书，还包括这些学科的前沿研究成果，如《当前中国社会利益问题研究》《低估还是高估——人民币均衡有效汇率测算研究》等学术图书，尤其是国际社会与学术界长期关注与争论的话题，如《琉球冲绳交替考——钓鱼岛归属寻源之一》以翔实的历史一手资料有力地驳斥了日本相关人士坚持的"钓鱼岛源于琉球国（冲绳县）"的远岛之说。值得关注的是，"一带一路"倡议提出之后，多种出版物从不同学科对其进行了深度探索，如《丝绸之路考古十五讲》《一带一路：区域与国别经济比较研究》《丝绸之路戏剧文化研究》等学术图书就从考古学、经济学、艺术学等学科角度对"一带一路"展开研究。

通过全面统计分析 2014—2021 年中华学术外译项目资助出版的 1265 种社科类学术出版物，并对其出版语种、机构、区域、学科等进行分析，总结其资助特点如下。第一，中华学术外译项目在资助学术出版物数量、

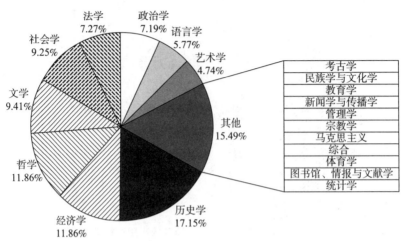

图 2 – 11　中华学术外译项目资助学术出版物学科
分布统计（2014—2021 年）

输出文种数量、立项单位数量上均呈明显上升趋势。第二，尽管受资助沿线国家语种数量在不断增加，但除俄语外，沿线国家语种学术出版物数量依然较少。第三，中国社会科学院旗下两大出版社和大学出版社是中国社科学术出版"走出去"的重要力量。第四，区域经济与文化产业发达程度是学术出版"走出去"的关键因素。第五，获资助出版物基本覆盖了社会科学所有一级学科，其中历史学、经济学、哲学等学科出版物受资助数量较多。

　　基于对丝路书香重点翻译资助项目、经典中国国际出版工程和中华学术外译项目资助学术出版物情况的统计，我们可以看出上述三个代表性工程项目在资助学术出版物数量、输出文种数量和立项单位数量上均呈明显上升趋势，尽管在支持语种、主题、范围等方面各有侧重，但已经形成推动中国学术出版向沿线国家"走出去"的合力。上述项目对中国学术出版向沿线国家"走出去"的支持特点有如下几个方面。第一，从支持力度上看，丝路书香重点翻译资助项目对中国学术出版向沿线国家"走出去"支持力度最大，经典中国国际出版工程和中华学术外译项目在"一带一路"倡议提出之后，对中国学术出版向沿线国家"走出去"的支持力度有一定程度的提升，但整体倾斜力度较小，虽然获资助的沿线国家语种在不断增加，但学术出版物数量仍然较少。第二，从"走出去"区域来看，中国学术出版向沿线国家"走出去"的重点区域为地缘相近、有一定学术交流基础的国家和地区。第三，从国内"走出去"机构来看，"走出去"程度较高的出版机构集中于北京、上海、江苏、浙江等地，可见区域经济与文化产业的发达程度是学术出版"走出去"的关键因素，这也解释了为什么一些出版机构（如西北、西南、东北地区的出版机构）在地缘、语言方面虽然有独特优势，但"走出去"程度依然较低。社会科学类出版机构和大学出版社是重点支持对象，成为向沿线国家"走出去"的支柱力量。第四，从"走出去"学科来看，经济学、政治学、历史学等学科是重点支持对象，同时有相当一部分学科"走出去"潜力亟待挖掘。第五，相关支持项目采取的一些做法和模式值得深入探索，如丝路书香重点翻译资助项目支持了多种学术丛书的翻译出版，包括北京大学出版社的"文史中国文丛"、北京师范大学出版社的"文明交流互鉴丛书"等，有利于全面深入介绍中国某一学术领域的优秀成果；再如中华学术外译从 2019 年开始，允许"出版社之间可联合作为出版责任单位"，有利于发挥出版机构各自的优势，合力推动中国学术出版"走出去"。

2.3　中国学术出版机构向沿线国家"走出去"现状

学术出版体现了一个国家和民族对世界文明的贡献①，这要求中国学术出版机构积极探索"走出去"的有效方式，迅速高效地推动中国优秀学术研究成果走向国际。本部分从中国主要学术出版机构在沿线国家参与和组织国际书展、在沿线国家建立分支机构、拓展学术出版物实物及数字推广渠道、发起成立出版联盟这四方面入手，从"走出去"主要实践主体的角度总结中国学术出版机构向沿线国家"走出去"现状。

2.3.1　在沿线国家参与和组织国际书展情况

据不完全统计，"一带一路"沿线国家举办了新德里国际书展、开罗国际书展、曼谷国际书展、莫斯科国际书展等 28 个国际知名书展（见表 2 - 7）。自 2013 年底"一带一路"倡议提出以来，中国出版机构参加沿线国际书展的积极性显著增强，全方位拓展沿线国家市场。在德黑兰国际书展

---

① 毛俊玉．做好学术文化出版要有坚守［N］．中国文化报，2014 - 09 - 20（04）.

（伊朗）这一中东地区最重要的国际书展上，中国参展图书数量从最初的300余册增加至2019年的1.5万余册①；在东欧历史最悠久、规模最大、参展国家最多的莫斯科国际书展（俄罗斯）上，中国参展出版机构数量从2014年的20家上升至2021年的96家，参展图书数量从2014年的300余册上升至2021年的5000余册②。除了中国参展出版物和参展机构数量上的快速增长，社会科学文献出版社、中国人民大学出版社、商务印书馆、五洲传播出版社等国内知名学术出版机构还以各种形式参与沿线国家书展的中国主宾国活动，在展场上不时刮起"中国旋风"。2013年11月2日，在"一带一路"倡议刚刚提出之际，中国以主宾国身份参加第32届伊斯坦布尔国际书展，并打出"新丝路，新篇章"的主题语③，之后第24届新德里世界书展（印度）、第59届贝尔格莱德国际书展（塞尔维亚）、第23届高迪亚姆斯国际图书与教育展（罗马尼亚）、第27届阿布扎比国际书展（阿联酋）等十余个沿线国家国际书展相继将中国定为主宾国。在2017年4月举办的第27届阿布扎比国际书展上，中国人民大学出版社在书展期间举办了三场主宾国活动，授权出版的《大国的责任》《人民币读本》等五本阿拉伯文版学术图书正式发布，沿线国家多个学术出版机构表示与人大出版社的合作非常愉快且富有成果，希望能进一步扩大合作领域④；山东美术出版社向黎巴嫩阿拉伯科学出版社输出《麒麟送子考索》《图解神农本草经》阿拉伯语版等10种版权⑤。在2019年4月举办的第32届德黑兰国际书展上，电子工业出版社携《雷达数据处理及应用（第三版）》《集成电路产业全书（全三册）》等百余种图书积极参与主宾国活动，与沿线国家学术出版机构展开版权洽谈，力争进一步开启

---

① 穆东，马骁. 第32届德黑兰国际书展开幕中国为主宾国 [EB/OL]. (2019-04-24) [2021-09-15]. http://www.xinhuanet.com/zgjx/2019-04/24/c_138004271.htm.

② 张光政，隋鑫. 优秀中国图书亮相莫斯科国际书展 [N]. 人民日报，2021-09-29 (04).

③ 新华社. 中国以主宾国身份亮相伊斯坦布尔国际书展 [EB/OL]. (2013-11-03) [2021-09-15]. http://www.gov.cn/jrzg/2013-11/03/content_2520376.htm.

④ 中国人民大学出版社. 中国人民大学出版社在阿布扎比书展主宾国活动上举办系列活动 [EB/OL]. (2017-05-04) [2021-09-15]. http://www.sinobook.com.cn/press/newsdetail.cfm?icntno=25971.

⑤ 李震，史竞男. "中国书香"打开"一带一路"出版市场 [EB/OL]. (2017-05-04) [2021-09-15]. http://www.scio.gov.cn/31773/35507/35514/35522/document/1550478/1550478.htm.

更为广泛的合作①。

表 2-7 "一带一路"沿线国家知名国际书展及中国主要学术出版机构
参展情况（2014—2021 年）

序号	国际书展名称	举办国家	中国学术出版机构参展情况
1	新德里国际书展	印度	中国社会科学出版社、中国人民大学出版社、上海交通大学出版社等连续多年参展
2	加尔各答国际书展	印度	五洲传播出版社于 2016 年和 2017 年代表中国出版机构参展，与多家加尔各答出版商达成版权贸易意向
3	开罗国际书展	埃及	五洲传播出版社、北京师范大学出版社、湖北教育出版社等多年参展。《中国震撼》《一带一路：机遇与挑战》等学术图书受到广泛关注
4	多哈国际书展	卡塔尔	五洲传播出版社于 2019 年和 2020 年连续代表中国出版界参加，其展位是最受卡塔尔读者喜欢的展位之一
5	明斯克国际书展	白俄罗斯	清华大学出版社、生活·读书·新知三联书店、商务印书馆、外语教学与研究出版社等多年参展
6	曼谷国际书展	泰国	中国人民大学出版社、人民出版社等参展
7	吉隆坡国际书展	马来西亚	安徽教育出版社等参展。浙江人民出版社的《蜀锦织造技艺》（马文版）是 2019 年书展 15 本"丝路书香工程"重点推介图书之一
8	阿布扎比国际书展	阿联酋	中国人民大学出版社、外文出版社等多年参展
9	德黑兰国际书展	伊朗	商务印书馆、中国人民大学出版社、人民出版社等多年参展，其中国人民大学出版社在 2019 年书展上举办"'一带一路'与民心相通"论坛，被列入"一带一路"国家高峰论坛成果清单
10	布达佩斯国际图书节	匈牙利	清华大学出版社、商务印书馆、化学工业出版社、中华书局等多年参展
11	布拉格国际书展	捷克	北京大学医学出版社、中国建筑工业出版社等参展
12	新加坡世界书展	新加坡	齐鲁书社、山东教育出版社、山东科学技术出版社等参展

---

① 电子工业出版社. 电子工业出版社亮相第 32 届德黑兰国际书展 [EB/OL]. (2019-04-25) [2021-09-15]. http://k.sina.com.cn/article_1971882121_7588888901900knp1.html?from=cul.

续表

序号	国际书展名称	举办国家	中国学术出版机构参展情况
13	华沙国际书展	波兰	中国人民大学出版社、浙江教育出版社等参展，并于2018—2019年连续两年举办中国优秀图书展
14	黑山国际书展	黑山	国家新闻出版署主办为期4天的中国图书展
15	马尼拉国际书展	菲律宾	五洲传播出版社、科学出版社、高等教育出版社等多年参展
16	雅加达国际书展	印度尼西亚	浙江大学出版社等参展
17	莫斯科国际书展	俄罗斯	社会科学文献出版社、浙江大学出版社、生活·读书·新知三联书店、中信出版社等多年参展
18	卢布尔雅那书展	斯洛文尼亚	
19	贝尔格莱德国际书展	塞尔维亚	人民出版社、商务印书馆、中国建筑工业出版社等多年参展
20	高迪亚姆斯国际图书和教育展	罗马尼亚	中国人民大学出版社、上海交通大学出版社、人民出版社、外语教学与研究出版社等多年参展。2016年展会上举行了上海交通大学出版的《东京审判——为了世界和平》全球首发暨英文版权输出签约仪式
21	萨格勒布国际图书与教育展	克罗地亚	中国图书进出口（集团）总公司多年参展
22	伊斯坦布尔国际书展	土耳其	外语教学与研究出版社、人民卫生出版社等多次参展
23	沙迦国际书展	阿联酋	人民出版社、外文出版社、外语教学与研究出版社、五洲传播出版社等多年参展
24	吉达国际书展	沙特阿拉伯	宁夏智慧宫文化传媒有限公司参展
25	利雅得国际书展	沙特阿拉伯	外文出版社、外语教学与研究出版社、五洲传播出版社、北京师范大学出版社等参展
26	贝鲁特国际书展	黎巴嫩	外语教学与研究出版社、五洲传播出版社等多年参展
27	索菲亚国际书展	保加利亚	中国图书进出口（集团）总公司2016年携包括多本学术图书在内的500余册精品图书参展
28	国际欧亚书展	哈萨克斯坦	中国人民大学出版社等于2017—2019连续三年举办中国优秀图书展

资料来源：根据相关新闻报道和访谈资料整理。

在中国学术出版机构积极参加沿线国家书展的同时，沿线国家对北京国际图书博览会（BIBF）的参与热情与参展规模也在显著提升。从2014年的第21届到2021年的第28届，沿线参展国家从20多个增加到57个①，土耳其、阿联酋、中东欧十六国、伊朗、摩洛哥、罗马尼亚等沿线国家相继作为主宾国参展，尤其是在第23届北京国际图书博览会上由中东欧十六国组成的主宾国团队集体亮相，尤为引人瞩目。尽管第27届和第28届北京国际图书博览会受全球疫情影响整体或部分移至线上举办，但沿线国家参展热情依然高涨，参展国家数量连创新高。

此外，我国出版发行机构还联合各界力量，积极组织多个中国图书巡回展，以此为契机，在沿线国家建立学术出版交流合作平台。如中国人民大学出版社于2015年12月在哈萨克斯坦的纳扎尔巴耶夫大学和欧亚国立大学成功举行了中国优秀图书巡回展，逐步展开与这两所当地一流高校的图书出版合作；2016年1月在黎巴嫩举办"中华优秀图书展"，展出中国人民大学出版社和其他出版社出版的英语、法语和阿拉伯语图书约200种②。由中宣部指导，中国书刊发行业协会、福建省委宣传部、厦门市委宣传部、厦门市文化与旅游局、中国（福建）自由贸易试验区厦门片区管理委员会共同主办，厦门外图集团有限公司承办并策划实施的东南亚中国图书巡回展自2017年至今，已连续成功举办五年，落地泰国、越南、缅甸、老挝、柬埔寨、菲律宾、马来西亚等多个东南亚国家，并在疫情期间探索出"一地导播＋海外落地＋多方连线"的越洋办展模式③。

2.3.2 在沿线国家建立分支机构情况

海外分支结构的建立最早可以追溯至科学出版社1990年在美国纽约设立的分公司。进入21世纪以来，为实施本土化战略，海外分支机构的设立一直热度不减④，截至2017年7月，国内出版机构在海外设立各类分支机

---

① 史竞男，潘洁．第28届北京国际图书博览会开幕30万种全球精品图书亮相［EB/OL］．（2021－09－14）［2021－09－15］．https://baijiahao.baidu.com/s？id＝17108770093203967 56&wfr＝spider&for＝pc.

② 徐来．把更多中国学术佳作推介给"一带一路"沿线国家——专访中国人民大学出版社国际出版中心主任刘叶华［J］．全国新书目，2017（10）：28－31.

③ 拓展出版合作增进民众友谊——第五届东南亚中国图书巡回展举行［N］．人民日报，2021－08－10（03）.

④ 徐湑琪．我国学术出版资本"走出去"研究［J］．出版参考，2020（10）：28－30.

构 400 多家①。具体到"一带一路"沿线国家，相当数量的中国学术出版机构积极投入外方本土分支机构建设，覆盖了"一带一路"沿线大多数地区。具体来说，海外分支机构建立侧重点不同，目前主要有海外分社/中外出版合作中心和国际编辑部这两种形式。

2.3.2.1 建立分社/中外出版合作中心情况

中国主要学术出版机构在沿线国家建立分社/中外出版合作中心情况如表 2-8 所示。可以看出，相比一些国内出版机构向西方国家"走出去"所采用的独资建立海外分社、并购海外出版社的分支机构成立模式，大多数开展向沿线国家"走出去"业务的国内学术出版机构多与沿线国家知名高校、学术出版机构等合作成立海外分社或中外出版合作中心，业务范围或聚焦某些工作环节，如语言翻译和人才培养，或覆盖图书出版合作、图书展示、学术与文化交流、翻译人才培养、国内外版权贸易代理等多方面，对中国学术出版向沿线国家"走出去"提供多方位支持，有利于国内学术出版机构最大限度地实现中外内容、资本、技术的优化配置，是中国学术出版在异域落地的支点。

表 2-8　中国主要学术出版机构在沿线国家建立分社/中外出版合作
中心情况（2014—2021 年）

序号	中国学术出版机构	分社/出版合作中心名称	建立时间	分社/出版合作中心业务与相关情况
1	中国人民大学出版社	以色列分社	2016 年 1 月	中国人民大学出版社依托以色列特拉维夫大学孔子学院设立的分支机构，也是中国出版机构在以色列设立的第一家分社
		中国-罗马尼亚学术出版合作中心	2016 年 5 月	第一家中罗互建出版合作平台
		中国主题图书翻译出版中心（蒙古）	2016 年 10 月	与蒙古国国立师范大学共同设立，是中蒙出版交流的唯一官方平台和重要文化窗口
		土耳其中国馆	2017 年 4 月	与土耳其加齐大学共同建立，集中国图书展示、学术交流、文化交流和出版合作等功能于一体，是世界上首个中外大学合作共建的"中国馆"项目

---

① 王坤宁，李婧璇. 中国出版走出去打动自己才能打动世界［N］. 中国新闻出版广电报，2017-07-17（04）.

续表

序号	中国学术出版机构	分社/出版合作中心名称	建立时间	分社/出版合作中心业务与相关情况
2	社会科学文献出版社	斯维特出版社（俄罗斯分社）	2016 年 9 月	中方与俄罗斯科学院涅斯托尔出版社合作成立，主要股份归属社会科学文献出版社。分社业务既包括出版图书、建设数据库和电子书产品线，也包括组织出版业相关人士参加莫斯科国际书展，并组织面向俄语市场的各类培训，利用俄罗斯当地孔子学院等机构积累翻译人才，代理国内外出版社的相关版权贸易等工作
3	北京师范大学出版社	约旦分社	2016 年 1 月	与约旦阿克拉姆出版社合资成立，通过图书出版发行、组织文化交流活动等，搭建中国与阿拉伯国家之间的出版文化交流平台
4	湖南人民出版社	越南分社	2018 年 8 月	与越南安乐文化公司合作成立，推出《新常态下的大国经济》（越文版）等学术图书
5	云南出版集团	云南教育出版社曼谷分社	2016 年 9 月	云南学术出版机构在南亚和东南亚地区"走出去"的重要窗口
5	云南出版集团	中缅文化互译出版中心	2019 年 1 月	云南人民出版社与缅甸《金凤凰》中文报社合作成立，为推动两国互学互鉴和人文学术交流提供文化支撑
6	中国出版集团	中匈翻译出版中心	2016 年 12 月	与匈牙利罗兰大学文学院合作成立，双方将开展互译出版合作
7	上海交通大学出版社	中国－南亚科技出版中心	2019 年 1 月	与印度 SMP 出版公司、印度 NCBA 出版社等合作成立，翻译出版一系列代表中国科技最高研究水平和最新研究成果的精品图书

资料来源：根据相关新闻报道和调研资料整理。

2.3.2.2 成立国际编辑部情况

国际编辑部是中外对出版物共同进行策划，以进入外方本土主流出版发行渠道的一种新型出版模式。不同于以往"走出去"路径，这种模式有利于中方发挥内容策划优势，外方运用渠道运营优势，进行本土化运作，以激发市场需求，降低进入风险①。自 2016 年开始，国际编辑部模式兴起并在短期内迅猛发展，这种小而精的商业模式因其轻资产配置的优势减轻了很多出版机构在生产成本上的压力，也有利于同时在多个国家开展出版业务，因此被国内众多出版机构采用②。截至 2018 年底，我国出版机构与国外出版机构或大学联合成立的国际编辑部已经超过 100 家③。中国主要学术出版机构在沿线国家成立国际编辑部情况如表 2-9 所示。海外分社/中外出版合作中心和国际编辑部的设立都能使国内学术出版机构省去中间环节，直接进入海外出版市场，但相较于海外分社/中外出版合作中心，国际编辑部成立门槛较低、人财物投入可控，能在广袤的沿线国家快速铺开和发展，因此在近五年就已遍布沿线多个国家，合作对象与业务范围也不断扩大。以外语教学与研究出版社为例，其与保加利亚东西方出版社合作成立的中国主题编辑部在业务相对成熟之际，积极挖掘本土出版资源，与保加利亚多家出版机构展开合作；其罗马尼亚中国主题编辑部在成立之初就与罗马尼亚多家出版机构展开合作，并将合作范围扩展至乌克兰等邻国的出版机构，将主题编辑部这一海外落地支点发展成点、线、面有力支撑的"走出去"基地。

表 2-9　中国主要学术出版机构在沿线国家成立国际编辑部情况（2014—2021 年）

序号	中国学术出版机构	国际编辑部名称	国外机构	成立时间
1	外语教学与研究出版社	外研社 - 保加利亚中国主题编辑部	保加利亚东西方出版社	2017 年 3 月
		外研社 - 波兰中国主题编辑部	波兰对话学术出版社	2017 年 8 月
		外研社 - 匈牙利中国主题编辑部	匈牙利科苏特出版集团	2018 年 4 月
		外研社 - 尼泊尔中国主题编辑部	尼泊尔当代媒体与研究中心	2018 年 8 月
		外研社 - 印度中国主题编辑部	印度皇家柯林斯出版集团	2019 年 8 月

---

① 应妮. 中国出版集团力推国际编辑部模式做实做优海外传播 [EB/OL]. (2018 - 08 - 20) [2021 - 09 - 15]. http://www.chinanews.com/cul/2018/08 - 20/8605439.shtml.

② 徐清琪. 我国学术出版资本"走出去"研究 [J]. 出版参考, 2020 (10)：28 - 30.

③ 缪立平. 中国主题学术表达——基于第十八届输出版优秀图书的研究 [J]. 出版参考, 2020 (1)：5 - 8.

序号	中国学术出版机构	国际编辑部名称	国外机构	成立时间
1	外语教学与研究出版社	外研社－罗马尼亚中国主题编辑部	罗马尼亚多家出版机构	2019年8月
		外研社－白俄罗斯中国主题编辑部	白俄罗斯多家出版机构	2017年12月
2	五洲传播出版社	五洲传播出版社阿联酋编辑部	阿联酋和弦出版社	2017年4月
3	中译出版社	中译－罗奥中国主题国际编辑部	罗马尼亚拉奥出版社	2017年6月
		中译—罗兰大学"一带一路"研究中心—科舒特中国主题国际编辑部	罗兰大学"一带一路"研究中心；匈牙利科苏特出版社	2017年8月
		中译—普拉卡山中国主题国际编辑部	印度普拉卡山出版社	2017年8月
		中译—海王星中国主题国际编辑部	斯里兰卡海王星出版社	2017年8月
		中译—芝戈亚中国主题国际编辑部	塞尔维亚芝戈亚出版社	2017年8月
		中译—马卡鲁中国主题国际编辑部	尼泊尔马卡鲁出版社	2018年7月
		中译—多元文化中国主题国际编辑部	缅甸多元文化出版社	2018年7月
		中译－盛道中国主题国际编辑部	泰国盛道出版社	2018年7月
		中译－丽芝中国主题国际编辑部	越南丽芝版权代理公司	2018年8月
		中译－安卡中国主题国际编辑部	孟加拉国安卡出版社	2018年8月
4	社会科学文献出版社	马来西亚中国主题图书编辑部	马来西亚国家语文出版局；马来西亚汉文化中心	2018年4月
5	山东出版传媒股份有限公司	山东出版传媒股份有限公司－阿联酋库坦出版社中国主题图书编辑部	阿联酋库坦出版社	2018年4月
6	商务印书馆	商务－金羊毛国际编辑部	格鲁吉亚金羊毛出版社	2018年6月
7	山东教育出版社	山东教育出版社－罗马尼亚中国主题图书编辑部	罗马尼亚欧洲思想出版社	2018年6月

续表

序号	中国学术出版机构	国际编辑部名称	国外机构	成立时间
8	浙江大学出版社	中国主题图书俄罗斯联合编辑室	俄罗斯尚斯国际出版社（集团）有限公司	2018 年 9 月
9	浙江出版传媒股份有限公司	浙江出版传媒股份有限公司罗马尼亚中国主题编辑中心	罗马尼亚利比瑞斯出版社	2019 年 8 月

资料来源：根据相关新闻报道和调研资料整理。

2.3.3 沿线国家推广渠道建设情况

中国主要学术出版机构在沿线国家参与和组织书展，以及在沿线国家设立分设/中外出版合作中心及中国主题图书编辑部都为其拓展了在当地的推广渠道，除此之外，中国学术出版机构还探索出多条实物与数字推广渠道，并通过推动渠道融合，加速中国学术出版向沿线国家"走出去"的进程。

2.3.3.1 实物推广渠道

中国学术出版机构除了在沿线国家参与和组织书展，还不断拓展出版物实物推广与销售渠道，最具代表性的有"中国书架"项目和尼山书屋。

在丝路书香工程的支持下，五洲传播出版社于 2015 年启动"中国书架"项目。该项目计划在国外的主流书店、大学、公共图书馆等场所摆设中国主题图书专架，打造图书展示和销售平台，方便外国读者的阅读和购买，开拓中国图书对外传播的新渠道，打造对外文化传播的新品牌[1]。2016 年 1 月 27 日，首个海外中国书架在埃及最大的国营书店——开罗国际图书中心正式启动，并迅速落户多个国家。截至目前，中国书架已经在阿联酋、土耳其、约旦、埃及、新加坡、卡塔尔、泰国等多个"一带一路"沿线国家设立，成为中国图书在沿线国家传播的重要渠道。此外，国内主要机场、外文特色书店、高端涉外酒店等也设立多个"中国书架"。截至 2019 年 8 月底，"中国书架"项目共销售图书 6.5 万册[2]。

---

① 郑磊. "丝路书香工程"效益分析——以五洲传播出版社为例 [J]. 出版参考，2016（10）：15 – 17.

② 五洲传播出版社. "中国书架"——中国图书"便利店"，中国文化"走出去"新品牌 [EB/OL]. （2020 – 05 – 18）[2021 – 09 – 15]. http：//www. cicc. org. cn/html/2020/dtzx_0518/5923. html.

2021 年 5 月，山东友谊出版社在中国尼山成立了首家尼山书屋，2013年 7 月，第一家海外尼山书屋在马耳他中国文化中心成立，5 个月后，莫斯科尼山书屋在莫斯科中国文化中心图书馆成立……以沿线国家和周边国家为据点，尼山书屋在海外多个国家落户。截至 2019 年底，海外共成立尼山书屋 40 多家，其中相当一部分落户于俄罗斯、以色列、尼泊尔、波兰、新加坡、匈牙利等沿线国家。截至 2019 年底，已有 2 万多种（套）中国优秀图书通过尼山书屋进入海外读者视野，向世界讲述精彩的中国故事①。

此外，中国人民大学出版社聚焦学术板块，也在加快布局"一带一路"沿线国家的中国书架建设，目前正在筹备罗马尼亚、波兰的中国书架，部分图书已完成选购并运抵当地②。浙江出版联合集团与俄罗斯尚斯国际出版集团公司合作经营的尚斯博库书店于 2016 年 7 月 5 日开业，是俄罗斯首家中国主题书店，销售图书以翻译版俄文图书为主，《中国文学史》《中国文物史》等学术图书在开幕当天展出，深受读者欢迎③。可以看出，中国学术出版机构正在沿线国家建立布局广泛、业务多元的实物推广渠道，使中国学术出版在海外有落地的据点和业务拓展的平台。

2.3.3.2　数字推广渠道

中国已经积累了越来越多具有国际销售潜质的优质出版产品，随着数字技术的高速发展及其在出版领域的快速应用，中国学术出版机构开始不断探索国际数字推广渠道。具体来说，目前针对沿线国家较为成熟的数字推广渠道主要包括由实物推广渠道派生出的数字渠道和国际网络书店。

在互联网时代，中国学术机构在沿线国家的实物推广渠道从诞生之日起就具备了互联网思维，衍生出相融共生的数字推广渠道。2019 年 4 月，五洲传播出版社启动了"中国书架"项目的升级版——"阅读中国"项

①　赵琳. 尼山书屋已遍布五大洲［EB/OL］.（2020 - 01 - 08）［2021 - 09 - 15］. https://baijiahao. baidu. com/s？id = 1655108988757225040&wfr = spider&for = pc.

②　陆云."一带一路"成为中国书架海外落地新热点［EB/OL］.（2020 - 07 - 24）［2021 - 09 - 15］. http://www. cnpubg. com/export/2020/0724/52224. shtml.

③　李月红. 浙江在俄开首家中文书店年销售 5000 余册主题图书［EB/OL］.（2017 - 07 - 04）［2021 - 09 - 15］. http://m. hebnews. cn/peer/2017 - 07/04/content_6548074. htm.

目，即在"中国书架"原有内容基础上，以网络视频和 VR/AR 等多媒体呈现形式，向来华在华的外国读者提供精准传播，以及在京东国际购、that's books 等数字阅读服务平台上设立网上专区①。

国际网络书店突破了地域和国别的限制，覆盖面广，影响力大。2011年9月，在中国原新闻出版广电总局发起的"中国出版物国际营销渠道拓展工程"的支持下，国际知名电子商务平台亚马逊在其图书频道首页醒目位置开设"中国书店"（www. amazon. com/chinabooks），专营中国出版物（包括纸质书与电子书）。截至2018年底，"中国书店"累计上线品种规模突破80万种，涵盖包括科学出版社、清华大学出版社等多家学术出版机构在内的500多家国内出版机构的出版物，其中包括英文图书6万多种，几乎实现了国内英文图书全品种上线；发行规模持续扩大，累计发货46.7万册图书②。与此同时，国内知名网络书店当当网、博库书城等也得到"中国出版物国际营销渠道拓展工程"的支持，通过建立海外物流中心、面向海外开设电子书销售平台等方式发挥各自优势，促进我国出版物的海外销售与传播。

此外，中国学术出版机构还与国内外发行公司和馆配商建立广泛联系，将纸质与数字出版产品输出至沿线国家。如中国国际图书贸易集团有限公司、中国图书进出口（集团）有限公司等借助自身在跨国营销渠道建设上的深厚积淀，大力推进中国学术出版产品向沿线国家的输出。又如山东友谊出版社打造的"数字尼山书屋资源库"整合了国内外展现中华优秀文化的优质出版资源，由技术公司进行全格式转换，再通过与海外馆配商 OverDrive 公司（赛阅公司）合作，将这一数字资源库产品推送进入包括多个沿线国家图书馆在内的全球公共图书馆和学校图书馆，在扩大中华优秀文化传播力和影响力的同时，实现优质数字内容的销售盈利③（见图 2 - 12）。

---

① 五洲传播出版社. "中国书架"——中国图书"便利店"，中国文化"走出去"新品牌 [EB/OL]. （2020 - 05 - 18）[2021 - 09 - 15]. http://www. cicc. org. cn/html/2020/dtzx_0518/5923. html.

② 亚马逊中国书店项目组. 亚马逊中国书店助力中国文化走出国门 [J]. 出版参考，2019 （12）：82 - 84.

③ 山东友谊出版社. 友谊社"尼山馆藏"海外推广项目入选2021年度数字出版精品遴选推荐计划、全国新闻出版深度融合发展创新案例 [EB/OL]. （2021 - 10 - 21）[2021 - 11 - 15]. http://www. sdyouyi. com. cn/control/tab_news_detail? curTab = 3&articleId = 10598.

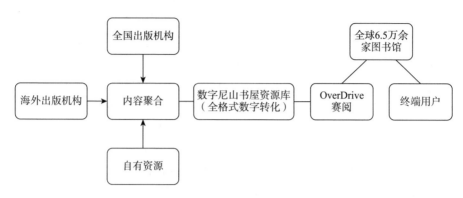

图 2 - 12　数字尼山书屋资源库推广渠道

2.3.4　发起成立沿线国家出版联盟情况

"一带一路"倡议提出以来,中国主要学术出版机构积极发起并加入沿线国家出版联盟组织,力争形成合力、抱团出海,营造"走出去"的集合效应,主动打造并发展壮大沿线国家出版共同体。

2.3.4.1　"一带一路"共建国家出版合作体

2017 年 8 月,在国务院新闻办公室、原国家新闻出版广电总局、教育部的指导下,中国人民大学出版社发起成立"一带一路"学术出版联盟。联盟以"传播优秀文化、弘扬丝路文明"为宗旨,致力于搭建互学互鉴、互利共赢的合作平台①,成立之初便吸引了全世界 29 个国家和地区的 92 家出版商、学术机构和专业团体的加入,成为"一带一路"沿线重要的学术出版合作组织。其中,中方联盟成员包括中国人民大学出版社、北京大学出版社、清华大学出版社、外语教学与研究出版社、社会科学文献出版社、上海交通大学出版社、浙江大学出版社等中国学术出版重镇。2018 年8 月,"一带一路"学术出版联盟高峰论坛在中国人民大学举行,联盟成员再度聚首,共商国际学术出版发展战略。

2019 年 3 月,该联盟更名为"一带一路"共建国家出版合作体,并被列入第二届"一带一路"国际高峰论坛成果清单,这意味着合作体已经成为中国与"一带一路"沿线国家出版合作的国家级平台。2021 年 9 月 24 日,"一带一路"共建国家出版合作体高峰论坛在中国人民大学隆重举行。截至 2021

---

① 李永强.新时代主题出版和大学出版社的使命与探索 [J].出版广角,2020(1):6 - 8.

年 9 月，合作体共有来自 56 个国家和地区的 319 家成员单位，其中国外成员单位 263 家，几乎涵盖了全部"一带一路"沿线国家，出版类别涉及社会科学和自然科学领域的众多学科。自成立以来，合作体成员间国际版权贸易量逐年攀升，中国内容图书合作出版日趋活跃。据不完全统计，合作体成员推动了约 5000 种中国图书在"一带一路"共建国家翻译出版发行①，其中，中国原创性学术著作成果亮点纷呈。与此同时，合作体还积极推动其成员间的合作向纵深发展，如上文提到的若干中国主题图书编辑部就是在合作体成员广泛接触与深入了解的基础上诞生的。此外，合作体还多方推动中国出版物进入沿线国家主流发行渠道与重要馆藏，并大力推动中外学术文化交流项目。

在新冠疫情期间，国内合作体成员单位积极加强与海外成员单位的沟通，发动合作体成员传播中国抗疫经验，为中国抗疫成绩摇旗呐喊。埃及智慧宫出版社和印度皇家柯林斯出版社就策划出版了中国抗击新冠病毒经验丛书的阿拉伯文版和英文版②。受疫情在全球蔓延的影响，合作体成员之间的交流多转为线上，但成员间的沟通热情却在这特殊时期变得更加高涨，如合作体发起单位中国人民大学出版社在北京国际图书博览会期间积极组织波兰、黎巴嫩、埃及、新加坡等沿线骨干成员单位采用网络会议、网络版权谈判等形式开展选题策划、新书发布、图书版权签约等活动。

2.3.4.2 中国—中东欧国家出版联盟

自"一带一路"倡议提出至今，中国与中东欧国家在各领域的交流合作不断加强。2018 年 7 月，在第七次中国—中东欧国家领导人会晤上，李克强总理明确指出"要继续办好 16＋1 框架下各类人文活动，推动成立 16＋1 出版联盟"③。2018 年 8 月 23 日，在中宣部和外交部的指导下，外语教学与研究出版社发起成立中国—中东欧国家出版联盟，首批成员包括外语教学与研究出版社、中国出版集团、浙江出版联合集团、五洲传播出版社、南京大学出版社等国内多家学术出版机构，以及保加利亚东西方出版社、

---

① 环球网."一带一路"共建国家出版合作体高峰论坛在京举办［EB/OL］.（2021 - 09 -
26）［2021 - 10 - 15］. https://baijiahao. baidu. com/s? id = 1711961880446279532&wfr =
spider&for = pc.

② 李永强."一带一路"学术出版联盟助推中国学术"走出去"［N］.国际出版周报，2020 -
11 - 02（05）.

③ 新华社. 李克强在第七次中国 - 中东欧国家领导人会晤上的讲话（全文）［EB/OL］.
（2021 - 09 - 26）［2021 - 10 - 15］. http://www. gov. cn/guowuyuan/2018 - 07/08/content_
5304568. htm.

克罗地亚桑多夫出版社、匈牙利科苏特出版社等国外出版机构。截至 2021 年 9 月底，联盟成员已发展至 54 家，包括 120 多家单体出版社，覆盖 13 个中东欧国家。联盟成立四年来，已促成成员单位之间 200 余项版权合作[①]，连续举办四届中国—中东欧国家出版联盟论坛，并组织多次国际出版交流活动。

从参与沿线国家书展并提升沿线国家对北京国际图书博览会的参与热情、在沿线国家建立分支机构、拓展学术出版物实物及数字推广渠道、发起成立出版联盟四方面综观，中国学术出版机构向沿线国家"走出去"具有如下特点。第一，自"一带一路"倡议提出以来，中国学术出版机构积极参加沿线国家国际书展并组织多个面向沿线国家的中国图书巡回展，全方位拓展沿线国家市场，同时沿线国家对北京国际图书博览会的参与热情与参展规模也在显著提升，两者互相促进，形成可持续发展动力。第二，作为中国学术出版机构在沿线国家建立的分支机构，海外分社/中外出版合作中心和国际编辑部各有长处，能有效促使中国学术出版机构直接介入海外出版市场，使学术出版活动更有规划性和系统性。第三，除了在沿线国家参与和组织书展以及建立分支机构，中国学术出版机构在沿线国家还拓展了以"中国书架"项目和尼山书屋为代表的实物推广渠道，以及以"阅读中国"项目和网络书店为代表的数字推广渠道，全面深入布局沿线国家学术出版市场。第四，由中国学术出版机构发起成立并广泛参与的"一带一路"共建国家出版合作体、中国—中东欧国家出版联盟等行业联盟组织在推动成员单位纵深合作、搭建中外互利共赢平台等方面发挥了巨大作用，促使沿线国家出版共同体不断发展壮大。

2.4　中国学术出版物向沿线国家"走出去"现状

学术出版物是学术出版的物质产品，是学术研究成果的基本载体，为学术成果的传播与共享提供了可能。本部分从"走出去"目标国客体角度

---

① 外语教学与研究出版社.《国际出版周报》刊发王芳社长在 2021 国际出版企业高层论坛的主旨报告 [EB/OL]. (2021 - 09 - 26) [2021 - 10 - 15]. https://www.fltrp.com/c/2021 - 09 - 30/506907.shtml.

入手，重点考察中国学术出版物被沿线国家图书馆馆藏情况和中国学术期刊被沿线国家学术期刊引用情况，全面总结并深度剖析沿线国家对中国学术出版物的接受程度、载体选择、学科偏好等。

2.4.1　中国学术出版物被代表性沿线国家图书馆馆藏情况

利用 OCLC[①] 的 Worldcat 数据库[②]，于 2021 年 4 月 15 日到 5 月 15 日对俄罗斯、马来西亚、泰国、印度、卡塔尔、土耳其、捷克、拉脱维亚[③] 8 个沿线国家图书馆馆藏中国学术出版物的情况进行检索和统计。这 8 个代表性沿线国家 OCLC 成员馆名称与馆藏概况如表 2－10 所示。由于本书正文版面有限，将 8 个代表性沿线国家图书馆馆藏中国学术出版物的情况统计表作为附表置于正文后。总体来看，8 个代表性沿线国家的图书馆对中国学术出版物的馆藏各有特点，在馆藏数量、形态、语种、学科等多方面有较大差异性，并体现出一定规律性。

2.4.1.1　馆藏数量：规模持续扩大，受目标国地理位置影响较大

如本章末表 2－10 所示，虽然代表性沿线国家对中国学术出版物馆藏数量差异较大，但符合信息传播的基本规律，即学术出版物的国际传播与任何信息的传播一样，都是先辐射周边地区，再影响更远的地区。不论是从地理周边还是从关系周边来看，东南亚国家与中国山水相连、人文相通，有着悠久的文化与学术交流历史，反映到其对中国学术出版物的馆藏

---

① OCLC，Online Computer Library Center，即联机计算机图书馆中心，是世界上最大的文献信息服务提供机构之一。此非营利性组织以推动更多的人检索信息、实现资源共享并减少使用信息的费用为主要目的。

② WorldCat 联机联合目录数据库是世界上最大的书目记录数据库，包含 OCLC 近两万家成员馆编目的书目记录和馆藏信息。从 1971 年建库至今，共收录 480 多种语言总计达 20 亿多条的馆藏记录、3 亿多条独一无二的书目记录，每个记录中还带有馆藏信息，基本上反映了从公元前 4800 至今世界范围内的图书馆所拥有的图书、期刊、报纸、手稿、地图、网络资源、档案等资料。该数据库平均每十秒更新一次。

③ 代表性国家选取标准综合考量了国家位置（东北亚 1 个国家、南亚 1 个国家、东南亚 2 个国家、西亚北非 2 个国家、中东欧 2 个国家，且均为"一带一路"重要节点城市）、馆藏信息可获取性（如南亚 7 国中，只有印度有 OCLC 成员馆，因此确定印度为南亚代表性国家）、国家 OCLC 成员馆数量与代表性（8 个代表性国家的 OCLC 成员馆数量较同区域其他国家多，且多包含国家图书馆、国立大学图书馆等重要图书馆）、国家语言状况（如西亚北非 20 国中，有 8 个国家共计 47 个图书馆是 OCLC 成员馆，其中巴林、卡塔尔、伊拉克、约旦 4 国官方语言为阿拉伯语，土耳其、以色列、亚美尼亚、格鲁吉亚 4 国官方语言为非阿拉伯语，因此本研究结合其他标准，选择卡塔尔和土耳其为代表性国家）等。

量上，可以看到马来西亚和泰国的馆藏数量高达 1161 种和 680 种。马来西亚国家图书馆、马来亚大学图书馆等馆藏了包括《中国思想发展史》（中国思想文化史学家何兆武著）、*Applications of Number Theory to Numerical Analysis*（《数论在数值分析中的应用》，中国数学家华罗庚著）在内的大量中国学术出版物。泰国国家图书馆更是设立了专门的中国数据库（Chinese Database），收录了冯友兰、张仲礼、郑振铎、薛暮桥、傅筑夫、张舜徽、郭宝钧等多位中国著名学者的学术著作。西亚的土耳其和卡塔尔作为"一带一路"重要节点国家虽然不属于中国周边地理政治单元，但其与中亚有着较强的地缘关系，这种关系也反映在其图书馆对中国学术出版物的馆藏上——土耳其和卡塔尔的馆藏量分别为 440 种和 396 种，略低于东南亚国家，李校堃、龙驭球、张维迎等多位中国著名学者的著作都在其馆藏之列。中国和位于东北亚的俄罗斯相邻，两国有着深厚的文化与学术思想交流基础，但由于多年来俄罗斯学术研究与出版的国际化程度不高，如大学的科研奖励计划对本国学者在国际期刊上发表研究成果关注不足、俄罗斯学者较难得到国际学术界的广泛关注等①，这在很大程度上制约了其国际学术交流活力，俄罗斯对中国学术出版物 254 种的馆藏量也说明了这一问题。位于中东欧的捷克和拉脱维亚距离中国较远，对中国学术出版物的馆藏量也较少，分别为 99 种和 24 种。需要说明的是，由于缺乏统一编目标准和全国范围内的联合编目、国家书目数据库格式不标准不兼容、国内图书馆联盟对电子资源的存取与维护意识较为薄弱等原因②，印度 OCLC 成员馆对中国学术出版物的馆藏数据仅为 32 种。由此可见，从目标国馆藏数量层面考察，中国学术出版物向沿线国家"走出去"程度受目标国地理位置因素影响较大，同时也受目标国学术交流国际化程度、图书馆信息化标准建设、出版物资源维护情况等多种因素影响。

对各代表性国家馆藏中国学术出版物的数量进行纵向动态考察（见图 2 - 13），可以看出中国学术出版物向沿线国家"走出去"有着较长的历史，如马来西亚馆藏出版年份最早的中国学术出版物为商务印书馆 1927 年出版的学术图书《中国文学研究》。随着时间的推移，中国学术出版物

---

① 姚晓丹. 俄罗斯学术影响力有待提高 [EB/OL]. (2019 - 02 - 15) [2021 - 09 - 15]. http://m. cssn. cn/zx/zx_bwyc/201902/t20190215_4825970. htm.

② 夏亚云. 印度图书馆联盟的建设对我国的启示 [J]. 图书馆学研究，2010（12）：47 - 49.

向沿线国家"走出去"规模持续扩大,改革开放之后,伴随着与世界各国文化学术交往的日趋频繁,中国学术出版物向沿线国家"走出去"力度明显增强。

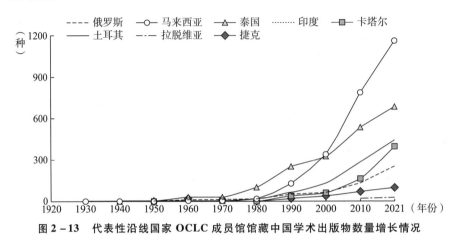

图 2-13　代表性沿线国家 OCLC 成员馆馆藏中国学术出版物数量增长情况

2.4.1.2　馆藏形态:电子馆藏数量多但内容趋同,纸质馆藏范围小却特色凸显

学术出版物的呈现形态有纸质版和电子版。前者主要通过实物出口、国际学术交流活动、出版物交换等方式"走出去";后者主要通过学术资源数据库"走出去",既包括 SpringerLink、ScienceDirect、ProQuest、EB-SCO 等国际商业数据库,也包括 Open Research Library、OALib 等开放获取平台,值得关注的是,许多中文学术出版物通过超星、知网、万方、维普等中国学术数据库实现了国际化传播。

如图 2-14 所示,总体看来,除俄罗斯外,代表性沿线国家馆藏中国学术出版物电子版较多,且地理位置与中国相距较远国家的电子版馆藏比例远高于中国周边国家,如马来西亚的纸质版与电子版馆藏比为 0.99,捷克为 0.36。具体考察对中国学术图书的馆藏,可以发现俄罗斯、马来西亚、泰国这些与中国地缘相邻、文化学术渊源较深的国家馆藏纸质版中国学术图书较多,其中大部分为中文图书,如泰国馆藏纸质版中国学术图书205 种,其中中文图书有 153 种;俄罗斯馆藏纸质版中国学术图书 149 种,其中中文图书 127 种,包括费孝通、邓拓、张岱年、方壮猷、翦伯赞、范文澜、郑振铎、钱存训、吴敬琏等多位中国著名学者的著作。同时,不同国家及不同图书馆由于自身定位、纸质学术图书获取渠道差异等原因,对中国纸质学术图书的馆藏呈现出显著的差异性。相比之下,卡塔尔、土耳其、拉脱维亚这些地理位置相对较远的国家馆藏电子版中国学术图书较多,且绝大多数为英文图书。对 8 个代表性沿线国家的电子学术图书馆藏进行深入分析,不难看出其均有一定程度的重复,因为这些图书多通过国际学术资源数据库进入沿线国家,而 SpringerLink、ScienceDirect 等国际知名数据库是大多数国家图书馆购买的首选。总之,对代表性沿线国家馆藏中国学术出版物形态的统计分析再次证明:共同的历史记忆和深厚的文化学术渊源是中国学术出版物向沿线国家"走出去"的重要推动力,同时也强调了中国学术出版数字化自主国际传播渠道建设与拓展的必要性和紧迫性。

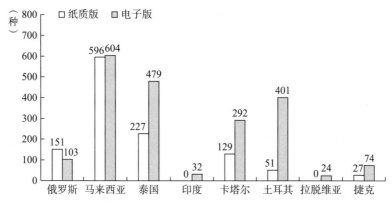

图 2-14 代表性沿线国家 OCLC 成员馆馆藏中国学术出版物形态统计

2.4.1.3 语种分布:英语为主,中文学术出版物在周边国家有一定接受度

如图 2-15 所示,代表性沿线国家馆藏中国学术出版物的语种主要包括英文、中文和本土官方语言。从语种分布上看,在国际学术出版领域,英语作为主流语言的地位难以撼动。除俄罗斯外,代表性国家馆藏中国英文学术出版物数量均高于中文学术出版物。与此同时,相较于印度、卡塔尔、土耳其等国家,俄罗斯、马来西亚、泰国都有着一定数量的中文馆藏,其中既有纸质版学术图书和期刊,也有通过万方、知网、超星等数据库进入馆藏的电子版学术图书和期刊,说明与中国地缘相邻、文化学术交流基础深厚的国家对中文学术出版物有一定的接受程度。值得注意的是,一定数量的中国与沿线国家合作出版或向沿线国家版权输出的、以目标国官方语言出版的学术出版物被目标国图书馆馆藏,且这些学术出版物大多

受到丝路书香工程、经典中国国际出版工程、中华学术外译项目等的资助,这说明我国从21世纪初开始实施的各大出版"走出去"项目工程,尤其是针对"一带一路"沿线国家的丝路书香工程已经取得了良好成效,中国学术出版向沿线国家"走出去"步伐日益加快。

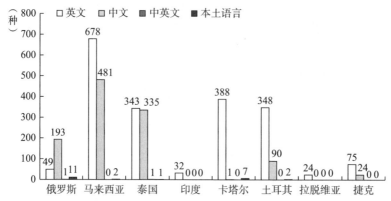

图2-15 代表性沿线国家OCLC成员馆馆藏中国学术出版物语种分布统计

2.4.1.4 学科分布:自然科学整体馆藏多,社会科学在周边国家影响大

整体来看,代表性沿线国家馆藏的中国学术出版物中,自然科学出版物数量明显多于社会科学出版物,与此同时,不同区域国家的馆藏也呈现出不同的学科分布特点。如图2-16所示,俄罗斯馆藏的中国社会科学学术出版物数量远多于自然科学出版物数量,且历史学、经济学和政治学出版物较多;马来西亚和泰国的馆藏在自然科学和社会科学学科分布上差距不大,但馆藏较多的学科集中于文学、经济学、历史学等社会科学学科;印度、卡塔尔、土耳其、捷克和拉脱维亚馆藏的中国自然科学学术出版物数量远超社会科学出版物数量,且数学、物理学、材料科学、生物学、临床医学、电子与通信技术、地球科学等自然科学学科出版物较多。可以看出,中国社会科学学术出版物作为我国社会精神思维产品和意识形态的载体,有着自身独特的研究传统、文化背景、思辨方式等,只有那些与中国有着深厚文化学术交流历史的国家(如俄罗斯、马来西亚和泰国)才具备这样的认知、理解和接受基础,而自然科学研究成果基本不受上述因素的影响,其"放之四海而皆准"的学科特点使其跨文化传播门槛较低,这使得沿线国家对中国学术出版物的馆藏呈现出以下学科特点:与中国地缘相邻、文化学术交流基础深厚的国家对社会科学和自然科学学术出版物均有较高的认知与交流需求，而地理位置相对较远的国家对中国自然科学学术出版物更感兴趣。

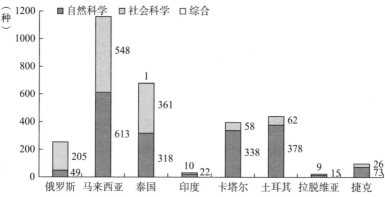

图 2 - 16 代表性沿线国家 OCLC 成员馆馆藏中国学术出版物学科分布统计

2.4.1.5 方式选择：因区域而异，西方学术出版商是重要桥梁

通过对代表性沿线国家馆藏中国学术出版物进行深层次考察，我们可以总结出中国学术出版物向沿线国家"走出去"主要有三种方式。第一种为独立"走出去"方式，即中国学术出版机构独立出版的学术出版物通过实物贸易、出版物交换、开放获取平台、中国数据库等渠道进入目标国图书馆馆藏。由于各图书馆的自身定位、服务对象不同，以独立出版方式进入沿线国家图书馆馆藏的中国学术出版物在学科、内容等方面有一定差异。第二种是中西合作方式，即中国学术出版机构通过向西方学术出版商进行版权输出和出版合作，使一些中国学术出版物被西方学术出版商建立的数据库收录，沿线国家图书馆通过购买这些数据库，以数字形式馆藏这些中国学术出版物。当然，这些出版物均为英文，且沿线国家图书馆依据各自特色和需求，也馆藏了部分出版物的纸质版。第三种是本土化方式，中国学术出版机构向沿线国家学术出版机构进行版权输出和出版合作，推动中国学术出版物以目标国语言、借助目标国本土出版发行渠道，在沿线国家"走出去"。

中国学术出版物向沿线不同区域国家"走出去"的方式各有特点。如图 2 - 17 所示，俄罗斯馆藏的 80% 以上的中国学术出版物采取独立"走出去"方式，且采取本土化方式"走出去"的学术出版物数量在所有代表性沿线国家中最多。马来西亚和泰国的馆藏中，独立"走出去"的中国学术出版物数量多于中西合作"走出去"的数量，但差距不大，只有零星出版物采取本土化方式。印度、卡塔尔、土耳其、捷克和拉脱维亚的馆藏中，中西合作"走出去"的中国学术出版物数量远超其他两种方式。这说明与中国地缘相近、文化学术渊源较深的国家对中国学术出版物有着多元化的需求；地理位置较远的国家较为依赖西方学术出版强国的遴选与供给，导致其对中国学术与学术出版物的认知与接受相对模式化；利用目标国本土出版资源与渠道推动中国学术出版物"走出去"已迈出坚实的步伐，但仍有巨大的发展空间。

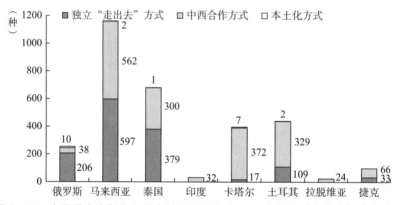

图 2－17　中国学术出版物向代表性沿线国家 OCLC 成员馆"走出去"方式统计

2.4.1.6　出版机构：部分出版机构成绩斐然，与沿线出版机构合作亟待深入

被代表性沿线国家图书馆馆藏的中国学术出版物的出版机构包括综合出版机构、专业出版机构、地方出版机构、大学出版社等多种类型。其中，"走出去"成绩较为显著的有科学出版社、高等教育出版社、北京大学出版社、武汉大学出版社、浙江大学出版社、上海交通大学出版社、中国社会科学出版社、社会科学文献出版社、电子工业出版社等，这与上文分析的获"走出去"三大主要工程项目支持的重点出版机构基本吻合。科学出版社、电子工业出版社等科技出版机构充分挖掘自身科技出版资源，推动大量科技出版物进入沿线国家；中国社会科学出版社、社会科学文献出版社等社科类学术出版机构推出多种高质量的社科学术出版物，向沿线国家读者展示中国社会科学研究的经典与前沿成果；北京大学出版社、武汉大学出版社等大学出版社将自身学科优势转化为学术出版资源，是中国学术出版向沿线国家"走出去"的重要力量；中华医学会杂志社、《中国科学》杂志社等学术期刊出版机构集约化发展已具规模……虽然二百余个出版机构（包括

学术期刊编辑部）在出版规模、学术资源、"走出去"方式选择等方面差异很大，但共同构成了中国学术出版向沿线国家"走出去"的实践主体。

通过对国际合作出版/版权输出机构进行统计分析，我们发现施普林格·自然出版集团、爱思唯尔出版集团、泰勒弗朗西斯出版集团、博睿出版集团、帕斯国际出版社、威利出版集团、威科出版集团、电气和电子工程师协会出版社、德古意特出版公司、牛津大学出版社、英国物理学会出版社等多家西方学术出版商是中国学术出版机构开展合作出版/版权输出的主要对象。与之相比，中国学术出版机构与沿线国家学术出版机构的交流与合作亟待加深。值得我们深入思考与警惕的是，中国学术出版机构借助西方学术出版商成熟的国际传播平台与渠道可以推动部分学术出版物快速进入沿线国家，但如上文所述，此种合作方式占据主导地位会导致沿线国家对中国学术出版物的馆藏"千馆一面"，无法实现中国学术研究成果的多元化展示。同时，合作出版物不得不经过西方知识框架的过滤，进而使得这些研究成果都不得不带上西方知识示范的烙印，且长时期、大规模的合作容易导致中国学术出版机构的路径依赖，自主国际传播平台越发难以建立，与沿线国家本土出版机构的合作动力不足。

2.4.2　中国学术期刊被沿线国家学术期刊引用情况

中国学术出版向目标国"走进去"是"走出去"战略的根本要求。为了进一步研究中国学术出版物在沿线国家"走进去"的程度与特点，本部分选取中国学术期刊[①]被沿线国家学术期刊引用情况为指标，进行更深层次的考察。依据科睿唯安发布的 2021 年期刊引证报告（Journal Citation Report），笔者于 2021 年 5 月 16 日统计"一带一路"沿线 64 个国家被 SCI 和 SSCI 收录的 957 种期刊对中国被 SCI 和 SSCI 收录的 180 种期刊的引用情况。

统计结果显示，180 种中国学术期刊均被沿线国家学术期刊引用，其中被引用次数最高的前 20 种期刊如表 2-11 所示。这 20 种期刊绝大多数处于 Q1 区和 Q2 区，内容质量与学术影响力较高，且中国学者发文占比均为第一位。从期刊出版机构所处区域来看，绝大多数期刊于北京和上海出版，再次说明区域经济与文化产业的发达程度对中国学术出版向沿线国家

---

① 本研究中的"中国学术期刊"指中国大陆地区编辑出版的、有国际标准连续出版物号（ISSN）和国内统一连续出版物号（CN）的学术期刊，不包含没有 CN 号的期刊。

"走出去"影响较大。从施引期刊所属国家看，新加坡、俄罗斯、波兰、印度、沙特阿拉伯、伊朗、匈牙利等国期刊引用量较高，再次证明中国学术出版向目标国"走出去"程度受地缘因素和目标国经济发达程度影响较大。从学科层面看，中国 SCI 期刊远多于 SSCI 期刊，两种 SSCI 期刊 *China & World Economy* 和 *Journal of Sport and Health Science*（同时被 SCI 和 SSCI 收录）的被引量只有 81 次和 110 次，尤其是创刊近 30 年的 *China & World Economy* 的被引量低于绝大多数中国 SCI 期刊，这再次说明自然科学跨文化传播门槛低、效率高。被引次数前 20 的期刊中，化学、物理学、生物学、材料科学、临床医学的占比较高，与沿线国家图书馆自然科学馆藏优势学科基本一致，说明沿线国家对这几个学科的中国学术出版物接受度和认可度较高，更证明了中国在上述学科研究领域所取得的突出成就。实际上，某一国家的学术发展水平与学术出版"走出去"程度关系密切、互为支撑。一方面，某一学科的高水平发展成就了本学科出版物的国际声誉，推动其高效"走出去"；另一方面，学术出版物"走出去"可以启发科学创新的新思路、新方向，进一步促进本国学术研究进步。从"走出去"方式选择上看，被引次数前 20 的期刊中，19 种采取与西方知名学术出版商合作出版，即国际出版商凭借自身强大的海外出版发行平台负责期刊的海外营销和发行业务，极大提升了中国学术期刊进入世界学术界的速度与效率。不容忽视的是，这些期刊均有着较长的办刊历史，并于 2000 年之后的十年内陆续开始与爱思唯尔出版集团、施普林格·自然出版集团、英国物理学会出版社等西方知名学术出版商开展合作出版至今。这些期刊的中方出版机构包括专业出版社和杂志社、大学出版社、期刊编辑部等主体，可以说，国际学术出版商已经在与中国学术期刊编辑出版涉及的关键主体的长期合作中积累了一定的经验，并且有力控制着期刊走向沿线国家与世界各地读者的"咽喉"[①]。

表 2 – 11　中国 SCI 和 SSCI 期刊被沿线国家 SCI 和 SSCI 期刊引用次数前 20 统计

序号	期刊名称	被引次数	学科	国内出版机构	国际合作出版机构
1	Chinese Medical Journal/中华医学杂志	4394	临床医学	中华医学会杂志社（北京）	威科出版集团（荷兰）

① 刘杨，孙奕鸣. 中国英文社科学术期刊国际化发展矛盾与破解［J］. 中国科技期刊研究，2020，31（6）：644 – 650.

续表

序号	期刊名称	被引次数	学科	国内出版机构	国际合作出版机构
2	Acta Pharmacologica Sinica/中国药理学报	3344	药学	Acta Pharmacologica Sinica 编辑部（上海）	施普林格·自然出版集团（德国）
3	Journal of Environmental Sciences/环境科学学报	3279	环境科学技术及资源科学技术	科学出版社（北京）	爱思唯尔出版集团（荷兰）
4	Cell Research/细胞研究	3226	生物学	Cell Research 编辑部（上海）	施普林格·自然出版集团（德国）
5	Chinese Physics Letters/中国物理快报	2951	物理学	Chinese Physics Letters 编辑部（北京）	英国物理学会出版社（英国）
6	Transactions of Nonferrous Metals Society of China/中国有色金属学报	2950	材料科学	科学出版社（北京）	爱思唯尔出版集团（荷兰）
7	Chinese Chemical Letters/中国化学快报	2282	化学	Chinese Chemical Letters 编辑部（北京）	爱思唯尔出版集团（荷兰）
8	Chinese Physics B/中国物理 B	2111	物理学	Chinese Physics B 编辑部（北京）	英国物理学会出版社（英国）
9	Communications in Theoretical Physics/理论物理	2100	物理学	Communications in Theoretical Physics 编辑部（北京）	英国物理学会出版社（英国）
10	Journal of Materials Science & Technology/材料科学技术学报	1673	材料科学	Journal of Materials Science & Technology 编辑部（辽宁）	爱思唯尔出版集团（荷兰）
11	Acta Biochimica et Biophysica Sinica/生物化学与生物物理学报	1591	生物学	Acta Biochimica et Biophysica Sinica 编辑部（上海）	牛津大学出版社（英国）
12	Journal of Integrative Plant Biology/植物学报	1526	生物学	Journal of Integrative Plant Biology 编辑部（北京）	威利出版集团（美国）
13	Chinese Journal of Chemistry/中国化学	1481	化学	Chinese Journal of Chemistry 编辑部（上海）	威利出版集团（美国）
14	Chinese Journal of Catalysis/催化学报	1321	化学	科学出版社（北京）	爱思唯尔出版集团（荷兰）
15	Journal of Rare Earths/稀土学报	1312	化学	Journal of Rare Earths 编辑部（北京）	爱思唯尔出版集团（荷兰）

续表

序号	期刊名称	被引次数	学科	国内出版机构	国际合作出版机构
16	Acta Mathematica Sinica/数学学报	1311	数学	科学出版社（北京）	施普林格·自然出版集团（德国）
17	Nano Research/纳米研究	1215	材料科学	清华大学出版社（北京）	施普林格·自然出版集团（德国）
18	Asian Journal of Andrology/亚洲男性学杂志	1193	临床医学	Asian Journal of Andrology 编辑部（上海）	无
19	Pedosphere/土壤圈	1147	农学	科学出版社（北京）	爱思唯尔出版集团（荷兰）
20	Chinese Physics C/中国物理C	1137	物理学	科学出版社（北京）	英国物理学会出版社（英国）

注：统计时间截至 2021 年 5 月 16 日。

从中国学术出版物被代表性沿线国家 OCLC 成员馆馆藏情况和中国学术期刊被沿线国家学术期刊引用情况这两方面综观中国学术出版物向沿线国家"走出去"现状，可以看出：第一，中国学术出版向沿线国家"走出去"历史悠久，规模不断扩大，改革开放之后进入加速期，"一带一路"倡议提出后，"走出去"意愿更加强烈、力度明显增强、方式日趋多元；第二，中国学术发展水平与学术出版"走出去"程度互为依托和支持；第三，在众多影响因素中，沿线国家的地理位置和经济发展水平对中国学术出版物向其"走出去"影响较大，体现在"走出去"数量、形态、语种、学科、方式等多方面；第四，中国部分学术出版机构向沿线国家"走出去"成绩斐然，但相当一部分学术出版物（尤其是高水平学术出版物）为中西合作出版，这种合作虽然可以使出版物快速进入沿线国家，但长期大规模的合作负面影响深远；第五，中国学术出版机构向沿线国家"走出去"的本土化探索已取得一定的成绩，但在合作对象拓展、本土资源发掘、合作平台建设等方面还需进一步努力。

2.5 中国学术出版向沿线国家"走出去"存在的不足

自"一带一路"倡议提出至今，中国学术出版向沿线国家"走出去"

成效显著，但在宏观支持政策、"走出去"主体、结构、路径、本土化、可持续发展模式等方面还存在一些亟待深入探索与改进之处。

2.5.1 "走出去"政策上的不完善

首先，"走出去"支持政策分散交叉。截至目前，我国国家级"走出去"工程项目共有十余个，涉及多个主管部门，虽然投入了大量人力物力财力，但具体政策较为分散，尚未形成对"走出去"的支持合力。不少工程项目内容交叉重复，评审结果大同小异，出现过国内某家出版企业拿着一份申报书向多家主管部门同时申报多个工程项目的现象①，也出现过多个项目重复资助同一本出版物的情况，如《历史的背影：一代女知识分子的教育记忆》（英语）和《钓鱼岛列屿之历史与法理研究》（英语）分别于 2014 年和 2016 年被中华学术外译项目和经典中国国际出版工程重复资助。

其次，相当一部分工程项目对向沿线国家"走出去"支持倾斜较小。虽然自 2013 年"一带一路"倡议提出以来，多个"走出去"工程项目均对向沿线国家"走出去"有所倾斜，但除了本就聚焦于沿线国家的丝路书香工程外，其他工程项目倾斜力度较小，资助以沿线国家语言出版的学术出版物较少。

再次，"走出去"工程项目对学术出版物的支持多集中于经济学、政治学、历史学等社会科学学科，自然科学学科出版物受资助少。尽管自然科学的跨文化传播难度小于社会科学，但对于"走出去"潜力较大的学科的出版物、聚焦我国自主顶尖科技的出版物等，需要进一步加大支持力度。

最后，"走出去"工程项目考核与评估环节缺失。中国学术出版向沿线国家"走出去"，在目标国落地生根并产生相应的社会效益与经济效益是最终目标，但各大工程项目多注重版权贸易和出版投资项目数量，忽视对其落地效果的考核，这种偏差极易导致与沿线国家的版权合作流于形式，社会效益与经济效益更是无从谈起。同时，多个项目工程普遍缺少对奖惩措施的规定，如对未能完成的项目往往只做撤项处理，对获资助单位

---

① 范军，邹开元．"十三五"时期我国出版走出去发展报告［J］.中国出版，2020（24）：3－10.

没有明确的责任追究。

2.5.2 "走出去"主体上的缺陷

《推动共建丝绸之路经济带和 21 世纪海上丝绸之路的愿景与行动》提出中国将充分发挥西北、东北、西南等地区的比较优势，深化与中亚、南亚、西亚、东盟等国家的交流合作①。但不论是从中国学术出版物被沿线国家馆藏与引用情况，还是从中国学术出版机构获各类工程项目资助情况看，东北、西南、西北地区的学术出版机构"走出去"活力明显不足，未能发挥自身的区位优势和窗口作用。

随着数字出版时代的到来，国际知名出版公司开始改变自己的期刊和学术著作出版形态，积极打造学术数据库并在全世界范围内销售推广，全世界范围内的科研工作者也进入了"读库"时代。虽然知网、维普、超星、"数字尼山书屋资源库"、"感知中国"俄语地区数据库、that's 阿语数字内容运营平台等中国学术数据库已销售至泰国、土耳其、俄罗斯、埃及等某些沿线国家，但这些数据库或以中文学术出版物为主要内容，或只包括部分学术内容，其受众始终有限。我国目前亟须建成真正能体现学术出版与科技融合、在国际上尤其是沿线国家有重大影响的英文学术数据库和沿线国家本土语言数据库，但现有"走出去"主体机构在此类学术数据库建设与国际运营方面能力较弱，总体而言投入远大于产出②。

2.5.3 "走出去"结构上的失衡

首先，"走出去"学科结构失衡。不论是与我国地缘相近的东北亚国家，还是地理位置较远的西亚北非和中东欧国家，中国学术出版向其"走出去"均存在学科结构失衡的问题，如西亚北非和中东欧国家馆藏的中国自然科学出版物远多于社会科学出版物。从"一带一路"倡议合作重点来看，民心相通作为"一带一路"建设的社会根基，在学术出版"走出去"领域必然要求社会科学和自然科学共同发展、彼此支持、互相增强；从自然科学和社会科学的发展历程和特点来看，两者起到的作用不同，承担的

---

① 国家发展改革委，外交部，商务部. 推动共建丝绸之路经济带和 21 世纪海上丝绸之路的愿景与行动 [EB/OL]. (2015 – 03 – 29) [2021 – 09 – 15]. https：//www. yidaiyilu. gov. cn/wcm. files/upload/CMSydylgw/201702/201702070519013. pdf.

② 张琛. 拥抱科技出版国际化的春天 [J]. 科技与出版，2019（6）：6 – 12.

使命不同，具有同等的重要性，缺一不可，不能厚此薄彼①。此外，上文统计显示，主要项目工程对学术出版物的支持均未能覆盖所有学科，相当一部分学科未受到资助，这也体现出"走出去"学科失衡的问题。

其次，"走出去"语种结构失衡。从"走出去"工程项目支持层面看，部分沿线国家语种受资助学术图书数量极少，一些语种从未受到资助；从沿线国家馆藏层面看，以本土语言出版的学术图书占比很小，相当数量的获资助本土语言学术图书未被馆藏。

最后，"走出去"形态结构失衡。沿线绝大多数国家对中国电子版学术出版物的馆藏多于纸质版，这是数字时代学术出版"走出去"的必然结果，但各国电子馆藏均有一定程度的重复，特别是许多西亚北非和中东欧国家的馆藏基本一样，即被 SpringerLink、ScienceDirect 等国际知名学术数据库收录的中国学术出版物。沿线不同国家国情不同，对中国学术出版物的需求也不尽相同，既需要国际知名学术数据库收录的"大而全"的优质学术资源，也需要特色化的"小而美"的纸质及电子出版物，而中国学术出版"走出去"形态结构的失衡极易导致沿线国家对中国学术的刻板化、模式化认知。同时，中国学术出版机构与沿线国家的出版交流合作，大部分仍局限于纸质图书的合作，数字出版产品的合作很少。这种出版合作形态的失衡会导致合作领域不够全面，程度不够深入，制约中国学术出版"走出去"的持续推进②。

总之，"走出去"结构失衡既不利于沿线国家受众对中国学术成果的全面认知，也不利于促进中国与沿线国家的学术往来，更难以满足"为深化双多边合作奠定坚实民意基础"的根本要求。

2.5.4 "走出去"路径上的依赖

上文指出，中国学术出版机构通过中西合作出版方式，借助西方学术出版商成熟的国际传播平台与渠道推动部分学术出版物快速进入沿线国家，这种方式虽然高效但自主性差，且长时期、大规模的合作容易导致中国学术出版机构的路径依赖，自主国际传播平台与出版品牌越发难以建

---

① 江宏春. 自然科学、社会科学、人文科学的关系——一种"学科光谱"分析 [J].自然辩证法研究，2014，30（06）：61 - 67.

② 甄云霞，王珺. 服务"一带一路"倡议推动国际出版合作高质量发展 [J].科技与出版，2020（1）：6 - 15.

立，会进一步致使中国学术出版机构在与西方出版商的合作中处于弱势状态，将优秀学术出版成果廉价售卖。学者张琛指出，很多中国出版机构的高学术价值图书以 1800 欧元左右的价格被西方知名机构买断纸质和电子版在全球市场的销售权。多年以来，中国学术出版巨大的经济效益被西方学术出版商独占，中国学术出版在世界出版巨头面前不得不"忍气吞声"，这从短期和长远看都不利于中国学术出版"走出去"的良性自主发展①。

2.5.5 "走出去"本土化上的短板

面对有着 44 亿人口的"一带一路"沿线国家这一中国学术出版"走出去"新市场，"走出去"各类主体积极探索本土化发展模式，努力推进本土化运作。但是，沿线国家多，地域广，地缘政治关系和具体社会情况较为复杂，大部分国家的出版产业发展水平不高，中国学术出版"走出去"本土化运作面临着不少短板。首先，大量本土化项目开始于"一带一路"倡议提出之后，启动时间不长，本土化运作时间较短。其次，对沿线国家本土学术出版资源的发掘与利用有待提升。例如目前我国在"走出去"学术出版物选题上多集中于中国自身学术研究成果，未能充分发掘沿线国家的学术优势，选题本土化程度较低；又如近年来在各类工程项目的支持下，中国学术出版机构向沿线国家版权输出或合作出版了不少学术出版物，但相当比例的出版物并未进入目标国国家图书馆、国立大学图书馆等主要机构的馆藏，这说明我国学术出版对沿线国家主要出版发行渠道的利用程度亟待加强。最后，中国与沿线国家学术出版合作形式多以参加本土书展，建立国际编辑部、分社或出版合作中心为主，尚未涉及更深层面的企业跨国并购等资本运作②。

2.5.6 "走出去"可持续发展模式的缺失

如上文所述，中国学术出版物"走出去"主要有三种方式：独立方式、本土化方式和中西合作方式。独立"走出去"方式的赢利模式仍局限在传统出版的模式，虽然中国学术出版物通过知网、超星等中国数据库实

---

① 张琛. 拥抱科技出版国际化的春天 [J]. 科技与出版，2019（6）：6-12.
② 郝婷. 中国主题图书在"一带一路"沿线国家出版发行情况简析——以丝路书香工程重点翻译资助项目为例 [J]. 中国编辑，2018（12）：46-52.

现了数字化国际传播,但这种数字化大多仅仅是内容数字化,没有形成完整的数字出版产业链,赢利模式缺乏可持续性。本土化方式虽然已经在多个沿线国家迈出了突破性的步伐,但由于起步时间不长,且中国学术出版机构更多注重其社会效益,赢利模式尚不清晰。中西合作方式中,中国学术出版巨大的经济效益往往被西方学术出版商独占,一些西方知名学术出版商还要求中方向其缴纳不菲的出版合作费用(partnership fee),对中国学术出版物的发展造成了很大的经济压力①,这种模式根本不具备可持续性。

总之,现阶段我国大多数学术出版机构更多地将"走出去"纳入社会效益范畴,尤其是向沿线国家"走出去"更是依赖国家政策和项目工程的资助,很少有中国学术机构在沿线国家形成可持续赢利模式并站稳市场,这离真正意义上的"走出去"还有较大差距,中国学术出版向沿线国家"走出去"的可持续发展模式亟待探索和明晰。

---

① Songqing Lin, Lijuan Zhan. International Publishing Partnerships for China's English Language Journals and Financial Security [J]. Learned Publishing, 2016, 29(3): 145 – 153.

表 2-10 代表性沿线国家 OCLC 成员馆馆藏中国学术出版物概况

地区	代表性国家	馆藏中国学术出版物的成员馆数量（个）	图书馆名称	馆藏中国学术出版物数量（学术图书｜学术期刊）（种）
东北亚	俄罗斯	9	STATE HISTORY PUBLIC LIBRARY OF RUSSIA 俄罗斯国家历史公共图书馆	254（185｜69）
			RUSSIAN STATE LIBRARY 俄罗斯国立图书馆	
			HERZEN STATE PEDAGOGICAL UNIVERSITY OF RUSSIA LIBRARY 俄罗斯国立师范大学图书馆	
			STOCKHOLM SCHOOL OF ECONOMICS IN RUSSIA LIBRARY 俄罗斯德哥尔摩经济学院图书馆	
			MOSCOW STATE INSTITUTE OF INTERNATIONAL RELATIONS LIBRARY 莫斯科国立国际关系学院图书馆	
			ST PETERSBURG STATE UNIVERSITY LIBRARY 圣彼得堡国立大学图书馆	
			SURGUT STATE UNIVERSITY LIBRARY 苏尔古特国立大学图书馆	
			URAL FEDERAL UNIVERSITY LIBRARY 乌拉尔联邦大学图书馆	
			FINANCIAL UNIVERSITY LIBRARY 俄罗斯国立财政金融大学图书馆	

续表

地区	代表性国家	馆藏中国学术出版物的成员馆数量（个）	图书馆名称	馆藏中国学术出版物数量（学术图书 | 学术期刊）（种）
东南亚	马来西亚	22	NATIONAL LIBRARY OF MALAYSIA 马来西亚国家图书馆	1161 (899 | 262)
			UNIVERSITY MALAYSIA PERLIS LIBRARY 马来西亚玻璃市大学图书馆	
			UNIVERSITY MALAYSIA TERENGGANU LIBRARY 马来西亚登嘉楼大学图书馆	
			UNIVERSITY TEKNOLOGI MALAYSIA LIBRARY 马来西亚理工大学图书馆	
			UNIVERSITY MALAYSIA PAHANG LIBRARY 马来西亚彭亨大学图书馆	
			UNIVERSITY KEBANGSAAN MALAYSIA LIBRARY 马来西亚国民大学图书馆	
			UNIVERSITY MALAYSIA KELANTAN LIBRARY 马来西亚吉兰丹大学图书馆	
			UNIVERSITY TUN HUSSEIN ONN MALAYSIA LIBRARY 马来西亚敦胡先翁大学图书馆	
			UNIVERSITY UTARA MALAYSIA LIBRARY 马来西亚北方大学图书馆	
			UNIVERSITY MALAYSIA SARAWAK LIBRARY 马来西亚沙捞越大学图书馆	

续表

地区	代表性国家	馆藏中国学术出版物的成员馆数量（个）	图书馆名称	馆藏中国学术出版物数量（学术图书｜学术期刊）（种）
东南亚	马来西亚	22	INTERNATIONAL ISLAMIC UNIVERSITY MALAYSIA LIBRARY 马来西亚伊斯兰国际大学图书馆	1161（899｜262）
			UNIVERSITY SAINS ISLAM MALAYSIA LIBRARY 马来西亚伊斯兰理科大学图书馆	
			UNIVERSITY MALAYSIA SABAH LIBRARY 马来西亚沙巴大学图书馆	
			TAYLOR'S UNIVERSITY MALAYSIA LIBRARY 马来西亚泰莱大学图书馆	
			UNIVERSITY TUNKU ABDUL RAHMAN LIBRARY 拉曼大学图书馆	
			UNIVERSITY PUTRA MALAYSIA LIBRARY 马来西亚博特拉大学图书馆	
			UNIVERSITY TEKNIKAL MALAYSIA MELAKA LIBRARY 马六甲马来西亚技术大学图书馆	
			UNIVERSITY SAINS MALAYSIA LIBRARY 马来西亚理科大学图书馆	
			UNIVERSITY PERTAHANAN NASIONAL MALAYSIA LIBRARY 马来西亚国防大学图书馆	
			UNIVERSITY OF MALAYA LIBRARY 马来亚大学图书馆	

续表

地区	代表性国家	馆藏中国学术出版物的成员馆数量（个）	图书馆名称	馆藏中国学术出版物数量（学术图书｜学术期刊）（种）
东南亚	马来西亚	22	UNIVERSITY PENDIDIKAN SULTAN IDRIS LIBRARY 苏丹依德斯师范大学图书馆	1161（899｜262）
			UNIVERSITY TEKNOLOGI MARA LIBRARY 玛拉工艺大学图书馆	
	泰国	20	NATIONAL LIBRARY OF THAILAND 泰国国家图书馆	
			MAHASARAKHAM UNIVERSITY ACADEMY RESOURCES CENTER 马哈萨拉姆大学学术交流中心	
			NATIONAL INSTITUTE OF DEVELOPMENT ADMINISTRATION LIBRARY 泰国国家发展管理学院图书馆	
			THAMMASAT UNIVERSITY LIBRARY 泰国国立政法大学图书馆	680（285｜395）
			BURAPHA UNIVERSITY LIBRARY 泰国东方大学图书馆	
			MAEJO UNIVERSITY CENTRAL LIBRARY 泰国梅州大学中央图书馆	
			CHULALONGKORN UNIVERSITY LIBRARY 朱拉隆功大学图书馆	
			MAE FAH LUANG UNIVERSITY LIBRARY 泰国皇太后大学图书馆	

续表

地区	代表性国家	馆藏中国学术出版物的成员馆数量（个）	图书馆名称	馆藏中国学术出版物数量（学术图书｜学术期刊）（种）
东南亚	泰国	20	KHON KAEN UNIVERSITY MEDICAL LIBRARY 孔敬大学医学图书馆	680（285｜395）
			KING MONGKUT'S UNIVERSITY OF TECHNOLOGY NORTH BANGKOK LIBRARY 泰国国王科技大学北曼谷校区图书馆	
			NARESUAN UNIVERSITY LIBRARY 纳雷苏大学图书馆	
			NAKHON PHANOM UNIVERSITY LIBRARY 泰国那空帕农大学图书馆	
			SILPAKORN UNIVERSITY LIBRARY 泰国艺术大学图书馆	
			SRINAKHARINWIROT UNIVERSITY CENTRAL LIBRARY 泰国诗纳卡宁威洛大学中央图书馆	
			SUKHOTHAI THAMMATHIRAT OPEN UNIVERSITY LIBRARY 素可泰开放大学图书馆	
			SURANAREE UNIVERSITY OF TECHNOLOGY LIBRARY 苏兰拉里理工大学图书馆	
			THAKSIN UNIVERSITY LIBRARY 泰国他信大学图书馆	
			UBON RATCHATHANEE UNIVERSITY LIBRARY 乌汶大学图书馆	

续表

地区	代表性国家	馆藏中国学术出版物的成员馆数量（个）	图书馆名称	馆藏中国学术出版物数量（学术图书｜学术期刊）（种）
东南亚	泰国	20	UNIVERSITY OF PHAYAO LIBRARY 碧瑶大学图书馆	680（285｜395）
			CHIANG MAI UNIVERSITY LIBRARY 清迈大学图书馆	
南亚	印度	4	INDIAN INSTITUTE OF MANAGEMENT-CALCUTTA LIBRARY 印度管理学院加尔各答校区图书馆	
			INDIAN INSTITUTE OF MANAGEMENT-BANGALORE LIBRARY 印度管理学院班加罗尔校区图书馆	32（32｜0）
			INDIAN STATISTICAL INSTITUTE 印度统计研究所	
			JAWAHARLAL NEHRU UNIVERSITY LIBRARY 尼赫鲁大学图书馆	
西亚北非	卡塔尔	3	QATAR UNIVERSITY LIBRARY 卡塔尔大学图书馆	
			QATAR NATIONAL LIBRARY 卡塔尔国家图书馆	396（258｜138）
			WEILL CORNELL MEDICAL COLLEGE IN QATAR LIBRARY 卡塔尔威尔康奈尔医学院图书馆	

续表

地区	代表性国家	馆藏中国学术出版物的成员馆数量（个）	图书馆名称	馆藏中国学术出版物数量（学术图书丨学术期刊）（种）
西亚北非	土耳其	14	ANADOLU UNIVERSITY LIBRARY 安那多鲁大学图书馆	440（164丨276）
			ANKARA UNIVERSITY LIBRARY 安卡拉大学图书馆	
			BAHCESEHIR UNIVERSITY LIBRARY 巴切希尔大学图书馆	
			BILKENT UNIVERSITY LIBRARY 比尔肯大学图书馆	
			BOGAZICI UNIVERSITY LIBRARY 博加齐奇大学图书馆	
			HACETTEPE UNIVERSITY LIBRARY 哈切特佩大学图书馆	
			ISTANBUL UNIVERSITY LIBRARY 伊斯坦布尔大学图书馆	
			IZMIR INSTITUTE OF TECHNOLOGY LIBRARY 伊兹密尔理工学院图书馆	
			KIRIKKALE UNIVERSITY LIBRARY 克里卡尔大学图书馆	
			KOC UNIVERSITY LIBRARY 科奇大学图书馆	

续表

地区	代表性国家	馆藏中国学术出版物的成员馆数量（个）	图书馆名称	馆藏中国学术出版物数量（学术图书 | 学术期刊）（种）
西亚北非	土耳其	14	MIDDLE EAST TECHNICAL UNIVERSITY LIBRARY 中东技术大学图书馆 PAMUKKALE UNIVERSITY LIBRARY 帕穆卡莱大学图书馆 TRAKYA UNIVERSITY LIBRARY 拉基亚大学图书馆 ULUDAG UNIVERSITY LIBRARY 乌卢达格大学图书馆	440（164 | 276）
中东欧	捷克	2	NATIONAL LIBRARY OF THE CZECH REPUBLIC 捷克共和国国家图书馆 STATE RESEARCH LIBRARY IN CESKE BUDEJOVICE 捷克布德约维奇研究图书馆	99（25 | 74）
中东欧	拉脱维亚	2	LIBRARY OF UNIVERSITY OF LATVIA 拉脱维亚大学图书馆 TURIBA SCHOOL OF BUSINESS ADMINISTRATION LIBRARY 拉脱维亚工商管理学院图书馆	24（24 | 0）

3 西方学术出版强国国际市场拓展的经验与启示

综观当今国际学术出版市场，英国、美国、德国、荷兰等西方学术出版强国地位牢固，其主要学术出版商的各类出版产品与科研工具为全世界科研工作者使用，即使是看似线性传播的中国学术出版物向沿线国家"走出去"，实际上也要经过西方学术出版商的过滤，这恰恰说明了西方学术出版强国在"走出去"实践中取得的成绩。本章拟对西方学术出版商在长期海外市场拓展实践中所积累的"走出去"经验进行总结，并结合中国学术出版"走出去"现状和特点，阐发这些经验对我国的启示。

3.1 西方学术出版强国国际市场拓展的经验

英国、美国、德国、荷兰等西方学术出版强国有着悠久的学术出版发展历史，其主要出版商都极为重视海外市场的维护和开拓，并将其作为核心业务之一。在长期"走出去"实践中，这些出版商积累了宝贵的经验。

3.1.1 推进资本运作，实现规模化发展

经历了初创期的探索和成长期的飞跃，西方主要学术出版商于20世纪60年代掀起了资本并购的浪潮。在不断地收购、兼并、重组过程中，许多出版集团的雏形开始形成，原本分散的出版资源不断集中，学术出版产业链逐渐形成，一批学术出版集团开始在全球范围内开展跨国经营，海外分支机构遍布全球，逐渐覆盖了世界学术出版市场并牢牢占据着绝对优势的地位。

世界学术出版巨头德国施普林格出版集团创建于1842年，有着悠久且曲折的发展历史。在第二次世界大战后，施普林格重建并快速发展其学术

出版业务，并通过兼并重组，收购包括美国胡马纳出版社（Humana Press）、英国 BMC 集团（BioMed Central）等在内的多家知名学术出版企业，逐渐成为世界学术出版巨头。2015 年施普林格与自然出版集团（Nature Publishing Group）的合并进一步扩大了其出版规模和在国际学术出版界的影响。与施普林格出版集团齐名的另一国际学术出版商爱思唯尔出版集团成立于 1880 年，从 20 世纪 60 年代开始其国际性扩张，先后与北荷兰出版社、医学文摘出版社合并①，然后收购了包括英国培格曼出版公司（Pergamon Press）、美国学术出版社（Academic Press）等在内的多家国际知名学术出版企业，并进一步延伸其学术出版价值链，先后收购了科研信息管理系统 Pure、学术社交与文献管理平台 Mendeley、学术信息平台 Newsflo、实验数据管理软件 Hivebench、预印本网站 SSRN、机构知识库平台伯克利电子出版社（Bepress）、替代性评价指标提供商普拉姆分析公司（Plum Analyics）、稿件提交与同行评审系统 Aries②，通过资本运作不断增强对内容资源的控制，在集团体量和业务覆盖上全方位拓展自身规模，将业务延伸到科研价值链的上游和下游，从而获得丰厚的经济收入。

相当的出版规模是集约化经营的基础。西方学术出版商的集约化经营能够极大地优化出版资源配置，实现"多、快、好、省"的经营目标，如施普林格·自然出版集团和爱思唯尔出版集团旗下的全文数据库 SpringerLink 和 ScienceDirect 汇集了两大出版集团各自的海量优质学术资源，获得了世界各国科研人员的广泛认可，在全球范围内广为销售，是两大出版集团的核心产品、"吸金能手"③。

3.1.2 把握创新机遇，加速数字化转型

回顾西方主要学术出版商的发展历程，可以发现它们的发展壮大与数字化过程息息相关。20 世纪 70 年代开始，计算机技术开始进入出版领域，西方学术出版商把握这一创新机遇，积极拓展数字出版业务，加速数字化转型，不断开辟发展新局面。

西方学术出版巨头爱思唯尔出版集团于 20 世纪末引入数字化平台技术，

---

① 陈宁欣. 学术期刊融合发展研究 [D]. 长安大学，2021：23.
② 徐丽芳，王钰. 开放科学的挑战与因应：2017 年海外科技期刊出版动态研究 [J]. 科技与出版，2018（2）：13－21.
③ 陈宁欣. 学术期刊融合发展研究 [D]. 长安大学，2021：24.

基本完成了数据库内容的电子化。1998 年，ScienceDirect 这一创新性数字产品投入运营并获成功，促使学术出版赢利模式从订阅模式逐渐转向在线[①]。进入 21 世纪后，随着数字和网络技术的高速发展，学术出版机构与专业信息服务机构之间的边界逐渐模糊[②]，爱思唯尔开始向在线信息服务商转变——不再局限于提供打包式的数字内容，而是针对科研人员、医生、律师等行业的具体需求，提供相应的数字化内容和工具。它为用户提供的数字化服务越发多元，市场占有率也随之快速增长。近年来，爱思唯尔不断推出数字化创新服务，如在其出版的学术内容中引入谷歌交互性地图、在其护理和健康专业领域的数字图书产品中增加互动性和娱乐性较强的个性化学习功能。尤其是 2013 年至今，爱思唯尔将自身定位为全球专业信息分析与解决方案提供商，加快在大数据、人工智能、区块链等数字技术领域的布局。当然，不止爱思唯尔出版集团，面对数字化浪潮，许多西方知名学术出版商都积极调整自身定位，扩大业务范围，从纸质出版物的数字化起步，不断尝试向数字出版商转型，时至今日发展成为介入学术科研工作全流程的信息服务商，形成多元化数字出版业态，实现内容资源的立体开发和版权的多维增值。

3.1.3 发挥自身优势，发掘目标市场潜力

西方学术出版商在考察目标市场时，主要考虑两大要素：目标市场的潜力和自身产品的竞争优势。他们的基本策略是：优先进入市场开发成本和运营风险比较低、容易避开贸易壁垒的国家和地区；优先进入竞争对手比较弱、本国文化产品和文化服务竞争力相对强盛、容易获得比较优势的地区[③]。

20 世纪 90 年代，中国经济高速发展，人口数量庞大，且中国出版业刚刚开始由计划经济转向社会主义市场经济，学术出版市场化程度较低，国际竞争力较弱。这"几乎吸引了所有跨国出版商的眼光[④]"，贝塔斯曼、施普林格、麦克米伦等国际出版商开始积极开拓中国学术出版市场，并取得了辉煌的成绩[⑤]。麦克米伦旗下的 Nature 杂志就是在这一时期大举拓展

---

① 刘战兵，孙忠. 励德·爱思唯尔并购战略：1993—2014 年 [J]. 出版科学，2016，24 (1)：99 – 104.
② 李海燕. 爱思唯尔出版集团数字化发展历程研究 [J]. 内蒙古师范大学学报（教育科学版），2018，31 (7)：112 – 114.
③ 花建. 中国对外文化贸易体系构建研究 [J]. 学习与探索，2013 (7)：90 – 95.
④ 谭学余. 国外出版商对中国市场的进入及其趋势 [J]. 编辑之友，2004 (3)：4 – 6.
⑤ 程艳林，庞燕. 数字出版生态的维护与治理 [J]. 中国出版，2011 (20)：53 – 56.

中国市场并获得较高的学术声望。一方面，Nature 强调自身内容的高端与前沿，宣传所刊发论文对学术史的贡献，如核板块构造理论（1966 年）、脉冲星的发现（1968 年）、南极上空臭氧空洞（1985 年）、多利羊的克隆（1997 年）等①，这在中国与世界交流日益广泛、中国科研工作者迫切想要了解国际学术界最新进展的当时，最大限度地吸引了中国学术界的关注。另一方面，Nature 采用了多种促销手段，比如给科学家寄赠杂志、在国际会议上免费发放杂志、赠送优惠卡等，不断增强中国科研工作者与Nature 杂志的联系与黏性。爱思唯尔旗下主要数据库产品 ScienceDirect 在进入中国市场之初，订阅价格极低，在拥有了大量订阅机构后，开始逐步提高对中国订户的价格，除了爱思唯尔出版集团，施普林格·自然出版集团、泰勒弗朗西斯出版集团、威利出版集团等西方学术出版巨头都采取了类似的市场策略，近年来纷纷在中国订阅机构的抱怨与无奈中连年涨价。除了数据库涨价以便在目标国获取巨大利润，西方主要学术出版巨头还努力挖掘目标国学术资源，推进本土化进程，实现与目标国学术界与学术出版市场最大程度的融合。截至 2021 年 7 月，施普林格·自然出版集团与中国合作出版学术期刊共计 129 种，占中国英文学术期刊总量的 33.59%。这些期刊的编辑部均设在中国、期刊主编大多是中国知名学者并在国际学术界有着较高的声望，再加上中西合作出版期刊为本土研究成果提供了快速高效进入国际学术界的渠道，迅速吸引了大量的本土优质研究成果。可以看出，西方学术出版商凭借自身在产品、服务等方面的竞争优势进入并深耕中国市场，不断提升中国学术界与学术出版界对其产品和服务的依赖，同时大力推进本土化进程，通过内容生产本土化、人力资源本土化等措施，促进本土资源深度融入自身商业版图，进一步增强自身在中国学术出版市场的竞争力。

3.2 西方学术出版强国国际市场拓展经验对我国的启示

西方学术出版强国"走出去"历史与经验不仅揭示了实力雄厚的学术

① 江晓原，穆蕴秋. Nature 杂志：从科普期刊到学术神话［J］.浙江学刊，2017（5）：199 - 204.

出版集团大多都是通过"走出去"做大做强的，更是对我国学术出版向沿线国家"走出去"提供了示范和启示。

3.2.1　坚持出版双效，培育"走出去"龙头出版企业

中国学术出版向沿线国家"走出去"，既是建设文化强国、实现中华民族伟大复兴中国梦的客观要求[①]，有重大社会效益；也是中国学术出版产业扩大国际市场、实现经济利润的重要任务，有巨大经济效益。以"民心相通"为目标的中国学术出版向"一带一路"沿线国家"走出去"，必须坚持社会效益与经济效益相统一，把社会效益放在首位，为构建人类命运共同体奠定坚实基础。目前，产业优化、资本运作等市场化发展理念在中国学术出版界还缺乏深刻认知与广泛实践，而西方主要学术出版商之所以能够在短短几十年内实现在全球市场范围内的布局，恰恰阐明了学术出版的发展需要资本运作的支撑，文化产业引入资本元素可以确保长远投入[②]。如果我们漠视资本的力量或者缺乏资本运作的能力，必然无法打造学术出版完整产业链，也无法跟西方学术出版商在国际市场上展开竞争，"民心相通"的目标更是难以实现。

在出版双效原则的指导下，面对广袤的沿线国家市场，中国学术出版应借鉴西方规模化、集约化发展经验，积极培育"走出去"龙头学术出版机构。目前，科学出版社、高等教育出版社、北京大学出版社、中国社会科学出版社、社会科学文献出版社、电子工业出版社等学术出版机构在"走出去"实践中成绩斐然，可根据其学科优势、海外分支机构布局特点等进行进一步扶持和培育。一方面，龙头学术出版机构可以投入自身优势经济资本，通过收购文献管理、学术信息聚合等相关服务企业[③]，打造面向学术科研工作全流程的产业链，最大限度地吸引潜在受众和用户；另一方面，可以在推进内部结构重组和机构再造、提高学术出版资源的整合度和利用率的同时，加快以资本或资源为纽带的并购、分支机构的设立、外向合作的开展等，推动学术出版产业的升级，提升"走出去"的效率和成绩。

---

① 邬书林. 加强学术出版打牢中华民族伟大复兴知识根基［N］.中国新闻出版广电报，2013 –08 – 16（01）.

② 田海明. 文化产业的资本运作及发展之思考［J］.学术界，2011（1）：41 – 50.

③ 肖超. 学术出版场域变革与欧美学术出版机构的差异化策略［J］.出版科学，2020，28（6）：109 – 117.

3.2.2　加强数字出版，探索"走出去"可持续发展模式

相较于西方发达国家，中国数字技术起步晚、起点低，在出版领域的应用与发展也较为滞后。这表面看是技术发展层面的原因，实际上深层次的原因在于长期计划经济与旧出版体制的制约，以及其导致的出版领域低效的资源配置方式。前者使中国学术出版机构长期免疫于市场竞争，而竞争不足使得其对前沿数字技术的开发与应用缺乏动力；后者造成中国学术出版机构规模化程度较低，而规模化正是数字化转型的重要前提，西方学术出版商的发展历史反复证明了这一点。近年来，西方主要学术出版商对数字出版业务越发重视，数字出版业务收入占收入总额比重也越来越高，如爱思唯尔在 2012 年从数字化产品中获得的收入就已超过总收入的 80%。集团中国区高级副总裁张玉国曾这样描述自己在爱思唯尔工作的感受："我没感觉是在出版社工作，反而像是在为一个 IT 公司工作①。"反观中国，如上文所述，我们大量的优秀学术出版物通过西方学术出版商的数字平台进入国际学术界和沿线国家，这种"借船出海"的做法虽然高效但不具有可持续性。因此，在规模化的基础上加快数字化转型、推进数字出版发展是中国学术出版提升国际竞争力，探索"走出去"可持续发展模式的必然要求。

在数字技术高速发展的当下，中国学术出版机构应抓住时代机遇，运用先进的数字技术大力开发数字产品，拓宽产品数字传播渠道，创新内容服务形式，提升受众的产品使用体验，全面推进数字化转型，积极探索符合自身发展特点的可持续"走出去"新方法新模式。

3.2.3　开展全面合作，融入"走出去"目标国市场

从 20 世纪 70 年代开始，施普林格等西方主要学术出版商就开始与中国进行多方位的图书出版贸易合作②，经过几十年的市场深耕，它们在中国建立起各类分支机构，与中国学术出版各主体、各环节、各层面的合作日益扩大、逐渐深入，实现了与中国学术界和学术出版市场最大限度的融

---

① 宋平. 爱思唯尔：数字业务如何掘金 [N]. 中华读书报，2012 - 11 - 07 (06).

② 曹菁，王英雪，王培一. 德国施普林格出版公司及其期刊出版成功经验剖析 [J]. 中国科技期刊研究，2006，17 (3)：348 - 353.

合。面对广袤复杂的"一带一路"沿线国家出版市场，与本土相关机构开展全面深度合作，推进本土化运作，全方位融入"走出去"目标国市场，做到你中有我、我中有你，成为真正的利益共同体，是中国学术出版实现从"走出去"到"走进去"的有效途径。

中国学术出版可以以海外分支机构为据点，推动出版内容、推广渠道、人才队伍等全方位合作网络的建设。在内容层面，可以通过版权代理等方式促进中国内容在目标国当地的本土化编辑和出版①，以减少"文化折扣"；在推广渠道层面，海外分支机构要有效发挥本土机构灵活多样、熟悉市场等特点，避免贸易壁垒和文化隔膜②，真正推动中国学术出版产品进入目标国主流市场；在人才队伍方面，要扎根目标国当地，积极邀请当地学者、编辑、翻译人员、出版和发行人员等加入，进一步促进与目标国学术界与学术出版界的全面融合。

---

① 李永强. 新时代主题出版和大学出版社的使命与探索［J］. 出版广角，2020（1）：6－8.
② 宋婷. "丝路书香工程"实施中重点翻译图书出版产业链研究与对策［J］. 中国出版，2017（6）：13－16.

4 中国学术出版向沿线国家"走出去"的机制创新

相较于发达国家，我国学术出版具有自身的制度优势，在服务我国科学建设中发挥过积极作用①。然而近些年来，随着国际学术出版格局的快速变化，我国学术出版制度对"走出去"实践的支撑作用未能充分发挥，尤其是面对沿线国家这一新市场，在传递中国学术声音、展示中国学术成果、提升中国学术话语权等方面未能充分体现出我国学术出版的制度优势。因此，我们必须基于国际学术出版格局的变化，根据中国学术发展与建设的新要求，创新中国学术出版向沿线国家"走出去"机制，提升学术出版支撑和服务中国与沿线国家"民心相通"的能力。

4.1 中国学术出版向沿线国家"走出去"的机制及其优化

"一带一路"倡议为中国学术出版"走出去"指明了新方向、开辟了新市场，在此背景下审视中国学术出版向沿线国家"走出去"的运行机制，有利于明晰现行机制利弊，为有的放矢地探索机制创新打下基础。

4.1.1 中国学术出版向沿线国家"走出去"机制的概念与内涵

对"机制"的研究发源于自然科学研究领域，以描述机体构造、总结机体功能，探索两者间的相互影响和关系为主要内容②。社会科学领域通常将"机制"视为社会运行的方式，包括事物各个部分和协调各个部分关

---

① 方卿. 创新学术出版体制机制助力学术话语权建设［J］. 出版科学，2020，28（2）：1.
② 潘开灵，白列湖. 管理协同机制研究［J］. 系统科学学报，2006（1）：45 – 48.

系的具体运作方式两大核心要素。目前,现有研究成果对出版及其"走出去"机制进行了探讨,覆盖组织运行主体、内容生产传播、出版品牌建设等方面,但这些研究或只着眼于"走出去"某一环节的运行机制,或未将学术出版的"走出去"作为关注重点,且少有成果聚焦于"一带一路"沿线国家这一新市场。因此,在借鉴这些成果的基础上,笔者形成了对中国学术出版向沿线国家"走出去"机制的认知。中国学术出版向沿线国家"走出去"应该是在科学管理和有效保障下,由"走出去"主体通过一定的媒介渠道,将内容传播给沿线受众,只有整个过程的有效衔接和协调,才能达到"走进去"的良好效果。因此,笔者将中国学术出版向沿线国家"走出去"的机制界定为明确"走出去"顶层设计、"走出去"实践主体、"走出去"内容、"走出去"渠道、"走出去"受众等基本要素在"走出去"实践中的地位和功能,探究这些要素之间理应保持的科学、良好的关系,以及构建这种关系的方法和途径。

4.1.2 中国学术出版向沿线国家"走出去"的现行机制

对中国学术出版向沿线国家"走出去"现行机制进行总结和审视,能够帮助我们发现机制优化的切入点,进而对创新机制进行更加科学的设计和构建。

在我国"管办分离"的学术出版管理体制下,政府相关管理部门在宏观层面把握向沿线国家"走出去"的总体规划,制定相应的"走出去"扶持政策,提出"走出去"工作要求,设计"走出去"工作进程,规划"走出去"重点领域,确定"走出去"主要实施主体。各类"走出去"工程项目在国家政策规划下开始实施,国内学术出版企业在项目驱动下不断探索向沿线国家"走出去"的实践路径。与此同时,政府相关管理部门较为重视对其他力量的调动,支持和鼓励其参与学术出版向沿线国家"走出去"实践。学术出版企业作为"走出去"实践主体,也不断扩展与相关组织和机构的合作(见图4-1)。

4.1.2.1 中国学术出版向沿线国家"走出去"现行机制的特点

首先,政府主导,以政策扶持为抓手。自2003年全国新闻出版局长会议正式将中国出版"走出去"列为我国新闻出版业发展的五大战略之一以来,政策支持一直是推动学术出版"走出去"的最大动力。2013年"一带一路"倡议的提出,为中国学术出版"走出去"提供了全新的方向和视野,

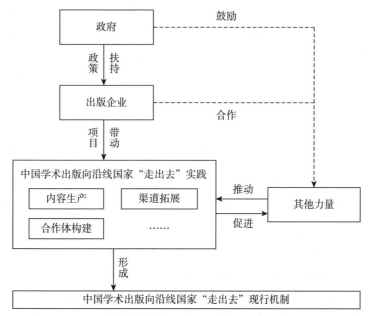

图 4-1 中国学术出版向沿线国家"走出去"现行机制框架

以及强有力的政策支持。《关于进一步加强和改进中华文化走出去工作的指导意见》《关于加强"一带一路"软力量建设的指导意见》等中央文件为中国学术出版向沿线国家"走出去"指明了前进方向和根本遵循;国家新闻出版署、国家版权局、教育部、文化和旅游部等有关部门也先后出台相应专项规划和工作方案,调动多领域力量支持学术出版向沿线国家"走出去";丝路书香工程以沿线国家为"走出去"目标区域,经典中国国际出版工程、中国图书对外推广计划、中外图书互译计划、国家社科基金中华学术外译项目等国家重大对外出版工程项目也纷纷向沿线国家倾斜。可以看出,从中央到政府多个职能部门对学术出版向沿线国家"走出去"的扶持政策不断细化,工程项目补贴和资助覆盖广泛,形成了推动学术出版向沿线国家"走出去"的动力源泉。

其次,企业主体,以项目工程为驱动。沿线国家文化、语言、民俗等千差万别,大部分地区社会矛盾较为复杂,经济相对落后,出版业也不发达。对中国学术出版企业来说,依靠自身资源与渠道向沿线国家"走出去",成本较高、难度也较大[①]。因此,单纯从国际市场开发与拓展来说,

---

① 方英,刘静忆. 中国与"一带一路"沿线国家间的出版贸易格局 [J]. 科技与出版, 2016 (10): 26-30.

沿线国家很难成为中国学术出版"走出去"的主要目标区域。在政府主导的各大出版"走出去"工程项目的资助下,中国学术出版企业向沿线国家"走出去"的财务负担得到大幅减轻,它们能够集中更多资本开发优质内容,拓宽营销渠道,建立分支机构,扩大生产经营规模,更快速地开发沿线国家学术出版资源,提升自身国际化发展水平。

在以政府为主导、以学术出版企业为主体的机制框架下,中国学术出版向沿线国家"走出去"实践呈现出一些独有的特点。在"走出去"内容上,出版机构依据各大项目工程申报要求和支持重点,基于自身出版资源进行申报,因此出版内容的生产多为自我阐释为主的单向生产,重点向沿线国家展示中国学术优秀成果,对沿线选题的挖掘尚不多,针对具体区域进行的内容生产也较为匮乏。在"走出去"渠道上,国内学术出版企业不论是在沿线国家设立分支机构还是成立海外编辑部,大多采用重资源、轻资产模式,即依托与目标国当地出版机构、学术机构等的合作关系,整合出版资源,拓展传播渠道,较少采用投资融资、并购重组等可控性较强的重资产模式。尽管重资源、轻资产模式投入资本较少,运作较为灵活①,但也存在可控性弱、运营相对封闭②等问题,中国学术出版企业对此种模式的广泛采用在一定程度上说明其向沿线国家"走出去"实践缺乏更深层面的跨国并购等国际化资本运作的动力,依然较为依赖国家政策和资金支持。

4.1.2.2　中国学术出版向沿线国家"走出去"现行机制的不足

首先,在政府职能层面,系统集成、科学高效的政策支持体系有待进一步完善。如上文所述,目前国家对学术出版"走出去"的支持政策相对比较全面,基本覆盖了"走出去"实践的主要环节,但不容忽视的问题是,各种支持政策归口多、分散性强,统合集成力度不够,对学术出版向沿线国家"走出去"的支持体系不够科学和高效。

其次,在企业理念层面,向沿线国家"走出去"动力不足。可以说,政策和资金支持等外在因素是我国绝大多数学术出版企业向沿线国家"走出去"的最大动力,企业自身的动力其实并不强劲。国际化发展作为一种较高层次的经营方向,主要体现在一些规模化发展的大型出版集团身上,

① 左健,卢忆."一带一路"背景下大学出版社"走出去"的经验与思考——以中国人民大学出版社为例[J].现代出版,2019(1):61-64.
② 裴永刚.中国出版"走出去"模式的探索——以国际编辑部为例[J].编辑之友,2019(7):49-53.

但目前我国学术出版领域这样的企业相对较少，体量也有限①。因此，学术出版企业向沿线国家"走出去"实践主动性不足、较为依赖国家政策和资金的支持这一现实情况，从客观上看正是市场经济条件下现代企业发展理念的体现——规避经营风险，追求最高的投入产出比，实现效益最大化。从深层次思考，这一现象也是学术出版企业自身实力水平、目标市场客观条件、整体政策大环境综合作用的结果。

再次，在学术出版"走出去"规律把握层面，实现双效丰收仍需要持续探索。长期以来，包括学术出版在内的出版"走出去"更多被视为政治外宣的需要而非市场内在的需求，出版物较多通过外交活动、出版机构和学术机构交换赠予等非市场化方式进入目标国市场。在国际出版市场格局与业态快速变化的当下，学术出版向目标国"走出去"不再仅是两国之间的外交和文化互动，而是基于国际市场竞争的产业化布局与发展。然而，在中国学术出版向沿线国家"走出去"的现阶段，我们对沿线学术出版市场的产业化运作规律认识还不透彻，对学术出版"走出去"社会效益和经济效益共同实现路径的探索还不深入。

最后，在行业体系建设层面，面向沿线市场的出版体系亟待完善。对任何国家来说，出版"走出去"都是一项系统工程，需要行业相关多方力量的协作和支撑。面对广袤复杂的"一带一路"沿线国家市场，中国学术出版"走出去"需要更加强有力的体系支撑，然而，信息不畅、人才不足、渠道不广等都制约着中国学术出版向沿线国家"走出去"的进程。这些制约因素有着多方面的形成基础，如翻译出版、版权贸易、信息技术等方面的专业人才匮乏问题，固然有"一带一路"倡议背景下中国学术出版向沿线国家"走出去"起步晚、困难多的客观原因，但更凸显了我国学术出版行业对高素质外向型人才的吸引力不强的现实情况。无疑，这都需要中国学术出版构建科学完备的、面向沿线市场的出版体系。

4.1.3 中国学术出版向沿线国家"走出去"机制的优化

在"民心相通"目标的指导下，基于对中国学术出版向沿线国家"走出去"现行机制的总结与审视，依据中国学术出版向沿线国家"走出去"

---

① 蔡晓宇. 中国出版十年"走出去"历程的回顾、反思与展望［J］. 出版广角，2015（13）：42 – 46.

现状，借鉴西方学术出版商的有益经验，笔者认为可以从以下三个方面对"走出去"机制加以优化。

4.1.3.1　政府宏观规划：提升政策效力与治理能力

党的十八届三中全会提出推进国家治理体系和治理能力现代化的要求，十九届四中全会强调"必须在推进国家治理体系和治理能力现代化上下更大功夫""抓紧制定国家治理体系和治理能力现代化急需的制度"①。这要求在中国学术出版向沿线国家"走出去"工作中，一方面政府有关部门要统筹协作，打造系统集成、科学有效的支持政策体系，在提高政策效力上多下功夫；另一方面政府应进一步思考和探索怎样在宏观政策规划层面进行统筹和调控，激发出版企业向沿线国家"走出去"的主动性，避免出版企业分散投入、重复建设、恶性竞争等资源低效利用问题，逐步形成学术出版向沿线国家"走出去"的可持续发展模式和科学治理体系②。

4.1.3.2　企业市场运作：开拓沿线市场成为发展必需的一步

从全球范围看，大型学术出版商通常是国际学术市场开发的先行者和主导者，他们掌控着大量优质学术资源，并通过进一步挖掘国际学术出版资源、搭建跨国传播平台等牢牢控制国际学术话语权，进而巩固自身在全球学术出版市场的主导地位。因此，集中优势资源打造大型龙头学术出版企业，增强其国际市场竞争意识，提升其国际市场竞争能力，应当成为中国学术出版向沿线国家"走出去"的重要举措。政府管理部门应依据有关规定，在沿线市场开拓、技术创新、海关通关等方面对这些大型龙头学术出版企业予以支持。更为重要的是，大型龙头学术出版企业自身要坚持深化改革，完善现代企业制度，建立向沿线国家"走出去"的长效机制，探索科学的赢利模式和较为完整的国际出版产业链，为在沿线市场的可持续发展提供不竭动力，使开拓沿线市场成为自身做大做强的必要之举，进而引导一批富有特色的外向型中小学术出版企业开辟沿线市场，打造"大旗舰"和"小舢板"共同出海的格局③。总之，不论是来自政府的政策支持

---

① 中国共产党新闻网. 中共中央关于坚持和完善中国特色社会主义制度推进国家治理体系和治理能力现代化若干重大问题的决定［EB/OL］.（2019 – 11 – 06）［2021 – 09 – 15］. http://cpc. people. com. cn/n1/2019/1106/c64094 – 31439558. html.
② 蔡晓宇. 中国出版十年"走出去"历程的回顾、反思与展望［J］. 出版广角，2015（13）：42 – 46.
③ 蔡晓宇. 中国出版十年"走出去"历程的回顾、反思与展望［J］. 出版广角，2015（13）：42 – 46.

与财政资助,还是来自龙头学术出版企业自身的长效机制建立与赢利模式探索,让中国学术出版企业这一"走出去"重要主体看到拓展沿线国家市场能为其带来直接的版税收入和利益分成,意识到沿线市场可以开拓、必须开拓,这样才能真正激发其主动向沿线国家"走出去"的动力。

4.1.3.3 强化发展保障:打造全方位保障支持体系

中国学术出版向沿线国家"走出去"是一项复杂的系统工程,需要多部门支持、多主体参与、多环节协作、多资源融合,这一切的实现都需要多层次、全方位保障体系的构建。现阶段,中国学术出版向沿线国家"走出去"时间不长、赢利模式尚不清晰,因此在政策保障层面,仍然需要政府相关部门继续通过政策倾斜、项目资助、税收优惠等措施给予支持。在"走出去"主体层面,除了对学术出版企业的多层次支持,还要对行业组织、合作组织、版权代理机构、出版物进出口公司、文化科技公司、教学科研机构、会展服务机构等相关主体进行全面支持,推进"走出去"多元主体协同发力。学术出版"走出去"主体内部的制度保障也非常重要,如在工作流程上,要以制度建设保证对"走出去"选题的重视,保证各个环节衔接顺畅;在考核机制上,要制定明确的目标和奖惩方法,保障"走出去"项目的顺利完成。在人才保障层面,要大力投入资金、出台配套政策,加强沿线语种翻译、编辑出版、版权贸易、经营管理、数字技术等专业化人才队伍建设。一方面,要加大对国内学术出版市场主体相关人才的培训力度;另一方面,要通过各种支持政策吸引全球优秀人才,尤其是熟悉沿线国家文化、政策、语言、投资环境,拥有广阔人脉与渠道资源的人才加入"走出去"人才队伍。与此同时,还要健全人才薪酬和激励机制,提升他们的成长空间,为优秀人才的培养、交流、晋升等提供保障。

4.2 中国学术出版向沿线国家"走出去"创新机制的构建原则与框架设计

中国学术出版在"一带一路"倡议的指导下开辟沿线更开阔的市场,这是中国学术出版不断发展、实现出版强国目标的客观需要,更是我们坚定道路自信、理论自信、制度自信、文化自信的必然选择。中国学术出版"走出去"存在的问题和不足,以及在当前和未来优化和推进的方向,引导着我们创新现有"走出去"机制，在坚持其合理部分的基础上，协调各要素之间的关系，以实现中国学术出版在新市场、新需求、新技术环境下向沿线国家科学、高效、可持续"走出去"。

4.2.1 中国学术出版向沿线国家"走出去"创新机制的构建原则

中国学术出版向沿线国家"走出去"是一项多要素相互关联的复杂工作，外界社会环境、政策制度等对其也有着不同程度的影响。探讨其创新机制的构建原则，是对新机制构建基本准则的明晰，也是对新机制形成基础的正确认识。具体来说，中国学术出版向沿线国家"走出去"创新机制的构建，需要遵循以下四个原则。

4.2.1.1 协同性原则

机制旨在探究机体内要素的组成、功能，以及各要素之间关系的协调。因此，协同性原则应该是中国学术出版向沿线国家"走出去"创新机制构建的重要原则，主要包括宏观、中观和微观三个层面。

宏观层面的协同指中国学术出版向沿线国家"走出去"和我国与沿线国家交流合作的整体程度与格局相协同。改革开放以来，我国作为新兴市场经济国家，经济硬实力不断上升，政治大国地位逐渐巩固①，这些都为沿线国家和世界各国所瞩目，但与此同时，也出现了一些与中国社会总体发展不相符的现象，如中国学术出版的整体实力和国际影响力与中国几千年文明发展史不相符，中国学术出版对全球知识体系所做的贡献与 20 世纪以来中国崛起所积累的发展经验与学术成就不相符，特别是在西方学术出版商对全球学术出版与传播市场的巨大影响下，中国学术出版向沿线国家"走出去"在一定程度上还要经过西方知识体系的过滤才能到达沿线国家，这与我国要建立的负责任的大国形象不相称。因此，中国学术出版向沿线国家"走出去"必须掘弃单兵作战的思维，从中国与沿线国家交流合作的整体程度和格局层面来谋划"走出去"实践，使其与中国经济、政治等发展互相协同、彼此促进、形成合力，共同构建中国负责任的大国形象，提升沿线受众对中国的全面认知，进一步推进"民心相通"。

---

① 刘杨．中国社会科学学术期刊"走出去"研究［M］．北京：社会科学文献出版社，2015：14．

　　中观层面的协同指中国学术出版与其他行业向沿线国家"走出去"的协同。"一带一路"倡议以政策沟通、设施联通、贸易畅通、资金融通和民心相通为主要内容，涉及多领域基建行业、跨境货物贸易行业、电子商务行业、金融行业、教育培训行业、旅游行业等众多行业领域，而学术出版的对外交流为中外上述行业之间的深度交流提供了重要平台，能够促使我国与沿线国家在多行业领域的了解与合作。因此，要有效发挥学术出版这一文化手段在中国与沿线国家各行业合作交流中的重要作用，推进学术出版业与其他行业的协同发展，打造中国与沿线国家多领域、多行业全面深度合作的格局。

　　微观层面的协同指中国学术出版"走出去"内部要素之间的协同。一方面，政府多个相关部门出台的支持政策之间要协同整合，做到共同谋划、分别部署、合理落实，真正提高政策效力；另一方面，"走出去"主体、内容、渠道、形态、受众等要素之间应保持协调和互动，同时单个要素也应与其存续环境相契合。以"走出去"内容为例，出版产品内容应根据目标国受众对本学科专业知识的理解程度进行策划，出版物形态（纸质或数字）的选择则需要结合主要受众的特点、目标国数字信息技术发展程度、不同传播渠道的优势等来决定……只有切实协调好这些要素，才能保证中国学术出版"走出去"获得最佳效果。

4.2.1.2　本土化原则

　　不论是西方主要学术出版商的国际市场拓展实践，还是我国学术出版"走出去"的多年探索，都阐明了本土化是有效避免文化隔膜和贸易壁垒，快速进入目标国的重要"法宝"。从辩证关系上看，出版产业的国际化和本土化是一对矛盾，两者对立统一，互相依存。本土化是基础和根本，指发轫国的本土，更指国际化进程中目标国的本土；国际化是延伸和发展，既指走出国门、走向全球，又指国外因素融入本国。本土化到一定程度必然要求国际化，同时国际化反作用于本土化，强化本土化[①]。包括学术出版在内的中国出版业遵循国际化和本土化矛盾运动规律，必然会在国际化道路上深入践行本土化。

　　中国学术出版向沿线国家"走出去"创新机制的构建必须遵循本土化

---

① 谢清风．"一带一路"倡议与提高中国出版国际竞争力分析［J］．科技与出版，2018（1）：20-25．

原则，具体包括机构本土化、内容本土化、渠道本土化、标准本土化、人才队伍本土化等方面。中国学术出版市场主体在沿线国家建立的分社、出版合作中心、国际编辑部等分支机构在凸显中方资金、选题、品牌等方面优势的同时，能有效发挥目标国出版企业和相关机构灵活多样、熟悉市场的特点；内容本土化一方面要求通过版权代理等方式促进中国学术内容在目标国的本土化编辑和出版，另一方面要求在选题策划、内容生产与整合等方面发掘目标国的学术资源，与其积极开展出版合作；渠道本土化强调要积极进入并利用目标国学术出版产品主流发行渠道，提高"走出去"的效率；标准本土化指要与目标国学术出版标准、规范、技术等实现对接；人才队伍本土化强调要吸引和鼓励目标国学者、编辑，翻译、出版、发行、技术等人才加入我国学术出版队伍，增强与国内同行的交流与合作，全面促进中外学界与学术出版界的全面融合。

4.2.1.3　自主性原则

上文分析指出，相当一部分中国学术出版物（尤其是学术水平较高的英文出版物）采取中西合作出版方式进入国际学术界及广大沿线国家，此种方式效率虽高但容易导致中国学术出版"走出去"丧失自主性，科学、独立、可持续发展模式更无从谈起。因此，面对"一带一路"沿线市场，从自身发展角度来看，中国学术出版"走出去"创新机制的构建必须坚持自主性原则。

"一带一路"倡议旨在与沿线国家一同打造政治互信、经济融合、文化包容的利益共同体、命运共同体和责任共同体①，将中国的发展机遇变成沿线国家的发展机遇。"一带一路"倡议体现出来的理念，不再是搭乘西方强国主导的国际体系（如 WTO），而是让亚非欧搭中国的"便车""快车"②。这从宏观理念层面再次强调了中国学术出版向沿线国家"走出去"创新机制的构建必须坚持自主性原则，成就中国梦，助推世界梦。

4.2.1.4　差异化原则

"一带一路"沿线国家众多，文化传统、意识形态、经济水平、宗教信仰等差异明显，对中国学术出版的具体需求各不相同，因此，在"走出

---

① 李明轩，王田."一带一路"下图书"走出去"的出版设想［J］.出版广角，2017（23）：37－39.

② 王义桅."一带一路"机遇与挑战［M］.北京：人民出版社，2015：99.

去"创新机制构建上，坚持差异化原则十分必要。

差异化原则要求根据沿线不同国家的社会发展现状及当地受众对中国学术出版产品的不同需求，采取有针对性的"走出去"策略和方式，提高受众对中国学术出版产品的利用率。如上文所述，中国学术出版向沿线国家"走出去"是一项涉及多环节、多要素的工作。出版产品内容与目标国受众的认知水平和理解能力是否匹配，产品形态和传播渠道的选择是否符合受众偏好、是否与目标国信息技术发展水平相适应，多个要素之间是否能良好协调等，都直接影响着新机制的有效运行。这要求中国学术出版在向沿线国家"走出去"的实践中，坚持差异化原则，明晰沿线各国具体发展情况及民众对中国学术出版产品的需求，以此为基础明确"走出去"各要素建设的关键要求，才能保证"走出去"实践的科学有效推进。

4.2.2 中国学术出版向沿线国家"走出去"创新机制的基本框架

基于上述认知和分析，笔者尝试构建中国学术出版向沿线国家"走出去"创新机制的基本框架，明确各要素在创新机制中的定位和相互关系，具体如图 4 - 2 所示。

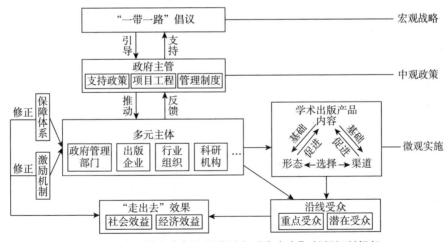

图 4 - 2　中国学术出版向沿线国家"走出去"创新机制框架

图 4 - 2 所示的机制框架从宏观战略、中观政策和微观实施三个层面进行设计，形成了以支持"一带一路"倡议行稳致远为导向，以多元主体共同参与为核心，以优质学术出版产品生产和传播为重点，以向沿线国家有

效"走出去"为目的中国学术出版向沿线国家"走出去"的创新机制，能够有效加强我国学术出版国际传播能力与话语体系建设。"走出去"主体、产品、受众等要素呈现出互动、循环的关系。

4.2.3 中国学术出版向沿线国家"走出去"创新机制框架解析

中国学术出版向沿线国家"走出去"是由"一带一路"倡议统领，政府主管，多元主体协同，以优质、丰富的学术出版产品满足不同沿线国家民众需求的重要工作。既要符合"一带一路"这一中国今后对外开放与合作总纲领的要求，又要注重政府以政策、项目、制度创建的良好政策环境，以推进"走出去"创新机制构建的具体实践。

从宏观战略层面看，"一带一路"倡议把中国与沿线国家发展的美好愿景联结起来，打造互尊互信、合作共赢、文明互鉴的命运共同体，不仅为中国学术出版"走出去"指明了新方向，开辟了新市场，更对学术出版向这一新市场"走出去"提出了新要求。多年来，中国学术出版将"走出去"重心放在西方国家，集最雄厚的资金、最优秀的人才、最具倾向性的政策去涉足与中华文化截然不同且如今仍占据世界文化主流地位的西方文化圈，投入产出比自然不尽如人意①。如今，"一带一路"倡议继承了古代丝绸之路开放包容、兼收并蓄的精神，让古代丝绸之路这条友谊与财富之路、交流与共荣之路"复活"，并赋予其新的时代内涵，促使不同文明得以再次碰撞交流，融合互鉴，为中国学术出版向沿线国家"走出去"提供了潜力巨大的新兴市场，也要求学术出版"走出去"为深化沿线国家双多边合作奠定坚实的民意基础。中国学术出版向沿线国家"走出去"应以服务"一带一路"建设为总方向，推进与沿线各国出版政策的交流调适、出版技术与设施的联通、版权贸易与合作的畅通、出版投资融资体系的建设，文化学术交流的深入，使学术资源更好地为"一带一路"倡议服务，在加强我国学术出版国际传播能力与话语体系建设的同时，真正实现与沿线国家"民心相通"。

从中观政策层面看，我国政府要通过支持政策的制定、项目工程的规划和管理制度的完善，为学术出版向沿线国家"走出去"打造良好的外部环境。在我国"管办分离"的出版管理体制下，政府相关管理部门主持了

---

① 郭瑞佳. 中国出版物东南亚国家市场拓展策略研究［J］. 出版广角，2015（14）：34－37.

包括学术出版在内的中国出版"走出去"政策制度建设，现已形成较为全面的政策支持网络，同时组织并参与了国际书展等重要"走出去"实践活动，积极推进学术出版与外交活动、教育行业等的融合，体现出在资源整合、行为示范等方面的权威性与优越性。因此，在面对广袤复杂的"一带一路"沿线国家构建中国学术出版"走出去"创新机制时，必须坚持政府主管。政府相关管理部门是中国学术出版向沿线国家"走出去"的掌舵人，通过制定支持政策、规划项目工程、完善管理制度为"走出去"实践创造良好环境，指引发展方向，指导各实践主体明确定位、聚焦优势、协同推进，提升"走出去"成效，为"一带一路"倡议行稳致远提供有力支撑。

"走出去"微观实施机制描述了中国学术出版向沿线国家"走出去"创新机制的要素、内涵、运行方式与任务等。在政府主管下，多元主体的积极参加与协同发力成为可持续"走出去"的不竭动力。具体来说，"走出去"多元主体包括政府管理部门、出版企业、行业组织、合作组织、版权代理机构、出版物进出口公司、文化科技公司、教学科研机构等，在资源配置、经营灵活性和渠道拓展等方面能够优势互补，形成合力。法律保障、学术出版市场主体内部制度保障、人才保障等协同形成的"走出去"保障体系和物质激励、精神激励合力形成的"走出去"激励机制推动多元主体不断探索出版产品内容、形态、渠道的最佳匹配，生产符合沿线国家受众需求的优质学术出版产品，持续巩固重点受众、吸引潜在受众。同时，"走出去"多元主体还通过其他多种方式与沿线国家建立联系（如科研机构与沿线国家科研工作者的学术交流活动），以达到社会效益和经济效益双丰收的"走出去"效果。互动、循环的微观实施机制设计能够通过对相关要素的修正和调整解决"走出去"实践中凸显出的问题，保证"走出去"实践的科学性和有效性。

5　中国学术出版向沿线国家
"走出去"的策略

　　思想和学术是文化的最高形态①，能够超越时代，超越国境。承载着中国优秀学术成果的学术出版向沿线国家"走出去"能够推进、巩固与升级中国与广大沿线国家的文化思想交流，在促进文化相通、民心相通的同时，加强我国学术出版国际传播能力与话语体系建设。这一目标的实现需要依靠政府和"走出去"多元实践主体的共同努力、互相协调以及切实可行的策略设计。基于中国学术出版向沿线国家"走出去"现状，借鉴西方学术出版强国相关经验，在"走出去"创新机制的指导下，笔者从政府宏观层面和"走出去"主体实践层面对中国学术出版向沿线国家"走出去"策略进行了设计。

5.1　政府宏观策略

　　政府的政策规划与引导是中国学术出版"走出去"的基础和必要保证。面对广袤复杂的"一带一路"沿线学术出版市场，政府的政策设计体现出其对中国学术出版向沿线国家"走出去"的宏观规制能力和管理水平，对打造良好的"走出去"政策环境有着十分重要的意义。基于上文对中国学术出版向沿线国家"走出去"相关政策的梳理与审视，特别是对现有政策不足之处的分析，本部分以宏观管理的视角设计"走出去"政策的完善路径，力求为中国学术出版向沿线国家"走出去"实践提供更高效的政策支持。

---

① 刘杨. 中国社科学术期刊"走出去"定位战略研究［J］.出版科学，2016，24（2）：25 -
27.

5.1.1 长效支持，统筹协调

"一带一路"倡议提出以来，政府相关部门通过"走出去"支持政策的规划和项目工程的实施，为中国学术出版向沿线国家"走出去"打造了较为全面的支持网络。提供了重要引擎力量。尽管以学术出版企业为主的"走出去"主体在政策的支持和项目的资助下在沿线市场取得了不错的成绩，但在产品结构、"走出去"路径、本土化程度、可持续发展模式上依然存在明显不足，现阶段依靠自身资源向出版环境复杂的沿线国家"走出去"，依旧面临成本高、难度大的问题。因此，国家对学术出版向沿线国家"走出去"的政策规划要形成长效支持，同时还要在多个层面加大政策的统筹协调，进一步提高政策利用效率，对"走出去"实践进行持续科学指导与推进。

《关于进一步加强和改进中华文化走出去工作的指导意见》《关于加强"一带一路"软力量建设的指导意见》《关于加强和改进中外人文交流工作的若干意见》《关于加强和改进出版工作的意见》《进一步支持文化企业发展的规定》《知识产权强国建设纲要（2021—2035 年）》等中央文件从顶层设计的层面高屋建瓴地规划了中国学术出版向沿线国家"走出去"的政策支持重点与要求，政府相关管理部门要坚持将其细化落实到相关专项规划和具体工作方案中，在步调和行动上提高与国家总体目标、总体政策、总体布局的一致性。

国家新闻出版署、国家版权局、教育部、文化和旅游部等有关部门先后出台的各项专项规划和工作方案，已为中国学术出版"走出去"打造了较为全面的支持网络。一方面要持续推进，如鼓励与目前还没有开展出版交流合作的国家加强联系沟通、寻求与更多沿线国家签订双边图书互译协议，以建立更加丰富的合作网络；另一方面要针对凸显出的问题进行统筹协调，指导"走出去"主体更好地遵循与使用。首先，由中央和国家有关部门（如中宣部）牵头，建立学术出版"走出去"领导协调机构，一方面对多头政策进行统筹协调，有效整合支持资源，做到共同谋划、分别部署、合力推动；另一方面对政策的落地执行情况进行全面监督与考核，保证政策落到实处。其次，丝路书香工程、经典中国国际出版工程、中华学术外译项目等工程项目和国家出版基金、国家文化产业发展基金、国家文化出口重点企业和项目扶持资金等支持资金应对向沿线国家"走出去"的学术出版市场主体和学术出版产品给予政策与资源倾斜，同时要注重各项目和资金在支持规模、使用方式等方面的科学合理，确保持续推进、各有侧重、相互支持、效益最优。最后，学术出版"走出去"政策规划要进一步突破自身行业视野，增强跨行业、跨领域的沟通，加大与经贸、文化、外交、教育等领域政策的融合协调，如学术出版企业对沿线国家语种人才的具体需求应与高校相关专业的开设及培养规模相协调，打造学术出版向沿线国家"走出去"的"朋友圈"，合力推进各个领域在学术层面的交流融通，合力服务"一带一路"建设的宏伟目标①。

地方政府的支持政策多依据地方出版业发展水平和区域出版资源特色制定，更具有针对性。因此，要聚焦地方学术出版在内容、学科、载体上的优势，进一步细化对学术出版向沿线国家"走出去"的支持政策。如发源于新疆敦煌的敦煌学20世纪初在我国兴起，遂吸引了收藏有敦煌文献的国家学者的广泛关注，中外学界于20世纪对敦煌文献进行了全面挖掘、整理与研究，使敦煌学成为世界性的显学②。新疆地方政府可以对敦煌学等"走出去"特色学科给予出版资源倾斜与重点支持，推进区域学术出版的特色化、差异化"走出去"。

5.1.2 深化改革，增强活力

目前，政府的政策支持与项目资助是中国学术出版"走出去"主体开拓沿线市场的主要动力，但这归根结底属于外部力量，而非学术出版企业的内生驱动力。这既容易导致多个主体扎堆"走出去"，重复建设国际出版渠道，浪费国内学术出版资源，也容易造成一些主体过于依赖政策支持，甚至盲目追求对外贸易额的增长，在很多情况下忽略了沿线国家受众的具体需求，导致供需脱节③，许多产品未能在"走出去"目标国实现学术影响力的有效转化，违背了国家支持学术出版向沿线国家"走出去"的初衷。究其深层次原因，在于各主体，尤其是学术出版企业的组织变革还较为滞后，计划经济思维还没有完全转向市场经济思维，因此，要想真正激发其主动向沿线国家"走出去"的内生驱动力，必须坚持深化改革。实

---

① 甄云霞，王珺. 服务"一带一路"倡议推动国际出版合作高质量发展 [J]. 科技与出版，2020（01）：6-15.

② 苏天运. 域外汉籍的学术价值 [N]. 中国社会科学报，2022-02-28（04）.

③ 王璐璐，赵玉山. "一带一路"背景下中国出版业的国际合作现状与发展建议 [J]. 出版广角，2019（19）：10-13.

际上,《关于加强和改进出版工作的意见》《进一步支持文化企业发展的规定》等中央文件在部署中国出版"走出去"工作重点的同时,都反复强调了出版企业深化改革的重要性。

大力推进学术出版企业深化改革,完善学术出版企业的现代企业制度,宏观规划上要求政府形成科学有效的管理机制,综合运用法律、经济、行政和产业政策手段支持与推动中国学术出版向沿线国家可持续"走出去"。大力推进学术出版企业深化改革,微观实践上要求政府以创新思维推动改革进程,激发学术出版企业这一市场主体的活力,真正实现市场在出版资源配置中的决定性作用,实现优胜劣汰的"走出去"市场竞争生态。例如 2009 年原新闻出版总署印发的《关于进一步推进新闻出版体制改革的指导意见》第一次把非公有出版工作室提高到"新兴出版生产力"的高度,之后接连制定和发布的《国务院关于鼓励和引导民间投资健康发展的若干意见》《新闻出版总署关于支持民间资本参与出版经营活动的实施细则》《中共中央关于全面深化改革若干重大问题的决定》等指导政策对民营资本参与出版经营活动进行了全面的支持,2014 年原国家新闻出版广电总局印发《非公有制文化企业参与对外专项出版业务试点办法》,允许非公有制文化企业与国有出版单位共同投资设立有限责任公司,给予新设立公司从事对外出版的专项出版权。北京华语联合出版有限责任公司(北京联合出版有限公司和北京时代华语图书股份有限公司合作成立)、人民天舟(北京)出版有限公司(人民出版社与天舟文化股份有限公司合作成立)、江苏求真译林出版有限公司(译林出版社与北京求是园文化传播有限公司合作成立)等拥有对外专项出版权的混合制公司纷纷成立,既保证了国有出版企业对其的管理权,也发挥了民营出版企业市场灵敏度和专业营销运作能力较强的优势,实现了市场在出版资源配置中的决定性作用。除了探索国有与民营出版企业合作新模式,国家宏观政策还能从多方面推进学术出版企业深化改革,如在资金支持上,各类支持项目可以实行预留资金制度,预留资金的拨付与出版产品"走出去"效果直接挂钩,并对"走出去"取得突出成绩的出版企业给予专项奖励;以奖励性的税收减免代替直接的项目资助;在融资、信贷等方面对民营出版企业和国有出版企业一视同仁,推动企业公平竞争、自主发展等①。总之,只有

---

① 王璐璐,赵玉山."一带一路"背景下中国出版业的国际合作现状与发展建议 [J]. 出版广角,2019(19):10 – 13.

坚持深化改革，才能使学术出版企业从以内容资源物化为核心业务向打造以技术、品牌、质量、服务为核心的竞争优势进行转变，进而获得"走出去"的内驱力，主动融入并参与沿线国家学术出版业，开辟中国学术出版向沿线国家"走出去"新局面。

5.1.3 重点培育，整合资源

目前"一带一路"学术体系与话语体系还处于建构过程中[①]，中国学术出版需要深入参与和积极推动，为沿线文明与学术的互通互融以及"人类命运共同体"的打造提供源源不断的智力支持。

从全球范围看，学术话语体系通常是由大型学术出版商构建的，学术话语权也通常是借由大型学术出版商得以发声的[②]。施普林格·自然出版集团、爱思唯尔出版集团、泰勒弗朗西斯出版集团等西方大型学术出版商掌控着数千种学术图书、期刊、论文集等学术出版物，它们决定着主编、编委和审稿专家人选，决定着内容评审流程与标准，决定着哪些内容可以发表或出版。大型学术出版商在学术出版这几个关键领域的"决定权"就是学术话语权。可以说，没有一流的大型学术出版商，国际学术话语权的掌握和学术话语体系的构建就是无根之木，无源之水。目前我国大型学术出版市场主体的缺失，正是我们国际学术话语权不足的痛点所在，也是我们构建"一带一路"学术话语体系亟待突破的重点问题。因此，集中优势资源重点培育大型龙头学术出版市场主体，提升其在沿线国家的市场竞争力，应该成为中国学术出版向沿线国家"走出去"的工作重点。

国家相关管理部门要在相关政策和资源配置上给予支持，明确目标，做好规划，着力培育一批具有较强国际竞争力的学术出版市场主体，塑造若干"走出去"大型龙头企业，既要发挥国有企业的带头作用，又要支持有实力、有沿线国家出版市场开拓经验的民营企业深耕目标市场。针对科学出版社、高等教育出版社、北京大学出版社、中国社会科学出版社、社会科学文献出版社、电子工业出版社等已具备相当规模、向沿线国家"走出去"取得良好成绩并积累了丰富经验的国有学术出版企业，可以给予进

---

① 甄云霞，王珺. 变化中蕴含新机遇，困境中开拓新局面［M］∥魏玉山."一带一路"国际出版合作发展报告（第二卷）. 北京：中国书籍出版社，2020：15.

② 方卿. 创新学术出版体制机制助力学术话语权建设［J］. 出版科学，2020，28（2）：1.

一步的政策支持，鼓励其通过整合学术图书、期刊、电子出版物、数字出版业务、学术信息平台等资源，在体量和业务覆盖上全方位拓展自身规模，实现多媒体、全产业链发展；可以鼓励其对业务相近、资源相通的出版企业进行兼并重组，实现跨地区发展；也可以推进其兼并重组出版领域以外的相关企业与机构，实现跨行业发展；面对沿线国家市场，要大力支持这些有实力的学术出版企业兼并、收购沿线国家有成长性的优质学术出版企业和相关机构，并通过独资、合资、合作等多种方式，在沿线国家建立分支机构，不断增强自身规模与在沿线国家的影响力。针对民营出版企业，要重点支持沿线国家出版市场开拓经验丰富、渠道畅通、资源广泛的市场主体，如北京龙之脊图书有限公司、北京求是园文化有限公司、宁夏智慧宫文化传媒有限公司、云南新知集团等，发挥其机制灵活、市场反应灵敏的特点和优势，增强其与国有学术出版企业的合作，加快中国学术出版向沿线国家"走出去"的步伐。

5.2　"走出去"主体实践策略

中国学术出版"走出去"主体包括政府管理部门、出版企业、行业组织、合作组织、版权代理机构、出版物进出口公司、文化科技公司、教学科研机构等，呈现多元化、多样化形态，是"走出去"各项工作的具体执行者。在政府宏观政策的支持与规划下，各主体应根据现阶段我国学术出版向沿线国家"走出去"总体情况和特点，深入分析沿线受众的学术需求，借鉴西方主要学术出版商国际市场拓展的相关经验，在"走出去"创新机制的指导下，为中国学术出版科学有效、可持续地向沿线国家"走出去"进行全面的策略设计。

5.2.1　主体：发挥多元主体优势，打造立体合作网络

不同主体由于资产性质、所在地域、占有资源、产业链所处环节等的不同，在中国学术出版向沿线国家"走出去"实践中均有自己独特的优势。

政府相关管理部门既是学术出版"走出去"政策制定者，又是"走出去"实践的重要主体，在国内外资源调动、大型活动筹办等方面有着不可

比拟的优势。如新闻出版署主办的北京国际图书博览会现已成为国际第二大书展①；文化和旅游部已与 64 个沿线国家签订政府间文化交流合作协定②，并在多个沿线国家建立海外中国文化中心，中国各类出版物在这些文化中心陈列展出，是文化中心的重要组成部分。

就学术出版企业来说，国有企业规模较大，有政策优势、融资优势和资源优势；北京华语联合出版有限责任公司、江苏求真译林出版有限公司等拥有专项对外出版权的混合制出版企业机构精简，机制灵活，市场意识较强，有着较为严格的成本控制管理。大学出版社的核心竞争力就是学术出版，其依托大学母体的学术资源优势与国际化优势，已经成为中国学术出版向沿线国家"走出去"的重要力量。西北、东北、西南地区的出版机构具有地缘优势，化学工业出版社、电子工业出版社、经济科学出版社等专业出版社具有专业资源优势，科学出版社、高等教育出版社、中国社会科学出版社等具有规模优势和品牌优势，同方知网等数字出版企业具有数字出版资源优势和数字化平台优势……

出版行业组织为成员单位之间的沟通，以及本国出版业与国外出版业相关机构的交流搭建了桥梁，对中国学术出版向沿线国家"走出去"起到沟通、协调、服务、监督等主要作用，在"走出去"目标市场信息分析、组织中外出版行业交流、搭建中外出版行业合作平台等方面有着较大的优势。如中国出版协会于 2019 年 12 月成立了"一带一路"出版工作委员会，通过举办"一带一路"出版合作经验交流会、国际出版企业高层论坛，评选"一带一路"出版合作优秀案例和国际化人才等活动，为中国学术出版向沿线国家"走出去"提供了依托平台和推动力量。中华出版促进会积极组织沿线国家新闻出版行业人员参加来华培训研修班，促进中外出版业的学习交流活动。

中国人民大学发起成立的"一带一路"共建国家出版合作体和外语教学与研究出版社发起成立的"中国－中东欧国家出版联盟"等国际出版合作组织，成员包括沿线多个国家的学术出版市场主体，在信息沟通交流、出版资源共享、合作模式探索等方面有更大的优势，如上文所述，相当一

---

① 北京国际图书博览会简介［EB/OL］.［2021－09－15］. https：//www. bibf. net.
② 佟亚涛. 11 个"一带一路"沿线国家设立中国文化中心［EB/OL］.（2017－06－01）［2021－09－15］. http：//finance. cnr. cn/txcj/20170601/t20170601_523780609. shtml.

部分中国与沿线国家合作成立的中国主题编辑部就是在合作体成员广泛接触与深入了解的基础上形成的。

版权代理机构是以委托人的名义,在代理权限范围内办理版权转让或许可使用,以及其他有关版权事务的专门机构①。中国学术出版市场主体在"走出去"的进程中,面对文化传统、意识形态、思维习惯差异较大的沿线国家市场环境,通过专业的版权代理机构建立覆盖不同区域的"走出去"网络,处理各类版权事务,能够使"走出去"主体更加精准地策划选题和定位市场,以符合目标国受众的学术需求和消费习惯,更好地把握目标国学术出版市场规律,这样不仅能大大提高"走出去"效率,更能加大业务的安全性。

中国国际图书贸易集团有限公司、中国图书进出口(集团)有限公司、厦门外图集团等出版物进出口公司与全球数千家出版发行机构建立了广泛的联系,提供出版物进出口数字发行、电子商务、仓储物流、文化传播等全方位出版"走出去"服务,在跨国营销网络建设上有着深厚的基础和突出的优势。基于与沿线国家图书馆的常年业务往来,中国国际图书贸易集团有限公司自 2018 年开始实施"一带一路"沿线国家图书馆合作项目,与沿线国家图书馆建立合作,赠送和交换书刊,探索建立书目数据共享机制,承接基础建设,进行文化服务拓展,力求向沿线国家人民展现真实、立体、全面的中国②。厦门外图集团有限公司深耕东南亚市场多年,构建了良好的交流合作与营销网络,连续五年成功举办南亚中国图书巡回展,即使是在全球疫情持续,巡回展严重受阻的形势下,仍旧探索出特色化的在线办展模式。

相当数量的跨国文化传播公司凭借渠道优势和资源优势,致力于开拓包括学术出版在内的中国出版向沿线国家"走出去"的新业务、新业态。如宁夏智慧宫文化传媒有限公司不仅在传统出版领域积极开展与阿拉伯国家出版机构的合作,将《丝绸之路考古十五讲》等学术图书版权输出到沿线国家,还建设了"一带一路"沿线国家阿拉伯语数据库"智慧宫文库",通过对数量巨大、来源分散、格式多样的阿拉伯语文献进行收集、存储和

---

① 傅文奇. 全文数据库信息资源建设中的版权问题研究 [D]. 福建师范大学,2007:52.
② 中国国际图书贸易集团有限公司. "一带一路"沿线国家图书馆合作项目 [EB/OL]. (2019 - 04 - 01) [2021 - 09 - 15]. http://www.cibtc.com.cn/index.php.

关联分析①，从中发现新知识，创造新价值，拓展新业务，打造新业态。

高等教育机构和研究机构拥有众多学者和专业科研人员，他们是学术出版物作者、编委会成员、审稿专家的重要来源，同时也是学术出版物的主要读者对象。他们所构成的学术共同体在国际学术交流活动中直接推动了中国学术出版向沿线国家"走出去"的进程。随着中国学术出版向沿线国家"走出去"规模日益扩大，业务逐渐拓展，业态不断创新，"走出去"市场主体会变得更加多元化。

学术出版是人类学术成果记录、传播与共享的重要渠道，是联结人类的天然纽带。面对广袤复杂的"一带一路"沿线市场，中国学术出版"走出去"多元主体要充分发挥自身优势，对内要加强合作、形成合力，对外要与沿线国家相关企业与机构积极开展交流合作，打造立体合作网络，全面推动"走出去"进程。

一方面，各"走出去"主体要加强合作，优势互补，实现学术出版资源的高效利用，提升"走出去"效率。如学术出版企业与科研机构要加强交流合作，第一时间获取优质、前沿的学术研究成果，为高质量学术出版产品的生产及"走出去"奠定重要的内容支持；跨国文化传播公司和版权代理机构通过与出版企业和出版合作组织的深入交流沟通，能够拓展学术出版产品"走出去"市场，开拓"走出去"新业务、新业态。此外，某一主体内部也可以展开多种形式的合作，如"走出去"经验丰富的学术出版企业可以联合有地缘优势的西北、东北、西南地区出版企业，共同开发特色学科，联合申报资助项目；沿线渠道建设相对薄弱的学术出版企业可以利用一些实力较强的出版企业已经搭建好的渠道和平台，向沿线国家顺利"走出去"——中国人民大学出版社、社会科学文献出版社等在沿线多个地区已经搭建起良好的版权贸易通道，其他出版企业可以通过其版权代理业务，将自身学术出版物输出到沿线国家，这样既可以避免渠道的重复建设又能提高"走出去"的针对性。

另一方面，"走出去"主体要不断加强与沿线国家相关企业与机构的合作，拓展合作范围，创新合作方式。以学术出版企业为例，在向沿线国家"走出去"的实践中，现阶段的主要合作对象为沿线国家出版企业和大

---

① 宁夏智慧宫文化传媒有限公司. 智慧宫文库简介［EB/OL］.（2019－02－22）［2022－09－15］. http://www. wisdompalace. net/html/xiangmuanli/anlizhanshi1/620. html.

学，通过向前者进行版权输出或开展出版合作业务、合作建立分社和国际编辑部等，与后者合作成立翻译出版中心、中国馆等，在内容生产、营销渠道、人才培养等方面开展合作。在立体合作网络打造上，首先可以对现有合作基础进行深度挖掘，寻找潜力较大的合作领域，如深化与"走出去"目标国高校的合作，利用其图书馆馆际交换网络与学术交流机制，促进中国学术出版物进入更多沿线国家图书馆馆藏，提升出版物的知名度；加大与目标国高校相关科研院系的合作，成立中国研究中心，汇聚本土学者和学术资源。其次可以在合作对象与方式上进行拓展和创新，如与"中国－中东欧图书馆联盟"等相关行业国际联盟组织交流合作，推进学术出版物以多种方式进入中东欧各国图书馆的馆藏；学习接力出版社与沿线国家合作设立"比安基国际文学奖"的做法①，设立沿线国家学术出版奖，为沿线国家学术出版产品和学者提供交流合作的平台，增强沿线学术出版业的凝聚力，提升中国在沿线学术出版市场的知名度和美誉度，进一步完善中国学术出版在沿线国家的话语体系建设。

5.2.2　产品：切合沿线学术需求，增强核心竞争力

学术出版产品是"走出去"的核心。"一带一路"沿线国家众多，地域广袤，不同国家和地区之间意识形态、文化传统等不尽相同，民众对学术出版产品的消费习惯、接受程度等也存在较大差异。因此，中国学术出版向沿线国家"走出去"，应在充分了解目标国民众学术需求的基础上，有的放矢地生产其最需要的优质学术产品，增强在沿线国家的核心竞争力。

5.2.2.1　深耕内容建设

出版业归根结底是内容产业。从费孝通、邓拓、张岱年等中国著名学者的经典著作被沿线国家图书馆馆藏，到博大精深、蕴含东方哲学思想的中医学与中药学出版物在沿线国家广为传播，再到多个学科的中国英文科技期刊被沿线国家学术期刊多次引用，可以看出，高质量的学术内容是中国学术出版向沿线国家"走出去"的基础与根本。

在内容来源上，高质量的学术内容一方面来自对中国本土学术出版资

---

① 　林雪娜.八桂书香绵延"一带一路"［EB/OL］.（2020－05－14）［2021－09－15］. ht-tp://www.gxnews.com.cn/staticpages/20200514/newgx5ebc7cd4－19532251.shtml.

源的深挖，另一方面来自对沿线国家学术出版资源的开发。前者要求根据沿线受众的学术需求开发精品内容，如上文研究显示，与中国地缘接近、文化学术交流基础深厚的国家（如马来西亚和泰国）对中国文学、经济学、历史学等社会科学学科有较好的接受基础和较强的学术兴趣，中国学术出版企业可对这些学科的出版资源进行挖掘，以历史学为例，要在通史、断代史、专门史等研究领域推出符合"走出去"目标国受众学术需求的精品内容。后者要求与沿线国家学者和学术机构加强交流合作，实现沿线国家优质学术内容的汇聚和共同生产。研究揭示，国际合作的研究成果有着较高的引用率[①]，另外，在沿线国家组织内容能使编辑放眼这一广袤领域，主动寻找优秀作者和出版资源，从而大幅提高出版内容的针对性和适用性，同时这些内容也能够被翻译成多种语言，增加出版企业版权贸易收入。例如英文科技期刊 *Journal of Earth Science* 就针对沿线国家在地质、资源、环境等方面共谋发展的迫切需求，一方面主动策划"土耳其和伊朗的地质构造与其他特提斯构造域比较"等多个研究专辑，加强了中国与沿线国家之间在地学理论与方法上的交流合作，奠定了该刊在沿线国家地学领域的学术话语权；另一方面通过邀请高水平审稿人提供审稿意见等方式积极培养和扶持沿线学术人才，提高沿线作者的忠诚度，形成刊物的品牌效应[②]。

在内容设计上，应依据"走出去"目标国的文化属性、学术出版业发展程度、民众学术需求、对中国学术成果的接受程度等设计差异化内容，探索能够产生更大影响力的表达方式，推进中国学术话语体系更广泛、更有效地与沿线国家沟通交流。鉴于沿线国家对中国及中国学术出版的了解程度有较大差异，笔者将这些国家分为两类：对中国不甚了解的国家和对中国充分了解的国家。对中国不甚了解的国家主要集中在西亚北非、中东欧和中亚大陆内部等地区，大部分国家对中国的认知还停留在中国改革开放前的历史阶段，一些国家甚至没有出版过有关中国的图书，中国学术出版产品在这些国家尚属空白。中国学术出版市场主体可以以科技出版"走出去"为突破口，为学术出版全面"走出去"优化传播环境、奠定良好基础。这是因为各个民族、国家由于自身文化传统的不同、意识形态的差

———————

① 渠竞帆，梁帆. 共话"一带一路"倡议与国际出版合作［N］. 中国出版传媒商报，2017 - 08 - 25（2）.

② 王淑华，王亨君. "一带一路"背景下中国科技期刊先发战略实践——以《Journal of Earth Science》为例［J］. 编辑学报，2016（6）：569 - 571.

异，可能会拒绝一定的文化内容，但是对于科技，只要是先进有用的，会千方百计地获取①。在这些国家对中国科技和文化有一定的了解基础后，可以向其输出普及类学术产品，向这些国家的民众提供全方位的知识性读物。同时，可以逐步推出一些高端学术成果，全面构建中国学术话语体系。对于充分了解中国的国家，如东南亚国家，由于其对中国学术出版产品，特别是普及类学术出版产品有一定的认知基础，中国学术出版市场主体可以在继续加强普及类学术出版产品"走出去"的基础上，有计划地推出高端学术研究成果，进一步加强中国学术话语权②。

在内容组织上，可采取多元化的组织方式，增强内容显示度，扩大品牌影响力。目前，中国学术出版向沿线国家"走出去"的主要载体为学术图书和学术期刊，前者致力于系统全面地探讨某一学术问题，内容具有连贯性和完整性；后者旨在展示某一学科领域前沿成果，内容具有创新性和引领性。书刊协同出版有利于融合两者内容优势，为重点学科"走出去"提供多重动力，如浙江大学出版社大力发掘学校在高铁技术研究领域的重要成果，在《浙江大学学报（英文版）A 辑：应用物理与工程》多期高速铁路技术专辑/专栏发表学术成果的基础上，2018 年与施普林格·自然出版集团合作出版了英文学术图书 *China's High-Speed Rail Technology：An International Perspective*（《中国高铁技术——全球视野》），在该研究领域产生了很大的国际影响力。另外，针对学术图书，应在系列图书内容组织上多下功夫，因为单本书出版后容易被淹没，如果做成系列图书的话，不管是国外还是国内出版企业与相关机构，都可以花更多时间和精力来做宣传推广③。实际上，近年来丝路书香重点翻译资助项目等也将系列图书作为主要资助对象，如北京大学出版社的"文史中国文丛"、社会科学文献出版社的"改革开放研究丛书"等。

5.2.2.2　优化产品结构

上文研究显示，中国学术出版向沿线国家"走出去"存在结构失衡的问题，体现在出版产品上主要包括学科、语种、形态上的失衡。

---

① 陈怡. 中国学术出版"走出去"空间巨大 [N].上海科技报，2015 – 08 – 21（01）.

② 刘杨. 中国学术出版"走出去"：经验梳理与路径探索 [J].河南大学学报（社会科学版），2020，60（1）：150 – 156.

③ 方亮羽. 社科文献社——国际学术出版"走出去"的中国样板 [EB/OL].（2016 – 08 – 26）[2021 – 09 – 15].https://www.ssap.com.cn/c/2016 – 08 – 26/1036999.shtml.

在学科结构优化上,融合多学科内容、创新内容表达能够较为全面地展示中国学术成果,提升"走出去"效果。我们必须承认,社会科学学术出版物"走出去"门槛远高于自然科学学术出版物,这是由学科属性决定的,然而通过多学科内容融合、内容表达创新等方法,我们能够在相当程度上优化"走出去"学科结构。如中医学和中药学既是一门自然科学,又根植于中国哲学思想,体现了中国人文文化和人文精神,正如习近平主席所说,"中医药学是打开中华文明宝库的钥匙"①。因此,在中医学与中药学学术内容表达上,不仅要注重专业知识的传递,也要深入阐释这一中国特色学科所蕴含的中华民族传统哲学思想和文明智慧,两者互相融合,互为促进,既代表了我国科学技术硬实力,也彰显了国家文化软实力。中国在高铁、航空航天、页岩气、特高压输电、水稻培育、通信科技等领域有着国际领先的出版资源,在这些重大前沿技术的出版内容中,可以融入对中国发展理念、经验、道路与模式的阐释,以科技为桥梁,促进沿线国家对中国学术研究与中国发展现实的全面理解,最大范围内链接沿线科研工作者。

在语种结构优化上,要符合学术出版跨文化传播的基本规律与特殊要求,一方面使用英语这一国际学术通用语言确保中国学术出版内容传播的广泛性以及在沿线国家及世界学术界的影响力,另一方面要以沿线国家本土语言出版符合其民众需求的学术出版产品,提升中国学术出版产品在沿线国家的受众数量和跨文化传播效果。需要强调的是,沿线 64 个国家共有非华语官方语言 52 种,如果算上繁多的民族语言,语言总数多达 2400 余种②,因此,以沿线国家本土语言出版的学术出版产品一定要符合民众的学术需求,如沿线国家中以农业为支柱产业的国家众多,可以针对其具体需求翻译输出农业类学术出版产品。与此同时,对于一些在国际学术界能产生较大影响力的高质量学术出版物,要以英语版本带动沿线国家语言版本的出版,多语言版本形成联动,从而最大限度地提升出版物的国际影响力。如北京大学出版社出版的《中华文明史》的英文版于 2012 年由剑桥大学出版社出版,在国际学术界得到了极高的评价,为日后其他语种的输出打下了良好的基础——《中华文明史》塞尔维亚文版和匈牙利文版分别

---

① 中医药学是打开中华文明宝库的钥匙 [N].中国青年报,2015 – 12 – 23(01).

② 杨亦鸣,赵晓群."一带一路"沿线国家语言国情手册 [M].北京:商务印书馆,2007:1.

于 2017 年和 2019 年出版，在当地学术界获得了很大的关注①。

在形态结构优化上，要从实物和数字两方面着手。实物方面，要通过实物出口、馆际交换和学术共同体交流等渠道促进纸质学术出版产品进入沿线国家。数字方面，既要注重学术传播的广泛性，建设"大而全"的大型自主数字出版平台，又要兼顾学术需求的针对性，打造"小而美"的针对某一地理区域或某一学科的知识服务平台。

5.2.2.3 提升翻译质量

语言是影响跨文化传播效果和传播范围的重要因素，中国学术出版向沿线国家"走出去"必须注重翻译质量的提升。

首先，要遵循翻译的一般性要求，即兼顾译文的忠实性与可读性。一方面，要紧扣原文，不任意删减，尤其是学术出版内容逻辑连贯性较强，更是要重视对原文的充分理解与忠实翻译；另一方面，译文要符合译入语的语言规范与表达习惯，易于读者的理解和接受②。忠实性和可读性的和谐统一，能够在保证学术话语严谨性的同时，增强其对译入语国家受众的吸引力。

其次，要遵循学术内容翻译的特殊性要求。具体来说，学术内容的翻译对专业术语的表达、翻译方法的选择等都有特别的要求。不同学科都有各自的专业术语，要特别注意这些专业术语在译入语中的表达，尤其是中国特色学科和特有学术研究领域的专业术语，在译入语中没有对应的概念和表达，应制定和参照统一翻译标准，保证外译的一致性和科学性。目前，外语教学与研究出版社出版的多辑《中华思想文化术语》已发布英语、波兰语、亚美尼亚语、尼泊尔语等多个语种版本，为中国思想文化的核心概念及关键术语的翻译提供了重要参考。根植于中国传统文化与哲学的中医学与中药学包含了阴阳五行、气血津液、藏象学说、针灸穴位等专业词汇和基础理论，在对其学术出版物进行英文翻译时，可以参照《WHO西太平洋地区传统医学名词术语国际标准》（北京大学医学出版社，2009）和《中医基本名词术语中英对照国际标准》（人民卫生出版社，2007）。同时，中国和沿线国家相关专业人士已对中医学与中药学专业术语在沿线语

---

① 谢娜，赵欣. 积极响应"一带一路"倡议发挥自身学术出版优势［N］.国际出版周报，2020－11－30（8）.

② 刘晓远."一带一路"背景下中央文献外译出版路径考察——以《习近平谈治国理政》外译出版为例［J］.科技与出版，2018（7）：22－26.

言中的表述进行了大量讨论，相信规范、权威的翻译参考与标准会随着中医学与中药学在沿线国家的持续发展不断完善，及时出版。除了要重视专业术语在译入语当中的规范表达，还要科学选择学术内容的翻译方法。当两种语言文化在学术表达上差异较大时，可以采用信息重组、深度翻译等方法，帮助受众更好地理解原文的语境与含义。具体来说，信息重组法是在理解原文含义和句法结构的基础上，打破原文语序，对译文的结构进行重组，实现译文信息的有机组合，这样虽然使得译文在外在表达形式上脱离了原文，但可以避免翻译腔、死硬翻译等现象，有效提高译文质量①。深度翻译法强调在翻译过程中，通过添加注释、评注或序言等，对原文丰富的语言和文化环境进行补充说明，帮助读者更好地理解译文②。如对文学学术出版物中不同文学流派名称（如"鸳鸯蝴蝶派"）的翻译就不能直译，需要通过添加注释对背景知识进行介绍，解释这一流派名称的来历，便于读者的理解和接受。

最后，在上述翻译原则的指导下，要根据出版产品的内容特点，选择合适的翻译方式。外国译者有其自身的语言优势，中国本土译者则对中国文化和思想的完整性有更为充分的把握。对于中国学术出版物英文版的翻译，常采取中国译者做基础翻译，国外译者或编辑对译文进行校对和润色来保证翻译质量。对于沿线语种版本的翻译，鉴于国内沿线国家语言优秀翻译人才较为匮乏，一些学术出版市场主体对翻译实践方式进行了探索和创新，如社会科学文献出版社在俄语版学术图书翻译时，由俄罗斯译者做基础翻译，中国译者再查看译文表达是否正确，因为中国译者的译文可能不那么地道，但是别人的翻译错误是能够指出来的③。实践证明，这种方式能够有效提高俄语版本的翻译质量。

5.2.2.4 推进标准构建

中国学术出版向沿线国家"走出去"，必须要遵循一定的学术出版标准与规范，然而沿线国家相关规范不尽相同，国际标准执行参差不齐。而

① 王百惠. 严复"信达雅"翻译理论指导下《石油天然气开采和石油加工工业：趋势与预测》（节选）翻译实践报告［D］.辽宁大学，2022：21.

② 任凤伟."一带一路"和"走出去"战略下提升中华典籍外译在异域文化语境传播中的受众认知度［J］.科技与出版，2018（6）：164－168.

③ 方亮羽. 社科文献社——国际学术出版"走出去"的中国样板［EB/OL］.（2016－08－25）［2021－09－15］. https://www.pishu.cn/zxzx/xwdt/380506.shtml.

无规则不成方圆，尤其在数字出版快速发展的当下，数字资源兼容性问题已成为阻碍学术出版数字化发展的重要障碍。如上文所述，由于印度国家书目数据库格式不标准、不兼容，导致其图书馆馆藏记录在 WorldCat 这一世界上最大的书目记录数据库中查询困难，对其国际馆际交流等工作的开展均有较大影响。

中国学术出版向沿线国家"走出去"市场主体应主动担负起构建沿线学术出版标准和规范的重任。可以通过"一带一路"共建国家出版合作体之间的交流合作，与沿线国家积极探索顺应其学术出版发展规律、符合其学术出版现实需求的出版标准和规范。在汇聚沿线优质学术出版资源的基础上，利用领先的互联网技术优势，构建大型数字化出版平台，推进出版标准和规范的制定与应用，并逐渐扩大其国际影响力与应用范围。

5.2.2.5　促进产品线延伸

产品线延伸是管理科学中的一个概念，指企业利用消费者对现有品牌的认知度和认可度，推出新的产品，以实现产品结构调整与市场扩张[1]。目前，中国学术出版向沿线国家"走出去"的产品形态主要包括纸质出版物与数字出版产品。由于运输时间长、成本高，特别是近年来全球新冠疫情导致的出版物流通不畅等原因，纸质出版物的对外销售量是很有限的，而随着数字技术的高速发展，特别是大数据、云计算、人工智能、区块链、AR/VR 等新一代信息技术在出版领域的深入应用，打造更多更好的数字出版产品成为中国学术出版向沿线国家"走出去"产品线延伸的主要方向。当然，除了技术赋能因素，数字出版产品的赢利能力也远高于出版物实物出口，SpringerLink、ScienceDirect、Taylor & Francis 等西方知名学术数据库的赢利能力我们有目共睹，社会科学文献出版社国际出版分社社长李延玲也指出：一本书就卖一两百块钱，但是一个数据库可以卖到几万元、几十万元，情况是完全不一样的[2]。然而，中国向沿线国家"走出去"的数字出版产品数量较少、规模普遍较小、缺乏有重大国际影响力的学术数据库，且面临着对西方学术数据库的路径依赖。因此，抓住数字时代发展机遇，促进中国学术出版产品线向数字出版产品延伸，抢占沿线国家的数

---

① 刘永军，赵道致. 业务延伸对企业竞争优势的影响 [J]. 西北农林科技大学学报，2012，12（1）：91-95.

② 方亮羽. 社科文献社——国际学术出版"走出去"的中国样板 [EB/OL]. (2016-08-26) [2021-09-15]. https://www.ssap.com.cn/c/2016-08-26/1036999.shtml.

字出版市场，具有极强的紧迫性和必要性。

首先，要积极建设与推广"大而全"的大型自主数字出版平台，推动中国学术出版成果在沿线国家及国际学术界的广泛传播。目前较为成熟且在沿线国家和国际学术界有一定市场占有率的中国自主中英文数字学术出版平台主要有知网海外版数据库（https：//oversea. cnki. net/index/）、Sci-Engine 数字出版平台（https：//www. sciengine. com/）等。知网海外版数据库覆盖中国中英文学术期刊、学位论文、会议论文、报纸、图书等多种学术资源，并打造了特色英文学术资源（如 CNKI Journal Translation Project、China Data Insights）、特色数据库（如中国学平台、"一带一路"阿拉伯原版图书）等，还推出了引文与评价体系。本研究显示，相当数量的中国学术出版物是通过知网海外版数据库进入沿线国家图书馆馆藏的。SciEngine 数字出版平台是由《中国科学》杂志社自主开发的集全流程数字出版与国际化传播于一体的科技期刊与图书服务平台，提供多项作者服务（如投稿系统、开放获取）并积极开展广告发布等商业运作。上述两个代表性平台已经具备了一定的规模与国际影响力，要进一步拓展作者服务范围（期刊推荐服务、热点推荐服务、在线校对服务等），扩展平台功能，借鉴西方主要出版商数字出版平台建设经验，形成完整的数字出版产业链。与此同时，可以通过多种语料库和技术处理实现平台内容的多语种转化，满足沿线国家受众的本土语言阅读需求。

其次，要顺应数字技术、互联网技术与传统学术出版的深度融合发展趋势，深入开发和经营各种"小而美"的数字化知识服务平台，提供更多符合沿线国家用户需求的产品，探索新的业务增长点和赢利空间。可以针对不同区域进行多元平台开发，如社会科学文献出版社面对俄罗斯市场开发了"感知中国"俄语地区数据库平台，整合其已出版的"当代中国问题研究"主题图书资源，包含俄文和中文两个语种的内容，通过多语种语料库和技术处理，实现中文内容的俄语转换。与此同时，还针对马来西亚市场开发同类平台，支持英文、马来文和中文三个语种内容的互相转换①。还可以针对不同学科建立专业知识服务平台，汇集某一专业的学术成果，为"一带一路"沿线国家用户提供全面、快捷、精准的专业信息与知识，

---

① 方亮羽. 社会科学文献出版社. 聊聊社科文献的版贸真经［EB/OL］. （2018 - 08 - 24）［2021 - 09 - 15］. https：//www. sohu. com/a/249821857_692521.

如沿线许多国家对我国中医药文化十分感兴趣，我国学术出版市场主体就可以设计推出相应的专业知识服务平台①。对于向沿线国家"走出去"程度较高的中国科技期刊来说，可以以发展较为成熟的期刊集群平台（如中国光学期刊网、中国地学期刊网等）为基础，开发面向沿线国家的专业知识服务平台。这些平台同样可以通过多语种语料库和技术处理实现中文、英文和沿线国家语种的转换。当然，机器翻译可能没有人工翻译那么准确，如果沿线国家受众需要精准翻译的话，可以选择付费翻译。

另外，还可以将学术出版与行业知识应用相结合，从经营产品向经营用户转变，为用户提供相关产品和服务。如"一带一路"沿线国家中以农业为支柱产业的国家众多，中国农业类学术出版市场主体可以面向沿线国家农业工作者开发信息和科技服务产品、搭建农产品供需信息发布平台等。从传统学术内容生产向行业信息情报服务、行业智库服务、行业定制化专题研究服务转型，不少中国学术出版企业已经开始了这方面的探索，如广西科学技术出版社组织实施的"中国－东盟传统医药全媒体出版平台"就基于自身数字化专业出版资源，打造了中国－东盟传统药材网络交易平台，为传统药材行业的交流与发展提供了先进的数字化服务产品。

需要特别强调的是，相较于西方出版商主导的各大数字出版平台在沿线国家的垄断之势，中国自主数字出版平台并无先发优势，且尚未具有规模优势，因此，面对数字出版发展程度普遍不高，但政府与民众对数字出版产品的需求十分旺盛②的众多沿线国家，中国学术出版市场主体应大力推进平台学术资源在沿线国家的开放获取，提升中国自主数字出版平台在沿线国家的使用率、知名度和美誉度，进而将其转化为沿线受众对中国学术出版品牌的忠诚度。这既是采取后发优势占领"走出去"高地的具体策略，也是"一带一路"倡议所强调的开放包容、互学互鉴在学术出版"走出去"实践中的具体体现。

总之，中国学术出版产品线的数字化延伸不仅能够更好地服务沿线国家受众，增强其对中国学术出版产品的满意度和忠诚度，还能使中国学术出版市场主体找到新的增长空间和发展空间，进一步提升中国学术出版数

---

① 刘杨. 中国学术出版"走出去"：经验梳理与路径探索 [J]. 河南大学学报（社会科学版），2020，60（1）：150－156.

② 智慧宫文库简介 [EB/OL]. （2019－02－22）[2021－09－15]. http://www. wisdompalace. net/html/xiangmuanli/anlizhanshi1/620. html.

字化发展的速度和质量，切实加强我国学术出版在沿线国家的传播能力，全方位构建"中国特色、中国风格、中国气派"的学术话语体系。

5.2.3　渠道：拓展本土合作空间，多维渠道融合互济

面对广袤复杂的"一带一路"沿线国家市场，中国学术出版市场主体必须加强与本土相关机构、企业、组织、学者等的合作，并不断拓展与这些相关主体的合作空间，实现多维渠道融合互济"走出去"。

首先，中国学术出版市场主体要打破固化思维，开拓沿线国家合作对象，横向拓展"走出去"渠道。中国学术出版市场主体在沿线国家的合作对象目前主要涉及政府及相关职能部门、学术出版企业、行业组织、高等教育与科研机构等，一些颇具潜力的合作对象尚未开发，如本土新闻媒体。中国学术出版市场主体可通过与本土新闻媒体的合作，推动中国学术新闻在沿线国家的传播。具体来说，学术新闻传播是学术出版产品与各种大众媒体合作，将其内容、观点等以文字易懂、图文并茂、生动形象的学术新闻的形式呈现给大众[①]。西方学术出版商多年实践已证明，兼顾学术公信力与阅读亲和力的学术新闻能充分扩大受众范围，加快学术内容的传播速度和质量，提升学术出版产品的国际知名度和美誉度。目前，中国学术出版市场主体已经在一定范围内开展了一些学术新闻实践，如一些科技学术期刊开始同《科学时报》和科学网等科学传播媒体签署新闻报道合作协议[②]，中国科协旗下期刊借助科协"科技期刊与新闻媒体见面会"开展科学新闻发布工作。面对沿线国家市场，中国学术出版市场主体要积极与目标国科学传播媒体和相关大众媒体交流合作，将高质量、紧扣学术前沿的学术研究成果以短小精悍的学术新闻形式展现给沿线国家受众，既能使专业学者迅速了解最新的研究成果与前沿动态，也能满足沿线国家社会公众对科学知识的需求与探索。在具体实践层面，中国学术出版市场主体要把握沿线国家时事热点，抓住时机，迅速将学术新闻通过适当的传播手段传至不同受众，特别是针对环境问题、健康问题等重大事件，要能准确、专业地进行科学阐释，在满足不同读者科学需求的同时还能进一步扩大读

---

① 刘杨. 科技新闻助力中国科技学术期刊影响力提升实现路径探索 [J]. 出版科学, 2018, 26 (3): 86-90.

② 闫蓓, 严谨, 肖宏. 搭建科学与大众的桥梁: 谈科技期刊与大众媒体的新闻报道合作实践 [J]. 编辑学报, 2009, 21 (4): 325-327.

者群、作者群和稿源，从而进一步提升出版产品的国际影响力①。随着数字和网络技术的进步，中国学术出版市场主体可以使用电子邮件通讯（Email Newsletter）向沿线读者推送学术新闻；利用学术社交媒体和大众社交媒体使学术新闻第一时间到达受众；还可以开发相应的手机 App，提供查找、互动等多种学术新闻服务，在网络用户中提升学术出版产品的影响力，扩大品牌效应。

其次，可以将学术出版"走出去"实践与政府、学术组织等主导的各类活动相融合。中国与沿线国家之间的重大外交活动为学术出版"走出去"提供了良好的契机，如在 2016 年中国和黎巴嫩建交 45 周年之际，中国人民大学出版社在黎巴嫩首都贝鲁特承办了中华优秀出版物展览会，吸引了当地多家主流报纸和网络媒体的报道，取得了良好的传播效果②，此外，人大出版社还积极配合中国领导人高级访问活动，大力推进与访问国的合作，打造了学术出版"走出去"实践与外事活动融合推进的典范。随着中国与沿线国家的文化交流活动日益频繁，可以将学术出版"走出去"活动与成熟的文化交流活动进行有效结合，协同旅游、体育、艺术等文化产业其他门类共同"走出去"。如沿线国家多个中国文化中心主办的各类艺术展、旅游推介会、中国电影展映等文化交流活动吸引了不少对中国文化感兴趣的海外民众；可以依据每次活动的主题，配套以对应的学术出版物，两者融合互动，能够发挥乘数效应。学术出版和学术活动紧密相连，因为前者的内容生产者和接受者就是后者的参与主体，因此可以在与沿线国家的学术交流活动中，宣传推介中国学术出版产品，获得沿线学者的关注和认可。在新冠疫情全球蔓延之际，中国向沿线国家派出多支医疗队，及时提供医疗援助并开展医疗培训，将中国抗疫经验传授给沿线国家。国际医疗援助队伍可以向当地医学研究人员介绍和提供我国关于新冠疫情权威、前沿的研究成果，提升中国医学出版的知名度与影响力，为其向沿线国家"走出去"开辟更宽广的道路。总之，中国学术出版市场主体要积极拓展思路，探索与沿线国家多个领域各类活动相融合的方式方法，进一步拓展向沿线国家"走出去"的渠道。

---

① 刘杨. 科技新闻助力中国科技学术期刊影响力提升实现路径探索 [J]. 出版科学, 2018, 26 (3)：86-90.

② 左健, 卢忆. "一带一路"背景下大学出版社"走出去"的经验与思考——以中国人民大学出版社为例 [J]. 现代出版, 2019 (1)：61-64.

再次，要与时俱进，利用数字与互联网技术，纵向深耕“走出去”渠道。互联网一直在改变着学术出版的产品生产和消费模式，版权贸易也面临着新的市场环境。尤其是前几年，新冠疫情全球性蔓延，虽然各大国际书展在经历了疫情高峰期的暂停后，推出线上书展和线上线下结合的书展，但疫情依然给国际版权贸易行业带来了巨大冲击，也重塑了中国学术出版向沿线国家“走出去”的方式和格局。因此，中国学术出版市场主体必须积极利用数字与互联网技术，搭建数字版权贸易平台，为学术出版“走出去”提供持续动力。厦门外图集团于 2020 年承办的第四届东南亚中国图书巡回展首次采用线上版权洽谈会的形式，达成初步合作意向 637 项①；广西出版传媒集团于 2019 年 8 月正式上线“中国 - 东盟版权贸易服务平台”，利用云计算、人工智能等技术，为中国与东盟各国的著作权所有人、版权代理商、出版商等提供图书版权信息跨语言展示、资讯推送、版权贸易、文化交流、版权培训等服务。目前，入驻该平台的国内外优秀出版机构已逾百家，总体计划上线图书达两千余种（含中文、英文及东盟小语种）②。可以说，这些版权贸易的数字化实践方式是对传统“走出去”渠道的深挖与升华，为中国与沿线国家间架设版权信息高速网络通道提供了实践样本。

审视中国学术出版向沿线国家“走出去”的数字渠道，可以发现不论是亚马逊中国书店、当当网等国际网络书店，还是“数字尼山书屋资源库”等面向海外读者的数据库，都与互联网时代学术信息传播特点不甚符合，因为它们较难实现与受众的即时联通和学术内容的精准推送，更无法支持受众与作者的即时交流。随着在线科研环境的逐渐成熟，科学交流网络化成为必然，学术社交媒体应运而生，快速发展，为作者和读者之间、学术出版市场主体和读者之间搭建了快速高效的交流通道，在促进国际学术交流与合作、加速学术信息的国际传播中发挥着越来越重要的作用③。

---

① 新浪读书. 第四届东南亚中国图书巡回展推动中国版权海外落地［EB/OL］.（2020 - 10 - 14）［2021 - 09 - 15］. https：//book. sina. com. cn/news/whxw/2020 - 10 - 14/doc-iiznezxr59589 24. shtml.

② 广西科学技术出版社有限公司. 打造“365 天不落幕的书展”，广西科技社如何创新版贸方式？［EB/OL］.（2022 - 07 - 05）［2022 - 07 - 17］. http：//www. gxbgsx. cn/news/show - 35171. html.

③ 许志敏. 提高我国学术社交网络的国际传播能力——基于 ResearchGate 与“科研之友”等的比较研究［J］.科技与出版，2018（7）：26 - 32.

西方国家主导的国际学术社交媒体发展较为成熟,汇集了各领域大量的科研人员,已成为学术出版成果展示和传播的重要阵地。截至 2022 年 5 月,国际大型学术社交媒体 ResearchGate 的注册人数已达到 2000 万,Academia 的注册人数已接近 2 亿,注册者可以将其学术研究成果上传,学术社交媒体根据其研究领域向其推荐可能感兴趣的科研成果或向搜索引擎、主题词检索数据库等提供发布信息,以提高研究成果的可见度。有研究显示,Academia 为上传其网站的论文增加了 69% 的引用量[①]。由此可见,学术社交媒体有力提升了学术研究成果和学术出版产品的影响力,是互联网时代学术出版"走出去"和"走进去"的重要渠道。当然,大众社交媒体也为科研工作者、学术出版市场主体提供了学术成果、学术出版物和出版品牌的传播渠道。在借鉴西方国际学术社交媒体发展经验的基础上,中国学术出版要积极面向沿线国家建设和运营学术社交媒体,利用先发优势,积极抢夺沿线用户资源。事实上,中国在这方面大有可为。近年来,ResearchGate、Academia 等国际大型学术社交媒体面临着平台资本主义的争论和质疑,这些平台在建立初期都提供免费自存储和自出版服务,备受学术研究者推崇,然而,这两大学术社交媒体于 2017 年相继推出付费会员服务,免费用户对其的使用受到诸多限制,引发了世界各国,尤其是经济发展水平较为滞后的沿线国家学术研究者的强烈不满,这为我国建立和运营面向沿线国家的学术社交媒体提供了良好的机会[②]。我国是社会主义国家,具有资本主义国家所不具有的制度优势,因此我国主导的沿线区域学术社交媒体在建构和运营中必须坚持双效原则,遵循开放包容、共荣共享的基本理念,吸引沿线学者加入,并通过学术信息的精准推荐、内容生产激励机制的完善等措施,强化中外学者之间的联系和互动,激励其在互动中完成学术内容的生产和传播,从而吸引更多沿线学者的加入,形成良性循环。另外,还应鼓励中国和沿线国家学术出版市场主体的加入,这一方面可以增强中外市场主体之间的交流合作,另一方面也为各市场主体寻找潜在作者、受众、译者、优质选题等提供了广阔的空间。需要特别强调的是,我国主导的沿线学术社交媒体的构建和运营要有全球视野,因为待其具备一

① 欧彦,葛世超,徐萍萍,等. 国际出版机构提升影响力策略对中国英文刊的启示 [J]. 编辑学报,2017,29 (S1): 5 - 7.
② 许志敏. 提高我国学术社交网络的国际传播能力——基于 ResearchGate 与"科研之友"等的比较研究 [J]. 科技与出版,2018 (7): 26 - 32.

定规模之后，可以拓展至西方学术界，在国际学术研究和学术出版领域争夺主动权和话语权。

最后，中国学术出版市场主体要充分利用人工智能、云计算、大数据等前沿数字技术，助力中国学术出版向沿线国家"走出去"渠道选择与拓展。如通过智能算法，学术出版企业可以根据出版物在电商平台、数字出版平台、学术社交媒体的销售数据、阅读数据、下载数据、评论数据等对出版物在沿线国家的传播情况与影响力进行智能分析，得到读者印象、地域偏好、销售渠道等信息[①]，从而进行"走出去"渠道的有效选择和组合。

5.2.4　模式：借船造船买船换船，因地制宜多措出海

长期以来，中国学术出版将"走出去"重心置于西方文化圈，中国学术出版物"走出去"多采用"借船出海"模式，即借助西方学术出版商成熟的数字化国际传播平台与渠道进入国际学术界。快速高效是此模式的突出优点，但其弊端也逐渐凸显：中国学术出版巨大的经济效益被西方学术出版商独占、长期大规模的合作容易导致中国学术出版机构的路径依赖、受众对中国学术及学术出版物的认知相对模式化等。上文研究显示，相当数量的中国学术出版物是通过这种"借船出海"的模式进入沿线国家的，且地理位置较远的国家更为依赖西方学术出版商数字平台的遴选与供给。面对此现状，笔者认为"借船出海"模式是目前中国学术出版进入国际学术界的重要渠道，是沿线国家了解中国学术成果与中国学术出版的重要窗口，甚至对一些沿线国家来说是唯一的窗口，因此在一段时期内，"借船出海"模式还应继续采用。但必须再次强调的是，中国学术出版必须戒除对"借船出海"的路径依赖，积极推进或探索其他向沿线国家"走出去"的模式，这是全方位构建"中国特色、中国风格、中国气派"的学术话语体系的应有之义，是道路自信、理论自信、制度自信、文化自信的必然要求。

"造船出海"模式可分为"独立造船"和"合作造船"两种。"独立造船"强调中国学术出版市场主体基于自身实力，独立打造自主"走出去"载体，如上文提及的知网海外版数据库、SciEngine 数字出版平台等大

---

① 刘九如. 新技术赋能，数字出版呈现新业态［J］. 出版广角，2022（9）：44 – 49.

型自主数字出版平台。一般来说，此模式较为适用于向包括沿线国家在内的国际学术界"走出去"。"合作造船"指中国学术出版市场主体与"走出去"目标国相关企业和机构合作打造"走出去"载体，更适用于广袤复杂的沿线国家学术出版市场，如合作建立中国学术出版企业在沿线国家的分支机构、成立国际编辑部等。此模式能以较小的成本最大限度地实现内容、资源、技术的优化配置，也存在合作初期中外双方经验不足、内容产品单一、项目运营相对封闭①等问题，随着中国与沿线国家学术出版合作的全面深入推进，相信这些问题都会逐步破解。

"买船出海"指通过资本输出的方式，兼并、收购海外成熟的学术出版市场主体，将其作为"走出去"的平台，从而实现中国学术出版的国际化发展，并获得国际市场利益。此模式能有效提升中国学术出版的本土化程度，扩大中国学术出版市场主体的规模和影响力，更能推进中国学术出版市场主体从视野、管理水平到市场驾驭能力的全面升级。具体到沿线国家学术出版市场，中国学术出版市场主体可以利用国家的政策优势、制度优势和经济优势兼并、收购沿线国家成熟的学术出版相关企业和机构，建立中国学术出版向沿线国家"走出去"的桥头堡，为学术出版产品向其"走出去"，特别是"走进去"提供更合适的资源和渠道。需要指出的是，"买船出海"模式需要较高的资金投入，且对所收购品牌的运营、资产的整合等都需要较高的国际化管理水平，可能会出现实际并购结果和预期目标产生偏差的情况。

"换船出海"以中外版权合作为核心，主要应用于学术期刊领域。国家相关规定要求版权合作必须是双向合作，即中国期刊可以采用外国期刊的图文资料，同时要求外国期刊刊登中国期刊的优秀内容②。此模式在中西方学术期刊交流合作中早有应用，如中文期刊《文艺理论研究》就与 Comparative Literature Studies 等国际知名学术期刊交换出版各自的优秀内容。中国学术期刊可以和沿线国家影响力较大的学术期刊签订交换出版协议，定期从对方期刊中选取若干内容翻译刊发，这一举措既能提高中国学术期刊刊发的研究成果在沿线国家的显示度，又能将沿线国家一流研究成

---

① 裴永刚. 中国出版"走出去"模式的探索——以国际编辑部为例 [J]. 编辑之友，2019
（7）：49 – 53.

② 王华. 以进带出，双向共赢——中外期刊合作概况 [J]. 传媒，2007（5）：21 – 22.

果以更具操作性的方式"纳入囊中",有利于扩大中国学术出版产品在沿线国家和国际学术界的影响力。^① 可以看出,"换船出海"模式可操作性较强,但目前适用范围有所局限。

总体而言,借船、造船、买船、换船这四种模式各自实践方式不同,虽然各有利弊,但都以中国学术出版顺利"出海"为最终目的。中国学术出版市场主体应依据自身和沿线国家的具体情况,采用最适合的模式或多种模式组合,如对于一些在经济或地域方面具有发展潜力和优势但出版业尚不发达的沿线新兴市场国家,中国学术出版市场主体可以采取"换船出海"的模式,在这些国家扩大中国学术成果和学术出版的知名度,同时利用自身经济优势,收购当地较为成熟的出版机构,即采用"买船出海"模式快速布局当地学术出版市场;对于地理位置较远、对中国学术研究与学术出版不甚了解的国家,中国学术出版市场主体要在"借船出海"的同时,积极探索造船、买船、换船出海的实践方式,多种模式协同发力,推动中国学术出版高效"走出去"。

5.2.5 保障与激励:构建科学保障机制,有效激发工作动力

不可否认,"一带一路"沿线各国与中国在政治制度、文化传统、法律法规等方面差异较大,且中国学术出版向沿线国家"走出去"的时间短、经验少。因此,中国学术出版向沿线国家"走出去"这项长期复杂的工程要想得以有效实施和可持续推进,保障与激励机制的建立与完善十分重要。

5.2.5.1 法律保障

中国与大多数沿线国家的知识产权建设时间较短,出版法律法规体系尚不健全。对于学术出版这种与知识产权密切相关的产业,中国学术出版市场主体必须充分了解沿线国家的出版环境,完善自身知识产权法律法规建设,强化"走出去"的法律保障^②。

首先,要建立健全我国相关法律法规。按照市场经济的基本原则,我国要进一步完善涉外经营的相关法律法规体系。尤其是涉及知识产权领域

---

① 刘杨,孙奕鸣. 中国英文社科学术期刊国际化发展矛盾与破解 [J]. 中国科技期刊研究,2020,31 (6):644-650.

② 刘杨. 中国学术出版"走出去":经验梳理与路径探索 [J]. 河南大学学报(社会科学版),2020,60 (1):150-156.

的相关内容，需在原有"一法六条例"①的基础上②，注重与国际条例接轨，帮助我国学术出版市场主体解决"走出去"实践中遇到的法律问题。

其次，要深研"一带一路"沿线国家相关法律法规，积极开展沿线市场法律风险与解决路径探索。如上文所述，"一带一路"沿线64个国家分属不同法系，法律法规差异较大且完善程度不同，如在知识产权领域，有些国家的知识产权制度与规定可以达到 TRIPs 协定③的要求，有些则未能达到，知识产权的保护和立法相对较为滞后。因此，中国学术出版市场主体应加大对沿线国家相关法律法规的研究，积极开展沿线市场法律风险与解决路径探索④，如在国际版权贸易业务中，要审视现有的著作权合同条款，并注重合同履行中的法律风险预防，以及版权贸易谈判、签约过程中涉及的实体法适用问题、管辖法院的约定问题等⑤。

最后，要建设知识产权保护信息平台。中国学术出版市场主体要建设具有国际化水平的知识产权保护信息平台，最大限度地实现国内外知识产权保护的信息公开，减少学术出版市场主体因信息差导致的知识产权侵权和受损现象。同时，中国学术出版市场主体还可以通过知识产权保护信息平台完善自身知识产权布局，提前了解从产品生产到海外发行的行业全流程中可能会涉及的知识产权问题，避免不必要的侵权纠纷。

5.2.5.2　管理保障

如上文所述，目前我国学术出版向沿线国家"走出去"较为依赖国家政策和项目工程的资助，且多强调社会效益，很少有中国学术出版市场主体在沿线国家形成赢利模式并站稳市场。因此，要想真正实现中国学术出版向沿线国家可持续"走出去"，实现社会效益和经济效益的双丰收，学

---

① "一法"指《著作权法》，它是统领我国著作权制度的基本法律；"六条例"是国务院先后制定的六部行政法规，分别是《实施国际著作权条约的规定》《计算机软件保护条例》《著作权法实施条例》《著作权集体管理条例》《信息网络传播权保护条例》《广播电台电视台播放录音制品支付报酬暂行办法》。
② 王璐璐，赵玉山."一带一路"背景下中国出版业的国际合作现状与发展建议 [J].出版广角，2019（19）：10-13.
③ TRIPs 协定是《与贸易有关的知识产权协定》（Agreement on Trade-Related Aspects of Intellectual Property Rights）的简称。
④ 马小侠."一带一路"倡议助力中国出版"走出去" [J].渭南师范学院学报，2021，36（8）：86-93.
⑤ 张杰，麻小芸."一带一路"战略下我国出版单位在版权运营管理中需要注意的若干法律问题 [J].科技与出版，2016（10）：16-18.

术出版市场主体必须建立完善的管理保障机制。

在国际层面，中国学术出版市场主体要与沿线国家相关企业和机构建立长效合作机制，保证中外合作持续、全面开展。如时代出版传媒股份有限公司建立了丝路国家国际合作项目库，采取开放式管理的方式，定期更新项目内容，丰富项目形式，保证了与沿线国家合作出版项目的持续推进。同时，依据各出版社在沿线国家的布局情况，结合国际书展尤其是中国主宾国书展活动，指导各出版社与沿线国家分板块、分区域、分重点地合作，建立国际合作的长效机制，带动出版企业"走出去"整体协调发展①。鉴于沿线国家语种较多，培育中国学术出版产品在沿线国家的本土化翻译出版合作机构是建立长效合作机制的落地支点。目前，一些中国学术出版市场主体通过在沿线国家建立分支机构等方式，整合国际出版资源和渠道，在沿线国家成功建立起多个翻译出版合作机构。如中国人民大学出版社设立了以色列分社，翻译出版希伯来语和阿拉伯语学术出版产品，还建立了中国－罗马尼亚学术出版合作中心，在蒙古国建立了中国主题图书翻译出版中心，将中国学术出版产品翻译成本土语言；北京师范大学出版社在约旦设立分社，在阿拉伯国家进行中国学术出版产品的翻译和出版。总体来看，中国学术出版市场主体与沿线国家相关机构建立长效合作机制能够凸显中方在资金、品牌、内容等方面的优势，突破贸易和语言的壁垒，实现中国学术出版向沿线国家可持续"走出去"。

在国内层面，中国学术出版市场主体要积极建立向沿线国家"走出去"工作的科学管理机制。首先，中国学术出版市场主体要树立全员"走出去"意识。百强之策，意识为先。对于学术出版市场主体而言，"走出去"不是单一部门的工作，而是全局战略，因此，要树立全员"走出去"意识。如中国人民大学出版社将"走出去"树立为全社的战略共识，在每年年底进行的选题战略研讨会上，各个分社都将"走出去"的选题数量和质量作为汇报重点，同时各个部门也都十分重视"走出去"相关工作，使得"走出去"各项工作都能得到全方位的支持。其次，中国学术出版市场主体要建立健全向沿线国家"走出去"管理制度。第一，要建立"走出去"责任制度，保证"走出去"具体工作分工明确，责任到人。如编辑岗

---

① 朱昌爱. 时代出版：以丝路书香工程引领走出去发展新格局 [J]. 出版参考，2015（07）：11 - 12.

位可细化为项目编辑、策划编辑、文字编辑、执行编辑、销售编辑、区域编辑等，分别对应项目规划、作者沟通、文字加工、流程监控、市场销售、区域选题开发等工作①，在具体"走出去"工作中，要对不同编辑的分工、权利和责任进行明确的划分，让制度体系更为完善，有效提升学术出版向沿线国家"走出去"的效率。第二，要建立"走出去"学术出版产品质量管理制度，保证以优质内容打造出版品牌，提升我国学术出版在沿线国家的知名度和美誉度。可以学习中国人民大学出版社的相关经验，建立重点出版产品评审机制，通过翻译队伍的甄选及合作伙伴的分级管理实现优质出版产品的打造，树立优质出版品牌②。第三，要建立"走出去"协作制度，保证"走出去"流程的通畅。学术出版"走出去"工作涉及策划、出版、翻译、印刷、财务等多部门，学术出版市场主体要设计科学合理的多部门协作制度，确保各部门对"走出去"工作给予全力支持，推动"走出去"实践的顺利开展。如北京语言大学出版社将编辑部门和海外营销部门的考核绑在一起，促使两部门协力配合，共同推进"走出去"业务③。第四，要建立"走出去"绩效评估制度，提高"走出去"工作效率。中国学术出版市场主体要设计科学、合理、操作性强的绩效评估办法，对向沿线国家"走出去"的学术出版项目实施情况进行全面评估，并以此作为指导以后"走出去"实践的依据。

5.2.5.3　人才保障

出版"走出去"，具体实践主体是人。中国与沿线国家在学术出版领域的交流合作，归根到底是人与人之间的沟通。因此，人才的培养是"走出去"工作的重中之重，既需要政策的支持，也需要人力物力财力的持续投入。具体来说，中国学术出版向沿线国家"走出去"人才队伍包括经营管理人才、编辑出版人才、翻译人才、版权贸易人才和在沿线国家有一定影响力的专家学者队伍。

经营管理人才是中国学术出版向沿线国家"走出去"的掌舵者。他们

---

① 崔立新，刘铁．出版服务质量提升长效机制研究［M］．北京：北京理工大学出版社，2018：52.

② 徐来．把更多中国学术佳作推介给"一带一路"沿线国家——专访中国人民大学出版社国际出版中心主任刘叶华［J］．全国新书目，2017（10）：28－31.

③ 张健．"一带一路"战略下北京语言大学出版社"走出去"的实践探索［J］．科技与出版，2016（10）：18－21.

必须具有开阔的国际视野、优秀的管理水平和沿线市场驾驭能力，能够站在全局角度规划"走出去"的战略与实施路线。因此，经营管理人才的培养要在掌握本土语言的基础上，注重培养其掌握和运用沿线国家学术出版业发展规律的能力，并形成与之对应的管理思维和技能。对于学术出版这一出版类型来说，学者型经营管理人才的培养尤为重要，因为学术出版本身就要求经营管理者具备一定的学术背景，这样才能从理论和实践两方面更好地设计"走出去"战略。

编辑出版人才是中国学术出版向沿线国家"走出去"的竞争核心。要打造一支具有较高学术水平且通晓沿线国家学术发展趋势、掌握沿线国家学术出版业发展规律、熟识出版内容的经营管理与国际传播运作的编辑出版人才队伍，必然要求编辑出版人员具有较好的专业素养、较高的外语水平和较强的沿线市场运作能力。在专业素养方面，可以组织编辑出版人员参加高水平国际学术会议、国际书展、与沿线国家的出版交流活动等，使其在准确把握学科发展趋势的基础上深入了解沿线国家学术出版市场，在学术出版产品内容生产、"走出去"渠道选择、跨文化传播效果提升等实践中融入国际视野。在外语水平方面，虽然国内一些学术出版市场主体与沿线国家高校、出版企业等合作建立了相当数量的分支机构（翻译出版中心），以解决沿线国家语种翻译人才不足的问题，但面向沿线国家的编辑出版人才还应该具备一定的本土语言水平，满足与沿线国家作者、编辑、出版人员的日常沟通要求。当然，本土语言水平越高，对沿线国家学术出版资源的开发和利用就越高效，因此，编辑出版人才应根据"走出去"工作需要，不断提升外语水平，助力中国学术出版向沿线国家"走出去"的顺利推进。在沿线市场运作方面，编辑出版人才要把握沿线国家学术出版市场发展规律，将市场意识融入学术出版产品生产与向沿线国家传播的全过程，不断拓展新渠道，开辟新市场。近年来，随着数字技术的不断发展及在中国出版业中的快速应用，数字出版人才的培养备受关注。在具体实践层面，数字出版人才的培养多采用"数字出版技术企业/出版企业＋高校"的校企合作培养模式，以及数字出版技术企业对出版企业数字出版人才的在岗培训模式。前者有数字出版技术企业睿泰集团与多所高校联合开展数字出版高级人才的培养，高等教育出版社、中华书局、人民邮电出版社等14家出版企业与武汉大学、中南大学、辽宁大学、北京印刷学院等15所高校发起成立"全国高校数字出版联盟"，共建数字出版人才培养基地；后者有山东斯麦尔数字出版技术有限公司对重庆出版集团下属的天健互联网出版公司开展数字出版人才队伍实训。面向"一带一路"沿线国家学术出版市场，应以沿线国家数字出版产业发展的需求为导向，持续推进校企联合培养与专业人才在岗培训，实现数字出版理论学习与数字出版技术培养的有效结合。同时，鼓励有条件的市场主体设立博士后工作站，招收相关方向的博士后研究人员，整合行业资源和科研资源，促进产学研一体化发展，实现面向沿线国家的数字出版人才多层次培养。另外，还应为数字出版人才与沿线国家相关企业和机构搭建交流平台，鼓励其赴沿线国家进行交流学习，拓宽国际视野，提升业务能力。

翻译人才是中国学术出版向沿线国家"走出去"的沟通桥梁。语言障碍是目前影响中国学术出版向沿线国家"走出去"的主要因素之一，且学术内容翻译本就要求译者具有一定的学术知识储备，所以，中国学术出版市场主体要培养既掌握沿线国家语言，又具备一定学术背景的复合型翻译人才。据统计，沿线 64 个国家有非华语官方语言 52 种，国内高校尚未开设的语种有 11 个，只有一所学校开设的语种也有 11 个[①]。可见，沿线国家语言人才培养规模本就不大，其中有学术背景的复合型翻译人才数量更少，中国学术出版向沿线国家"走出去"面临优秀翻译人才短缺的问题。针对这一问题，一方面，中国学术出版市场主体可以与高校合作培养学术翻译人才，从师资培训、课程设置、实习实践等方面不断完善专业教育体系，培养具有良好中外语言能力、过硬政治素养、扎实学术基础的复合型人才队伍。另一方面，中国学术出版市场主体可以与沿线国家高校、出版企业、相关机构等展开广泛合作，成立翻译出版中心，组建稳定的翻译人才队伍，如中国人民大学与哈萨克斯坦欧亚国立大学和纳扎尔巴耶夫大学、蒙古国立师范大学、土耳其加齐大学等沿线国家高校建立翻译出版合作关系，积累了充分的母语译者资源[②]；也可以与沿线国家孔子学院联合，在当地培育"汉语＋专业"翻译人才；还可以通过各种形式，吸引沿线国家学生来华留学或交流访问，培养本土化复合型翻译人才。据统计，每年都有 13000 多名留学生来华学习中医药知识[③]，这为我国中医学与中药学

---

① 杨亦鸣，赵晓群．一带一路沿线国家语言国情手册［M］.北京：商务印书馆，2016：1.

② 李永强．新时代主题出版和大学出版社的使命与探索［J］.出版广角，2020（1）：6 - 8.

③ 李明轩，王田．"一带一路"下图书"走出去"的出版设想［J］.出版广角，2017（23）：37 - 39.

出版产品向沿线国家"走出去"提供了坚实的翻译人才基础。

版权贸易人才是中国学术出版向沿线国家"走出去"的重要推手。学术出版产品是一种版权产品，对于版权的科学管理和充分利用，会创造更多的价值①。我国的版权贸易人才，尤其是面向沿线国家的版权贸易人才较为缺乏，不利于学术出版向沿线国家"走出去"工作的顺利开展。具体来说，学术出版版权贸易人才除了应具有良好的沟通能力、出色的语言能力、优秀的判断能力、一定的学术背景外，尤其要精通国际版权贸易法律法规，具有国际化出版运作能力。可以通过加强版权贸易人员的法律法规学习与培训、组织版权贸易人员参加沿线国家书展及当地学术出版界的活动，加强与沿线国家出版企业与相关机构的合作，不断增进其对沿线国家法律法规的理解、培养其国际化出版运作能力。

在沿线国家有一定影响力的专家学者队伍是中国学术出版向沿线国家"走出去"的重要支撑。中国学术出版市场主体应依据沿线国家学术出版市场需求策划选题、组织内容，通过积极的版权输出与合作出版，扩大专家学者在沿线国家的学术影响力，吸引其与中国学术出版市场主体形成长期合作，持续提供优质内容资源，增强中国学术出版产品在沿线国家的影响力。

5.2.5.4 激励机制

在社会效益和经济效益的双重考量下，完善中国学术出版向沿线国家"走出去"的激励机制，可以激发相关工作者对"走出去"工作的积极性与创造性，加快中国学术出版"走出去"的步伐。

一是经济激励。经济激励指通过使激励对象获得经济上、物质上的满足，进而调动积极性、主动性和创造性的手段②。如经营管理人员是学术出版市场主体管理机构的核心组成部分，是其经营决策的智囊团。在中国学术出版向沿线国家"走出去"进程中，经营管理人员所拥有的专业知识和管理经验对学术出版市场主体来说都是不可复制的宝贵资源。2014年，国家原新闻出版广电总局出台了《深化新闻出版体制改革实施方案》，提出允许条件成熟的出版传媒集团经过批准，探索试行经营管理层股权激励

---

① 秦绪涛. 新时期专业编辑人才培养指标研究 [J]. 文化创新比较研究，2022，6（10）：72 - 75.

② 张乃仁. 城市社区工作者队伍的发展现状、评价与提升 [J]. 南都学坛，2022，42（3）：75 - 84.

机制①。学术出版市场主体可以通过积极股改，针对向沿线国家"走出去"的各项工作，对经营管理人员设计并实施有效的股权激励，使其更有动力地投入"走出去"工作中，推动中国学术出版有序高效地向沿线国家"走出去"。又如编辑出版人员是学术出版产品的设计者、创造者和推广者，他们将无形的思想转化为有形的出版产品，为"走出去"提供了产品保障。面对广袤复杂的沿线国家，设计生产满足其民众学术需求的出版产品，需要编辑出版人员付出更多的心血。对编辑出版人员给予经济激励，使其收入与"走出去"所取得的效益挂钩，能够更好地激发其工作动力，提升其对"走出去"工作的积极性。如中国人民大学出版社针对每一种"走出去"的学术图书，都会给予相关策划编辑和执行部门相应的奖励②。

二是精神激励。精神激励指学术出版市场主体运用可以给工作人员带来积极态度的因素，如工作的成就感、责任感等，帮助工作人员满足自我实现的需求，提升其工作热情。学术出版业属于知识密集型产业，从业人员整体素质普遍较高，大多数希望实现自我价值，因此单纯的经济激励是不够的③，应在激励机制中设计自我实现维度，注重工作人员个人价值的实现。如科研人员队伍是学术出版的重要组成部分，他们为出版产品提供了优质内容，许多人还作为编委、审稿人等参与了学术出版的具体工作。应对在沿线国家有较大影响力的科研人员进行鼓励、表彰、重点推广等精神激励，树立其在沿线国家的学术地位和声望，推动其与沿线国家学者及国际学术界进行学术对话，激励其产出更多更好的原创性科研成果。

① 中国政府网.《深化新闻出版体制改革实施方案》正式出台［EB/OL］（2014 - 10 - 11）［2022 - 08 - 08］. http://www. gov. cn/xinwen/2014 - 10/11/content_2763129. htm.
② 张桢."高端学术国际出版"助人大社再获"走出去"殊荣——专访中国人民大学出版社社长李永强［N］.国际出版周报，2019 - 06 - 24（6）.
③ 陈善军.平衡计分卡在出版企业中的应用探讨——以 A 出版社为例［J］.传播与版权，2022（7）：83 - 85 + 96.

6　总结与展望

文化交流与文明互鉴既是"一带一路"实施的根基，也是"一带一路"生生不息的动力源泉。学术出版作为人类文明交流与学术传承的重要载体，对促进沿线国家文化相通、民心相通有着重要作用。随着"一带一路"倡议的提出和深入推进，中国学术出版向沿线国家"走出去"不断取得新成效，与沿线国家的交流合作也取得了丰硕成果，有效推动了中国与沿线国家学术出版业的共同发展，为构建互惠共赢的人类命运共同体奠定了坚实的基础。

6.1　研究结论

本研究以出版学、传播学等学科理论为指导，开展"一带一路"背景下中国学术出版"走出去"研究。在全面分析中国学术出版向"一带一路"沿线国家"走出去"的历史契机与现实环境的基础上，开拓性廓清了中国学术出版向"一带一路"沿线国家"走出去"的现状。基于"走出去"现状及对现行"走出去"机制的分析，合理借鉴西方学术出版强国的相关经验，建构"一带一路"背景下中国学术出版"走出去"创新机制，并在新机制指导下，从政府宏观层面和"走出去"主体实践层面设计中国学术出版向沿线国家"走出去"的策略体系。本研究形成了一些研究结论，主要集中在以下五个方面。

第一，"一带一路"倡议为中国学术出版"走出去"提供了历史性发展契机，"走出去"机遇和挑战并存。中国学术出版向沿线国家"走出去"是"一带一路"建设的重要组成部分，是中华民族伟大复兴历史任务的内在要求，是中国学术对世界文明发展产生积极贡献的重要路径。沿线国家潜力巨大的学术出版市场、丰富的出版内容资源和中国政府的政策支持与项目推进为中国学术出版向沿线国家"走出去"提供了崭新的发展机遇。与此同时，大国利益冲突背景下沿线国家内部政局不稳、区域经济发展不平衡态势下出版产业发展程度参差不齐、中外法律制度差异明显现实下国内涉外法律体系滞后、西强我弱的世界舆论格局下中国国际学术话语体系构建壁垒重重等都是中国学术出版向沿线国家持续"走出去"面临的巨大挑战。

第二，中国学术出版向沿线国家"走出去"取得了令人瞩目的成绩，但也存在一些问题和不足。中国学术出版向沿线国家"走出去"历史悠久，规模不断扩大，改革开放之后进入加速期，"一带一路"倡议提出后，"走出去"意愿更加强烈、力度明显增强、方式日趋多元。政府主导实施的丝路书香工程等出版"走出去"项目已形成较为全面的支持网络，是中国学术出版向沿线国家"走出去"的重要引擎。中国学术出版机构积极探索向沿线国家"走出去"的有效方式，在参与沿线国际书展、在沿线国家建立分支机构、拓展学术出版物实物及数字推广渠道等方面持续发力，向沿线国家"走出去"的本土化探索已取得突破性成绩。与此同时，中国学术出版向沿线国家"走出去"也存在一些不容忽视的问题，具体包括："走出去"支持政策和相关工程项目尚待完善；"走出去"实践主体存在缺陷与短板；"走出去"产品在学科、语种、形态等方面结构失衡；"走出去"路径较为依赖西方出版商主导的数字出版平台；"走出去"本土化实践不足，"走出去"可持续发展模式缺失。

第三，中国学术出版向沿线国家"走出去"受多种因素影响，从"走出去"主体看，区域经济与文化产业的发达程度对中国学术出版向沿线国家"走出去"影响较大；从"走出去"客体看，沿线国家的地理位置、经济发达水平以及与中国的学术交流基础对中国学术出版向其"走出去"影响较大。中国学术发展水平与学术出版向沿线国家"走出去"程度互为依托和支撑。

第四，要构建中国学术出版向沿线国家"走出去"创新机制。在以政府为主导、以学术出版企业为主体的现行机制框架下，"走出去"工作取得了长足进展，但仍有不足之处：政府政策支持体系有待进一步整合与完善，出版企业向沿线国家"走出去"动力不足，社会效益和经济效益双效丰收仍需继续探索，面向沿线市场的出版体系亟待完善。"走出去"创新机制包括宏观、中观、微观三个层面。在宏观战略层面，中国学术出版向沿线国家"走出去"应以服务"一带一路"建设为总方向。在中观政策层面，政府要通过制定支持政策、规划项目工程、完善管理制度等措施为"走出去"实践指明方向，提供支撑。微观实施层面，互动、循环的机制设计能够通过不断完善"走出去"保障体系和激励机制，推进多元主体生产符合沿线国家受众需求的优质学术出版产品，实现社会效益和经济效益双丰收的"走出去"效果。

第五，中国学术出版向沿线国家"走出去"需要政府与"走出去"实践主体形成合力来推动，相应的政府宏观策略和"走出去"主体实践策略的运用有助于各自角色和作用的充分发挥。政府宏观策略包括：政策规划要形成长效支持，同时加大多头政策的统筹协调；大力推进学术出版市场主体深化改革，使其获得"走出去"的内驱力；重点培育大型龙头学术出版市场主体，提升其沿线市场竞争力。主体实践策略包括：主体层面，要发挥多元主体优势，打造立体合作网络；产品层面，要契合沿线学术需求，增强核心竞争力；渠道层面，要拓展本土合作空间，多维渠道融合互济；模式层面，要因地制宜地选择"走出去"模式；保障与激励层面，要构建科学保障机制，有效激发工作动力。

6.2　研究局限

"一带一路"背景下中国学术出版"走出去"研究涉及多个学科理论、多种研究方法和大量数据分析，受自身知识水平、研究能力以及研究时限的影响，本研究存在三个方面的不足之处。

一是"走出去"现状考察指标有待丰富。除了"走出去"项目工程对中国学术出版向沿线国家"走出去"的支持与资助情况、中国学术出版企业向沿线国家"走出去"情况、中国学术出版物向沿线国家"走出去"情况这三个指标，"一带一路"背景下中国学术出版"走出去"的考察指标还应包括学术出版市场主体和出版产品在沿线国家的影响力、学术出版产品是否通过政府文化交流、网络媒体、人际学术交流等途径向沿线国家传播。由于这些指标较难量化为标准尺度并以其为依据进行统计总结，所以本研究只选取前三个指标，这在一定程度上影响了中国学术出版向沿线国家"走出去"现状描述的精准性，笔者会在今后的研究中进行更深入全面的分析。

二是本研究涵盖的研究领域有限。"一带一路"背景下中国学术出版"走出去"是一项系统复杂的工程，涉及多个领域和主体。在本研究中还有一些领域未涉及或未进行深入探讨，如近年来快速发展的图书馆出版在"走出去"中的作用、中国数字出版平台资源在沿线国家开放获取政策的设计，等等。由于笔者时间、能力、资料获取等方面的原因，这些领域有待今后进一步研究。

三是本研究提出的发展策略有待完善。受篇幅所限，本研究从政府的宏观规划层面和"走出去"主体实践层面提出了"一带一路"背景下中国学术出版"走出去"的策略体系，包括政策、主体、产品、渠道、模式、保障与激励六个方面，这是中国学术出版向沿线国家"走出去"最重要、最核心的六个方面。但是，"一带一路"沿线市场广袤复杂，中国学术出版"走出去"还受到政治、经济、文化、技术等多方面因素的影响，本研究提出的发展策略尚存在不全面、不完善之处，这些有待在今后的研究中进一步充实。

6.3 研究展望

在未来的研究中，笔者将认真做好以下三个方面的研究工作。

第一，中国学术出版向沿线国家"走出去"创新机制的个性应用研究。本研究设计的中国学术出版向沿线国家"走出去"创新机制基于"走出去"现状调查结果和理论推导分析，力求普遍适用于所有沿线国家。但由于沿线国家数量众多，语言文化、风俗习惯、宗教信仰等较为复杂，中国学术出版向其"走出去"需要面临不同的社会环境，因此，"走出去"创新机制应根据目标国实际情况加以修订，衍生出更符合目标国实际需求的个性化机制。

第二，中国学术出版向沿线国家融合"走出去"研究。数字与互联网技术的高速发展推动着传统出版和数字出版的加速融合，学术出版内容、渠道和平台、技术应用、人才队伍的共享融通都将派生出新的研究领域，对中国学术出版向沿线国家"走出去"有着直接的影响。笔者将对这一研究方向开展持续深入的研究。

　　第三，中国学术出版向沿线国家"走出去"效果评估研究。"一带一路"背景下中国学术出版向沿线国家"走出去"是一个持续循环的过程，对"走出去"效果的评估是决定之后"走出去"实践方向和重点的关键。只有科学评估"走出去"效果，及时发现问题，才能在之后的"走出去"实践中加以改进。"走出去"效果的评估涉及多个指标、多种因素，是动态变化和发展的，笔者将针对这一研究领域系统全面地开展研究。

附录 代表性沿线国家 OCLC 成员馆馆藏中国学术出版物统计表

俄罗斯

序号	出版物名称	语种	类型	学科	国际合作出版/版权输出机构	国内出版机构
1	Journal of Library Science in China, Volume 1	英文	图书（纸质版）	图书馆、情报与文献学（社会科学）	无	国家图书馆出版社（北京）
2	Journal of Library Science in China, Volume 2	英文	图书（纸质版）	图书馆、情报与文献学（社会科学）	无	国家图书馆出版社（北京）
3	Journal of Library Science in China, Volume 3	英文	图书（纸质版）	图书馆、情报与文献学（社会科学）	无	国家图书馆出版社（北京）
4	Journal of Library Science in China, Volume 4	英文	图书（纸质版）	图书馆、情报与文献学（社会科学）	无	国家图书馆出版社（北京）
5	Journal of Library Science in China, Volume 5	英文	图书（纸质版）	图书馆、情报与文献学（社会科学）	无	国家图书馆出版社（北京）
6	Journal of Library Science in China, Volume 6	英文	图书（纸质版）	图书馆、情报与文献学（社会科学）	无	国家图书馆出版社（北京）
7	Journal of Library Science in China, Volume 7	英文	图书（纸质版）	图书馆、情报与文献学（社会科学）	无	国家图书馆出版社（北京）
8	Journal of Library Science in China, Volume 8	英文	图书（纸质版）	图书馆、情报与文献学（社会科学）	无	国家图书馆出版社（北京）
9	Journal of Library Science in China, Volume 9	英文	图书（纸质版）	图书馆、情报与文献学（社会科学）	无	国家图书馆出版社（北京）
10	Journal of Library Science in China, Volume 10	英文	图书（纸质版）	图书馆、情报与文献学（社会科学）	无	国家图书馆出版社（北京）
11	Journal of Library Science in China, Volume 11	英文	图书（纸质版）	图书馆、情报与文献学（社会科学）	无	国家图书馆出版社（北京）
12	Voices for Change: Participatory Monitoring and Evaluation in China	英文	图书（电子版）	管理学（社会科学）	国际发展研究中心（加拿大）	云南科技出版社（云南）

续表

俄罗斯

序号	出版物名称	语种	类型	学科	国际合作出版/版权输出机构	国内出版机构
13	Wave Propagation, Scattering and Emission in Complex Media	英文	图书（电子版）	物理学（自然科学）	世界科技出版公司（新加坡）	科学出版社（北京）
14	Frontiers and Prospects of Contemporary Applied Mathematics: China Society for Industrial and Applied Mathematics, Xiangtan, Hunan Province, China, 24－30 August 2004	英文	图书（电子版）	数学（自然科学）	世界科技出版公司（新加坡）	高等教育出版社（北京）
15	Ginzburg-Landau Vortices	英文	图书（电子版）	数学（自然科学）	世界科技出版公司（新加坡）	高等教育出版社（北京）
16	Functional Inequalities, Markov Semigroups and Spectral Theory	英文	图书（电子版）	数学（自然科学）	爱思唯尔出版集团（荷兰）	科学出版社（北京）
17	China's Energy Outlook 2004	英文	图书（电子版）	能源科学技术（自然科学）	世界科技出版公司（新加坡）	清华大学出版社（北京）
18	Introduction to Biomaterials	英文	图书（电子版）	材料科学（自然科学）	世界科技出版公司（新加坡）	清华大学出版社（北京）
19	Mathematical Methods for Surface and Subsurface Hydrosystems	英文	图书（电子版）	环境科学技术及资源科学技术（自然科学）	世界科技出版公司（新加坡）	高等教育出版社（北京）
20	Actuarial Science: Theory and Methodology	英文	图书（电子版）	数学（自然科学）	世界科技出版公司（新加坡）	高等教育出版社（北京）
21	China's Dilemma: Economic Growth, The Environment and Climate Change	英文	图书（电子版）	经济学（社会科学）	布鲁金斯学会出版社（美国）	社会科学文献出版社（北京）
22	Reconstruction of Chaotic Signals with Applications to Chaos-based Communications	英文	图书（电子版）	信息科学与系统科学（自然科学）	世界科技出版公司（美国）	清华大学出版社（北京）
23	China-Japan: Making New Partnership	英文	图书（电子版）	政治学（社会科学）	帕斯国际出版社（英国）	社会科学文献出版社（北京）
24	Nonlinear Conservation Laws, Fluid Systems and Related Topics	英文	图书（电子版）	数学（自然科学）	世界科技出版公司（新加坡）	高等教育出版社（北京）
25	Multi-scale Phenomena in Complex Fluids: Modeling, Analysis and Numerical Simulation	英文	图书（电子版）	数学（自然科学）	世界科技出版公司（新加坡）	高等教育出版社（北京）

续表

俄罗斯

序号	出版物名称	语种	类型	学科	国际合作出版/版权输出机构	国内出版机构
26	Industrial and Applied Mathematics in China	英文	图书（电子版）	数学（自然科学）	世界科技出版公司（新加坡）	高等教育出版社（北京）
27	Modeling and Dynamics of Infectious Diseases	英文	图书（电子版）	数学（自然科学）	世界科技出版公司（新加坡）	高等教育出版社（北京）
28	Economic and Social Impact of Liberalization	英文	图书（电子版）	经济学（社会科学）	帕斯国际出版社（英国）	社会科学文献出版社（北京）
29	Modeling and Analysis of Enterprise and Information Systems: From Requirements to Realization	英文	图书（电子版）	信息科学与系统科学（自然科学）	施普林格·自然出版集团（德国）	高等教育出版社（北京）
30	Bioinspired Intelligent Nanostructured Interfacial Materials	英文	图书（电子版）	材料科学（自然科学）	世界科技出版公司（新加坡）	化学工业出版社（北京）
31	Some Problems on Nonlinear Hyperbolic Equations and Applications	英文	图书（电子版）	数学（自然科学）	世界科技出版公司（新加坡）	高等教育出版社（北京）
32	Wavelet Methods in Mathematical Analysis and Engineering	英文	图书（电子版）	数学（自然科学）	世界科技出版公司（新加坡）	高等教育出版社（北京）
33	Desertification and its Control in China	英文	图书（电子版）	地球科学（自然科学）	施普林格·自然出版集团（德国）	高等教育出版社（北京）
34	The Sustainability of Economic Growth from the Perspective of Human Resources	英文	图书（电子版）	经济学（社会科学）	博睿出版集团（荷兰）	社会科学文献出版社（北京）
35	Multi-scale Problems: Theory, Numerical Approximation and Applications	英文	图书（电子版）	数学（自然科学）	世界科技出版公司（新加坡）	高等教育出版社（北京）
36	Left-behind Children in Rural China: Impact Study of Rural Labor Migration on Left-behind Children in Mid-West China	英文	图书（电子版）	社会学（社会科学）	帕斯国际出版社（英国）	社会科学文献出版社（北京）
37	China-ASEAN: Making New Partnership	英文	图书（电子版）	政治学（社会科学）	帕斯国际出版社（英国）	社会科学文献出版社（北京）
38	China-Central Asian Countries: Making New Partnership	英文	图书（电子版）	政治学（社会科学）	帕斯国际出版社（英国）	社会科学文献出版社（北京）
39	China-South Asian Relations: Making New Partnership	英文	图书（电子版）	政治学（社会科学）	帕斯国际出版社（英国）	社会科学文献出版社（北京）

续表

俄罗斯

序号	出版物名称	语种	类型	学科	国际合作出版/版权输出机构	国内出版机构
40	China-Latin America Relations: Review and Analysis, Volume 1	英文	图书（电子版）	政治学（社会科学）	帕斯国际出版社（英国）	社会科学文献出版社（北京）
41	The Rising Middle Classes in China	英文	图书（电子版）	社会学（社会科学）	帕斯国际出版社（英国）	社会科学文献出版社（北京）
42	Rational Function Systems and Electrical Networks with Multi-parameters	英文	图书（电子版）	数学（自然科学）	世界科技出版公司（新加坡）	高等教育出版社（北京）
43	China's Economic Zones: Design, Implementation and Impact	英文	图书（电子版）	经济学（社会科学）	帕斯国际出版社（英国）	社会科学文献出版社（北京）
44	High Performance Liquid Chromatography Fingerprinting Technology of the Commonly-Used Traditional Chinese Medicine Herbs	英文	图书（电子版）	化学工程（自然科学）	世界科技出版公司（新加坡）	化学工业出版社（北京）
45	Hyperbolic Problems: Theory, Numerics and Applications	英文	图书（电子版）	数学（自然科学）	世界科技出版公司（新加坡）	高等教育出版社（北京）
46	The competitiveness of G20 nations: Report on the Group of Twenty (G20) National Innovation Competitiveness Development, (2001—2010)	英文	图书（电子版）	经济学（社会科学）	帕斯国际出版社（英国）	社会科学文献出版社（北京）
47	Advances in Analysis and Control of Time-delayed Dynamical Systems	英文	图书（电子版）	力学（自然科学）	世界科技出版公司（新加坡）	高等教育出版社（北京）
48	Acta Oceanologica Sinica	英文	期刊（纸质版）	地球科学（自然科学）	施普林格·自然出版集团（德国）	海洋出版社（北京）
49	Acta Mechanica Solida Sinica	英文	期刊（纸质版）	力学（自然科学）	施普林格·自然出版集团（德国）	Acta Mechanica Solida Sinica 编辑部（湖北）
50	中国近代史	中文	图书（纸质版）	历史学（社会科学）	无	生活·读书·新知三联书店（上海）
51	中国近代史（第八版）	中文	图书（纸质版）	历史学（社会科学）	无	人民出版社（北京）
52	中国近代史（第九版）	中文	图书（纸质版）	历史学（社会科学）	无	人民出版社（北京）
53	中国历史概要	中文	图书（纸质版）	历史学（社会科学）	无	知识出版社（北京）

续表

俄罗斯

序号	出版物名称	语种	类型	学科	国际合作出版/版权输出机构	国内出版机构
54	中国戏剧史论集	中文	图书（纸质版）	艺术学（社会科学）	无	江西人民出版社（江西）
55	中国古文字学通论	中文	图书（纸质版）	历史学（社会科学）	无	北京大学出版社（北京）
56	中国新石器研究	中文	图书（纸质版）	考古学（社会科学）	无	巴蜀书社（四川）
57	中国哲学史	中文	图书（纸质版）	哲学（社会科学）	无	人民出版社（北京）
58	中国历史文献学	中文	图书（纸质版）	历史学（社会科学）	无	民族出版社（北京）
59	中国文化中之有神论与无神论	中文	图书（纸质版）	宗教学（社会科学）	无	宗教文化出版社（北京）
60	中国哲学史	中文	图书（纸质版）	哲学（社会科学）	无	北京大学出版社（北京）
61	当代中国经济学	中文	图书（纸质版）	经济学（社会科学）	无	昆仑出版社（北京）
62	中国古代哲学和自然科学	中文	图书（纸质版）	哲学（社会科学）	无	上海人民出版社（上海）
63	中国古代书籍纸墨及印刷术	中文	图书（纸质版）	新闻学与传播学（社会科学）	无	北京图书馆出版社（北京）
64	史学经学与思想：在世界史背景下对于中国古代历史文化的思考	中文	图书（纸质版）	历史学（社会科学）	无	北京师范大学出版社（北京）
65	中国考古学史	中文	图书（纸质版）	考古学（社会科学）	无	团结出版社（北京）
66	中国当代文学理论体系研究	中文	图书（纸质版）	文学（社会科学）	无	中国文联出版社（北京）
67	中国经济转型时期信货配给问题研究	中文	图书（纸质版）	经济学（社会科学）	无	上海人民出版社（上海）
68	中国文学古今演变论考	中文	图书（纸质版）	文学（社会科学）	无	上海古籍出版社（上海）
69	中国政治发展进程	中文	图书（纸质版）	政治学（社会科学）	无	时事出版社（北京）
70	中国现代文学史	中文	图书（纸质版）	文学（社会科学）	无	华夏出版社（北京）
71	中国文化产业发展报告（2007）	中文	图书（纸质版）	经济学（社会科学）	无	社会科学文献出版社（北京）
72	中国检察制度宪法基础研究	中文	图书（纸质版）	法学（社会科学）	无	中国检察出版社（北京）
73	中国古典文献学纲要	中文	图书（纸质版）	图书馆、情报与文献学（社会科学）	无	巴蜀书社（四川）

续表

俄罗斯

序号	出版物名称	语种	类型	学科	国际合作出版/版权输出机构	国内出版机构
74	当代中国检察监督体制研究	中文	图书（纸质版）	法学（社会科学）	无	中国检察出版社（北京）
75	中国新闻摄影史	中文	图书（纸质版）	新闻学与传播学（社会科学）	无	中国摄影出版社（北京）
76	中国旅游研究30年	中文	图书（纸质版）	经济学（社会科学）	无	中国旅游出版社（北京）
77	亚雄文化与仪式戏剧研究	中文	图书（纸质版）	民族学与文化学（社会科学）	无	贵州民族出版社（贵州）
78	中国现代物流发展报告（2009）	中文	图书（纸质版）	经济学（社会科学）	无	北京大学出版社（北京）
79	西域文史	中文	图书（纸质版）	综合（社会科学）	无	科学出版社（北京）
80	中国图书事业史	中文	图书（纸质版）	新闻学与传播学（社会科学）	无	上海人民出版社（上海）
81	中国钙镁类化石	中文	图书（纸质版）	地球科学（自然科学）	无	科学出版社（北京）
82	抗日战争时期中国对外关系	中文	图书（纸质版）	政治学（社会科学）	无	中国社会科学出版社（北京）
83	中国印刷术的发明及其影响	中文	图书（纸质版）	图书馆、情报与文献学（社会科学）	无	上海人民出版社（上海）
84	中国哲学大纲——中国哲学问题史	中文	图书（纸质版）	哲学（社会科学）	无	昆仑出版社（北京）
85	反法西斯战争时期的中国与世界研究·第二卷：中国抗战与美英苏亚战略的演变	中文	图书（纸质版）	历史学（社会科学）	无	武汉大学出版社（湖北）
86	反法西斯战争时期的中国与世界研究·第一卷：中国抗日战争与日本世界战略的演变	中文	图书（纸质版）	政治学（社会科学）	无	武汉大学出版社（湖北）
87	中国文化近代转型管窥	中文	图书（纸质版）	民族学与文化学（社会科学）	无	商务印书馆（北京）
88	中国军事科技通史	中文	图书（纸质版）	军事学（社会科学）	无	中国人民解放军出版社（北京）
89	中国古代粮食储备调节制度思想演进	中文	图书（纸质版）	经济学（社会科学）	无	中国经济出版社（北京）
90	中国八十年代文学现象研究	中文	图书（纸质版）	文学（社会科学）	无	人民文学出版社（北京）
91	中国哲学大纲（上下）	中文	图书（纸质版）	哲学（社会科学）	无	昆仑出版社（北京）
92	空间科学	中文	图书（纸质版）	天文学（自然科学）	无	科学出版社（北京）

续表

序号	出版物名称	语种	类型	学科	国际合作出版/版权输出机构	国内出版机构
				俄罗斯		
93	孙子兵法论丛	中文	图书（纸质版）	军事学（社会科学）	无	中国人民解放军出版社（北京）
94	当代中国国际法研究（1949—2009）	中文	图书（纸质版）	法学（社会科学）	无	中国社会科学出版社（北京）
95	当代中国文艺学研究（1949—2009）	中文	图书（纸质版）	艺术学（社会科学）	无	中国社会科学出版社（北京）
96	当代中国法学研究	中文	图书（纸质版）	法学（社会科学）	无	中国社会科学出版社（北京）
97	中国史学概要	中文	图书（纸质版）	历史学（社会科学）	无	武汉大学出版社（湖北）
98	中国交通史	中文	图书（纸质版）	历史学（社会科学）	无	武汉大学出版社（湖北）
99	中国救荒史	中文	图书（纸质版）	历史学（社会科学）	无	武汉大学出版社（湖北）
100	中国宗教史	中文	图书（纸质版）	宗教学（社会科学）	无	武汉大学出版社（湖北）
101	中国俸禄制度史	中文	图书（纸质版）	历史学（社会科学）	无	武汉大学出版社（湖北）
102	中国旅游史	中文	图书（纸质版）	历史学（社会科学）	无	武汉大学出版社（湖北）
103	中国法制史	中文	图书（纸质版）	法学（社会科学）	无	武汉大学出版社（湖北）
104	中国姓名史	中文	图书（纸质版）	历史学（社会科学）	无	武汉大学出版社（湖北）
105	中国史学史	中文	图书（纸质版）	历史学（社会科学）	无	武汉大学出版社（湖北）
106	中国丧葬史	中文	图书（纸质版）	历史学（社会科学）	无	武汉大学出版社（湖北）
107	中国舞蹈发展史	中文	图书（纸质版）	艺术学（社会科学）	无	武汉大学出版社（湖北）
108	中国逻辑思想史	中文	图书（纸质版）	哲学（社会科学）	无	武汉大学出版社（湖北）
109	中医科学技术史大纲	中文	图书（纸质版）	历史学（社会科学）	无	武汉大学出版社（湖北）
110	中医书院史	中文	图书（纸质版）	历史学（社会科学）	无	武汉大学出版社（湖北）
111	中国近代法制史教程（1901—1949）	中文	图书（纸质版）	法学（社会科学）	无	商务印书馆（北京）
112	反法西斯战争时期的中国与世界研究·第三卷：中国与世界反法西斯联盟	中文	图书（纸质版）	历史学（社会科学）	无	武汉大学出版社（湖北）

续表

俄罗斯

序号	出版物名称	语种	类型	学科	国际合作出版/版权输出机构	国内出版机构
113	中国少数民族地区经济发展报告	中文	图书（纸质版）	经济学（社会科学）	无	中国经济出版社（北京）
114	中国古代史	中文	图书（纸质版）	历史学（社会科学）	无	东方出版社（北京）
115	中国俗文学史	中文	图书（纸质版）	文学（社会科学）	无	东方出版社（北京）
116	中国教育史（上、下）	中文	图书（纸质版）	教育学（社会科学）	无	东方出版社（北京）
117	中国经济改革二十讲	中文	图书（纸质版）	经济学（社会科学）	无	生活·读书·新知三联书店（北京）
118	中国区域协调发展研究	中文	图书（纸质版）	管理学（社会科学）	无	商务印书馆（北京）
119	中国近代经济史（1840-1894）	中文	图书（纸质版）	经济学（社会科学）	无	人民出版社（北京）
120	中国城市史	中文	图书（纸质版）	历史学（社会科学）	无	武汉大学出版社（湖北）
121	中国婚姻史	中文	图书（纸质版）	历史学（社会科学）	无	武汉大学出版社（湖北）
122	中国认识论史	中文	图书（纸质版）	哲学（社会科学）	无	武汉大学出版社（湖北）
123	中国帮会史	中文	图书（纸质版）	历史学（社会科学）	无	武汉大学出版社（湖北）
124	中国文化生成史	中文	图书（纸质版）	历史学（社会科学）	无	武汉大学出版社（湖北）
125	中国新闻史	中文	图书（纸质版）	新闻学与传播学（社会科学）	无	武汉大学出版社（湖北）
126	中国社会福利史	中文	图书（纸质版）	社会学（社会科学）	无	武汉大学出版社（湖北）
127	中国私家藏书史	中文	图书（纸质版）	历史学（社会科学）	无	武汉大学出版社（湖北）
128	中国土地制度史	中文	图书（纸质版）	历史学（社会科学）	无	武汉大学出版社（湖北）
129	当代中国宗教学研究	中文	图书（纸质版）	宗教学（社会科学）	无	中国社会科学出版社（北京）
130	中国书籍编纂史稿	中文	图书（纸质版）	历史学（社会科学）	无	商务印书馆（北京）
131	中国对外贸易史	中文	图书（纸质版）	经济学（社会科学）	无	清华大学出版社（北京）
132	走向世界的中国学术："第六届中国社会科学前沿论坛会议"论文集	中文	图书（纸质版）	综合（社会科学）	无	中国社会科学出版社（北京）

续表

俄罗斯

序号	出版物名称	语种	类型	学科	国际合作出版/版权输出机构	国内出版机构
133	中国工会·劳动关系研究（2014）	中文	图书（纸质版）	社会学（社会科学）	无	社会科学文献出版社（北京）
134	中国话语·乡土聚落的空间文化表达：以黔东南地区侗寨为例	中文	图书（纸质版）	民族学与文化学（社会科学）	无	东南大学出版社（江苏）
135	中国东方文学翻译史	中文	图书（纸质版）	文学（社会科学）	无	昆仑出版社（北京）
136	中国邮轮产业发展报告	中文	图书（纸质版）	经济学（社会科学）	无	社会科学文献出版社（北京）
137	中国现代化进程中的周边安全战略研究	中文	图书（纸质版）	政治学（社会科学）	无	时事出版社（北京）
138	中国工会·劳动关系研究（2015）	中文	图书（纸质版）	社会学（社会科学）	无	社会科学文献出版社（北京）
139	空中国防论	中文	图书（纸质版）	军事学（社会科学）	无	中国人民解放军出版社（北京）
140	中国法律思想史	中文	图书（纸质版）	法学（社会科学）	无	中国人民大学出版社（北京）
141	中国图书史十讲	中文	图书（纸质版）	新闻学与传播学（社会科学）	无	国家图书馆出版社（北京）
142	中国古代简史	中文	图书（纸质版）	历史学（社会科学）	无	北京大学出版社（北京）
143	中国"一带一路"战略的政治经济学	中文	图书（纸质版）	经济学（社会科学）	无	上海人民出版社（上海）
144	中国企业成长调查研究报告	中文	图书（纸质版）	经济学（社会科学）	无	中国人民大学出版社（北京）
145	中国航天文化的发展与创新	中文	图书（纸质版）	管理学（社会科学）	无	北京大学出版社（北京）
146	中国管理发展报告	中文	图书（纸质版）	管理学（社会科学）	无	社会科学文献出版社（北京）
147	中国周边外交十四讲	中文	图书（纸质版）	政治学（社会科学）	无	社会科学文献出版社（北京）
148	中国历史文献学	中文	图书（纸质版）	历史学（社会科学）	无	中国人民大学出版社（北京）
149	互联网使用与中国中间阶层的政治参与研究	中文	图书（纸质版）	新闻学与传播学（社会科学）	无	中国社会科学出版社（北京）
150	中国海外交通史	中文	图书（纸质版）	历史学（社会科学）	无	中国社会科学出版社（北京）
151	法律解释的中国范式-造法性司法解释研究	中文	图书（纸质版）	法学（社会科学）	无	北京大学出版社（北京）
152	中国历史地理十五讲	中文	图书（纸质版）	历史学（社会科学）	无	北京大学出版社（北京）

续表

序号	出版物名称	语种	类型	学科	国际合作出版/版权输出机构	国内出版机构
				俄罗斯		
153	"一带一路"建设中深化中俄战略协作研究	中文	图书（纸质版）	政治学（社会科学）	无	中国社会科学出版社（北京）
154	"俄罗斯学"在中国	中文	图书（纸质版）	综合（社会科学）	无	社会科学文献出版社（北京）
155	新中国政治学研究70年	中文	图书（纸质版）	政治学（社会科学）	无	中国社会科学出版社（北京）
156	新中国哲学研究70年	中文	图书（纸质版）	哲学（社会科学）	无	中国社会科学出版社（北京）
157	中华文化传统与当代艺术语言创新	中文	图书（纸质版）	文学（社会科学）	无	中国社会科学出版社（北京）
158	中国财税制度改革研究	中文	图书（纸质版）	经济学（社会科学）	无	中国社会科学出版社（北京）
159	国际发展援助的中国方案	中文	图书（纸质版）	政治学（社会科学）	无	五洲传播出版社（北京）
160	当代中国现代文学研究（1949—2019）	中文	图书（纸质版）	文学（社会科学）	无	中国社会科学出版社（北京）
161	当代中国近代史理论研究（1949—2019）	中文	图书（纸质版）	历史学（社会科学）	无	中国社会科学出版社（北京）
162	当代中国文艺理论研究（上下卷）	中文	图书（纸质版）	艺术学（社会科学）	无	中国社会科学出版社（北京）
163	审美的他者：20世纪中国作家美术思想研究	中文	图书（纸质版）	艺术学（社会科学）	无	中国社会科学出版社（北京）
164	当代中国古代文学研究	中文	图书（纸质版）	文学（社会科学）	无	中国社会科学出版社（北京）
165	中国民间金融市场的合法性变迁	中文	图书（纸质版）	经济学（社会科学）	无	中国社会科学出版社（北京）
166	中国国有企业用工制度研究	中文	图书（纸质版）	管理学（社会科学）	无	中国社会科学出版社（北京）
167	两宋之际的中国制瓷业	中文	图书（纸质版）	考古学（社会科学）	无	文物出版社（北京）
168	中国史学史研究入门	中文	图书（纸质版）	历史学（社会科学）	无	北京大学出版社（北京）
169	中国新闻伦理思想的演进	中文	图书（纸质版）	新闻学与传播学（社会科学）	无	北京大学出版社（北京）
170	当代中国世界经济学研究	中文	图书（纸质版）	经济学（社会科学）	无	中国社会科学出版社（北京）
171	构建人类命运共同体与全球人权治理	中文	图书（纸质版）	政治学（社会科学）	无	五洲传播出版社（北京）
172	稽古·贯通·启新：中国古代史	中文	图书（纸质版）	历史学（社会科学）	无	北京大学出版社（北京）
173	中国货币史（上下）	中文	图书（纸质版）	历史学（社会科学）	无	中国人民大学出版社（北京）

续表

俄罗斯

序号	出版物名称	语种	类型	学科	国际合作出版/版权输出机构	国内出版机构
174	中国绿色消费政策研究	中文	图书（纸质版）	经济学（社会科学）	无	中国人民大学出版社（北京）
175	佛教中国文学漫论稿	中文	图书（纸质版）	文学（社会科学）	无	上海古籍出版社（上海）
176	马克思主义如何中国化	中文	图书（纸质版）	马克思主义（社会科学）	无	中国人民大学出版社（北京）
177	地层学杂志	中文	期刊（电子版）	地球科学（自然科学）	无	科学出版社（北京）
178	医学与哲学	中文	期刊（电子版）	哲学（社会科学）	无	《医学与哲学》编辑部（辽宁）
179	地质论评	中文	期刊（电子版）	地球科学（自然科学）	无	科学出版社（北京）
180	教学与研究	中文	期刊（电子版）	政治学（社会科学）	无	《教学与研究》编辑部（北京）
181	气象学报	中文	期刊（电子版）	地球科学（自然科学）	无	《气象学报》编辑部（北京）
182	天文学报	中文	期刊（电子版）	天文学（自然科学）	无	科学出版社（北京）
183	经济研究	中文	期刊（电子版）	经济学（社会科学）	无	《经济研究》（北京）
184	哲学研究	中文	期刊（电子版）	哲学（社会科学）	无	《哲学研究》（北京）
185	电影艺术	中文	期刊（电子版）	艺术学（社会科学）	无	《电影艺术》编辑部（北京）
186	世界文学	中文	期刊（电子版）	文学（社会科学）	无	《世界文学》编辑部（北京）
187	文学评论	中文	期刊（电子版）	文学（社会科学）	无	《文学评论》编辑部（北京）
188	生物化学与生物物理学报	中文	期刊（电子版）	生物学（自然科学）	无	《生物化学与生物物理学报》编辑部（上海）
189	中国科学技术大学学报	中文	期刊（电子版）	综合（社会科学）	无	《中国科学技术大学学报》编辑部（安徽）
190	中国史研究动态	中文	期刊（电子版）	历史学（社会科学）	无	《中国史研究动态》编辑部（北京）
191	法学研究	中文	期刊（电子版）	法学（社会科学）	无	《法学研究》编辑部（湖北）
192	民族语文	中文	期刊（电子版）	语言学（社会科学）	无	《民族语文》编辑部（北京）

续表

俄罗斯

序号	出版物名称	语种	类型	学科	国际合作出版/版权输出机构	国内出版机构
193	中国社会科学	中文	期刊（电子版）	综合（社会科学）	无	中国社会科学杂志社（北京）
194	光学学报	中文	期刊（电子版）	物理学（自然科学）	无	《光学学报》编辑部（上海）
195	民族研究	中文	期刊（电子版）	民族学与文化学（社会科学）	无	《民族研究》编辑部（北京）
196	中国腐蚀与防护学报	中文	期刊（电子版）	化学工程（自然科学）	无	《中国腐蚀与防护学报》编辑部（辽宁）
197	分析化学	中文	期刊（电子版）	化学工程（自然科学）	无	《分析化学》编辑部（吉林）
198	历史档案	中文	期刊（电子版）	历史学（社会科学）	无	《历史档案》编辑部（北京）
199	地理研究	中文	期刊（电子版）	地球科学（自然科学）	无	科学出版社（北京）
200	生态学报	中文	期刊（电子版）	生物学（自然科学）	无	科学出版社（北京）
201	生态学杂志	中文	期刊（电子版）	生物学（自然科学）	无	科学出版社（北京）
202	应用化学	中文	期刊（电子版）	化学工程（自然科学）	无	科学出版社（北京）
203	计算力学学报	中文	期刊（电子版）	力学（自然科学）	无	《计算力学学报》编辑部（辽宁）
204	文学遗产	中文	期刊（电子版）	文学（社会科学）	无	《文学遗产》编辑部（北京）
205	文艺研究	中文	期刊（电子版）	艺术学（社会科学）	无	《文艺研究》编辑部（北京）
206	中国工业经济	中文	期刊（电子版）	经济学（社会科学）	无	《中国工业经济》编辑部（北京）
207	中国农村经济	中文	期刊（电子版）	经济学（社会科学）	无	《中国农村经济》编辑部（北京）
208	组合机床与自动化加工技术	中文	期刊（电子版）	机械工程（自然科学）	无	《信息与系统科学相关工程与技术》编辑部（辽宁）
209	孔子研究	中文	期刊（电子版）	哲学（社会科学）	无	《孔子研究》编辑部（山东）
210	政法论坛	中文	期刊（电子版）	法学（社会科学）	无	《政法论坛》编辑部（北京）

续表

俄罗斯

序号	出版物名称	语种	类型	学科	国际合作出版/版权输出机构	国内出版机构
211	地理学报	中文	期刊（电子版）	地球科学（自然科学）	无	科学出版社（北京）
212	海洋学报	中文	期刊（电子版）	地球科学（自然科学）	无	《海洋学报》编辑部（北京）
213	农业经济问题	中文	期刊（电子版）	经济学（社会科学）	无	《农业经济问题》编辑部（北京）
214	人口研究	中文	期刊（电子版）	社会学（社会科学）	无	《人口研究》编辑部（北京）
215	林业科学	中文	期刊（电子版）	林业科学（自然科学）	无	《林业科学》编辑部（北京）
216	中国人民大学报刊复印资料·产业经济	中文	期刊（电子版）	经济学（社会科学）	无	中国人民大学书报资料中心（北京）
217	中国人民大学报刊复印资料·农业经济研究	中文	期刊（电子版）	经济学（社会科学）	无	中国人民大学书报资料中心（北京）
218	中国人民大学报刊复印资料·中国外交	中文	期刊（电子版）	政治学（社会科学）	无	中国人民大学书报资料中心（北京）
219	中国微生态学杂志	中文	期刊（电子版）	临床医学（自然科学）	无	《中国微生态学杂志》编辑部（辽宁）
220	中国翻译	中文	期刊（电子版）	语言学（社会科学）	无	《中国翻译》编辑部（北京）
221	中国工业经济	中文	期刊（电子版）	经济学（社会科学）	无	《中国工业经济》编辑部（北京）
222	中国人民大学报刊复印资料·档案学	中文	期刊（电子版）	图书馆、情报与文献学（社会科学）	无	中国人民大学书报资料中心（北京）
223	中国人民大学报刊复印资料·社会学	中文	期刊（电子版）	社会学（社会科学）	无	中国人民大学书报资料中心（北京）
224	中国人民大学报刊复印资料·中国共产党	中文	期刊（电子版）	政治学（社会科学）	无	中国人民大学书报资料中心（北京）
225	中国人民大学报刊复印资料·宗教	中文	期刊（电子版）	宗教学（社会科学）	无	中国人民大学书报资料中心（北京）
226	中国图书馆学报	中文	期刊（电子版）	图书馆、情报与文献学（社会科学）	无	《中国图书馆学报》编辑部（北京）

续表

序号	出版物名称	语种	类型	学科	国际合作出版/版权输出机构	国内出版机构
				俄罗斯		
227	中国人民大学报刊复印资料·民族问题研究	中文	期刊（电子版）	民族学与文化学（社会科学）	无	中国人民大学书报资料中心（北京）
228	中国人民大学报刊复印资料·社会主义经济理论与实践	中文	期刊（电子版）	经济学（社会科学）	无	中国人民大学书报资料中心（北京）
229	中国人民大学报刊复印资料·财政与税务	中文	期刊（电子版）	经济学（社会科学）	无	中国人民大学书报资料中心（北京）
230	南亚研究	中文	期刊（电子版）	政治学（社会科学）	无	《南亚研究》编辑部（北京）
231	日本学刊	中文	期刊（电子版）	政治学（社会科学）	无	《日本学刊》编辑部（北京）
232	美国研究	中文	期刊（电子版）	政治学（社会科学）	无	《美国研究》编辑部（北京）
233	现代国际关系	中文	期刊（电子版）	政治学（社会科学）	无	《现代国际关系》编辑部（北京）
234	中国人民大学报刊复印资料·地理	中文	期刊（电子版）	地球科学（自然科学）	无	中国人民大学书报资料中心（北京）
235	俄罗斯中亚东欧研究	中文	期刊（电子版）	政治学（社会科学）	无	《俄罗斯中亚东欧研究》编辑部（北京）
236	欧亚经济	中文	期刊（电子版）	经济学（社会科学）	无	《欧亚经济》编辑部（北京）
237	物流管理	中文	期刊（电子版）	管理学（社会科学）	无	中国人民大学书报资料中心（北京）
238	中国人民大学报刊复印资料·出版业	中文	期刊（电子版）	新闻学与传播学（社会科学）	无	中国人民大学书报资料中心（北京）
239	中国中西医结合儿科学	中文	期刊（电子版）	临床医学（自然科学）	无	《中国中西医结合儿科学》编辑部（辽宁）
240	农业工程学报	中文	期刊（电子版）	农学（自然科学）	无	《农业工程学报》编辑部（北京）
241	国家图书馆学刊	中文	期刊（电子版）	图书馆、情报与文献学（社会科学）	无	《国家图书馆学刊》编辑部（北京）

续表

俄罗斯

序号	出版物名称	语种	类型	学科	国际合作出版/版权输出机构	国内出版机构
242	社会学研究	中文	期刊（电子版）	社会学（社会科学）	无	《社会学研究》编辑部（北京）
243	中国科学技术大学学报	中英文	期刊（电子版）	综合（自然科学）	无	《中国科学技术大学学报》编辑部（安徽）
244	Китайский путь и китайская мечта	俄文	图书（纸质版）	政治学（社会科学）	无	外文出版社（北京）
245	Опыт китайских экономических реформ и их теоретическая значимость	俄文	图书（纸质版）	经济学（社会科学）	俄罗斯尚斯国际出版集团公司（俄罗斯）	中国人民大学出版社（北京）
246	лекции о Дуньхуане	俄文	图书（纸质版）	历史学（社会科学）	俄罗斯尚斯国际出版集团公司（俄罗斯）	中国大百科全书出版社（北京）
247	Тенденции новейшей китайской литературы	俄文	图书（纸质版）	文学（社会科学）	俄罗斯尚斯国际出版集团公司（俄罗斯）	北京大学出版社（北京）
248	Доклад о старении населения и профессиональном развитии пожилых людей в Китае	俄文	图书（纸质版）	社会学（社会科学）	俄罗斯尚斯国际出版集团公司（俄罗斯）	中国人民大学出版社（北京）
249	Демистификация китайской экономики	俄文	图书（纸质版）	经济学（社会科学）	俄罗斯尚斯国际出版集团公司（俄罗斯）	中国人民大学出版社（北京）
250	История китайской идеологии и образования в современном и новейшем Китае	俄文	图书（纸质版）	教育学（社会科学）	俄罗斯喀山经济与法律大学出版社（俄罗斯）	中国人民大学出版社（北京）
251	История китайской музыкальной драмы	俄文	图书（纸质版）	艺术学（社会科学）	俄罗斯尚斯国际出版集团公司（俄罗斯）	生活·读书·新知三联书店（北京）
252	Китайская народная литература	俄文	图书（纸质版）	文学（社会科学）	俄罗斯尚斯国际出版集团公司（俄罗斯）	北京大学出版社（北京）
253	Шелк Шелкового пути. Происхождение, распространение, взаимообмен	俄文	图书（纸质版）	历史学（社会科学）	俄罗斯尚斯国际出版集团公司（俄罗斯）	北京求是园文化传播有限公司（北京）
254	История просветительской мысли в Древнем Китае	俄文	图书（纸质版）	教育学（社会科学）	俄罗斯尚斯国际出版集团公司（俄罗斯）	中国人民大学出版社（北京）

续表

马来西亚

序号	出版物名称	语种	类型	学科	国际合作出版机构/版权输出机构	国内出版机构
1	Proceedings of the 1980 Guangzhou Conference on Theoretical Particle Physics, Jan. 5 – 10, 1980, Guangzhou, China	英文	图书（纸质版）	物理学（自然科学）	范·诺斯特兰德·瑞因霍德出版社（美国）	科学出版社（北京）
2	Irreversible Thermodynamics	英文	图书（纸质版）	物理学（自然科学）	范·诺斯特兰德·瑞因霍德出版社（美国）	科学出版社（北京）
3	Modern Fluid Mechanics	英文	图书（纸质版）	力学（自然科学）	范·诺斯特兰德·瑞因霍德出版社（美国）	科学出版社（北京）
4	Proceedings of Symposium on Paddy Soil	英文	图书（纸质版）	农学（自然科学）	施普林格·自然出版集团（德国）	科学出版社（北京）
5	Chemistry of Natural Products: Proceedings of Sino-American Symposium on Chemistry of Natural Products	英文	图书（纸质版）	药学（自然科学）	戈登和布里奇科学出版公司（美国）	科学出版社（北京）
6	Proceedings of China-Japan Fluidization, Science and Technology, April 4 – 9, 1982, Hangzhou, China	英文	图书（纸质版）	化学工程（自然科学）	戈登和布里奇科学出版公司（美国）	科学出版社（北京）
7	Proceedings of the International Conference on Finite Element Methods, Aug. 2 – 6, 1982, Shanghai, China	英文	图书（纸质版）	数学（自然科学）	戈登和布里奇科学出版公司（美国）	科学出版社（北京）
8	Recent Developments in Control Theory and its Applications: Proceedings of the Bilateral Meeting on Control Systems	英文	图书（纸质版）	信息科学与系统科学（自然科学）	戈登和布里奇科学出版公司（美国）	科学出版社（北京）
9	The Alpine Plants of China	英文	图书（纸质版）	生物学（自然科学）	戈登和布里奇科学出版公司（美国）	科学出版社（北京）
10	China's Search for Economic Growth: The Chinese Economy since 1949	英文	图书（纸质版）	经济学（社会科学）	无	新世界出版社（北京）
11	Cell and Tissue Culture Techniques for Cereal Crop Improvement	英文	图书（纸质版）	生物学（自然科学）	戈登和布里奇科学出版公司（美国）	科学出版社（北京）

续表

马来西亚

序号	出版物名称	语种	类型	学科	国际合作出版/版权输出机构	国内出版机构
12	New Strategy for China's Economy	英文	图书（纸质版）	经济学（社会科学）	无	新世界出版社（北京）
13	Proceedings of the China-France Symposium on Finite Element Methods	英文	图书（纸质版）	数学（自然科学）	戈登和布里奇科学出版公司（美国）	科学出版社（北京）
14	New Strategy for China's Economy	英文	图书（纸质版）	经济学（社会科学）	无	新世界出版社（北京）
15	Introduction to Geomechanics	英文	图书（纸质版）	地球科学（自然科学）	戈登和布里奇科学出版公司（美国）	科学出版社（北京）
16	Physics of Dense Matter	英文	图书（纸质版）	物理学（自然科学）	世界科技出版公司（新加坡）	科学出版社（北京）
17	Variational Principles of Theory of Elasticity With Applications	英文	图书（纸质版）	力学（自然科学）	戈登和布里奇科学出版公司（美国）	科学出版社（北京）
18	Highlights of Tibetan History	英文	图书（纸质版）	民族学与文化学（社会科学）	无	新世界出版社（北京）
19	Advances in Circtuis and Systems: Proceedings of China 1985 International Conference on Circuits and Systems, June 10 - 12, 1985, Beijing, China	英文	图书（纸质版）	动力与电气工程（自然科学）	世界科技出版公司（新加坡）	科学出版社（北京）
20	Applied Chinese Acupuncture for Clinical Practitioners	英文	图书（纸质版）	中医学与中药学（自然科学）	无	山东科学技术出版社（山东）
21	Proceedings of the 2nd China-Japan Symposium on Fluidization, Science and Technology, April 10 - 15, 1985, Kunming, China	英文	图书（纸质版）	化学工程（自然科学）	爱思唯尔出版集团（荷兰）	科学出版社（北京）
22	Historic Chinese Architecture	英文	图书（纸质版）	土木建筑工程（自然科学）	无	清华大学出版社（北京）
23	Smashing the Communal Pot: Formulation and Development of China's Rural Responsibility System	英文	图书（纸质版）	经济学（社会科学）	无	新世界出版社（北京）
24	Marine Micropaleontology of China	英文	图书（纸质版）	生物学（自然科学）	施普林格·自然出版集团（德国）	中国海洋出版社（北京）

195

续表

马来西亚

序号	出版物名称	语种	类型	学科	国际合作出版/版权输出机构	国内出版机构
25	Physical Chemistry of Paddy Soils	英文	图书（纸质版）	农学（自然科学）	施普林格·自然出版集团（德国）	科学出版社（北京）
26	Proceedings of the 2nd International Conference on Computing in Civil Engineering, 5–9 June 1985, Hangzhou, China	英文	图书（纸质版）	土木建筑工程（自然科学）	爱思唯尔出版集团（荷兰）	科学出版社（北京）
27	Quaternary Geology and Environment of China	英文	图书（纸质版）	地球科学（自然科学）	施普林格·自然出版集团（德国）	中国海洋出版社（北京）
28	Modern Sedimentation in the Coastal and Near-shore Zones of China	英文	图书（纸质版）	地球科学（自然科学）	施普林格·自然出版集团（德国）	中国海洋出版社（北京）
29	Proceedings of the International Colloquium on Space Structures for Sports Buildings, Oct. 27–30, 1987, Beijing, China	英文	图书（纸质版）	土木建筑工程（自然科学）	爱思唯尔出版集团（荷兰）	科学出版社（北京）
30	The Advances of Applied Mathematics and Mechanics in China	英文	图书（纸质版）	综合（自然科学）	无	万国学术出版社（北京）
31	Chinese Qigong Therapy	英文	图书（纸质版）	中医学与中药学（自然科学）	无	山东科学技术出版社（山东）
32	Optimum Time for Acupuncture: A Collection of Traditional Chinese Chronotherapeutics	英文	图书（纸质版）	中医学与中药学（自然科学）	无	山东科学技术出版社（山东）
33	Population System Control	英文	图书（纸质版）	信息科学与系统科学（自然科学）	施普林格·自然出版集团（德国）	万国学术出版社（北京）
34	Proceedings of International Symposium of Optical Coatings; May 23–25, 1989, Shanghai, China	英文	图书（纸质版）	材料科学（自然科学）	培格曼出版公司（英国）	万国学术出版社（北京）
35	Proceedings of 2nd International Symposium on Antennas and EM Theory	英文	图书（纸质版）	电子与通信技术（自然科学）	培格曼出版公司（英国）	万国学术出版社（北京）
36	Marine Planktolog	英文	图书（纸质版）	生物学（自然科学）	施普林格·自然出版集团（德国）	中国海洋出版社（北京）
37	China's Legal System: A General Survey	英文	图书（纸质版）	法学（社会科学）	无	新世界出版社（北京）
38	Chinese Massage Therapy	英文	图书（纸质版）	中医学与中药学（自然科学）	无	山东科学技术出版社（山东）

续表

马来西亚

序号	出版物名称	语种	类型	学科	国际合作出版/版权输出机构	国内出版机构
39	Computation, Logic, Philosophy: A Collection of Essays	英文	图书（纸质版）	数学（自然科学）	威科出版集团（荷兰）	科学出版社（北京）
40	Diet, Life-style, and Mortality in China: A Study of the Characteristics of 65 Chinese Counties	英文	图书（纸质版）	预防医学与公共卫生学（自然科学）	牛津大学出版社（英国）	人民卫生出版社（北京）
41	Confucius as a Teacher: Philosophy of Confucius with Special Reference to its Educational Implications	英文	图书（纸质版）	教育学（社会科学）	无	外文出版社（北京）
42	Basic Theory of Traditional Chinese Medicine	英文	图书（纸质版）	中医学与中药学（自然科学）	无	上海中医学院出版社（上海）
43	Multiphase Fluid Dynamics	英文	图书（纸质版）	力学（自然科学）	高尔科学出版社（美国）	科学出版社（北京）
44	Practical Traditional Chinese Medicine and Pharmacology: Basic Theories and Principles	英文	图书（纸质版）	中医学与中药学（自然科学）	无	新世界出版社（北京）
45	Chinese Mathematics into the 21st Century	英文	图书（纸质版）	数学（自然科学）	施普林格·自然出版集团（德国）	北京大学出版社（北京）
46	Development of Forestry Science and Technology in China	英文	图书（纸质版）	林学（自然科学）		中国科学技术出版社（北京）
47	Proceedings of CIRP Conference on Precision Engineering and Manufacturing System: Sep. 12 – 14, 1991, Tianjin, China	英文	图书（纸质版）	机械工程（自然科学）	无	天津大学出版社（天津）
48	The Way of the Virtuous: The Influence of Art and Philosophy on Chinese Garden Design	英文	图书（纸质版）	综合（社会科学）	无	新世界出版社（北京）
49	An Intellectual History of China	英文	图书（纸质版）	历史学（社会科学）	无	外文出版社（北京）
50	Theoretical and Computational Dynamics of a Compressible Flow	英文	图书（纸质版）	力学（自然科学）	范·诺斯特兰德·瑞因霍德出版社（美国）	科学出版社（北京）
51	Computer Modelling of Combustion Processes	英文	图书（纸质版）	计算机科学技术（自然科学）	培格曼出版公司（英国）	万国学术出版社（北京）
52	Harmonic Analysis on Classical Groups	英文	图书（纸质版）	数学（自然科学）	施普林格·自然出版集团（德国）	科学出版社（北京）

续表

马来西亚

序号	出版物名称	语种	类型	学科	国际合作出版/版权输出机构	国内出版机构
53	The Nitrogen Fixation and its Research in China	英文	图书（纸质版）	化学（自然科学）	施普林格·自然出版集团（德国）	上海科学技术出版社（上海）
54	Chinese Landscape Gardening	英文	图书（纸质版）	林学（自然科学）	无	外文出版社（北京）
55	Proceedings of 1992 International Conference on Communication Technology	英文	图书（纸质版）	电子与通信技术（自然科学）	无	万国学术出版社（北京）
56	Fluidization: Idealized and Bubbleless with Applications	英文	图书（纸质版）	化学工程（自然科学）	无	科学出版社（北京）
57	Fundamentals of Traditional Chinese Medicine	英文	图书（纸质版）	中医学与中药学（自然科学）	无	外文出版社（北京）
58	Optical and Spectroscopic Properties of Glass	英文	图书（纸质版）	物理学（自然科学）	施普林格·自然出版集团（德国）	上海科学技术出版社（上海）
59	Proceedings of the 2nd Asian Congress on Quality & Reliability, May 31-June 3, 1993, Beijing, China	英文	图书（纸质版）	工程与技术科学基础学科（自然科学）	无	世界图书出版有限公司（北京）
60	Selective Intermolecular Force and Adaptability of Group Structure	英文	图书（纸质版）	化学（自然科学）	无	浙江大学出版社（浙江）
61	A Complement Work of Present Acupuncture and Moxibustion: Techniques of Acupuncture & Moxibustion	英文	图书（纸质版）	中医学与中药学（自然科学）	无	华夏出版社（北京）
62	History of Modern Chinese Literature	英文	图书（纸质版）	文学（社会科学）	无	外文出版社（北京）
63	Proceedings of the International Conference on Soft Soil Engineering: Recent Advances in Soft Soil Engineering	英文	图书（纸质版）	土木建筑工程（自然科学）	无	科学出版社（北京）
64	Theory and Numerical Modeling of Turbulent Gas-particle Flows and Combustion	英文	图书（纸质版）	工程与技术科学基础学科（自然科学）	爱思唯尔出版集团（荷兰）	科学出版社（北京）
65	Traditional Chinese Internal Medicine	英文	图书（纸质版）	中医学与中药学（自然科学）	无	外文出版社（北京）
66	Treatment of Diabetes With Traditional Chinese Medicine	英文	图书（纸质版）	中医学与中药学（自然科学）	无	山东科学技术出版社（山东）

续表

马来西亚

序号	出版物名称	语种	类型	学科	国际合作出版/版权输出出版机构	国内出版机构
67	Traditional Chinese Medicine: Clinical Case Studies	英文	图书（纸质版）	中医学与中药学（自然科学）	无	外文出版社（北京）
68	Best of Traditional Chinese Medicine	英文	图书（纸质版）	中医学与中药学（自然科学）	无	新世界出版社（北京）
69	The Dietary and Nutritional Status of Chinese Population	英文	图书（纸质版）	预防医学与公共卫生学（自然科学）	无	人民卫生出版社（北京）
70	Comprehensive Cancer Cytopathology of the Cervix Uteri: Correlation with Histopathology	英文	图书（纸质版）	基础医学（自然科学）	麦格劳希尔出版公司（美国）	人民卫生出版社（北京）
71	Methodology of Traditional Chinese Medicine	英文	图书（纸质版）	中医学与中药学（自然科学）	无	新世界出版社（北京）
72	Synopsis of Prescriptions of the Golden Chamber with 300 Cases	英文	图书（纸质版）	临床医学（自然科学）	无	新世界出版社（北京）
73	Traditional Chinese Treatment for Cardiovascular Diseases	英文	图书（纸质版）	中医学与中药学（自然科学）	无	学苑出版社（北京）
74	Diagnostics Based Upon Observation of Palmar Lines: Chinese Palmistry in Medical Application	英文	图书（纸质版）	中医学与中药学（自然科学）	无	山东友谊出版社（济南）
75	Pulse Diagnosis	英文	图书（纸质版）	中医学与中药学（自然科学）	无	山东科学技术出版社（山东）
76	Mathematical Theory of Elastic Structures	英文	图书（纸质版）	数学（自然科学）	施普林格·自然出版集团（德国）	科学出版社（北京）
77	Traditional Chinese Treatment for Respiratory Diseases	英文	图书（纸质版）	中医学与中药学（自然科学）	无	学苑出版社（北京）
78	Foot Point-zone Massage Therapy	英文	图书（纸质版）	中医学与中药学（自然科学）	无	山东科学技术出版社（山东）
79	Concise Chinese Materia Medica	英文	图书（纸质版）	中医学与中药学（自然科学）	无	山东科学技术出版社（山东）
80	Hand Acupuncture Therapy	英文	图书（纸质版）	中医学与中药学（自然科学）	无	学苑出版社（北京）
81	Non-pharmacotherapies for Diabetes	英文	图书（纸质版）	临床医学（自然科学）	无	山东科学技术出版社（山东）
82	Treatment of Common Diseases with Qi Gong Therapy	英文	图书（纸质版）	中医学与中药学（自然科学）	无	社会科学文献出版社（北京）

续表

马来西亚

序号	出版物名称	语种	类型	学科	国际合作出版/版权输出机构	国内出版机构
83	Unbelievable Cures & Medicines from China	英文	图书（纸质版）	中医学与中药学（自然科学）	无	新世界出版社（北京）
84	A New Treatise on the Methodology of Metaphysics	英文	图书（纸质版）	哲学（社会科学）	无	外文出版社（北京）
85	China's Publishing Industry	英文	图书（纸质版）	新闻学与传播学（社会科学）	爱思唯尔出版集团（荷兰）	新星出版社（北京）
86	Traditional Chinese Treatment for Otolaryngologic Diseases	英文	图书（纸质版）	中医学与中药学（自然科学）	无	学苑出版社（北京）
87	Practical Chinese Tuina Therapy with Illustrations	英文	图书（纸质版）	中医学与中药学（自然科学）		新世界出版社（北京）
88	Taoism as an Indigenous Chinese Religion	英文	图书（纸质版）	宗教学（社会科学）	无	山东友谊出版社（山东）
89	Chinese Tuina and Therapeutic Applications	英文	图书（纸质版）	中医学与中药学（自然科学）	IOS 出版社（荷兰）	科学出版社（北京）
90	Chinese Acupuncture and Moxibustion	英文	图书（纸质版）	中医学与中药学（自然科学）	无	外文出版社（北京）
91	Historic Chinese Architecture	英文	图书（纸质版）	哲学（社会科学）	无	湖南人民出版社（湖南）
92	The Nine Chapters on The Mathematical Art	英文	图书（纸质版）	数学（自然科学）	牛津大学出版社（英国）	科学出版社（北京）
93	Air Quality and Atmospheric Science: Proceedings of the 6th International Conference on Atmospheric Science and its Application to Air Quality	英文	图书（纸质版）	地球科学（自然科学）	无	中国海洋出版社（北京）
94	Proceeding of the 6th International Conference on Properties and Applications of Dielectric Materials（（ICPADM），June 21 - 26, 2000, Shanghai, China	英文	图书（纸质版）	材料科学（自然科学）	电气和电子工程师协会出版社（美国）	中国电工技术学会（北京）
95	Practical Traditional Chinese Medicine	英文	图书（纸质版）	中医学与中药学（自然科学）	无	外文出版社（北京）
96	Chinese Herbal Medicine	英文	图书（纸质版）	中医学与中药学（自然科学）	无	华夏出版社（北京）
97	Historical Linguistics	英文	图书（纸质版）	语言学（社会科学）	无	上海外语教育出版社（上海）
98	Adams and Victor's Principles of Neurology	英文	图书（纸质版）	临床医学（自然科学）	麦格劳希尔出版公司（美国）	北京联合出版公司（北京）

续表

马来西亚

序号	出版物名称	语种	类型	学科	国际合作出版/版权输出机构	国内出版机构
99	Numerical Modelling of Concrete Dam-foundation-reservoir Systems	英文	图书（纸质版）	土木建筑工程（自然科学）	无	清华大学出版社（北京）
100	Proceedings of the 2nd International Symposium on Mining Technology	英文	图书（纸质版）	矿山工程技术（自然科学）	无	科学出版社（北京）
101	Progress in Transmission Electron Microscopy	英文	图书（纸质版）	物理学（自然科学）	施普林格·自然出版集团（德国）	清华大学出版社（北京）
102	A History of Chinese Painting	英文	图书（纸质版）	艺术学（社会科学）	无	外文出版社（北京）
103	Education in China: Reforms and Innovations	英文	图书（纸质版）	教育学（社会科学）	无	五洲传播出版社（北京）
104	Proceeding of the 3rd International Conference on Management of Innovation and Technology, Oct. 25－27, 2002, Hangzhou, China	英文	图书（纸质版）	管理学（社会科学）	无	浙江大学出版社（浙江）
105	Nanoscience and Nanotechnology in Perspective	英文	图书（纸质版）	自然科学相关工程与技术（自然科学）	无	清华大学出版社（北京）
106	A History of Chinese Painting	英文	图书（纸质版）	艺术学（社会科学）	无	外文出版社（北京）
107	Key Concepts in Chinese Philosophy	英文	图书（纸质版）	哲学（社会科学）	无	外文出版社（北京）
108	Natural Bondary Integral Method and Its Applications	英文	图书（纸质版）	数学（自然科学）	无	科学出版社（北京）
109	Parallel Programming: Techniques and Applications	英文	图书（纸质版）	计算机科学技术（自然科学）	培生教育出版集团（英国）	高等教育出版社（北京）
110	Proceedings of the International Congress of Mathematicians, Aug. 20－28, 2002, Beijing, China	英文	图书（纸质版）	数学（自然科学）	无	高等教育出版社（北京）
111	Almost Periodic Type Functions and Ergodicity	英文	图书（纸质版）	数学（自然科学）	威科出版集团（荷兰）	科学出版社（北京）
112	Modernization in China: The Effects on its People and Economic Development	英文	图书（纸质版）	经济学（社会科学）	无	外文出版社（北京）
113	Nematology: Advances and Perspectives, Volume 1	英文	图书（纸质版）	预防医学与公共卫生学（自然科学）	国际应用生物科学中心出版社（美国）	清华大学出版社（北京）

续表

马来西亚

序号	出版物名称	语种	类型	学科	国际合作出版/版权输出机构	国内出版机构
114	Ocean Sciences Bridging the Millennia: A Spectrum of Historical Accounts	英文	图书（纸质版）	地球科学（自然科学）	联合国教科文组织（法国）	中国海洋出版社（北京）
115	Peace Missions on a Grand Scale: Admiral Zheng He's Seven Expeditions to the Western Oceans	英文	图书（纸质版）	历史学（社会科学）	无	外文出版社（北京）
116	Story of the Silk Road	英文	图书（纸质版）	历史学（社会科学）	无	五洲传播出版社（北京）
117	Stability Analysis of Numerical Methods for Delay Differential Equations	英文	图书（纸质版）	数学（自然科学）	无	科学出版社（北京）
118	Earth Science Satellite Remote Sensing	英文	图书（纸质版）	地球科学（自然科学）	施普林格·自然出版集团（德国）	清华大学出版社（北京）
119	Essentials of Life Science	英文	图书（纸质版）	生物学（自然科学）	无	高等教育出版社（北京）
120	The Story of Bronze	英文	图书（纸质版）	历史学（社会科学）	无	外文出版社（北京）
121	The Story of Silk	英文	图书（纸质版）	历史学（社会科学）	无	外文出版社（北京）
122	Resource-oriented Water Management: Towards Harmonious Coexistence between Man and Nature	英文	图书（纸质版）	管理学（社会科学）	世界科技出版公司（新加坡）	中国水利水电出版社（北京）
123	Finite Element Methods: Accuracy and Improvement	英文	图书（纸质版）	数学（自然科学）	无	科学出版社（北京）
124	Challenges of Power Engineering and Environment: Proceedings of the International Conference on Power Engineering 2007	英文	图书（纸质版）	动力与电气工程（自然科学）	无	浙江大学出版社（浙江）
125	Acupuncture and Moxibustion	英文	图书（纸质版）	中医学与中药学（自然科学）	无	人民卫生出版社（北京）
126	Comparative Adult Education around the Globe: International Portraits and Readings of the History, Practice, Philosophy, and Theories of Adult Learning	英文	图书（纸质版）	教育学（社会科学）	施普林格·自然出版集团（德国）	浙江大学出版社（浙江）
127	History of Audit in China	英文	图书（纸质版）	经济学（社会科学）	无	外文出版社（北京）

续表

马来西亚

序号	出版物名称	语种	类型	学科	国际合作出版/版权输出机构	国内出版机构
128	Application of the Finite Element Method in Implant Dentistry	英文	图书（纸质版）	临床医学（自然科学）	施普林格·自然出版集团（德国）	浙江大学出版社（浙江）
129	Differential Geometry: Theory and Applications	英文	图书（纸质版）	数学（自然科学）	世界科技出版公司（新加坡）	高等教育出版社（北京）
130	Macro-micro Theory on Multifield Coupling Behavior of Heterogeneous Materials	英文	图书（纸质版）	物理学（自然科学）	施普林格·自然出版集团（德国）	高等教育出版社（北京）
131	A History of the Turks	英文	图书（纸质版）	历史学（社会科学）	无	五洲传播出版社（北京）
132	An Outline History of Chinese Philosophy	英文	图书（纸质版）	哲学（社会科学）	无	外文出版社（北京）
133	Cardiac Pacing and Defibrillation: Principle and Practice	英文	图书（纸质版）	临床医学（自然科学）	无	人民卫生出版社（北京）
134	Comparison of Chinese and Western Literature	英文	图书（纸质版）	文学（社会科学）	无	新星出版社（北京）
135	Electronic Endoscopic Ultrasonography: Diagnostic Imaging and Interventional Techniques	英文	图书（纸质版）	临床医学（自然科学）	无	人民卫生出版社（北京）
136	Head and Neck Diagnostic Pathology	英文	图书（纸质版）	临床医学（自然科学）	无	人民卫生出版社（北京）
137	Design Theory	英文	图书（纸质版）	数学（自然科学）	世界科技出版公司（新加坡）	高等教育出版社（北京）
138	Electromagnetic Fields in Stratified Media	英文	图书（纸质版）	物理学（自然科学）	施普林格·自然出版集团（德国）	浙江大学出版社（浙江）
139	Industrial and Applied Mathematics in China	英文	图书（纸质版）	数学（自然科学）	世界科技出版公司（新加坡）	高等教育出版社（北京）
140	Introduction to Mathematical Logic and Resolution Principle	英文	图书（纸质版）	数学（自然科学）	阿尔法科学国际出版社（英国）	科学出版社（北京）
141	Confucianism and Business Practices in China	英文	图书（纸质版）	经济学（社会科学）	无	中国财政经济出版社（北京）
142	Environment-friendly Antiviral Agents for Plants	英文	图书（纸质版）	农学（自然科学）	施普林格·自然出版集团（德国）	化学工业出版社（北京）
143	Confucianism and Business Practices in China	英文	图书（纸质版）	经济学（社会科学）	无	中国财政经济出版社（北京）

续表

马来西亚

序号	出版物名称	语种	类型	学科	国际合作出版/版权输出机构	国内出版机构
144	A Practical Course in Differential Equations and Mathematical Modelling	英文	图书（纸质版）	数学（自然科学）	世界科技出版公司（新加坡）	高等教育出版社（北京）
145	Financial Strategies for the Manager	英文	图书（纸质版）	经济学（社会科学）	施普林格·自然出版集团（德国）	清华大学出版社（北京）
146	Simulation and Optimization of Furnaces and Kilns for Nonferrous Metallurgical Engineering	英文	图书（纸质版）	冶金工程技术（自然科学）	施普林格·自然出版集团（德国）	冶金工业出版社（北京）
147	Spinal Orthopedics in Chinese Medicine	英文	图书（纸质版）	临床医学（自然科学）	无	人民卫生出版社（北京）
148	The Treatment of Depressive Disorders with Chinese Medicine: An Integrative Approach	英文	图书（纸质版）	临床医学（自然科学）	无	人民卫生出版社（北京）
149	Applications of Lie Group Analysis in Geophysical Fluid Dynamics	英文	图书（纸质版）	地球科学（自然科学）	世界科技出版公司（新加坡）	高等教育出版社（北京）
150	Assessing and Evaluating Adult Learning in Career and Technical Education	英文	图书（纸质版）	教育学（社会科学）	信息科技文献出版社（美国）	浙江大学出版社（浙江）
151	Principles of Compilers: A New Approach to Compilers Including the Algebraic Method	英文	图书（纸质版）	计算机科学技术（自然科学）	施普林格·自然出版集团（德国）	高等教育出版社（北京）
152	Thermodynamics of Materials	英文	图书（纸质版）	材料科学（自然科学）	施普林格·自然出版集团（德国）	高等教育出版社（北京）
153	A Brief History of Chambers of Commerce in China	英文	图书（纸质版）	经济学（社会科学）	帕斯国际出版社（英国）	社会科学文献出版社（北京）
154	A Canon of Chinese Art	英文	图书（纸质版）	艺术学（社会科学）	无	当代世界出版社（北京）
155	A Fragrant Path of Thorns: Chinese Women in the Past Century	英文	图书（纸质版）	社会学（社会科学）	无	新星出版社（北京）
156	Green's Function in Condensed Matter Physics	英文	图书（纸质版）	物理学（自然科学）	阿尔法科学国际出版社（英国）	科学出版社（北京）
157	QoS Management of Web ServicesWeb	英文	图书（纸质版）	计算机科学技术（自然科学）	施普林格·自然出版集团（德国）	浙江大学出版社（浙江）
158	Surveying: Principles and Methods	英文	图书（纸质版）	测绘科学技术（自然科学）	阿尔法科学国际出版社（英国）	科学出版社（北京）

续表

马来西亚

序号	出版物名称	语种	类型	学科	国际合作出版/版权输出机构	国内出版机构
159	The Rising Middle Classes in China	英文	图书（纸质版）	社会学（社会科学）	帕斯国际出版社（英国）	社会科学文献出版社（北京）
160	Total Engineering Education II	英文	图书（纸质版）	教育学（社会科学）	无	华东理工大学出版社（上海）
161	Adaptive Finite Element Methods for Optimal Control Governed by PDEs	英文	图书（纸质版）	数学（自然科学）	阿尔法科学国际出版社（英国）	科学出版社（北京）
162	Superconvergence Analysis and a Posteriori Error Estimation in Finite Element Methods	英文	图书（纸质版）	数学（自然科学）	无	科学出版社（北京）
163	Vibrating Machinery Theory, Techniques and Applications	英文	图书（纸质版）	机械工程（自然科学）	阿尔法科学国际出版社（英国）	科学出版社（北京）
164	Vibratory Synchronization and Controlled Synchronization in Engineering	英文	图书（纸质版）	机械工程（自然科学）	无	科学出版社（北京）
165	Numerical Linear Algebra and its Applications	英文	图书（纸质版）	数学（自然科学）	阿尔法科学国际出版社（英国）	科学出版社（北京）
166	Advanced Analysis and Design for Fire Safety of Steel Structures	英文	图书（纸质版）	土木建筑工程（自然科学）	无	浙江大学出版社（浙江）
167	Artificial Boundary Method	英文	图书（纸质版）	数学（自然科学）	施普林格·自然出版集团（德国）	清华大学出版社（北京）
168	Entrepreneurial Alertness: An Exploratory Study	英文	图书（纸质版）	管理学（社会科学）	施普林格·自然出版集团（德国）	清华大学出版社（北京）
169	Quartum Control of Multi-Wave Mixing	英文	图书（纸质版）	物理学（自然科学）	威利出版集团（美国）	高等教育出版社（北京）
170	Upgrading China's Information and Communication Technology Industry: State-Firm Strategic Coordination and the Geography of Technological Innovation	英文	图书（纸质版）	管理学（社会科学）	世界科技出版公司（新加坡）	浙江大学出版社（浙江）
171	Computational Number Theory and Modern Cryptography	英文	图书（纸质版）	数学（自然科学）	威利出版集团（美国）	高等教育出版社（北京）

续表

马来西亚

序号	出版物名称	语种	类型	学科	国际合作出版/版权输出机构	国内出版机构
172	Electromagnetic Fields and Waves	英文	图书（纸质版）	物理学（自然科学）	阿尔法科学国际出版社（英国）	科学出版社（北京）
173	Modern Algebra	英文	图书（纸质版）	数学（自然科学）	阿尔法科学国际出版社（英国）	科学出版社（北京）
174	A Brief History of Foreign Debt in China	英文	图书（纸质版）	经济学（社会科学）	帕斯国际出版社（英国）	社会科学文献出版社（北京）
175	Enzyme Engineering	英文	图书（纸质版）	生物学（自然科学）	阿尔法科学国际出版社（英国）	科学出版社（北京）
176	Chaotic Signal Processing	英文	图书（纸质版）	物理学（自然科学）	无	高等教育出版社（北京）
177	Contemporary Biotechnology and Bioengineering	英文	图书（纸质版）	自然科学相关工程与技术（自然科学）	阿尔法科学国际出版社（英国）	科学出版社（北京）
178	Suizhou Meteorite: Mineralogy and Shock Metamorphism	英文	图书（纸质版）	地球科学（自然科学）	施普林格·自然出版集团（德国）	广东科技出版社（广东）
179	Web Security: A WhiteHat Perspective	英文	图书（纸质版）	信息与系统科学相关工程与技术（自然科学）	赛勒弗朗西斯出版集团（英国）	电子工业出版社（北京）
180	Bioinspired and Biomimetic Polymer Systems for Drug and Gene Delivery	英文	图书（纸质版）	生物学（自然科学）	威利出版集团（美国）	化学工业出版社（北京）
181	Culture and Security: A Strategy for China	英文	图书（纸质版）	政治学（社会科学）	帕斯国际出版社（英国）	社会科学文献出版社（北京）
182	Medical Biometrics: Computerized TCM Data Analysis	英文	图书（纸质版）	中医学与中药学（自然科学）	世界科技出版公司（新加坡）	高等教育出版社（北京）
183	Applications of Number Theory to Numerical Analysis	英文	图书（电子版）	数学（自然科学）	施普林格·自然出版集团（德国）	科学出版社（北京）
184	Proceedings of Beijing Symposium on Cardiothoracic Surgery, Sep. 1981	英文	图书（电子版）	临床医学（自然科学）	威科出版集团（荷兰）	万国学术出版社（北京）
185	Proceedings of the International Conference on Rare Earth Development and Applications: Sep. 10–14, 1985, Beijing, China	英文	图书（电子版）	化学（自然科学）	无	科学出版社（北京）
186	From Newton's Laws to Einstein's Theory of Relativity	英文	图书（电子版）	物理学（自然科学）	世界科技出版公司（新加坡）	科学出版社（北京）

续表

马来西亚

序号	出版物名称	语种	类型	学科	国际合作出版/版权输出机构	国内出版机构
187	Proceedings of the International Symposium on Mining Technology and Science, Sep. 1985, Xuzhou, China	英文	图书（电子版）	矿山工程技术（自然科学）	Trans Tech 出版社（瑞士）	煤炭工业出版社（北京）
188	Taigu Genic Male-sterile Wheat	英文	图书（电子版）	农学（自然科学）	爱思唯尔出版集团（荷兰）	科学出版社（北京）
189	Proceedings of the 1988 IEEE International Conference on Systems, Man and Cybernetics, Aug. 8–12, 1988, Beijing and Shenyang, China	英文	图书（电子版）	信息科学与系统科学（自然科学）	电气和电子工程师协会出版社（美国）	万国学术出版社（北京）
190	Difference Methods for Initial-boundary-value Problems and Flow around Bodies	英文	图书（电子版）	数学（自然科学）	施普林格·自然出版集团（德国）	科学出版社（北京）
191	Shallow Water Hydrodynamics: Mathematical Theory and Numerical Solution for a Two-dimensional System of Shallow Water Equations	英文	图书（电子版）	力学（自然科学）	爱思唯尔出版集团（荷兰）	中国水利水电出版社（北京）
192	Proceedings of IEEE Region 10 Conference on Computer, Communication, Control, and Power Engineering, Oct. 19–21, 1993, Beijing, China	英文	图书（电子版）	综合（自然科学）	电气和电子工程师协会出版社（美国）	万国学术出版社（北京）
193	Value Distribution Theory 数值分布理论	英文	图书（电子版）	数学（自然科学）	施普林格·自然出版集团（德国）	科学出版社（北京）
194	Proceedings of the 3rd International Conference on Signal: Proceedings, Oct. 14–18, 1996, Beijing, China	英文	图书（电子版）	电子与通信技术（自然科学）	电气和电子工程师协会出版社（美国）	电子工业出版社（北京）
195	Proceedings of CIE International Conference of Radar (CICR–96), Oct. 8–10, 1996, Beijing, China	英文	图书（电子版）	电子与通信技术（自然科学）	电气和电子工程师协会出版社（美国）	电子工业出版社（北京）
196	Proceedings of International Conference on Communication Technology, May 5–7, 1996, Beijing, China	英文	图书（电子版）	电子与通信技术（自然科学）	电气和电子工程师协会出版社（美国）	电子工业出版社（北京）

续表

马来西亚

序号	出版物名称	语种	类型	学科	国际合作出版/版权输出机构	国内出版机构
197	Proceedings of International Conference on Communication Technology, Oct.22 – 24, 1998, Beijing, China	英文	图书（电子版）	电子与通信技术（自然科学）	电气和电子工程师协会出版社（美国）	电子工业出版社（北京）
198	Proceedings of the 4th International Conference on Signal Processdings（ICSP'98）, Oct.12 – 16, 1998, Beijing, China	英文	图书（电子版）	电子与通信技术（自然科学）	电气和电子工程师协会出版社（美国）	电子工业出版社（北京）
199	Proceedings of International Conference on Communication Technology, Aug.21 – 25, 2000, Beijing, China	英文	图书（电子版）	电子与通信技术（自然科学）	电气和电子工程师协会出版社（美国）	电子工业出版社（北京）
200	China US Japan and Russia in a Changing World	英文	图书（电子版）	政治学（社会科学）	无	社会科学文献出版社（北京）
201	Proceedings of the 3rd International Power Electronics and Motion Control Conference (IPEMC), Aug.15 – 18, 2000, Beijing, China	英文	图书（电子版）	电子与通信技术（自然科学）	电气和电子工程师协会出版社（美国）	万国学术出版社（北京）
202	Proceedings of the 2nd Asia-Pacific Conference on Environmental Electromagnetics, May 3 – 7, 2000, Shanghai, China	英文	图书（电子版）	物理学（自然科学）	无	北京邮电大学出版社（北京）
203	Proceedings of the 6th International Conference on Solid-state and Integrated-circuit Technology, Oct.22 – 25, 2001, Shanghai, China	英文	图书（电子版）	电子与通信技术（自然科学）	电气和电子工程师协会出版社（美国）	人民邮电出版社（北京）
204	Proceedings of the 6th International Conference on Signal Processing, Aug.26 – 30, 2002, Beijing, China	英文	图书（电子版）	电子与通信技术（自然科学）	电气和电子工程师协会出版社（美国）	人民邮电出版社（北京）
205	Mechatronic Reliability: Electric Failures, Mechanical-electrical Coupling, Domain Switching, Mass-flow Instabilities	英文	图书（电子版）	电子与通信技术（自然科学）	施普林格·自然出版集团（德国）	清华大学出版社（北京）
206	Proceedings of the 4th World Congress on Intelligent Control and Automation, June 10 – 14, 2002, Shanghai, China	英文	图书（电子版）	信息科学与系统科学（自然科学）	电气和电子工程师协会出版社（美国）	华东理工大学出版社（上海）

续表

马来西亚

序号	出版物名称	语种	类型	学科	国际合作出版/版权输出机构	国内出版机构
207	Proceedings of Asia-Pacific Conference on Environmental Electromagnetics (CEEM 2003), Nov. 4-7, 2003, Hangzhou, China	英文	图书（电子版）	物理学（自然科学）	无	北京邮电大学出版社（北京）
208	Proceedings of the 6th International Conference on Electrical Machines and Systems (ICEMS2003): Nov. 9-11, 2003, Beijing, China	英文	图书（电子版）	动力与电气工程（自然科学）	无	万国学术出版社（北京）
209	Proceedings of the 5th International Conference on Electronic Packaging Technology (ICEPT 2003), Oct. 28-30, 2003, Shanghai, China	英文	图书（电子版）	工程与技术科学基础学科（自然科学）	电气和电子工程师协会出版社（美国）	中国电子封装协会（上海）
210	Proceedings of the 14th IEEE International Symposium on Personal, Indoor, and Mobile Radio Communications (PIMRC2003), Sep. 7-10, 2003, Beijing, China	英文	图书（电子版）	电子与通信技术（自然科学）	电气和电子工程师协会出版社（美国）	电子工业出版社（北京）
211	Voices for Change: Participatory Monitoring and Evaluation in China	英文	图书（电子版）	管理学（社会科学）	国际发展研究中心（加拿大）	云南科技出版社（云南）
212	Integrated Study of China's Development and Reform: Preliminary Exploration of Social System	英文	图书（电子版）	经济学（社会科学）	无	外文出版社（北京）
213	Proceedings of the 7th International Conference on Signal Processing, Aug. 31-Sept. 4, 2004, Beijing, China	英文	图书（电子版）	电子与通信技术（自然科学）	电气和电子工程师协会出版社（美国）	电子工业出版社（北京）
214	Proceedings of Asia-Pacific Radio Science Conference, Aug. 24-27, 2004, Qingdao, China	英文	图书（电子版）	电子与通信技术（自然科学）	电气和电子工程师协会出版社（美国）	电子工业出版社（北京）
215	Proceedings of the 8th International Conference on Computer Supported Cooperative Work in Design, May 26-28, 2004, Xiamen, China	英文	图书（电子版）	计算机科学技术（自然科学）	电气和电子工程师协会出版平台（美国）	万国学术出版社（北京）
216	Extended Abstracts of the 4th International Workshop on Junction Technology (IWJT - 2004), March 15-16, 2004, Shanghai, China	英文	图书（电子版）	电子与通信技术（自然科学）	电气和电子工程师协会出版社（美国）	复旦大学出版社（上海）

续表

马来西亚

序号	出版物名称	语种	类型	学科	国际合作出版/版权输出机构	国内出版机构
217	Proceedings of Conference on Frontiers and Prospects of Contemporary Applied Mathematics, Aug 24-30, 2004, Xiangtan, China	英文	图书（电子版）	数学（自然科学）	世界科技出版公司（新加坡）	高等教育出版社（北京）
218	Proceedings of the 4th International Conference on Microwave and Millimeter Wave Technology (ICMMT2004), Aug. 18-21, 2004, Beijing, China	英文	图书（电子版）	电子与通信技术（自然科学）	电气和电子工程师协会出版社（美国）	中国电子学会（北京）
219	Proceedings of the 5th International Vacuum Electron Sources Conference (IVESC2004), Sep. 6-10, 2004, Beijing, China	英文	图书（电子版）	物理学（自然科学）	电气和电子工程师协会出版社（美国）	中国电子学会（北京）
220	Nematology: Advances and Perspectives, Volume 2	英文	图书（电子版）	预防医学与公共卫生学（自然科学）	国际应用生物科学中心出版社（美国）	清华大学出版社（北京）
221	Wave Propagation, Scattering and Emission in Complex Media	英文	图书（电子版）	物理学（自然科学）	世界科技出版公司（新加坡）	科学出版社（北京）
222	Ginzburg-Landau Vortices	英文	图书（电子版）	数学（自然科学）	世界科技出版公司（新加坡）	高等教育出版社（北京）
223	Functional Inequalities, Markov Semigroups and Spectral Theory	英文	图书（电子版）	数学（自然科学）	爱思唯尔出版集团（荷兰）	科学出版社（北京）
224	Proceedings of IEEE 2005 International Symposium on Microwave, Antenna, Propagation and EMC Technologies for Wireless Communications (MAPE 2005), Aug. 8-12, 2005, Beijing, China	英文	图书（电子版）	电子与通信技术（自然科学）	电气和电子工程师协会出版社（美国）	中国电子学会（北京）
225	Theory of Complex Homogeneous Bounded Domains	英文	图书（电子版）	数学（自然科学）	施普林格·自然出版集团（德国）	科学出版社（北京）
226	Micro-nanofabrication: Technologies and Applications	英文	图书（电子版）	自然科学相关工程与技术（自然科学）	施普林格·自然出版集团（德国）	高等教育出版社（北京）
227	Actuarial Science: Theory and Methodology	英文	图书（电子版）	数学（自然科学）	世界科技出版公司（新加坡）	高等教育出版社（北京）

续表

马来西亚

序号	出版物名称	语种	类型	学科	国际合作出版/版权输出机构	国内出版机构
228	China's Energy Outlook 2004	英文	图书（电子版）	能源科学技术（自然科学）	世界科技出版公司（新加坡）	清华大学出版社（北京）
229	Introcuction to Biomaterials	英文	图书（电子版）	材料科学（自然科学）	世界科技出版公司（新加坡）	清华大学出版社（北京）
230	Mathematical Methods for Surface and Subsurface Hydrosystems	英文	图书（电子版）	环境科学技术及资源科学技术（自然科学）	世界科技出版公司（新加坡）	高等教育出版社（北京）
231	Proceedings of the 13th International Conference on Management Science & Engineering: Oct. 5 – 7, 2006, Lille, France	英文	图书（电子版）	管理学（社会科学）	电气和电子工程师协会出版社（美国）	哈尔滨工业大学出版社（黑龙江）
232	Handbook of Advanced Magnetic Materials	英文	图书（电子版）	材料科学（自然科学）	施普林格·自然出版集团（德国）	清华大学出版社（北京）
233	Gene Expression and Regulation	英文	图书（电子版）	生物学（自然科学）	施普林格·自然出版集团（德国）	高等教育出版社（北京）
234	Contemporary Medical Acupuncture: A Systems Approach	英文	图书（电子版）	中医学与中药学（自然科学）	施普林格·自然出版集团（德国）	高等教育出版社（北京）
235	Impinging Streams: Fundamentals, Properties, Applications	英文	图书（电子版）	化学工程（自然科学）	爱思唯尔出版集团（荷兰）	化学工业出版社（北京）
236	Molecular Pain	英文	图书（电子版）	基础医学（自然科学）	施普林格·自然出版集团（德国）	高等教育出版社（北京）
237	Proceedings of the 14th International Conference on Management Science & Engineering: Aug. 20 – 22, 2007, Harbin, China	英文	图书（电子版）	管理学（社会科学）	电气和电子工程师协会出版社（美国）	哈尔滨工业大学出版社（黑龙江）
238	Some Topics in Industrial and Applied Mathematics	英文	图书（电子版）	数学（自然科学）	世界科技出版公司（新加坡）	高等教育出版社（北京）
239	Achievement Evaluation of IFI Assistance Loans to China (1981—2002)	英文	图书（电子版）	经济学（社会科学）	施普林格·自然出版集团（德国）	清华大学出版社（北京）
240	Research Methods in Urban and Regional Planning	英文	图书（电子版）	土木建筑工程（自然科学）	施普林格·自然出版集团（德国）	清华大学出版社（北京）

续表

马来西亚

序号	出版物名称	语种	类型	学科	国际合作出版/版权输出机构	国内出版机构
241	Atomic and Electronic Structure of Solids	英文	图书（电子版）	物理学（自然科学）	剑桥大学出版社（英国）	世界图书出版有限公司（北京）
242	China's Dilemma: Economic Growth, the Environment and Climate Change	英文	图书（电子版）	经济学（社会科学）	布鲁金斯学会出版社（美国）	社会科学文献出版社（北京）
243	Conducting Polymers with Micro or Nanometer Structure	英文	图书（电子版）	材料科学（自然科学）	施普林格·自然出版集团（德国）	清华大学出版社（北京）
244	Finite Automata and Application to Cryptography	英文	图书（电子版）	信息与系统科学相关工程与技术（自然科学）	施普林格·自然出版集团（德国）	清华大学出版社（北京）
245	Reconstruction of Chaotic Signals with Applications to Chaos-based Communications	英文	图书（电子版）	信息科学与系统科学（自然科学）	世界科技出版公司（新加坡）	清华大学出版社（北京）
246	New Antibody Microarray Tube for Cellular Localization and Signaling Pathways	英文	图书（电子版）	自然科学相关工程与技术（自然科学）	施普林格·自然出版集团（德国）	清华大学出版社（北京）
247	Granular Dynamic Theory and its Applications	英文	图书（电子版）	力学（自然科学）	施普林格·自然出版集团（德国）	冶金工业出版社（北京）
248	New Developments in Biostatistics and Bioinformatics	英文	图书（电子版）	生物学（自然科学）	世界科技出版公司（新加坡）	高等教育出版社（北京）
249	Nonlinear Conservation Laws, Fluid Systems and Related Topics	英文	图书（电子版）	数学（自然科学）	世界科技出版公司（新加坡）	高等教育出版社（北京）
250	Multi-scale Phenomena in Complex Fluids: Modeling, Analysis and Numerical Simulation	英文	图书（电子版）	数学（自然科学）	世界科技出版公司（新加坡）	高等教育出版社（北京）
251	Modeling and Dynamics of Infectious Diseases	英文	图书（电子版）	数学（自然科学）	世界科技出版公司（新加坡）	高等教育出版社（北京）
252	AC Machine Systems: Mathematical Model and Parameters, Analysis, and System Performance	英文	图书（电子版）	动力与电气工程（自然科学）	施普林格·自然出版集团（德国）	清华大学出版社（北京）
253	Modeling and Analysis of Enterprise and Information Systems: From Requirements to Realization	英文	图书（电子版）	信息科学与系统科学（自然科学）	施普林格·自然出版集团（德国）	高等教育出版社（北京）
254	Renminbi: The Internationalization of China's Currency	英文	图书（电子版）	经济学（社会科学）	帕斯国际出版社（英国）	中国财政经济出版社（北京）

续表

马来西亚

序号	出版物名称	语种	类型	学科	国际合作出版/版权输出机构	国内出版机构
255	Approximate and Renormgroup Symmetries	英文	图书（电子版）	物理学（自然科学）	施普林格·自然出版集团（德国）	高等教育出版社（北京）
256	Advanced Finite Element Method in Structural Engineering	英文	图书（电子版）	工程与技术科学基础学科（自然科学）	施普林格·自然出版集团（德国）	清华大学出版社（北京）
257	The 1st International Conference on Sustainable Power Generation and Supply, Apr. 6 – 7, 2009, Nanjing, China	英文	图书（电子版）	动力与电气工程（自然科学）	电气和电子工程师协会出版社（美国）	中国电力出版社（北京）
258	Electrochemistry of Flotation of Sulphide Minerals	英文	图书（电子版）	地球科学（自然科学）	施普林格·自然出版集团（德国）	清华大学出版社（北京）
259	Statistical Properties of Deterministic Systems	英文	图书（电子版）	数学（自然科学）	施普林格·自然出版集团（德国）	清华大学出版社（北京）
260	Partial Differential Equations and Solitary Waves Theory	英文	图书（电子版）	物理学（自然科学）	施普林格·自然出版集团（德国）	高等教育出版社（北京）
261	Discontinuous Dynamical Systems on Time-varying Domains	英文	图书（电子版）	物理学（自然科学）	施普林格·自然出版集团（德国）	高等教育出版社（北京）
262	Ultra-fine Grained Steels	英文	图书（电子版）	材料科学（自然科学）	施普林格·自然出版集团（德国）	冶金工业出版社（北京）
263	Computer Network Security: Theory and Practice	英文	图书（电子版）	信息与系统科学相关工程与技术（自然科学）	施普林格·自然出版集团（德国）	高等教育出版社（北京）
264	Security Access in Wireless Local Area Networks: From Architecture and Protocols to Realization	英文	图书（电子版）	信息与系统科学相关工程与技术（自然科学）	施普林格·自然出版集团（德国）	高等教育出版社（北京）
265	Graph Factors and Matching Extensions	英文	图书（电子版）	数学（自然科学）	施普林格·自然出版集团（德国）	高等教育出版社（北京）
266	Dynamics of Surface Waves in Coastal Waters: Wave-current-bottom Interactions	英文	图书（电子版）	力学（自然科学）	施普林格·自然出版集团（德国）	高等教育出版社（北京）
267	Crop Modeling and Decision Support	英文	图书（电子版）	农学（自然科学）	施普林格·自然出版集团（德国）	清华大学出版社（北京）

续表

马来西亚

序号	出版物名称	语种	类型	学科	国际合作出版/版权输出机构	国内出版机构
268	Some Problems on Nonlinear Hyperbolic Equations and Applications	英文	图书(电子版)	数学(自然科学)	世界科技出版公司(新加坡)	高等教育出版社(北京)
269	Wavelet Methods in Mathematical Analysis and Engineering	英文	图书(电子版)	数学(自然科学)	世界科技出版公司(新加坡)	高等教育出版社(北京)
270	Bioinspired Intelligent Nanostructured Interfacial Materials	英文	图书(电子版)	材料科学(自然科学)	世界科技出版公司(新加坡)	化学工业出版社(北京)
271	Experimental Plant Virology	英文	图书(电子版)	生物学(自然科学)	施普林格·自然出版集团(德国)	浙江大学出版社(浙江)
272	High Temperature Deformation and Fracture of Materials	英文	图书(电子版)	材料科学(自然科学)	爱思唯尔出版集团(荷兰)	科学出版社(北京)
273	Desertification and its Control in China	英文	图书(电子版)	地球科学(自然科学)	施普林格·自然出版集团(德国)	高等教育出版社(北京)
274	Moving Objects Management: Models, Techniques and Applications	英文	图书(电子版)	计算机科学技术(自然科学)	施普林格·自然出版集团(德国)	清华大学出版社(北京)
275	Acupuncture Therapy for Neurological Diseases: A Neurobiological View	英文	图书(电子版)	中医学与中药学(自然科学)	施普林格·自然出版集团(德国)	清华大学出版社(北京)
276	Retrofitting Design of Building Structures	英文	图书(电子版)	土木建筑工程(自然科学)	泰勒弗朗西斯出版集团(英国)	科学出版社(北京)
277	Applications of Pulse-coupled Neural Networks	英文	图书(电子版)	计算机科学技术(自然科学)	施普林格·自然出版集团(德国)	高等教育出版社(北京)
278	Advanced Materials Science & Technology in China: A Roadmap to 2050	英文	图书(电子版)	材料科学(自然科学)	施普林格·自然出版集团(德国)	科学出版社(北京)
279	UV Radiation in Global Climate Change: Measurements, Modeling and Effects on Ecosystems	英文	图书(电子版)	地球科学(自然科学)	施普林格·自然出版集团(德国)	清华大学出版社(北京)
280	3-Dimensional VLSI: A 2.5-Dimensional Integration Scheme	英文	图书(电子版)	电子与通信技术(自然科学)	施普林格·自然出版集团(德国)	清华大学出版社(北京)
281	Medical Image Reconstruction: A Conceptual Tutorial	英文	图书(电子版)	自然科学相关工程与技术(自然科学)	施普林格·自然出版集团(德国)	高等教育出版社(北京)

续表

马来西亚

序号	出版物名称	语种	类型	学科	国际合作出版/版权输出机构	国内出版机构
282	Constructive Computation in Stochastic Models with Applications: the RG-factorization	英文	图书（电子版）	数学（自然科学）	施普林格·自然出版集团（德国）	清华大学出版社（北京）
283	Mathematical Theory of Dispersion-managed Optical Solitons	英文	图书（电子版）	物理学（自然科学）	施普林格·自然出版集团（德国）	高等教育出版社（北京）
284	Temporal Information Processing Technology and its Applications	英文	图书（电子版）	计算机科学技术（自然科学）	施普林格·自然出版集团（德国）	清华大学出版社（北京）
285	Fractional Dynamics: Applications of Fractional Calculus to Dynamics of Particles, Fields and Media	英文	图书（电子版）	物理学（自然科学）	施普林格·自然出版集团（德国）	高等教育出版社（北京）
286	Three-dimensional Model Analysis and Processing	英文	图书（电子版）	计算机科学技术（自然科学）	施普林格·自然出版集团（德国）	浙江大学出版社（浙江）
287	Biodegradable Poly (Lactic Acid): Synthesis, Modification, Processing and Applications	英文	图书（电子版）	生物学（自然科学）	施普林格·自然出版集团（德国）	清华大学出版社（北京）
288	Hamiltonian Chaos Beyond the KAM Theory	英文	图书（电子版）	物理学（自然科学）	施普林格·自然出版集团（德国）	高等教育出版社（北京）
289	Novel Colloidal Forming of Ceramics	英文	图书（电子版）	材料科学（自然科学）	施普林格·自然出版集团（德国）	清华大学出版社（北京）
290	Machine-based Intelligent Face Recognition	英文	图书（电子版）	计算机科学技术（自然科学）	施普林格·自然出版集团（德国）	高等教育出版社（北京）
291	Quantum Private Communication	英文	图书（电子版）	电子与通信技术（自然科学）	施普林格·自然出版集团（德国）	高等教育出版社（北京）
292	Stability Analysis and Robust Control of Time-delay Systems	英文	图书（电子版）	信息科学与系统科学（自然科学）	施普林格·自然出版集团（德国）	科学出版社（北京）
293	Polymer Matrix Composites and Technology	英文	图书（电子版）	材料科学（自然科学）	爱思唯尔出版集团（荷兰）	科学出版社（北京）
294	Multiscale Problems: Theory, Numerical Approximation and Applications	英文	图书（电子版）	数学（自然科学）	世界科技出版公司（新加坡）	高等教育出版社（北京）

续表

马来西亚

序号	出版物名称	语种	类型	学科	国际合作出版/版权输出机构	国内出版机构
295	Foundations of Large-scale Multimedia Information Management and Retrieval: Mathematics of Perception	英文	图书（电子版）	计算机科学技术（自然科学）	施普林格·自然出版集团（德国）	清华大学出版社（北京）
296	Recent Advances in Entomological Research: From Molecular Biology to Pest Management	英文	图书（电子版）	生物学（自然科学）	施普林格·自然出版集团（德国）	高等教育出版社（北京）
297	Pattern Recognition, Machine Intelligence and Biometrics	英文	图书（电子版）	计算机科学技术（自然科学）	施普林格·自然出版集团（德国）	高等教育出版社（北京）
298	Optimization and Regularization for Computational Inverse Problems and Applications	英文	图书（电子版）	数学（自然科学）	施普林格·自然出版集团（德国）	高等教育出版社（北京）
299	Information Science & Technology in China: A Roadmap to 2050	英文	图书（电子版）	信息与系统科学相关工程与技术（自然科学）	施普林格·自然出版集团（德国）	科学出版社（北京）
300	Linear and Nonlinear Integral Equations Methods and Applications	英文	图书（电子版）	数学（自然科学）	施普林格·自然出版集团（德国）	高等教育出版社（北京）
301	Modeling the Dynamics and Consequences of Land System Change	英文	图书（电子版）	地球科学（自然科学）	施普林格·自然出版集团（德国）	高等教育出版社（北京）
302	Large Research Infrastructures Development in China: A Roadmap to 2050	英文	图书（电子版）	自然科学相关工程与技术（自然科学）	施普林格·自然出版集团（德国）	科学出版社（北京）
303	Bifurcation and Chaos in Discontinuous and Continuous Systems	英文	图书（电子版）	物理学（自然科学）	施普林格·自然出版集团（德国）	高等教育出版社（北京）
304	Energy Economics: CO_2 Emissions in China	英文	图书（电子版）	经济学（社会科学）	施普林格·自然出版集团（德国）	科学出版社（北京）
305	Fractional-order Nonlinear Systems: Modeling, Analysis and Simulation	英文	图书（电子版）	物理学（自然科学）	施普林格·自然出版集团（德国）	高等教育出版社（北京）
306	Towards a Sustainable Asia: the Cultural Perspectives	英文	图书（电子版）	管理学（社会科学）	施普林格·自然出版集团（德国）	科学出版社（北京）
307	Metallurgical Process Engineering	英文	图书（电子版）	冶金工程技术（自然科学）	施普林格·自然出版集团（德国）	冶金工业出版社（北京）

续表

马来西亚

序号	出版物名称	语种	类型	学科	国际合作出版/版权输出机构	国内出版机构
308	Coherent Control of Four-wave Mixing	英文	图书（电子版）	电子与通信技术（自然科学）	施普林格·自然出版集团（德国）	高等教育出版社（北京）
309	Towards a Sustainable Asia: Natural Resources	英文	图书（电子版）	管理学（社会科学）	施普林格·自然出版集团（德国）	科学出版社（北京）
310	Power Grid Complexity	英文	图书（电子版）	动力与电气工程（自然科学）	施普林格·自然出版集团（德国）	清华大学出版社（北京）
311	Introduction to Skin Biothermomechanics and Thermal Pain	英文	图书（电子版）	物理学（自然科学）	施普林格·自然出版集团（德国）	科学出版社（北京）
312	Towards a Sustainable Asia: Green Transition and Innovation	英文	图书（电子版）	管理学（社会科学）	施普林格·自然出版集团（德国）	科学出版社（北京）
313	Settlement Calculation on High-rise Buildings: Theory and Application	英文	图书（电子版）	土木建筑工程（自然科学）	施普林格·自然出版集团（德国）	科学出版社（北京）
314	Ultrasonic Motors: Technologies and Applications	英文	图书（电子版）	动力与电气工程（自然科学）	施普林格·自然出版集团（德国）	科学出版社（北京）
315	Waves and Structures in Nonlinear Nondispersive Media: General Theory and Applications to Nonlinear Acoustics	英文	图书（电子版）	物理学（自然科学）	施普林格·自然出版集团（德国）	高等教育出版社（北京）
316	Towards a Sustainable Asia: Energy	英文	图书（电子版）	管理学（社会科学）	施普林格·自然出版集团（德国）	科学出版社（北京）
317	Long-range Interactions, Stochasticity and Fractional Dynamics	英文	图书（电子版）	物理学（自然科学）	施普林格·自然出版集团（德国）	高等教育出版社（北京）
318	Ecological and Environmental Science & Technology in China: A Roadmap to 2050	英文	图书（电子版）	自然科学相关工程与技术（自然科学）	施普林格·自然出版集团（德国）	科学出版社（北京）
319	Landscape Ecology in Forest Management and Conservation: Challenges and Solutions for Global Change	英文	图书（电子版）	林学（自然科学）	施普林格·自然出版集团（德国）	高等教育出版社（北京）
320	Self-organization and Pattern-formation in Neuronal Systems under Conditions of Variable Gravity: Life Sciences under Space Conditions	英文	图书（电子版）	物理学（自然科学）	施普林格·自然出版集团（德国）	高等教育出版社（北京）

续表

马来西亚

序号	出版物名称	语种	类型	学科	国际合作出版/版权输出机构	国内出版机构
321	Quality-based Content Delivery over the Internet	英文	图书（电子版）	电子与通信技术（自然科学）	施普林格·自然出版集团（德国）	上海交通大学出版社（上海）
322	Virtual Reality & Augmented Reality in Industry	英文	图书（电子版）	计算机科学技术（自然科学）	施普林格·自然出版集团（德国）	上海交通大学出版社（上海）
323	Analysis and Design of Nonlinear Control Systems	英文	图书（电子版）	信息科学与系统科学（自然科学）	施普林格·自然出版集团（德国）	科学出版社（北京）
324	Modeling and Simulation for Microelectronic Packaging Assembly: Manufacturing, Reliability and Testing	英文	图书（电子版）	工程与技术科学基础学科（自然科学）	威利出版集团（美国）	化学工业出版社（北京）
325	Rational Function Systems and Electrical Networks with Multi-parameters	英文	图书（电子版）	数学（自然科学）	世界科技出版公司（新加坡）	高等教育出版社（北京）
326	High Performance Liquid Chromatography Fingerprinting Technology of the Commonly-Used Traditional Chinese Medicine Herbs	英文	图书（电子版）	化学工程（自然科学）	世界科技出版公司（新加坡）	化学工业出版社（北京）
327	Hyperbolic Problems: Theory, Numerics and Applications	英文	图书（电子版）	数学（自然科学）	世界科技出版公司（新加坡）	高等教育出版社（北京）
328	Advances in Intelligence and Security Informatics	英文	图书（电子版）	安全科学技术（自然科学）	爱思唯尔出版集团（荷兰）	浙江大学出版社（浙江）
329	China-Latin America Relations: Review and Analysis. Volume 1	英文	图书（电子版）	政治学（社会科学）	帕斯国际出版社（英国）	社会科学文献出版社（北京）
330	Computational Methods for Applied Inverse Problems	英文	图书（电子版）	数学（自然科学）	德古意特出版公司（德国）	高等教育出版社（北京）
331	Geometric Structure of High-Dimensional Data and Dimensionality Reduction	英文	图书（电子版）	数学（自然科学）	施普林格·自然出版集团（德国）	高等教育出版社（北京）
332	Incomplete Information System and Rough Set Theory: Models and Attribute Reductions	英文	图书（电子版）	数学（自然科学）	施普林格·自然出版集团（德国）	科学出版社（北京）
333	Computational Fluid Dynamics Based on the Unified Coordinates	英文	图书（电子版）	力学（自然科学）	施普林格·自然出版集团（德国）	科学出版社（北京）

续表

马来西亚

序号	出版物名称	语种	类型	学科	国际合作出版/版权输出机构	国内出版机构
334	Linguistic Decision Making: Theory and Methods	英文	图书（电子版）	计算机科学技术（自然科学）	施普林格·自然出版集团（德国）	科学出版社（北京）
335	Homotopy Analysis Method in Nonlinear Differential Equations	英文	图书（电子版）	数学（自然科学）	施普林格·自然出版集团（德国）	高等教育出版社（北京）
336	Modular Forms with Integral and Half-integral Weights	英文	图书（电子版）	数学（自然科学）	施普林格·自然出版集团（德国）	科学出版社（北京）
337	Intuitionistic Fuzzy Information Aggregation: Theory and Applications	英文	图书（电子版）	信息科学与系统科学（自然科学）	施普林格·自然出版集团（德国）	科学出版社（北京）
338	Advanced Sliding Mode Control for Mechanical Systems: DesignAnalysis and MATLAB Simulation	英文	图书（电子版）	机械工程（自然科学）	施普林格·自然出版集团（德国）	清华大学出版社（北京）
339	The NCL Natural Constraint Language	英文	图书（电子版）	计算机科学技术（自然科学）	无	科学出版社（北京）
340	Finsler Geometry: An approach via Randers SpacesFinsler	英文	图书（电子版）	数学（自然科学）	施普林格·自然出版集团（德国）	科学出版社（北京）
341	Advances in Soft Matter Mechanics	英文	图书（电子版）	力学（自然科学）	施普林格·自然出版集团（德国）	高等教育出版社（北京）
342	Hyperbolic Chaos: A Physicist's View	英文	图书（电子版）	物理学（自然科学）	施普林格·自然出版集团（德国）	高等教育出版社（北京）
343	Micro and Nano Sulfide Solid Lubrication	英文	图书（电子版）	材料科学（自然科学）	施普林格·自然出版集团（德国）	科学出版社（北京）
344	Microsystems and Nanotechnology	英文	图书（电子版）	自然科学相关工程与技术（自然科学）	施普林格·自然出版集团（德国）	清华大学出版社（北京）
345	Complex Systems: Fractionality, Time-delay and Synchronization	英文	图书（电子版）	物理学（自然科学）	施普林格·自然出版集团（德国）	高等教育出版社（北京）
346	Modern Thermodynamics: Based on the Extended Carnot Theorem	英文	图书（电子版）	物理学（自然科学）	施普林格·自然出版集团（德国）	科学出版社（北京）
347	Self-excited Vibration: Theory, Paradigms and Research Methods	英文	图书（电子版）	力学（自然科学）	施普林格·自然出版集团（德国）	清华大学出版社（北京）

续表

马来西亚

序号	出版物名称	语种	类型	学科	国际合作出版/版权输出机构	国内出版机构
348	Characterization of Microstructures by Analytical Electron Microscopy (AEM)	英文	图书（电子版）	材料科学（自然科学）	施普林格·自然出版集团（德国）	高等教育出版社（北京）
349	China's Economic Zones: Design, Implementation and Impact	英文	图书（电子版）	经济学（社会科学）	帕斯国际出版社（英国）	社会科学文献出版社（北京）
350	Nonlinear Flow Phenomena and Homotopy Analysis: Fluid Flow and Heat Trans	英文	图书（电子版）	数学（自然科学）	施普林格·自然出版集团（德国）	高等教育出版社（北京）
351	Pseudochaotic Kicked Oscillators: Renormalization, Symbolic Dynamics, and Transport	英文	图书（电子版）	物理学（自然科学）	施普林格·自然出版集团（德国）	高等教育出版社（北京）
352	Ammonia Synthesis Catalysts: Innovation and Practice	英文	图书（电子版）	化学（自然科学）	世界科技出版公司（新加坡）	化学工业出版社（北京）
353	British Views on China at the Dawn of the 19th Century	英文	图书（电子版）	历史学（社会科学）	帕斯国际出版社（英国）	中国社会科学出版社（北京）
354	Budgeting Carbon for Equity and Sustainability	英文	图书（电子版）	环境科学技术及资源科学技术（自然科学）	帕斯国际出版社（英国）	社会科学文献出版社（北京）
355	China-Europe Relations: Review and Analysis	英文	图书（电子版）	政治学（社会科学）	帕斯国际出版社（英国）	社会科学文献出版社（北京）
356	Cleaner Combustion and Sustainable World: Proceedings of the 7th International Symposium on Coal Combustion	英文	图书（电子版）	能源科学技术（自然科学）	施普林格·自然出版集团（德国）	清华大学出版社（北京）
357	Concrete and Sustainability	英文	图书（电子版）	土木建筑工程（自然科学）	泰勒弗朗西斯出版集团（英国）	化学工业出版社（北京）
358	Intelligent Systems for Security Informatics	英文	图书（电子版）	信息与系统科学相关工程与技术（自然科学）	爱思唯尔出版集团（荷兰）	浙江大学出版社（浙江）
359	Structure-preserving Algorithms for Oscillatory Differential Equations	英文	图书（电子版）	数学（自然科学）	施普林格·自然出版集团（德国）	科学出版社（北京）
360	Power Generation in China: Research, Policy and Management	英文	图书（电子版）	管理学（社会科学）	帕斯国际出版社（英国）	社会科学文献出版社（北京）

续表

马来西亚

序号	出版物名称	语种	类型	学科	国际合作出版/版权输出版机构	国内出版机构
361	Pinning Control of Complex Networked Systems: Synchronization, Consensus and Flocking of Networked Systems via Pinning Pinning Control of Complex Networked Systems	英文	图书（电子版）	计算机科学技术（自然科学）	施普林格·自然出版集团	上海交通大学出版社（上海）
362	Wireless Network Security: Theories and Applications	英文	图书（电子版）	信息与系统科学相关工程与技术（自然科学）	施普林格·自然出版集团（德国）	高等教育出版社（北京）
363	Radial Basis Function (RBF) Neural Network Control for Mechanical Systems: Design, Analysis and Matlab Simulation	英文	图书（电子版）	信息与系统科学相关工程与技术（自然科学）	施普林格·自然出版集团（德国）	清华大学出版社（北京）
364	Service Science, Management, and Engineering: Theory and Applications	英文	图书（电子版）	综合（自然科学）	爱思唯尔出版集团（荷兰）	浙江大学出版社（浙江）
365	The Competitiveness of G20 Nations: Report on the Group of Twenty (G20) National Innovation Competitiveness Development (2001—2010)	英文	图书（电子版）	经济学（社会科学）	帕斯国际出版社（英国）	社会科学文献出版社（北京）
366	Advanced Mechanics of Piezoelectricity	英文	图书（电子版）	物理学（自然科学）	施普林格·自然出版集团（德国）	高等教育出版社（北京）
367	Proceedings of the 26th Conference of Spacecraft TT & C Technology in China: Shared and Flexible TT & C (Tracking, Telemetry and Command) Systems	英文	图书（电子版）	航空、航天科学技术（自然科学）	施普林格·自然出版集团（德国）	清华大学出版社（北京）
368	Optical Properties of 3d-ions in Crystals: Spectroscopy and Crystal Field Analysis	英文	图书（电子版）	物理学（自然科学）	施普林格·自然出版集团（德国）	清华大学出版社（北京）
369	Remote Sensing and Modeling Applications to Wildland Fires	英文	图书（电子版）	测绘科学技术（自然科学）	施普林格·自然出版集团（德国）	清华大学出版社（北京）
370	Eco-and Renewable Energy Materials	英文	图书（电子版）	材料科学（自然科学）	施普林格·自然出版集团（德国）	科学出版社（北京）
371	Multilayer Integrated Film Bulk Acoustic Resonators	英文	图书（电子版）	电子与通信技术（自然科学）	施普林格·自然出版集团（德国）	上海交通大学出版社（上海）

续表

马来西亚

序号	出版物名称	语种	类型	学科	国际合作出版/版权输出机构	国内出版机构
372	Multi-point Cooperative Communication Systems: Theory and Applications	英文	图书(电子版)	电子与通信技术(自然科学)	施普林格·自然出版集团(德国)	上海交通大学出版社(上海)
373	Advances in Analysis and Control of Time-delayed Dynamical Systems	英文	图书(电子版)	物理学(自然科学)	世界科技出版公司(新加坡)	高等教育出版社(北京)
374	Belief-based Stability in Coalition Formation with Uncertainty: An Intelligent Agents' Perspective	英文	图书(电子版)	信息科学与系统科学(自然科学)	施普林格·自然出版集团(德国)	高等教育出版社(北京)
375	Fractional Derivatives for Physicists and Engineers Volume I: Background and Theory	英文	图书(电子版)	数学(自然科学)	施普林格·自然出版集团(德国)	高等教育出版社(北京)
376	The General Theory of Taoism	英文	图书(电子版)	宗教学(社会科学)	帕斯国际出版社(英国)	社会科学文献出版社(北京)
377	China-Africa Relations: Review and Analysis	英文	图书(电子版)	政治学(社会科学)	帕斯国际出版社(英国)	社会科学文献出版社(北京)
378	Nonlinear Estimation and Control of Automotive Drivetrains	英文	图书(电子版)	机械工程(自然科学)	施普林格·自然出版集团(德国)	科学出版社(北京)
379	Radiology of HIV/AIDS: A Practical Approach	英文	图书(电子版)	临床医学(自然科学)	施普林格·自然出版集团(德国)	人民卫生出版社(北京)
380	Ecological Emergy Accounting for a Limited System: General Principles and a Case Study of Macao	英文	图书(电子版)	生物学(自然科学)	施普林格·自然出版集团(德国)	科学出版社(北京)
381	Advanced LC-MS Applications in Bioanalysis	英文	图书(电子版)	生物学(自然科学)	布里斯托尔-迈尔斯·斯奎布药物研究中心(美国)	上海药物研究所(上海)
382	A Monograph of Codonopsis and Allied Genera (Campanulaceae)	英文	图书(电子版)	生物学(自然科学)	爱思唯尔出版集团(荷兰)	科学出版社(北京)
383	Plant Metabolomics: Methods and Applications	英文	图书(电子版)	生物学(自然科学)	施普林格·自然出版集团(德国)	化学工业出版社(北京)
384	Radiology of Infectious Diseases: Volume, 1	英文	图书(电子版)	临床医学(自然科学)	施普林格·自然出版集团(德国)	人民卫生出版社(北京)

续表

马来西亚

序号	出版物名称	语种	类型	学科	国际合作出版/版权输出机构	国内出版机构
385	Radiology of Infectious Diseases: Volume, 2	英文	图书（电子版）	临床医学（自然科学）	施普林格·自然出版集团（德国）	人民卫生出版社（北京）
386	The Principles of Geotourism	英文	图书（电子版）	地球科学（自然科学）	施普林格·自然出版集团（德国）	科学出版社（北京）
387	Business Trends in the Digital Era: Evolution of Theories and Applications	英文	图书（电子版）	经济学（社会科学）	施普林格·自然出版集团（德国）	上海交通大学出版社（上海）
388	Data-Driven Technology for Engineering Systems Health Management: Design Approach, Feature Construction, Fault Diagnosis, Prognosis, Fusion and Decisions		图书（电子版）	信息科学与系统科学（自然科学）	施普林格·自然出版集团（德国）	科学出版社（北京）
389	Gas Discharge and Gas Insulation	英文	图书（电子版）	物理学（自然科学）	施普林格·自然出版集团（德国）	上海交通大学出版社（上海）
390	Mathematical Theory of Elasticity of Quasicrystals and Its Applications	英文	图书（电子版）	数学（自然科学）	施普林格·自然出版集团（德国）	科学出版社（北京）
391	Raman Spectroscopy: An Intensity Approach	英文	图书（电子版）	物理学（自然科学）	世界科技出版公司（新加坡）	科学出版社（北京）
392	RF Circuit Design Fundamentals	英文	图书（电子版）	电子与通信技术（自然科学）	阿尔法科学国际出版社（英国）	科学出版社（北京）
393	Darriwilian to Katian (Ordovician) Graptolites from Northwest China	英文	图书（电子版）	地球科学（自然科学）	爱思唯尔出版集团（荷兰）	浙江大学出版社（浙江）
394	Groundwater Engineering	英文	图书（电子版）	水利工程（自然科学）	施普林格·自然出版集团（德国）	同济大学出版社（上海）
395	Imbalance and Rebalance: To Create A New Framework of Global Governance	英文	图书（电子版）	政治学（社会科学）	施普林格·自然出版集团（德国）	中国社会科学出版社（北京）
396	Migration Imaging of the Transient Electromagnetic Method	英文	图书（电子版）	物理学（自然科学）	施普林格·自然出版集团（德国）	科学出版社（北京）
397	Subdivision Surface Modeling Technology	英文	图书（电子版）	计算机科学技术（自然科学）	施普林格·自然出版集团（德国）	高等教育出版社（北京）

续表

马来西亚

序号	出版物名称	语种	类型	学科	国际合作出版/版权输出机构	国内出版机构
398	Color Image Watermarking: Algorithms and Technologies	英文	图书（电子版）	自然科学相关工程与技术（自然科学）	德古意特出版公司（德国）	清华大学出版社（北京）
399	Pyrolysis of Biomass	英文	图书（电子版）	能源科学技术（自然科学）	德古意特出版公司（德国）	科学出版社（北京）
400	Visual Quality Assessment for Natural and Medical Image	英文	图书（电子版）	自然科学相关工程与技术（自然科学）	施普林格·自然出版集团（德国）	浙江大学出版社（浙江）
401	Chinese Macro-Economy in Process of Bottoming-Out and Rebounding	英文	图书（电子版）	经济学（社会科学）	帕斯国际出版社（英国）	中国社会科学出版社（北京）
402	Combustion Optimization Based on Computational Intelligence	英文	图书（电子版）	能源科学技术（自然科学）	施普林格·自然出版集团（德国）	浙江大学出版社（浙江）
403	Diagnostic Imaging of Ophthalmology: A Practical Atlas	英文	图书（电子版）	临床医学（自然科学）	施普林格·自然出版集团（德国）	人民军医出版社（北京）
404	Grammar of Complexity: From Mathematics to A Sustainable World	英文	图书（电子版）	数学（自然科学）	世界科技出版公司（新加坡）	高等教育出版社（北京）
405	Technology, Manufacturing and Grid Connection of Photovoltaic Solar Cells	英文	图书（电子版）	能源科学技术（自然科学）	威利出版集团（美国）	中国电力出版社（北京）
406	Mao Tse-tung's International Politics Theory and Practice	英文	图书（电子版）	政治学（社会科学）	帕斯国际出版社（英国）	中国社会科学出版社（北京）
407	Natural Orifice Specimen Extraction Surgery: Colorectal Cancer	英文	图书（电子版）	临床医学（自然科学）	施普林格·自然出版集团（德国）	人民卫生出版社（北京）
408	Religious Faith of the Chinese	英文	图书（电子版）	宗教学（社会科学）	施普林格·自然出版集团（德国）	中国社会科学出版社（北京）
409	Report on Constitutional Enforcement and Constitutional Review in China	英文	图书（电子版）	法学（社会科学）	帕斯国际出版社（英国）	中国社会科学出版社（北京）
410	Research on the Laws of Contemporary China. Volume, 1, 1949—1978	英文	图书（电子版）	法学（社会科学）	帕斯国际出版社（英国）	中国社会科学出版社（北京）
411	Research on the Laws of Contemporary China. Volume, 2, 1978—1992	英文	图书（电子版）	法学（社会科学）	帕斯国际出版社（英国）	中国社会科学出版社（北京）

续表

马来西亚

序号	出版物名称	语种	类型	学科	国际合作出版/版权 输出出版机构	国内出版机构
412	Research on the Laws of Contemporary China. Volume, 3, 1992—2009	英文	图书（电子版）	法学（社会科学）	帕斯国际出版社（英国）	中国社会科学出版社（北京）
413	Technical and Vocational Education in China	英文	图书（电子版）	教育学（社会科学）	施普林格·自然出版集团（德国）	高等教育出版社（北京）
414	The Chinese Health System in Transition	英文	图书（电子版）	管理学（社会科学）	施普林格·自然出版集团（德国）	社会科学文献出版社（北京）
415	The Synergy Theory on Economic Growth: Comparative Study Between China and Developed Countries	英文	图书（电子版）	经济学（社会科学）	施普林格·自然出版集团（德国）	科学出版社（北京）
416	Turbine Blade Investment Casting Die Technology	英文	图书（电子版）	机械工程（自然科学）	施普林格·自然出版集团（德国）	国防工业出版社（北京）
417	Advances in Nanophotonics	英文	图书（电子版）	物理学（自然科学）	德古意特出版公司（德国）	上海交通大学出版社（上海）
418	Materials Corrosion and Protection	英文	图书（电子版）	材料科学（自然科学）	德古意特出版公司（德国）	上海交通大学出版社（上海）
419	Neonatal Lung Ultrasonography	英文	图书（电子版）	临床医学（自然科学）	施普林格·自然出版集团（德国）	人民卫生出版社（北京）
420	Optical Fiber Sensing and Structural Health Monitoring Technology	英文	图书（电子版）	电子与通信技术（自然科学）	施普林格·自然出版集团（德国）	华中科技大学出版社（湖北）
421	Spatial Polarization Characteristics of Radar Antenna: Analysis, Measurement and Anti-jamming Application	英文	图书（电子版）	电子与通信技术（自然科学）	施普林格·自然出版集团（德国）	国防工业出版社（北京）
422	The Development of E-governance in China: Improving Cybersecurity and Promoting Informatization as Means for Modernizing State Governance	英文	图书（电子版）	管理学（社会科学）	施普林格·自然出版集团（德国）	社会科学文献出版社（北京）
423	Network and Communication: Research on the Development of Electronic Information Engineering Technology in China	英文	图书（电子版）	电子与通信技术（自然科学）	施普林格·自然出版集团（德国）	科学出版社（北京）

续表

马来西亚

序号	出版物名称	语种	类型	学科	国际合作出版/版权输出机构	国内出版机构
424	The Development of Deep Learning Technologies: Research on the Development of Electronic Information Engineering Technology in China	英文	图书（电子版）	电子与通信技术（自然科学）	施普林格·自然出版集团（德国）	科学出版社（北京）
425	Artificial Intelligence: From Beginning to Date	英文	图书（电子版）	计算机科学技术（自然科学）	世界科技出版公司（新加坡）	清华大学出版社（北京）
426	Cells and Stem Cells: The Myth of Life Sciences	英文	图书（电子版）	生物学（自然科学）	世界科技出版公司（新加坡）	化学工业出版社（北京）
427	Urban Environmetnal Crisis Management	英文	图书（电子版）	管理学（社会科学）	阿尔法科学国际出版社（英国）	科学出版社（北京）
428	Building Materials in Civil Engineering	英文	图书（电子版）	土木建筑工程（自然科学）	爱思唯尔出版集团（荷兰）	科学出版社（北京）
429	Biostratigraphy of China	英文	图书（纸质版+电子版）	地球科学（自然科学）	爱思唯尔出版集团（荷兰）	科学出版社（北京）
430	Optical Code Division Multiple Access Communication Networks: Theory and Applications	英文	图书（纸质版+电子版）	电子与通信技术（自然科学）	施普林格·自然出版集团（德国）	清华大学出版社（北京）
431	High-dimensional Data Analysis	英文	图书（纸质版+电子版）	计算机科学技术（自然科学）	世界科技出版公司（新加坡）	高等教育出版社（北京）
432	Fuzzy Computational Ontologies in Contexts: Formal Models of Knowledge Representation with Membership Degree and Typicality of Objects, and their Applications	英文	图书（纸质版+电子版）	计算机科学技术（自然科学）	施普林格·自然出版集团（德国）	高等教育出版社（北京）
433	Digital Preservation Technology for Cultural Heritage	英文	图书（纸质版+电子版）	计算机科学技术（自然科学）	施普林格·自然出版集团（德国）	高等教育出版社（北京）
434	Blind Signal Processing: Theory and Practice	英文	图书（纸质版+电子版）	电子与通信技术（自然科学）	施普林格·自然出版集团（德国）	上海交通大学出版社（上海）
435	Transformation Groups and Lie Algebras	英文	图书（纸质版+电子版）	物理学（自然科学）	世界科技出版公司（新加坡）	高等教育出版社（北京）

续表

马来西亚

序号	出版物名称	语种	类型	学科	国际合作出版/版权输出机构	国内出版机构
436	Dynamic Response and Deformation Characteristic of Saturated Soft Clay under Subway Vehicle Loading	英文	图书（纸质版+电子版）	力学（自然科学）	施普林格·自然出版集团（德国）	科学出版社（北京）
437	Folklore Studies	英文	期刊（纸质版）	民族学与文化学（社会科学）	无	北京辅仁大学（北京）
438	China Ocean Engineering	英文	期刊（纸质版）	自然科学相关工程与技术（自然科学）	施普林格·自然出版集团（德国）	海洋出版社（北京）
439	Journal of Computational Mathematics	英文	期刊（纸质版）	数学（自然科学）	无	科学出版社（北京）
440	Journal of Ancient Civilizations	英文	期刊（纸质版）	历史学（社会科学）	无	Journal of Ancient Civilizations 编辑部（吉林）
441	Pedosphere	英文	期刊（纸质版）	农学（自然科学）	爱思唯尔出版集团（荷兰）	科学出版社（北京）
442	Journal of Systems Science and Systems Engineering	英文	期刊（纸质版）	信息科学与系统科学（自然科学）	施普林格·自然出版集团（德国）	Journal of Systems Science and Systems Engineering 编辑部（北京）
443	Journal of Zhejiang University-Science A (Applied Physics & Engineering)	英文	期刊（纸质版）	综合（自然科学）	施普林格·自然出版集团（德国）	浙江大学出版社（浙江）
444	Chinese Journal of Integrative Medicine	英文	期刊（纸质版）	中医学与中药学（自然科学）	施普林格·自然出版集团（德国）	中国中西医结合杂志社（北京）
445	China Communications	英文	期刊（纸质版）	电子与通信技术（自然科学）	电气和电子工程师协会出版平台（美国）	China Communications 编辑部（北京）
446	Journal of Geriatric Cardiology	英文	期刊（纸质版）	临床医学（自然科学）	无	科学出版社（北京）
447	Journal of Mountain Science	英文	期刊（纸质版）	环境科学技术及资源科学技术（自然科学）	施普林格·自然出版集团（德国）	科学出版社（北京）
448	Journal of Ocean University of China	英文	期刊（纸质版）	地球科学（自然科学）	施普林格·自然出版集团（德国）	科学出版社（北京）

续表

马来西亚

序号	出版物名称	语种	类型	学科	国际合作出版/版权输出机构	国内出版机构
449	International Journal of Minerals, Metallurgy and Materials	英文	期刊（纸质版）	冶金工程技术（自然科学）	施普林格·自然出版集团（德国）	International Journal of Minerals, Metallurgy and Materials 编辑部（北京）
450	Journal of Energy Chemistry	英文	期刊（纸质版）	能源科学技术（自然科学）	爱思唯尔出版集团（荷兰）	科学出版社（北京）
451	Journal of Systems Engineering and Electronics	英文	期刊（电子版）	电子与通信技术（自然科学）	电气和电子工程师协会出版平台（美国）	Journal of Systems Engineering and Electronics 编辑部（北京）
452	Applied Mathematics and Mechanics	英文	期刊（电子版）	综合（自然科学）	施普林格·自然出版集团（德国）	Applied Mathematics and Mechanics 编辑部（上海）
453	Social Sciences in China	英文	期刊（电子版）	综合（社会科学）	泰勒弗朗西斯出版集团（英国）	中国社会科学杂志社（北京）
454	Chinese Journal of Chemical Engineering	英文	期刊（电子版）	化学工程（自然科学）	爱思唯尔出版集团（荷兰）	化学工业出版社（北京）
455	Acta Mathematica Scientia	英文	期刊（电子版）	数学（自然科学）	施普林格·自然出版集团（德国）	科学出版社（北京）
456	Acta Oceanologica Sinica	英文	期刊（电子版）	地球科学（自然科学）	施普林格·自然出版集团（德国）	海洋出版社（北京）
457	Acta Geochimica	英文	期刊（电子版）	地球科学（自然科学）	施普林格·自然出版集团（德国）	科学出版社（北京）
458	Journal of Oceanology and Limnology	英文	期刊（电子版）	地球科学（自然科学）	施普林格·自然出版集团（德国）	科学出版社（北京）
459	Chinese Annals of Mathematics, Series B	英文	期刊（电子版）	数学（自然科学）	施普林格·自然出版集团（德国）	Chinese Annals of Mathematics, Series B 编辑部（上海）
460	Advances in Atmospheric Sciences	英文	期刊（电子版）	地球科学（自然科学）	施普林格·自然出版集团（德国）	科学出版社（北京）
461	Chinese Physics Letters	英文	期刊（电子版）	物理学（自然科学）	英国物理学会出版社（英国）	Chinese Physics Letters 编辑部（北京）

续表

马来西亚

序号	出版物名称	语种	类型	学科	国际合作出版/版权输出机构	国内出版机构
462	Chinese Journal of Electronics	英文	期刊（电子版）	电子与通信技术（自然科学）	施普林格·自然出版集团（德国）	Chinese Journal of Electronics 编辑部（北京）
463	Acta Mathematica Sinica	英文	期刊（电子版）	数学（自然科学）	施普林格·自然出版集团（德国）	科学出版社（北京）
464	Analysis in Theory and Applications	英文	期刊（电子版）	数学（自然科学）	世界科技出版公司（新加坡）	Analysis in Theory and Applications 编辑部（江苏）
465	International Journal of Sediment Research	英文	期刊（电子版）	水利工程（自然科学）	爱思唯尔出版集团（荷兰）	International Journal of Sediment Research 编辑部（北京）
466	Military Medical Research	英文	期刊（电子版）	临床医学（自然科学）	施普林格·自然出版集团（德国）	人民军医出版社（北京）
467	Journal of Wuhan University of Technology (Materials Science)	英文	期刊（电子版）	材料科学（自然科学）	施普林格·自然出版集团（德国）	Journal of Wuhan University of Technology (Materials Science) 编辑部（湖北）
468	Journal of Computer Science & Technology	英文	期刊（电子版）	计算机科学技术（自然科学）	施普林格·自然出版集团（德国）	科学出版社（北京）
469	Chinese Journal of Mechanical Engineering	英文	期刊（电子版）	机械工程（自然科学）	施普林格·自然出版集团（德国）	Chinese Journal of Mechanical Engineering 编辑部（北京）
470	Acta Geologica Sinica	英文	期刊（电子版）	地球科学（自然科学）	威利出版集团（美国）	Acta Geologica Sinica 编辑部（北京）
471	Acta Mechanica Solida Sinica	英文	期刊（电子版）	力学（自然科学）	施普林格·自然出版集团（德国）	Acta Mechanica Solida Sinica 编辑部（湖北）
472	Earthquake Science	英文	期刊（电子版）	地球科学（自然科学）	无	Earthquake Science 编辑部（北京）
473	Chinese Journal of Aeronautics	英文	期刊（电子版）	航空、航天科学技术（自然科学）	爱思唯尔出版集团（荷兰）	Chinese Journal of Aeronautics 编辑部（北京）
474	Journal of Environmental Sciences	英文	期刊（电子版）	环境科学技术及资源科学技术（自然科学）	爱思唯尔出版集团（荷兰）	科学出版社（北京）

续表

马来西亚

序号	出版物名称	语种	类型	学科	国际合作出版/版权输出机构	国内出版机构
475	Rare Metals	英文	期刊（电子版）	材料科学（自然科学）	施普林格·自然出版集团（德国）	有科期刊出版（北京）有限公司（北京）
476	Asian Journal of Pharmaceutical Sciences	英文	期刊（电子版）	药学（自然科学）	爱思唯尔出版集团（荷兰）	沈阳药科大学期刊编辑部（辽宁）
477	Chinese Chemical Letters	英文	期刊（电子版）	化学（自然科学）	爱思唯尔出版集团（荷兰）	Chinese Chemical Letters 编辑部（北京）
478	Nuclear Science and Techniques	英文	期刊（电子版）	核科学技术（自然科学）	施普林格·自然出版集团（德国）	科学出版社（北京）
479	Rice Science	英文	期刊（电子版）	农学（自然科学）	爱思唯尔出版集团（荷兰）	Rice Science 编辑部（浙江）
480	Contemporary International Relations	英文	期刊（电子版）	政治学（社会科学）	无	Contemporary International Relations 编辑部（北京）
481	Journal of Earth Science	英文	期刊（电子版）	地球科学（自然科学）	施普林格·自然出版集团（德国）	Journal of Earth Science 编辑部（湖北）
482	International Journal of Mining Science and Technology	英文	期刊（电子版）	矿山工程技术（自然科学）	爱思唯尔出版集团（荷兰）	International Journal of Mining Science and Technology 编辑部（江苏）
483	Journal of Hydrodynamics, Series B	英文	期刊（电子版）	力学（自然科学）	施普林格·自然出版集团（德国）	Journal of Hydrodynamics, Series B 编辑部（上海）
484	World Journal of Acupuncture-Moxibustion	英文	期刊（电子版）	中医学与中药学（自然科学）	爱思唯尔出版集团（荷兰）	World Journal of Acupuncture-Moxibustion 编辑部（北京）
485	Chemical Research in Chinese Universities	英文	期刊（电子版）	化学（自然科学）	施普林格·自然出版集团（德国）	Chemical Research in Chinese Universities 编辑部（吉林）
486	Chinese Geographical Science	英文	期刊（电子版）	地球科学（自然科学）	施普林格·自然出版集团（德国）	科学出版社（北京）
487	Chinese Medical Sciences Journal	英文	期刊（电子版）	临床医学（自然科学）	爱思唯尔出版集团（荷兰）	Chinese Medical Sciences Journal 编辑部（北京）

续表

马来西亚

序号	出版物名称	语种	类型	学科	国际合作出版/版权输出机构	国内出版机构
488	Journal of Rare Earths	英文	期刊（电子版）	化学（自然科学）	爱思唯尔出版集团（荷兰）	Journal of Rare Earths 编辑部（北京）
489	Progress in Natural Science: Materials International	英文	期刊（电子版）	材料科学（自然科学）	爱思唯尔出版集团（荷兰）	Progress in Natural Science: Materials International 编辑部（北京）
490	Journal of Thermal Science	英文	期刊（电子版）	物理学（自然科学）	施普林格·自然出版集团（德国）	科学出版社（北京）
491	Applied Mathematics: A Journal of Chinese Universities	英文	期刊（电子版）	数学（自然科学）	施普林格·自然出版集团（德国）	浙江大学出版社（浙江）
492	Journal of Materials Science & Technology	英文	期刊（电子版）	材料科学（自然科学）	爱思唯尔出版集团（荷兰）	Journal of Materials Science & Technology 编辑部（辽宁）
493	Acta Metallurgica Sinica (English Letters)	英文	期刊（电子版）	材料科学（自然科学）	施普林格·自然出版集团（德国）	Acta Metallurgica Sinica 编辑部（辽宁）
494	Journal of Iron and Steel Research (International)	英文	期刊（电子版）	冶金工程技术（自然科学）	施普林格·自然出版集团（德国）	北京钢研柏苑出版有限责任公司（北京）
495	The Journal of China Universities of Posts and Telecommunications	英文	期刊（电子版）	电子与通信技术（自然科学）	无	《中国邮电高校学报》编辑部（北京）
496	Algebra Colloquium	英文	期刊（电子版）	数学（自然科学）	世界科技出版公司（新加坡）	Algebra Colloquium 编辑部（北京）
497	Transactions of Tianjin University	英文	期刊（电子版）	综合（自然科学）	施普林格·自然出版集团（德国）	Transactions of Tianjin University 编辑部（天津）
498	Journal of Tropical Meteorology	英文	期刊（电子版）	环境科学技术及资源科学技术（自然科学）	无	Journal of Tropical Meteorology 编辑部（广东）
499	Journal of Shanghai Jiaotong University (Science)	英文	期刊（电子版）	综合（自然科学）	施普林格·自然出版集团（德国）	Journal of Shanghai Jiaotong University (Science) 编辑部（上海）
500	Tsinghua Science and Technology	英文	期刊（电子版）	综合（自然科学）	电气和电子工程师协会出版平台（美国）	清华大学出版社（北京）

续表

马来西亚

序号	出版物名称	语种	类型	学科	国际合作出版/版权输出机构	国内出版机构
501	Journal of Forestry Research	英文	期刊(电子版)	林学(自然科学)	施普林格·自然出版集团(德国)	Journal of Forestry Research 编辑部(黑龙江)
502	Chinese Journal of Traumatology	英文	期刊(电子版)	临床医学(自然科学)	爱思唯尔出版集团(荷兰)	中华医学会杂志社(北京)
503	Fungal Diversity	英文	期刊(电子版)	生物学(自然科学)	施普林格·自然出版集团(德国)	Fungal Diversity 编辑部(云南)
504	Chinese Journal of Polymer Science	英文	期刊(电子版)	化学(自然科学)	施普林格·自然出版集团(德国)	Chinese Journal of Polymer Science 编辑部(北京)
505	Asian Journal of Andrology	英文	期刊(电子版)	临床医学(自然科学)	无	Asian Journal of Andrology 编辑部(上海)
506	Plasma Science & Technology	英文	期刊(电子版)	物理学(自然科学)	英国物理学会出版社(英国)	Plasma Science & Technology 编辑部(安徽)
507	Research in Astronomy and Astrophysics	英文	期刊(电子版)	天文学(自然科学)	英国物理学会出版社(英国)	科学出版社(北京)
508	China & World Economy	英文	期刊(电子版)	经济学(社会科学)	威利出版集团(美国)	China & World Economy 编辑部(北京)
509	Journal of Systems Science and Complexity	英文	期刊(电子版)	信息科学与系统科学(自然科学)	施普林格·自然出版集团(德国)	Journal of Systems Science and Complexity 编辑部(北京)
510	Current Medical Science	英文	期刊(电子版)	医学综合(自然科学)	施普林格·自然出版集团(德国)	Current Medical Science 编辑部(湖北)
511	Earthquake Engineering and Engineering Vibration	英文	期刊(电子版)	工程与技术科学基础学科(自然科学)	施普林格·自然出版集团(德国)	Earthquake Engineering and Engineering Vibration 编辑部(黑龙江)
512	Hepatobiliary & Pancreatic Diseases International	英文	期刊(电子版)	临床医学(自然科学)	爱思唯尔出版集团(荷兰)	浙江大学出版社(浙江)
513	Control Theory and Technology	英文	期刊(电子版)	信息科学与系统科学(自然科学)	施普林格·自然出版集团(德国)	Control Theory and Technology 编辑部(广东)

续表

马来西亚

序号	出版物名称	语种	类型	学科	国际合作出版/版权输出机构	国内出版机构
514	Genomics, Proteomics & Bioinformatics	英文	期刊（电子版）	生物学（自然科学）	爱思唯尔出版集团（荷兰）	科学出版社（北京）
515	Chinese Journal of Integrative Medicine	英文	期刊（电子版）	中医学与中药学（自然科学）	施普林格·自然出版集团（德国）	中国中西医结合杂志社（北京）
516	China Foundry	英文	期刊（电子版）	材料科学（自然科学）	施普林格·自然出版集团（德国）	《铸造》杂志社（辽宁）
517	International Journal of Automation and Computing	英文	期刊（电子版）	信息与系统科学相关工程与技术（自然科学）	施普林格·自然出版集团（德国）	International Journal of Automation and Computing 编辑部（北京）
518	Petroleum Science	英文	期刊（电子版）	能源科学技术（自然科学）	施普林格·自然出版集团（德国）	Petroleum Science 编辑部（北京）
519	Chinese Journal of Population Resources and Environment	英文	期刊（电子版）	社会学（社会科学）	泰勒弗朗西斯出版集团（英国）	Chinese Journal of Population Resources and Environment 编辑部（山东）
520	Acta Biochimica et Biophysica Sinica	英文	期刊（电子版）	生物学（自然科学）	牛津大学出版社（英国）	Acta Biochimica et Biophysica Sinica 编辑部（上海）
521	Journal of Integrative Plant Biology	英文	期刊（电子版）	生物学（自然科学）	威利出版集团（美国）	Journal of Integrative Plant Biology 编辑部（北京）
522	Optoelectronics Letters	英文	期刊（电子版）	电子与通信技术（自然科学）	施普林格·自然出版集团（德国）	Optoelectronics Letters 编辑部（天津）
523	World Journal of Pediatrics	英文	期刊（电子版）	临床医学（自然科学）	施普林格·自然出版集团（德国）	浙江大学出版社（浙江）
524	China International Studies	英文	期刊（电子版）	政治学（社会科学）	无	China International Studies 编辑部（北京）
525	Journal of Zhejiang University-Science B (Biomedicine & Biotechnology)	英文	期刊（电子版）	自然科学相关工程与技术（自然科学）	施普林格·自然出版集团（德国）	浙江大学出版社（浙江）
526	Neuroscience Bulletin	英文	期刊（电子版）	临床医学（自然科学）	施普林格·自然出版集团（德国）	Neuroscience Bulletin 编辑部（上海）

续表

马来西亚

序号	出版物名称	语种	类型	学科	国际合作出版/版权输出机构	国内出版机构
527	Frontiers of Mathematics in China	英文	期刊（电子版）	数学（自然科学）	施普林格·自然出版集团（德国）	高等教育出版社（北京）
528	Integrative Zoology	英文	期刊（电子版）	生物学（自然科学）	威利出版集团（美国）	Integrative Zoology 编辑部（北京）
529	Journal of Otology	英文	期刊（电子版）	临床医学（自然科学）	爱思唯尔出版集团（荷兰）	Journal of Otology 编辑部（北京）
530	Transactions of Nonferrous Metals Society of China	英文	期刊（电子版）	材料科学（自然科学）	爱思唯尔出版集团（荷兰）	科学出版社（北京）
531	Frontiers of Law in China	英文	期刊（电子版）	法学（社会科学）	汤森路透法律出版集团（美国）	高等教育出版社（北京）
532	Frontiers of History in China	英文	期刊（电子版）	历史学（社会科学）	博睿出版集团（荷兰）	高等教育出版社（北京）
533	Frontiers of Economics in China	英文	期刊（电子版）	经济学（社会科学）	博睿出版集团（荷兰）	高等教育出版社（北京）
534	Frontiers of Philosophy in China	英文	期刊（电子版）	哲学（社会科学）	博睿出版集团（荷兰）	高等教育出版社（北京）
535	Frontiers of Education in China	英文	期刊（电子版）	教育学（社会科学）	施普林格·自然出版集团（德国）	高等教育出版社（北京）
536	Neural Regeneration Research	英文	期刊（电子版）	临床医学（自然科学）	威利出版集团（美国）	Neural Regeneration Research 编辑部（辽宁）
537	Virologica Sinica	英文	期刊（电子版）	生物学（自然科学）	施普林格·自然出版集团（德国）	Virologica Sinica 编辑部（湖北）
538	Frontiers of Environmental Science & Engineering	英文	期刊（电子版）	环境科学技术及资源科学技术（自然科学）	施普林格·自然出版集团（德国）	高等教育出版社（北京）
539	Journal of Genetics and Genomics	英文	期刊（电子版）	生物学（自然科学）	爱思唯尔出版集团（荷兰）	科学出版社（北京）
540	Frontiers of Business Research in China	英文	期刊（电子版）	管理学（社会科学）	施普林格·自然出版集团（德国）	高等教育出版社（北京）
541	Atmospheric and Oceanic Science Letters	英文	期刊（电子版）	地球科学（自然科学）	泰勒弗朗西斯出版集团（英国）	科学出版社（北京）

续表

马来西亚

序号	出版物名称	语种	类型	学科	国际合作出版/版权输出机构	国内出版机构
542	International Journal of Digital Earth	英文	期刊（电子版）	测绘科学技术（自然科学）	泰勒弗朗西斯出版集团（英国）	International Journal of Digital Earth 编辑部（北京）
543	Journal of Innovative Optical Health Sciences	英文	期刊（电子版）	物理学（自然科学）	世界科技出版公司（新加坡）	Journal of Innovative Optical Health Sciences 编辑部（湖北）
544	Journal of Systematics and Evolution	英文	期刊（电子版）	生物学（自然科学）	威利出版集团（美国）	Journal of Systematics and Evolution 编辑部（北京）
545	Molecular Plant	英文	期刊（电子版）	生物学（自然科学）	爱思唯尔出版集团（荷兰）	Molecular Plant 编辑部（上海）
546	Nano Research	英文	期刊（电子版）	材料科学（自然科学）	施普林格·自然出版集团（德国）	清华大学出版社（北京）
547	Petroleum Exploration and Development	英文	期刊（电子版）	能源科学技术（自然科学）	爱思唯尔出版集团（荷兰）	Petroleum Exploration and Development 编辑部（北京）
548	Rare Metal Materials and Engineering	英文	期刊（电子版）	材料科学（自然科学）	爱思唯尔出版集团（荷兰）	科学出版社（北京）
549	Fudan Journal of the Humanities and Social Sciences	英文	期刊（电子版）	综合（社会科学）	施普林格·自然出版集团（德国）	Fudan Journal of the Humanities and Social Sciences 编辑部（上海）
550	Building Simulation	英文	期刊（电子版）	土木建筑工程（自然科学）	施普林格·自然出版集团（德国）	清华大学出版社（北京）
551	International Journal of Oral Science	英文	期刊（电子版）	临床医学（自然科学）	施普林格·自然出版集团（德国）	International Journal of Oral Science 编辑部（四川）
552	Journal of Arid Land	英文	期刊（电子版）	地球科学（自然科学）	施普林格·自然出版集团（德国）	科学出版社（北京）
553	Journal of Rock Mechanics and Geotechnical Engineering	英文	期刊（电子版）	土木建筑工程（自然科学）	爱思唯尔出版集团（荷兰）	科学出版社（北京）
554	Nano-Micro Letters	英文	期刊（电子版）	材料科学（自然科学）	施普林格·自然出版集团（德国）	上海交通大学出版社（上海）

续表

马来西亚

序号	出版物名称	语种	类型	学科	国际合作出版/版权输出机构	国内出版机构
555	Current Zoology	英文	期刊（电子版）	生物学（自然科学）	牛津大学出版社（英国）	Current Zoology 编辑部（北京）
556	Journal of Semiconductors	英文	期刊（电子版）	电子与通信技术（自然科学）	英国物理学会出版社（英国）	Journal of Semiconductors 编辑部（北京）
557	Geoscience Frontiers	英文	期刊（电子版）	地球科学（自然科学）	爱思唯尔出版集团（荷兰）	Geoscience Frontiers 编辑部（北京）
558	Journal of Electronic Science and Technology	英文	期刊（电子版）	电子与通信技术（自然科学）	爱思唯尔出版集团（荷兰）	Journal of Electronic Science and Technology 编辑部（四川）
559	Asian Herpetological Research	英文	期刊（电子版）	生物学（自然科学）	无	Asian Herpetological Research 编辑部（四川）
560	Journal of Animal Science and Biotechnology	英文	期刊（电子版）	生物学（自然科学）	施普林格・自然出版集团（德国）	Journal of Animal Science and Biotechnology 编辑部（北京）
561	Advances in Climate Change Research	英文	期刊（电子版）	地球科学（自然科学）	爱思唯尔出版集团（荷兰）	科学出版社（北京）
562	Geodesy and Geodynamics	英文	期刊（电子版）	地球科学（自然科学）	爱思唯尔出版集团（荷兰）	科学出版社（北京）
563	Acta Pharmaceutica Sinica B	英文	期刊（电子版）	药学（自然科学）	爱思唯尔出版集团（荷兰）	Acta Pharmaceutica Sinica B 编辑部（北京）
564	Frontiers in Energy	英文	期刊（电子版）	能源科学技术（自然科学）	施普林格・自然出版集团（德国）	高等教育出版社（北京）
565	Frontiers of Chemical Science and Engineering	英文	期刊（电子版）	化学工程（自然科学）	施普林格・自然出版集团（德国）	高等教育出版社（北京）
566	Frontiers of Earth Science	英文	期刊（电子版）	地球科学（自然科学）	施普林格・自然出版集团（德国）	高等教育出版社（北京）
567	Frontiers of Materials Science	英文	期刊（电子版）	材料科学（自然科学）	施普林格・自然出版集团（德国）	高等教育出版社（北京）
568	Frontiers of Medicine	英文	期刊（电子版）	临床医学（自然科学）	施普林格・自然出版集团（德国）	高等教育出版社（北京）

续表

马来西亚

序号	出版物名称	语种	类型	学科	国际合作出版/版权输出机构	国内出版机构
569	Frontiers of Physics	英文	期刊（电子版）	物理学（自然科学）	施普林格·自然出版集团（德国）	高等教育出版社（北京）
570	Theoretical & Applied Mechanics Letters	英文	期刊（电子版）	机械工程（自然科学）	爱思唯尔出版集团（荷兰）	Theoretical & Applied Mechanics Letters 编辑部（北京）
571	Frontiers of Mechanical Engineering	英文	期刊（电子版）	机械工程（自然科学）	施普林格·自然出版集团（德国）	高等教育出版社（北京）
572	Journal of Pharmaceutical Analysis	英文	期刊（电子版）	药学（自然科学）	爱思唯尔出版集团（荷兰）	Journal of Pharmaceutical Analysis 编辑部（陕西）
573	Frontiers of Architectural Research	英文	期刊（电子版）	土木建筑工程（自然科学）	施普林格·自然出版集团（德国）	高等教育出版社（北京）
574	Frontiers of Computer Science	英文	期刊（电子版）	计算机科学技术（自然科学）	施普林格·自然出版集团（德国）	高等教育出版社（北京）
575	Frontiers of Optoelectronics	英文	期刊（电子版）	电子与通信技术（自然科学）	施普林格·自然出版集团（德国）	高等教育出版社（北京）
576	Frontiers of Structural and Civil Engineering	英文	期刊（电子版）	土木建筑工程（自然科学）	施普林格·自然出版集团（德国）	高等教育出版社（北京）
577	Journal of Advanced Ceramics	英文	期刊（电子版）	材料科学（自然科学）	施普林格·自然出版集团（德国）	清华大学出版社（北京）
578	Journal of Central South University	英文	期刊（电子版）	综合（自然科学）	施普林格·自然出版集团（德国）	Journal of Central South University 编辑部（湖南）
579	Journal of Palaeogeography	英文	期刊（电子版）	地球科学（自然科学）	施普林格·自然出版集团（德国）	科学出版社（北京）
580	Journal of Sport and Health Science	英文	期刊（电子版）	体育科学（自然科学）	爱思唯尔出版集团（荷兰）	Journal of Sport and Health Science 编辑部（上海）
581	Translational Neurodegeneration	英文	期刊（电子版）	临床医学（自然科学）	施普林格·自然出版集团（德国）	Translational Neurodegeneration 编辑部（上海）
582	Journal of Integrative Agriculture	英文	期刊（电子版）	农学（自然科学）	爱思唯尔出版集团（荷兰）	Journal of Integrative Agriculture 编辑部（北京）

续表

马来西亚

序号	出版物名称	语种	类型	学科	国际合作出版/版权输出机构	国内出版机构
583	Defence Technology	英文	期刊（电子版）	产品应用相关工程与技术（自然科学）	爱思唯尔出版集团（荷兰）	Defence Technology 编辑部（北京）
584	International Soil and Water Conservation Research	英文	期刊（电子版）	自然科学相关工程与技术（自然科学）	爱思唯尔出版集团（荷兰）	International Soil and Water Conservation Research 编辑部（北京）
585	Journal of Magnesium and Alloys	英文	期刊（电子版）	材料科学（自然科学）	爱思唯尔出版集团（荷兰）	Journal of Magnesium and Alloys 编辑部（重庆）
586	Journal of the Operations Research Society of China	英文	期刊（电子版）	数学（自然科学）	施普林格·自然出版集团（德国）	科学出版社（北京）
587	China Finance and Economic Review	英文	期刊（电子版）	经济学（社会科学）	无	社会科学文献出版社（北京）
588	China Legal Science	英文	期刊（电子版）	法学（社会科学）	无	《中国法学》杂志社（北京）
589	Economic and Political Studies	英文	期刊（电子版）	综合（社会科学）	泰勒弗朗西斯出版集团（英国）	中国人民大学出版社（北京）
590	Engineering	英文	期刊（电子版）	工程与技术科学基础学科（自然科学）	爱思唯尔出版集团（荷兰）	高等教育出版社（北京）
591	IEEE/CAA Journal of Automatica Sinica	英文	期刊（电子版）	信息与系统科学相关工程与技术（自然科学）	电气和电子工程师协会出版平台（美国）	科学出版社（北京）
592	International Journal of Coal Science & Technology	英文	期刊（电子版）	能源科学技术（自然科学）	施普林格·自然出版集团（德国）	International Journal of Coal Science & Technology 编辑部（北京）
593	International Journal of Nursing Sciences	英文	期刊（电子版）	临床医学（自然科学）	爱思唯尔出版集团（荷兰）	中华护理杂志社（北京）
594	Journal of Traditional Chinese Medical Sciences	英文	期刊（电子版）	中医学与中药学（自然科学）	爱思唯尔出版集团（荷兰）	清华大学出版社（北京）
595	Science China Materials	英文	期刊（电子版）	材料科学（自然科学）	施普林格·自然出版集团（德国）	《中国科学》杂志社（北京）

续表

马来西亚

序号	出版物名称	语种	类型	学科	国际合作出版/版权输出机构	国内出版机构
596	Information Processing in Agriculture	英文	期刊（电子版）	信息科学与系统科学（自然科学）	爱思唯尔出版集团（荷兰）	Information Processing in Agriculture 编辑部（北京）
597	Asian Journal of Urology	英文	期刊（电子版）	临床医学（自然科学）	爱思唯尔出版集团（荷兰）	Asian Journal of Urology 编辑部（上海）
598	Frontiers of Nursing	英文	期刊（电子版）	临床医学（自然科学）	德古意特出版公司（德国）	山西医学期刊社（山西）
599	Forest Ecosystems	英文	期刊（电子版）	林学（自然科学）	爱思唯尔出版集团（荷兰）	Forest Ecosystems 编辑部（北京）
600	Journal of Traffic and Transportation Engineering	英文	期刊（电子版）	交通运输工程（自然科学）	爱思唯尔出版集团（荷兰）	Journal of Traffic and Transportation Engineering 编辑部（陕西）
601	Biosurface and Biotribology	英文	期刊（电子版）	机械工程（自然科学）	威利出版集团（美国）	Biosurface and Biotribology 编辑部（四川）
602	Chinese Journal of Electrical Engineering	英文	期刊（电子版）	动力与电气工程（自然科学）	电气和电子工程师协会出版平台（美国）	Chinese Journal of Electrical Engineering 编辑部（北京）
603	CSEE Journal of Power and Energy Systems	英文	期刊（电子版）	动力与电气工程（自然科学）	电气和电子工程师协会出版平台（美国）	CSEE Journal of Power and Energy Syste-ms 编辑部（北京）
604	Digital Communications and Networks	英文	期刊（电子版）	电子与通信技术（自然科学）	爱思唯尔出版集团（荷兰）	Digital Communications and Networks 编辑部（重庆）
605	Computational Materials	英文	期刊（电子版）	材料科学（自然科学）	施普林格·自然出版集团（德国）	Computational Materials 编辑部（上海）
606	Journal of Materiomics	英文	期刊（电子版）	材料科学（自然科学）	爱思唯尔出版集团（荷兰）	Journal of Materiomics 编辑部（北京）
607	Petroleum	英文	期刊（电子版）	能源科学技术（自然科学）	爱思唯尔出版集团（荷兰）	Petroleum 编辑部（四川）
608	World Journal of Otorhinolaryngology-Head and Neck Surgery	英文	期刊（电子版）	临床医学（自然科学）	爱思唯尔出版集团（荷兰）	中华医学会杂志社（北京）
609	Syntaetic and Systems Biotechnology	英文	期刊（电子版）	自然科学相关工程与技术（自然科学）	爱思唯尔出版集团（荷兰）	Synthetic and Systems Biotechnology 编辑部（北京）

续表

马来西亚

序号	出版物名称	语种	类型	学科	国际合作出版/版权输出机构	国内出版机构
610	Chronic Diseases and Translational Medicine	英文	期刊（电子版）	临床医学（自然科学）	爱思唯尔出版集团（荷兰）	中华医学会杂志社（北京）
611	Emerging Contaminants	英文	期刊（电子版）	环境科学技术及资源科学技术（自然科学）	爱思唯尔出版集团（荷兰）	Emerging Contaminants 编辑部（北京）
612	Water Science and Engineering	英文	期刊（电子版）	水利工程（自然科学）	无	Water Science and Engineering 编辑部（江苏）
613	Forensic Sciences Research	英文	期刊（电子版）	军事医学与特种医学（自然科学）	泰勒弗朗西斯出版集团（英国）	Forensic Sciences Research 编辑部（上海）
614	Green Energy & Environment	英文	期刊（电子版）	能源科学技术（自然科学）	爱思唯尔出版集团（荷兰）	科学出版社（北京）
615	Journal of Bioresources and Bioproducts	英文	期刊（电子版）	林学（自然科学）	爱思唯尔出版集团（荷兰）	Journal of Bioresources and Bioproducts 编辑部（江苏）
616	Journal of Communications and Information Networks	英文	期刊（电子版）	电子与通信技术（自然科学）	电气和电子工程师协会出版平台（美国）	Journal of Communications and Information Networks 编辑部（北京）
617	Journal of Management Science and Engineering	英文	期刊（电子版）	管理学（社会科学）	爱思唯尔出版集团（荷兰）	科学出版社（北京）
618	Journal of Ocean Engineering and Science	英文	期刊（电子版）	地球科学（自然科学）	爱思唯尔出版集团（荷兰）	Journal of Ocean Engineering and Science 编辑部（上海）
619	Oil Crop Science	英文	期刊（电子版）	农学（自然科学）	爱思唯尔出版集团（荷兰）	Oil Crop Science 编辑部（湖北）
620	Petroleum Research	英文	期刊（电子版）	能源科学技术（自然科学）	爱思唯尔出版集团（荷兰）	石油工业出版社（北京）
621	Underground Space	英文	期刊（电子版）	土木建筑工程（自然科学）	爱思唯尔出版集团（荷兰）	同济大学出版社（上海）
622	Infectious Disease Modelling	英文	期刊（电子版）	数学（自然科学）	爱思唯尔出版集团（荷兰）	Infectious Disease Modelling 编辑部（北京）

续表

马来西亚

序号	出版物名称	语种	类型	学科	国际合作出版/版权输出机构	国内出版机构
623	CES Transaction on Electrical Machines and Systems	英文	期刊（电子版）	动力与电气工程（自然科学）	电气和电子工程师协会出版平台（美国）	《电气技术》杂志社（北京）
624	Global Health Journal	英文	期刊（电子版）	临床医学（自然科学）	爱思唯尔出版集团（荷兰）	人民卫生出版社（北京）
625	Liver Research	英文	期刊（电子版）	临床医学（自然科学）	爱思唯尔出版集团（荷兰）	Liver Research 编辑部（广东）
626	Radiation Detection Technology and Methods	英文	期刊（电子版）	物理学（自然科学）	施普林格·自然出版集团（德国）	Radiation Detection Technology and Methods 编辑部（北京）
627	International journal of innovation studies	英文	期刊（电子版）	综合（社会科学）	爱思唯尔出版集团（荷兰）	科学出版社（北京）
628	Automotive Innovation	英文	期刊（电子版）	动力与电气工程（自然科学）	施普林格·自然出版集团（德国）	Automotive Innovation 编辑部（北京）
629	Big Data Mining and Analytics	英文	期刊（电子版）	计算机科学（自然科学）	电气和电子工程师协会出版平台（美国）	清华大学出版社（北京）
630	Bio-Design and Manufacturing	英文	期刊（电子版）	自然科学相关工程与技术（自然科学）	施普林格·自然出版集团（德国）	浙江大学出版社（浙江）
631	Electrochemical Energy Reviews	英文	期刊（电子版）	能源科学技术（自然科学）	施普林格·自然出版集团（德国）	Electrochemical Energy Reviews 编辑部（上海）
632	Global Energy Interconnection	英文	期刊（电子版）	能源科学技术（自然科学）	爱思唯尔出版集团（荷兰）	Global Energy Interconnection 编辑部（北京）
633	Journal of Interventional Medicine	英文	期刊（电子版）	临床医学（自然科学）	爱思唯尔出版集团（荷兰）	Journal of Interventional Medicine 编辑部（上海）
634	Nanomanufacturing and Metrology	英文	期刊（电子版）	材料科学（自然科学）	施普林格·自然出版集团（德国）	Nanomanufacturing and Metrology 编辑部（天津）
635	China Population and Development Studies	英文	期刊（电子版）	社会科学（社会科学）	施普林格·自然出版集团（德国）	China Population and Development Studies 编辑部（北京）
636	Grain & Oil Science and Technology	英文	期刊（电子版）	食品科学技术（自然科学）	爱思唯尔出版集团（荷兰）	Grain & Oil Science and Technology 编辑部（河南）

续表

马来西亚

序号	出版物名称	语种	类型	学科	国际合作出版/版权输出机构	国内出版机构
637	China Geology	英文	期刊（电子版）	地球科学（自然科学）	爱思唯尔出版集团（荷兰）	China Geology 编辑部（北京）
638	Biosafety and Health	英文	期刊（电子版）	基础医学（自然科学）	爱思唯尔出版集团（荷兰）	中华医学会杂志社（北京）
639	Journal of Leather Science and Engineering	英文	期刊（电子版）	化学（自然科学）	施普林格·自然出版集团（德国）	四川大学出版社（四川）
640	Nano Materials Science	英文	期刊（电子版）	材料科学（自然科学）	爱思唯尔出版集团（荷兰）	科学出版社（北京）
641	Phytopathology Research	英文	期刊（电子版）	农学（自然科学）	施普林格·自然出版集团（德国）	Phytopathology Research 编辑部（北京）
642	Artificial Intelligence in Agriculture	英文	期刊（电子版）	计算机科学技术（自然科学）	爱思唯尔出版集团（荷兰）	Artificial Intelligence in Agriculture 编辑部（北京）
643	Chinese Journal of Plastic and Reconstructive Surgery	英文	期刊（电子版）	临床医学（自然科学）	爱思唯尔出版集团（荷兰）	Chinese Journal of Plastic and Reconstructive Surgery 编辑部（北京）
644	Environmental Science & Ecotechnology	英文	期刊（电子版）	环境科学技术及资源科学技术（自然科学）	爱思唯尔出版集团（荷兰）	Environmental Science & Ecotechnology 编辑部（北京）
645	Journal of Safety Science and Resilience	英文	期刊（电子版）	安全科学技术（自然科学）	爱思唯尔出版集团（荷兰）	科学出版社（北京）
646	Regional Sustainability	英文	期刊（电子版）	环境科学技术及资源科学技术（自然科学）	爱思唯尔出版集团（荷兰）	Regional Sustainability 编辑部（新疆）
647	Intelligent Medicine	英文	期刊（电子版）	临床医学（自然科学）	爱思唯尔出版集团（荷兰）	Intelligent Medicine 编辑部（北京）
648	Chinese Medical Journal	英文	期刊（纸质版+电子版）	临床医学（自然科学）	威科出版集团（荷兰）	中华医学会杂志社（北京）
649	Journal of Traditional Chinese Medicine	英文	期刊（纸质版+电子版）	中医学与中药学（自然科学）	无	Journal of Traditional Chinese Medicine 编辑部（北京）

续表

马来西亚

序号	出版物名称	语种	类型	学科	国际合作出版机构/输出版权	国内出版机构
650	Communications in Theoretical Physics	英文	期刊（纸质版＋电子版）	物理学（自然科学）	英国物理学会出版社（英国）	Communications in Theoretical Physics 编辑部（北京）
651	Acta Mathematicae Applicatae Sinica	英文	期刊（纸质版＋电子版）	数学（自然科学）	施普林格·自然出版集团（德国）	Acta Mathematicae Applicatae Sinica 编辑部（北京）
652	Acta Mechanica Sinica	英文	期刊（纸质版＋电子版）	力学（自然科学）	施普林格·自然出版集团（德国）	Acta Mechanica Sinica 编辑部（北京）
653	Chinese Journal of Cancer Research	英文	期刊（纸质版＋电子版）	临床医学（自然科学）	无	Chinese Journal of Cancer Research 编辑部（北京）
654	Science Bulletin	英文	期刊（纸质版＋电子版）	综合（自然科学）	爱思唯尔出版集团（荷兰）	《中国科学》杂志社（北京）
655	Science China Chemistry	英文	期刊（纸质版＋电子版）	化学（自然科学）	施普林格·自然出版集团（德国）	《中国科学》杂志社（北京）
656	Cell Research	英文	期刊（纸质版＋电子版）	生物学（自然科学）	施普林格·自然出版集团（德国）	Cell Research 编辑部（上海）
657	Chinese Physics B	英文	期刊（纸质版＋电子版）	物理学（自然科学）	英国物理学会出版社（英国）	Chinese Physics B 编辑部（北京）
658	Science China Life Sciences	英文	期刊（纸质版＋电子版）	生物学（自然科学）	施普林格·自然出版集团（德国）	《中国科学》杂志社（北京）
659	Science China Technological Sciences	英文	期刊（纸质版＋电子版）	工程与技术科学基础学科（自然科学）	施普林格·自然出版集团（德国）	《中国科学》杂志社（北京）
660	Science China Earth Sciences	英文	期刊（纸质版＋电子版）	地球科学（自然科学）	施普林格·自然出版集团（德国）	《中国科学》杂志社（北京）
661	Geo-spatial Information Science	英文	期刊（纸质版＋电子版）	测绘科学技术（自然科学）	泰勒弗朗西斯出版集团（英国）	Geo-spatial Information Science 编辑部（湖北）
662	Acta Pharmacologica Sinica	英文	期刊（纸质版＋电子版）	药学（自然科学）	施普林格·自然出版集团（德国）	Acta Pharmacologica Sinica 编辑部（上海）
663	Science China Information Sciences	英文	期刊（纸质版＋电子版）	信息科学与系统科学（自然科学）	施普林格·自然出版集团（德国）	《中国科学》杂志社（北京）

续表

马来西亚

序号	出版物名称	语种	类型	学科	国际合作出版/版权输出机构	国内出版机构
664	Journal of Geographical Sciences	英文	期刊(纸质版+电子版)	地球科学(自然科学)	施普林格·自然出版集团(德国)	科学出版社(北京)
665	Journal of Marine Science and Application	英文	期刊(纸质版+电子版)	自然科学相关工程与技术(自然科学)	施普林格·自然出版集团(德国)	Journal of Marine Science and Application 编辑部(黑龙江)
666	Science China Physics, Mechanics & Astronomy	英文	期刊(纸质版+电子版)	综合(自然科学)	施普林格·自然出版集团(德国)	《中国科学》杂志社(北京)
667	Science China Mathematics	英文	期刊(纸质版+电子版)	数学(自然科学)	施普林格·自然出版集团(德国)	《中国科学》杂志社(北京)
668	Particuology	英文	期刊(纸质版+电子版)	化学工程(自然科学)	爱思唯尔出版集团(荷兰)	科学出版社(北京)
669	Journal of Acupuncture and Tuina Science	英文	期刊(纸质版+电子版)	中医学与中药学(自然科学)	施普林格·自然出版集团(德国)	Journal of Acupuncture and Tuina Science 编辑部(上海)
670	Cellular & Molecular Immunology	英文	期刊(纸质版+电子版)	生物学(自然科学)	施普林格·自然出版集团(德国)	Cellular & Molecular Immunology 编辑部(安徽)
671	Chinese Physics C	英文	期刊(纸质版+电子版)	物理学(自然科学)	英国物理学会出版社(英国)	科学出版社(北京)
672	Chinese Herbal Medicines	英文	期刊(纸质版+电子版)	中医学与中药学(自然科学)	爱思唯尔出版集团(荷兰)	Chinese Herbal Medicines 编辑部(天津)
673	Frontiers of Information Technology & Electronic Engineering	英文	期刊(纸质版+电子版)	信息科学与系统科学相关工程与技术(自然科学)	施普林格·自然出版集团(德国)	浙江大学出版社(浙江)
674	Protein & Cell	英文	期刊(纸质版+电子版)	生物学(自然科学)	施普林格·自然出版集团(德国)	高等教育出版社(北京)
675	Railway Engineering Science	英文	期刊(纸质版+电子版)	交通运输工程(自然科学)	施普林格·自然出版集团(德国)	Railway Engineering Science 编辑部(四川)
676	Bone Research	英文	期刊(纸质版+电子版)	临床医学(自然科学)	施普林格·自然出版集团(德国)	四川大学出版社(四川)
677	Computational Visual Media	英文	期刊(纸质版+电子版)	计算机科学技术(自然科学)	施普林格·自然出版集团(德国)	清华大学出版社(北京)

续表

马来西亚

序号	出版物名称	语种	类型	学科	国际合作出版/版权输出机构（荷兰）	国内出版机构
678	Animal Nutrition	英文	期刊（纸质版+电子版）	畜牧、兽医科学（自然科学）	爱思唯尔出版集团（荷兰）	Animal Nutrition 编辑部（北京）
679	中国文学研究	中文	图书（纸质版）	文学（社会科学）	无	商务印书馆（上海）
680	李白研究论文集	中文	图书（纸质版）	文学（社会科学）	无	中华书局（北京）
681	春秋左传研究	中文	图书（纸质版）	历史学（社会科学）	无	上海人民出版社（上海）
682	社会语言学	中文	图书（纸质版）	语言学（社会科学）	无	学林出版社（上海）
683	汉语语法论文集	中文	图书（纸质版）	语言学（社会科学）	无	商务印书馆（北京）
684	文学的基本原理	中文	图书（纸质版）	文学（社会科学）	无	上海文艺出版社（上海）
685	吴敬梓研究	中文	图书（纸质版）	文学（社会科学）	无	上海古籍出版社（上海）
686	程序设计学	中文	图书（纸质版）	计算机科学技术（自然科学）	无	科学出版社（北京）
687	东南亚国家经济发展战略研究	中文	图书（纸质版）	经济学（社会科学）	无	北京大学出版社（北京）
688	现代汉语语法研究的现状和回顾	中文	图书（纸质版）	语言学（社会科学）	无	语文出版社（北京）
689	中国语言学发展方向	中文	图书（纸质版）	语言学（社会科学）	无	光明日报出版社（北京）
690	中国李白研究论文集	中文	图书（纸质版）	文学（社会科学）	无	中国展望出版社（北京）
691	怎样寻求 P[k+1] 的证明	中文	图书（纸质版）	数学（自然科学）	无	河南教育出版社（河南）
692	方剂学	中文	图书（纸质版）	中医学与中药学（自然科学）	无	上海中医学院出版社（上海）
693	中国李白研究	中文	图书（纸质版）	文学（社会科学）	无	江苏古籍出版社（江苏）
694	中医诊断学	中文	图书（纸质版）	中医学与中药学（自然科学）	无	上海中医学院出版社（上海）
695	多维文化中的西部美：中国西部文学论	中文	图书（纸质版）	文学（社会科学）	无	青海人民出版社（青海）
696	儿科学	中文	图书（纸质版）	临床医学（自然科学）	无	上海科学技术出版社（上海）
697	上海外滩旅游资源问题研究	中文	图书（纸质版）	经济学（社会科学）	无	上海古籍出版社（上海）

续表

马来西亚

序号	出版物名称	语种	类型	学科	国际合作出版/版权输出机构	国内出版机构
698	近代双语语词研究	中文	图书（纸质版）	语言学（社会科学）	无	语文出版社（北京）
699	唐宋古文研究	中文	图书（纸质版）	文学（社会科学）	无	北京师范大学出版社（北京）
700	语文学论集	中文	图书（纸质版）	语言学（社会科学）	无	商务印书馆（北京）
701	语言研究与应用	中文	图书（纸质版）	语言学（社会科学）	无	商务印书馆（北京）
702	中国传统语言学要籍述论	中文	图书（纸质版）	语言学（社会科学）	无	书目文献出版社（北京）
703	朱淑真研究	中文	图书（纸质版）	文学（社会科学）	无	生活·读书·新知三联书店（上海）
704	中国思想家评传丛书：杜甫评传	中文	图书（纸质版）	文学（社会科学）	无	南京大学出版社（江苏）
705	东南亚农业地理	中文	图书（纸质版）	经济学（社会科学）	无	商务印书馆（北京）
706	汉语修辞学	中文	图书（纸质版）	语言学（社会科学）	无	北京出版社（北京）
707	近现代东南亚：1511—1992	中文	图书（纸质版）	历史学（社会科学）	无	北京大学出版社（北京）
708	传统的回归：当代伊斯兰复兴运动	中文	图书（纸质版）	宗教学（社会科学）	无	中国社会科学出版社（北京）
709	汉语词汇论	中文	图书（纸质版）	语言学（社会科学）	无	学林出版社（上海）
710	穆斯林民族的觉醒：近代伊斯兰运动	中文	图书（纸质版）	宗教学（社会科学）	无	中国社会科学出版社（北京）
711	台湾的人力资源与人口问题	中文	图书（纸质版）	管理学（社会科学）	无	东南大学出版社（江苏）
712	台湾经济发展中的科技与人才	中文	图书（纸质版）	综合（社会科学）	无	东南大学出版社（江苏）
713	文化与语言论文集	中文	图书（纸质版）	语言学（社会科学）	无	外语教学与研究出版社（北京）
714	现代汉语语句研究	中文	图书（纸质版）	语言学（社会科学）	无	北京大学出版社（北京）
715	中国近代史学发展叙论 1840—1949	中文	图书（纸质版）	历史学（社会科学）	无	中国人民大学出版社（北京）
716	中国文学批评方法探源	中文	图书（纸质版）	文学（社会科学）	无	中国社会科学出版社（北京）

续表

马来西亚

序号	出版物名称	语种	类型	学科	国际合作出版/版权输出机构	国内出版机构
717	走向新世纪：第六届世界华文文学国际研讨会论文集	中文	图书（纸质版）	文学（社会科学）	无	人民文学出版社（北京）
718	当代中国语法学	中文	图书（纸质版）	语言学（社会科学）	无	广东教育出版社（广东）
719	明清启蒙学术流变	中文	图书（纸质版）	文学（社会科学）	无	辽宁教育出版社（辽宁）
720	说文解字导读	中文	图书（纸质版）	语言学（社会科学）	无	陕西人民出版社（西安）
721	语文的阐释	中文	图书（纸质版）	语言学（社会科学）	无	辽宁教育出版社（辽宁）
722	中国训诂学	中文	图书（纸质版）	语言学（社会科学）	无	山东大学出版社（山东）
723	《说文》同义词研究	中文	图书（纸质版）	语言学（社会科学）	无	首都师范大学出版社（北京）
724	《文心雕龙》研究	中文	图书（纸质版）	文学（社会科学）	无	北京大学出版社（北京）
725	楚词语法研究	中文	图书（纸质版）	语言学（社会科学）	无	语文出版社（北京）
726	汉语描写词汇学	中文	图书（纸质版）	语言学（社会科学）	无	商务印书馆（北京）
727	红楼梦哲学精神	中文	图书（纸质版）	哲学（社会科学）	无	学林出版社（上海）
728	伊斯兰哲学史	中文	图书（纸质版）	宗教学（社会科学）	无	中国社会科学出版社（北京）
729	中国中世语法史研究	中文	图书（纸质版）	语言学（社会科学）	无	中华书局（北京）
730	汉语词义引申导论	中文	图书（纸质版）	语言学（社会科学）	无	南京大学出版社（江苏）
731	文心雕龙全译	中文	图书（纸质版）	文学（社会科学）	无	贵州人民出版社（贵州）
732	训诂与训诂学	中文	图书（纸质版）	语言学（社会科学）	无	陕西教育出版社（陕西）
733	比较教学论	中文	图书（纸质版）	教育学（社会科学）	无	人民教育出版社（北京）
734	辞书研究	中文	图书（纸质版）	语言学（社会科学）	无	上海辞书出版社（上海）
735	古汉语研究	中文	图书（纸质版）	语言学（社会科学）	无	中华书局（北京）
736	海外华文文学现状	中文	图书（纸质版）	文学（社会科学）	无	人民文学出版社（北京）

续表

马来西亚

序号	出版物名称	语种	类型	学科	国际合作出版/版权输出机构	国内出版机构
737	社会思维学	中文	图书（纸质版）	社会学（社会科学）	无	北京人民出版社（北京）
738	西方形式美学：关于形式的美学研究	中文	图书（纸质版）	哲学（社会科学）	无	上海人民出版社（上海）
739	小篆形声字字研究	中文	图书（纸质版）	语言学（社会科学）	无	北京师范大学出版社（北京）
740	语言学与现代逻辑	中文	图书（纸质版）	语言学（社会科学）	无	复旦大学出版社（上海）
741	中国诗歌艺术研究	中文	图书（纸质版）	文学（社会科学）	无	北京大学出版社（北京）
742	现代教育哲学	中文	图书（纸质版）	教育学（社会科学）	无	广东高等教育出版社（北京）
743	现代教育理论与实践	中文	图书（纸质版）	教育学（社会科学）	无	浙江大学出版社（浙江）
744	语文教育学	中文	图书（纸质版）	教育学（社会科学）	无	浙江教育出版社（浙江）
745	许慎与《说文解字》	中文	图书（纸质版）	语言学（社会科学）	无	大象出版社（河南）
746	《红楼梦》对话研究	中文	图书（纸质版）	文学（社会科学）	无	北京大学出版社（北京）
747	白话语汇研究	中文	图书（纸质版）	语言学（社会科学）	无	中华书局（北京）
748	百年忧患：知识分子命运与中国现代化进程	中文	图书（纸质版）	社会学（社会科学）	无	东方出版社（北京）
749	当代社会语言学	中文	图书（纸质版）	语言学（社会科学）	无	中国社会科学出版社（北京）
750	二十世纪西方文论研究	中文	图书（纸质版）	文学（社会科学）	无	中国社会科学出版社（北京）
751	古诗词文吟诵研究	中文	图书（纸质版）	语言学（社会科学）	无	社会科学文献出版社（北京）
752	汉语史论集	中文	图书（纸质版）	语言学（社会科学）	无	商务印书馆（北京）
753	汉语作为第二语言的习得研究	中文	图书（纸质版）	语言学（社会科学）	无	北京语言文化大学出版社（北京）
754	理解与教育：走向哲学解释学的教育哲学导论	中文	图书（纸质版）	教育学（社会科学）	无	教育科学出版社（北京）
755	论刘勰及其《文心雕龙》镇江《文心雕龙》国际学术研讨会论文专辑	中文	图书（纸质版）	文学（社会科学）	无	学苑出版社（北京）

续表

马来西亚

序号	出版物名称	语种	类型	学科	国际合作出版/版权输出机构	国内出版机构
756	生成音系学理论及其应用	中文	图书（纸质版）	语言学（社会科学）	无	中国社会科学出版社（北京）
757	说文会意字研究	中文	图书（纸质版）	语言学（社会科学）	无	北京语言学院出版社（北京）
758	现代汉语语法研究	中文	图书（纸质版）	语言学（社会科学）	无	语文出版社（北京）
759	新视角汉语语法研究	中文	图书（纸质版）	语言学（社会科学）	无	北京语言文化大学出版社（北京）
760	修辞学研究（第七辑）	中文	图书（纸质版）	语言学（社会科学）	无	南京大学出版社（江苏）
761	语法研究和探索	中文	图书（纸质版）	语言学（社会科学）	无	商务印书馆（北京）
762	马氏文通	中文	图书（纸质版）	语言学（社会科学）	无	商务印书馆（北京）
763	汉字字源系统研究	中文	图书（纸质版）	语言学（社会科学）	无	中国人民大学出版社（北京）
764	比较诗学：文学理论的跨文化研究札记	中文	图书（纸质版）	文学（社会科学）	无	中央编译出版社（北京）
765	戴震语文学研究	中文	图书（纸质版）	语言学（社会科学）	无	江苏古籍出版社（江苏）
766	古汉语语法论集：第二届国际古汉语语法研讨会论文选编	中文	图书（纸质版）	语言学（社会科学）	无	语文出版社（北京）
767	汉语文言语法	中文	图书（纸质版）	语言学（社会科学）	无	中华书局（北京）
768	汉语文语法范畴问题	中文	图书（纸质版）	语言学（社会科学）	无	北京语言文化大学出版社（北京）
769	红楼梦创作方法论	中文	图书（纸质版）	文学（社会科学）	无	文化艺术出版社（北京）
770	覆下学研究：中国古代的思想自由与百家争鸣	中文	图书（纸质版）	历史学（社会科学）	无	生活·读书·新知三联书店（北京）
771	论民族语言调查研究	中文	图书（纸质版）	语言学（社会科学）	无	语文出版社（北京）
772	实验语音学	中文	图书（纸质版）	物理学（自然科学）	无	国防工业出版社（北京）
773	晦明小品研究	中文	图书（纸质版）	文学（社会科学）	无	江苏古籍出版社（江苏）
774	语言研究的认知研究和计算分析	中文	图书（纸质版）	语言学（社会科学）	无	北京大学出版社（北京）

续表

马来西亚

序号	出版物名称	语种	类型	学科	国际合作出版/版权输出机构	国内出版机构
775	昭明文选研究	中文	图书（纸质版）	文学（社会科学）	无	人民文学出版社（北京）
776	中古五言诗研究	中文	图书（纸质版）	文学（社会科学）	无	江苏古籍出版社（江苏）
777	马王堆帛书汉字构形系统研究	中文	图书（纸质版）	语言学（社会科学）	无	广西教育出版社（广西）
778	中国古代文学批评史	中文	图书（纸质版）	文学（社会科学）	无	岳麓书社（湖南）
779	中华文学通史：当代文学	中文	图书（纸质版）	文学（社会科学）	无	华艺出版社（北京）
780	词汇语义和计算语言学	中文	图书（纸质版）	语言学（社会科学）	无	语文出版社（北京）
781	经济全球化与国家整体发展：系统范式下的思考	中文	图书（纸质版）	经济学（社会科学）	无	华文出版社（北京）
782	明清之际士大夫研究	中文	图书（纸质版）	历史学（社会科学）	无	北京大学出版社（北京）
783	清代词学研究的建构	中文	图书（纸质版）	语言学（社会科学）	无	江苏古籍出版社（江苏）
784	清代诗学研究	中文	图书（纸质版）	文学（社会科学）	无	北京大学出版社（北京）
785	曲谱研究	中文	图书（纸质版）	艺术学（社会科学）	无	江苏古籍出版社（江苏）
786	史志性报告文学	中文	图书（纸质版）	文学（社会科学）	无	人民文学出版社（北京）
787	宋元小说研究	中文	图书（纸质版）	文学（社会科学）	无	江苏古籍出版社（江苏）
788	唐诗分类研究	中文	图书（纸质版）	文学（社会科学）	无	江苏教育出版社（江苏）
789	唐研究论文选集	中文	图书（纸质版）	历史学（社会科学）	无	中国社会科学出版社（北京）
790	先秦叙事研究：关于中国叙事传统的形成	中文	图书（纸质版）	文学（社会科学）	无	东方出版社（北京）
791	徐学概论：徐霞客及其《游记》研究	中文	图书（纸质版）	历史学（社会科学）	无	江苏教育出版社（江苏）
792	中国经济新焦点评析：反思与展望	中文	图书（纸质版）	经济学（社会科学）	无	西苑出版社（北京）
793	钟嵘诗品研究	中文	图书（纸质版）	文学（社会科学）	无	南京大学出版社（江苏）
794	中国诗学研究	中文	图书（纸质版）	文学（社会科学）	无	江海出版社（辽宁）

续表

马来西亚

序号	出版物名称	语种	类型	学科	国际合作出版/版权输出机构	国内出版机构
795	丛生的文体：唐末文学五大文体的繁荣	中文	图书（纸质版）	文学（社会科学）	无	江苏教育出版社（江苏）
796	东汉——隋常用词演变研究	中文	图书（纸质版）	语言学（社会科学）	无	南京大学出版社（江苏）
797	汉语变调构词研究	中文	图书（纸质版）	语言学（社会科学）	无	北京大学出版社（北京）
798	汉语词汇语法史论文集	中文	图书（纸质版）	语言学（社会科学）	无	商务印书馆（北京）
799	婚变·道德与社会：负心婚变母题研究	中文	图书（纸质版）	文学（社会科学）	无	人民文学出版社（北京）
800	家庭与社会保障	中文	图书（纸质版）	社会学（社会科学）	无	社会科学文献出版社（北京）
801	世纪之交的对话：古典文学研究的回顾与展望	中文	图书（纸质版）	文学（社会科学）	无	上海古籍出版社（上海）
802	王力语言学论文集	中文	图书（纸质版）	语言学（社会科学）	无	商务印书馆（北京）
803	文学批评理论：从柏拉图到现在	中文	图书（纸质版）	文学（社会科学）	无	北京大学出版社（北京）
804	语言研究中的统计学方法	中文	图书（纸质版）	语言学（社会科学）	无	北京语言文化大学出版社（北京）
805	郑振铎古典文学论文集	中文	图书（纸质版）	文学（社会科学）	无	上海古籍出版社（上海）
806	唐宋诗论稿	中文	图书（纸质版）	文学（社会科学）	无	辽海出版社（辽宁）
807	现代中国学术论衡	中文	图书（纸质版）	综合（社会科学）	无	生活·读书·新知三联书店（北京）
808	解读禁忌：中国神话、传说和故事中的禁忌主题	中文	图书（纸质版）	民族学与社会学（社会科学）	无	商务印书馆（北京）
809	当代中国村落家族文化：对中国社会现代化的一项探索	中文	图书（纸质版）	民族学与社会学（社会科学）	无	中国发展出版社（北京）
810	《广雅疏证》研究	中文	图书（纸质版）	文学（社会科学）	无	江苏古籍出版社（江苏）
811	阿拉伯伊斯兰文化史纲	中文	图书（纸质版）	宗教学（社会科学）	无	昆仑出版社（北京）
812	船山诗学研究	中文	图书（纸质版）	文学（社会科学）	无	中国社会科学出版社（北京）

续表

马来西亚

序号	出版物名称	语种	类型	学科	国际合作出版/版权输出机构	国内出版机构
813	当代文学研究	中文	图书（纸质版）	文学（社会科学）	无	北京出版社（北京）
814	古代文学理论研究	中文	图书（纸质版）	文学（社会科学）	无	华东师范大学出版社（上海）
815	古文献整理与古汉语研究	中文	图书（纸质版）	图书馆、情报与文献学（社会科学）	无	江苏古籍出版社（江苏）
816	汉语方言的比较研究	中文	图书（纸质版）	语言学（社会科学）	无	商务印书馆（北京）
817	汉语史学习与研究	中文	图书（纸质版）	语言学（社会科学）	无	商务印书馆（北京）
818	汉语语法化的历程：形态句法发展的动因和机制	中文	图书（纸质版）	语言学（社会科学）	无	北京大学出版社（北京）
819	华文后殖民文学：中国、东南亚的个案研究	中文	图书（纸质版）	文学（社会科学）	无	学林出版社（上海）
820	近代文学研究	中文	图书（纸质版）	文学（社会科学）	无	北京出版社（北京）
821	境界之真：王国维境界说研究	中文	图书（纸质版）	哲学（社会科学）	无	中国社会科学出版社（北京）
822	辽金元文学研究	中文	图书（纸质版）	文学（社会科学）	无	北京出版社（北京）
823	明代文学研究	中文	图书（纸质版）	文学（社会科学）	无	北京出版社（北京）
824	明永乐至嘉靖初诗文观研究	中文	图书（纸质版）	文学（社会科学）	无	北京师范大学出版社
825	南戏国际学术讨论会论文集	中文	图书（纸质版）	艺术学（社会科学）	无	中华书局（北京）
826	清代文学研究	中文	图书（纸质版）	文学（社会科学）	无	北京出版社（北京）
827	人类文明之旅：有关人类文明递进和演化的哲学思考	中文	图书（纸质版）	哲学（社会科学）	无	上海社会科学院出版社（上海）
828	教权利之争：全球化视野中的文化潮流	中文	图书（纸质版）	经济学（社会科学）	无	上海社会科学院出版社（上海）
829	世纪洪流：千年回旨与经济全球化走向	中文	图书（纸质版）	经济学（社会科学）	无	上海社会科学院出版社（上海）
830	宋代文学研究	中文	图书（纸质版）	文学（社会科学）	无	北京出版社（北京）
831	隋唐五代文学史料学	中文	图书（纸质版）	文学（社会科学）	无	中华书局（北京）

续表

马来西亚

序号	出版物名称	语种	类型	学科	国际合作出版/版权输出机构	国内出版机构
832	隋唐五代文学研究	中文	图书（纸质版）	文学（社会科学）	无	北京出版社（北京）
833	台湾儒学的当代课题：本土性和现代性	中文	图书（纸质版）	哲学（社会科学）	无	中国社会科学出版社（北京）
834	魏晋南北朝文学研究	中文	图书（纸质版）	文学（社会科学）	无	北京出版社（北京）
835	文章并峙壮乾坤：韩愈柳宗元研究	中文	图书（纸质版）	文学（社会科学）	无	上海教育出版社（上海）
836	先秦两汉文学研究	中文	图书（纸质版）	文学（社会科学）	无	北京出版社（北京）
837	现代文学研究	中文	图书（纸质版）	文学（社会科学）	无	北京出版社（北京）
838	现代中国哲学的追寻：新理学与新心学	中文	图书（纸质版）	哲学（社会科学）	无	北京人民出版社（北京）
839	中国古代戏曲与古代文学研究论集	中文	图书（纸质版）	综合（社会科学）	无	中华书局（北京）
840	中国当代思想批判：穿越终极极关怀	中文	图书（纸质版）	哲学（社会科学）	无	学林出版社（上海）
841	中国赋学历史与批评	中文	图书（纸质版）	文学（社会科学）	无	江苏教育出版社（江苏）
842	中国文化修辞学	中文	图书（纸质版）	语言学（社会科学）	无	江苏古籍出版社（江苏）
843	文化中国：中国文化阅读教程 1	中文	图书（纸质版）	民族学与文化学（社会科学）	无	北京大学出版社（北京）
844	解读中国：中国文化阅读教程 2	中文	图书（纸质版）	民族学与文化学（社会科学）	无	北京大学出版社（北京）
845	《史记》同义词研究	中文	图书（纸质版）	语言学（社会科学）	无	上海古籍出版社（上海）
846	21 世纪的环境教育：理论、实践、进展与前景	中文	图书（纸质版）	教育学（社会科学）	无	中国轻工业出版社（北京）
847	传统与个性：唐宋六大家与儒佛道	中文	图书（纸质版）	文学（社会科学）	无	上海古籍出版社（上海）
848	二十世纪唐研究	中文	图书（纸质版）	历史学（社会科学）	无	中国社会科学出版社（北京）
849	冯梦龙研究	中文	图书（纸质版）	文学（社会科学）	无	学林出版社（上海）
850	古代文论研究的回顾与前瞻	中文	图书（纸质版）	文学（社会科学）	无	复旦大学出版社（上海）
851	海峡两岸古典文献学学术研讨会论文集	中文	图书（纸质版）	图书馆、情报与文献学（社会科学）	无	上海古籍出版社（上海）

续表

马来西亚

序号	出版物名称	语种	类型	学科	国际合作出版/版权输出机构	国内出版机构
852	汉魏六朝的思想和文学	中文	图书（纸质版）	文学（社会科学）	无	上海古籍出版社（上海）
853	汉语文化语用学	中文	图书（纸质版）	语言学（社会科学）	无	清华大学出版社（北京）
854	后现代后殖民主义在中国	中文	图书（纸质版）	哲学（社会科学）	无	首都师范大学出版社（北京）
855	理解事件与文本意义：文学诠释学	中文	图书（纸质版）	哲学（社会科学）	无	上海译文出版社（上海）
856	刘熙载《艺概》研究	中文	图书（纸质版）	文学（社会科学）	无	江苏古籍出版社（江苏）
857	明清文学与性别研究	中文	图书（纸质版）	文学（社会科学）	无	江苏古籍出版社（江苏）
858	品位与职位：秦汉魏晋南北朝官阶制度研究	中文	图书（纸质版）	历史学（社会科学）	无	中华书局（北京）
859	清代前期古音学研究	中文	图书（纸质版）	语言学（社会科学）	无	北京广播学院出版社（北京）
860	上古汉语词汇研究	中文	图书（纸质版）	语言学（社会科学）	无	百家出版社（上海）
861	世变缘常：四十年代小说论	中文	图书（纸质版）	文学（社会科学）	无	人民文学出版社（北京）
862	宋代文史考论	中文	图书（纸质版）	文学（社会科学）	无	中华书局（北京）
863	文献学研究	中文	图书（纸质版）	图书馆、情报与文献学（社会科学）	无	江苏古籍出版社（江苏）
864	文选之研究	中文	图书（纸质版）	文学（社会科学）	无	上海古籍出版社（上海）
865	文学与文化的张力	中文	图书（纸质版）	文学（社会科学）	无	学林出版社（上海）
866	语文现代化论文集	中文	图书（纸质版）	语言学（社会科学）	无	商务印书馆（北京）
867	赵元任语言学论文集	中文	图书（纸质版）	语言学（社会科学）	无	商务印书馆（北京）
868	郑良树研究	中文	图书（纸质版）	文学（社会科学）	无	北京图书馆出版社（北京）
869	政治经济学研究报告	中文	图书（纸质版）	经济学（社会科学）	无	社会科学文献出版社（北京）
870	秩序自由主义：德国秩序政策论集	中文	图书（纸质版）	经济学（社会科学）	无	中国社会科学出版社（北京）
871	中国古代文学论集	中文	图书（纸质版）	文学（社会科学）	无	中华书局（北京）

续表

马来西亚

序号	出版物名称	语种	类型	学科	国际合作出版/版权输出机构	国内出版机构
872	中国个性解放之路：20世纪中国个性解放思潮研究	中文	图书（纸质版）	哲学（社会科学）	无	华东师范大学出版社（上海）
873	中国古代文学批评方法研究	中文	图书（纸质版）	文学（社会科学）	无	中华书局（北京）
874	中国教育研究与评论	中文	图书（纸质版）	教育学（社会科学）	无	北京教育科学出版社（北京）
875	中国文学古今演变研究论集	中文	图书（纸质版）	文学（社会科学）	无	上海古籍出版社（上海）
876	中国现代文学批评史论	中文	图书（纸质版）	文学（社会科学）	无	上海人民出版社（上海）
877	中国选本批评	中文	图书（纸质版）	文学（社会科学）	无	生活·读书·新知三联书店（上海）
878	中华传统节庆文化研究	中文	图书（纸质版）	民族学与文化学（社会科学）	无	北京人民出版社（北京）
879	字本位与汉语研究	中文	图书（纸质版）	语言学（社会科学）	无	华东师范大学出版社（上海）
880	文学理论教程	中文	图书（纸质版）	文学（社会科学）	无	高等教育出版社（北京）
881	中国通史	中文	图书（纸质版）	历史学（社会科学）	无	海燕出版社（河南）
882	从民族国家拯救历史：民族主义话语与中国现代史研究	中文	图书（纸质版）	历史学（社会科学）	无	社会科学文献出版社（北京）
883	汉语中的马克思主义术语的起源与作用	中文	图书（纸质版）	马克思主义（社会科学）	无	中国社会科学出版社（北京）
884	六朝江东世族之家风家学研究	中文	图书（纸质版）	历史学（社会科学）	无	江苏古籍出版社（江苏）
885	孟姜女故事研究	中文	图书（纸质版）	文学（社会科学）	无	中国人民大学出版社（北京）
886	欧美生态文学	中文	图书（纸质版）	文学（社会科学）	无	北京大学出版社（北京）
887	欧阳修散文研究	中文	图书（纸质版）	文学（社会科学）	无	华东师范大学出版社（上海）
888	太康文学研究	中文	图书（纸质版）	文学（社会科学）	无	中华书局（北京）
889	中国八十年代文学现象研究	中文	图书（纸质版）	文学（社会科学）	无	作家出版社（北京）
890	中国现代文化报告 2003	中文	图书（纸质版）	管理学（社会科学）	无	北京大学出版社（北京）

续表

马来西亚

序号	出版物名称	语种	类型	学科	国际合作出版/版权输出机构	国内出版机构
891	钢结构手册	中文	图书(纸质版)	土木建筑工程(自然科学)	无	大连理工大学出版社(大连)
892	中国舞蹈发展史	中文	图书(纸质版)	艺术学(社会科学)	无	上海人民出版社(上海)
893	汉语字基语法:语素层造句的理论和实践	中文	图书(纸质版)	语言学(社会科学)	无	复旦大学出版社(上海)
894	明清神魔小说研究	中文	图书(纸质版)	文学(社会科学)	无	中国社会科学出版社(北京)
895	社会生活中的历史学:中国社会史研究新探	中文	图书(纸质版)	历史学(社会科学)	无	北京师范大学出版社(北京)
896	史记艺术研究	中文	图书(纸质版)	文学(社会科学)	无	学苑出版社(北京)
897	唐代非写实小说之类型研究	中文	图书(纸质版)	文学(社会科学)	无	北京大学出版社(北京)
898	文学理论前沿	中文	图书(纸质版)	文学(社会科学)	无	北京大学出版社(北京)
899	先秦两汉文学论集	中文	图书(纸质版)	文学(社会科学)	无	学苑出版社(北京)
900	伊斯兰文明	中文	图书(纸质版)	宗教学(社会科学)	无	中国社会科学出版社(北京)
901	意识形态视域中的现代话语转型与文学观念嬗变	中文	图书(纸质版)	文学(社会科学)	无	北京大学出版社(北京)
902	历史的空间与空间的历史:中国历史地理与地理学史研究	中文	图书(纸质版)	历史学(社会科学)	无	北京师范大学出版社(北京)
903	赋体文学的文化阐释	中文	图书(纸质版)	文学(社会科学)	无	中华书局(北京)
904	马来西亚华人社团研究	中文	图书(纸质版)	社会学(社会科学)	无	中国华侨出版社(北京)
905	明中后期文学思想研究	中文	图书(纸质版)	文学(社会科学)	无	北京大学出版社(北京)
906	司空图及其诗论研究	中文	图书(纸质版)	文学(社会科学)	无	学苑出版社(北京)
907	象征主义与中国现代诗学	中文	图书(纸质版)	文学(社会科学)	无	北京大学出版社(北京)
908	中国古代小说研究	中文	图书(纸质版)	文学(社会科学)	无	人民出版社(北京)
909	中国苏轼研究	中文	图书(纸质版)	文学(社会科学)	无	学苑出版社(北京)
910	中国现代化报告2005	中文	图书(纸质版)	管理学(社会科学)	无	北京大学出版社(北京)

续表

马来西亚

序号	出版物名称	语种	类型	学科	国际合作出版/版权输出机构	国内出版机构
911	中西文艺理论融合的尝试：兼及中国古代文论的现代转换研究	中文	图书（纸质版）	文学（社会科学）	无	人民文学出版社（北京）
912	宗教情结与华人文学	中文	图书（纸质版）	文学（社会科学）	无	文化艺术出版社（北京）
913	东亚三国古代关系史	中文	图书（纸质版）	历史学（社会科学）	无	北京工业大学出版社（北京）
914	《沧浪诗话》的诗学研究	中文	图书（纸质版）	文学（社会科学）	无	学苑出版社（北京）
915	大国成长的逻辑：西方大国崛起的国际政治社会学分析	中文	图书（纸质版）	政治学（社会科学）	无	北京大学出版社（北京）
916	当代中国的文化批评	中文	图书（纸质版）	民族学与文化学（社会科学）	无	北京大学出版社（北京）
917	竟陵派研究	中文	图书（纸质版）	文学（社会科学）	无	复旦大学出版社（上海）
918	开放的国际社会：国际关系研究中的英国学派	中文	图书（纸质版）	政治学（社会科学）	无	北京大学出版社（北京）
919	鲁迅胡适文心理比较：传统与现代的俳徊	中文	图书（纸质版）	文学（社会科学）	无	社会科学文献出版社（北京）
920	民族与民族主义	中文	图书（纸质版）	社会学（社会科学）	无	上海人民出版社（上海）
921	宋代文献学研究	中文	图书（纸质版）	图书馆、情报与文献学（社会科学）	无	上海古籍出版社（上海）
922	宋代文学与宋代文化	中文	图书（纸质版）	文学（社会科学）	无	上海人民出版社（上海）
923	唐代荆楚本土诗歌与流寓诗歌研究	中文	图书（纸质版）	文学（社会科学）	无	中国社会科学出版社（北京）
924	唐代陶渊明接受研究	中文	图书（纸质版）	文学（社会科学）	无	中国社会科学出版社（北京）
925	晚清民族主义与文学转型	中文	图书（纸质版）	文学（社会科学）	无	北京人民出版社（北京）
926	杨勇学术论文集	中文	图书（纸质版）	文学（社会科学）	无	中华书局（北京）
927	一个被放弃的选择：梁启超调适思想之研究	中文	图书（纸质版）	哲学（社会科学）	无	新星出版社（北京）
928	中国古代文言小说总集研究	中文	图书（纸质版）	文学（社会科学）	无	上海古籍出版社（上海）
929	中国经济学 2004	中文	图书（纸质版）	经济学（社会科学）	无	格致出版社（上海）

续表

马来西亚

序号	出版物名称	语种	类型	学科	国际合作出版/版权输出机构	国内出版机构
930	中国崛起及其战略	中文	图书（纸质版）	政治学（社会科学）	无	北京大学出版社（北京）
931	中国历史研究法	中文	图书（纸质版）	历史学（社会科学）	无	上海古籍出版社（上海）
932	中国民族神话母题研究	中文	图书（纸质版）	民族学与文化学（社会科学）	无	民族出版社（北京）
933	中国现代化报告 2006	中文	图书（纸质版）	管理学（社会科学）	无	北京大学出版社（北京）
934	中国雅俗文学思想论集	中文	图书（纸质版）	文学（社会科学）	无	中华书局（北京）
935	东南亚华文新文学史	中文	图书（纸质版）	文学（社会科学）	无	人民文学出版社（北京）
936	东南亚华文传媒研究	中文	图书（纸质版）	新闻学与传播学（社会科学）	无	世界知识出版社（北京）
937	帝国的终结：中国古代政治制度批判	中文	图书（纸质版）	历史学（社会科学）	无	复旦大学出版社（上海）
938	中世纪劳动史	中文	图书（纸质版）	历史学（社会科学）	无	上海人民出版社（上海）
939	十九世纪乌托邦共同体的生活	中文	图书（纸质版）	政治学（社会科学）	无	上海人民出版社（上海）
940	千年的遗恨：变动中的政治格局与列国沉浮	中文	图书（纸质版）	历史学（社会科学）	无	生活·读书·新知三联书店（上海）
941	佛教与中国文学	中文	图书（纸质版）	文学（社会科学）	无	上海人民出版社（上海）
942	论接受心理与修辞表达	中文	图书（纸质版）	语言学（社会科学）	无	中国社会科学出版社（北京）
943	王世祯诗歌研究	中文	图书（纸质版）	文学（社会科学）	无	中华书局（北京）
944	小说的时间与现代性：欧洲成长教育小说叙事的时间性研究	中文	图书（纸质版）	文学（社会科学）	无	外语教学与研究出版社（北京）
945	新教伦理与资本主义精神	中文	图书（纸质版）	哲学（社会科学）	无	九洲出版社（北京）
946	玄言诗研究	中文	图书（纸质版）	文学（社会科学）	无	中华书局（北京）
947	越南汉喃古籍的文献学研究	中文	图书（纸质版）	图书馆、情报与文献学（社会科学）	无	上海交通大学出版社（上海）
948	中国服务外包发展报告 2007	中文	图书（纸质版）	管理学（社会科学）	无	格致出版社（上海）
949	中国经济学	中文	图书（纸质版）	经济学（社会科学）	无	

续表

马来西亚

序号	出版物名称	语种	类型	学科	国际合作出版/版权输出机构	国内出版机构
950	中国危机管理报告 2006	中文	图书（纸质版）	管理学（社会科学）	无	中国人民大学出版社（北京）
951	中国现代化报告 2007	中文	图书（纸质版）	管理学（社会科学）	无	北京大学出版社（北京）
952	历史的震撼：1900 年之后的技术与全球历史	中文	图书（纸质版）	历史学（社会科学）	无	上海科学技术文献出版社（上海）
953	《星洲日报》研究	中文	图书（纸质版）	新闻学与传播学（社会科学）	无	复旦大学出版社（上海）
954	刘基与刘基文化研究	中文	图书（纸质版）	历史学（社会科学）	无	北京人民出版社（北京）
955	人性的观照：世界小说名篇中的情态与性态	中文	图书（纸质版）	文学（社会科学）	无	复旦大学出版社（上海）
956	诗学与政治：鲁迅晚期杂文研究 1933—1936	中文	图书（纸质版）	文学（社会科学）	无	文化艺术出版社（北京）
957	桃花扇研究与欣赏	中文	图书（纸质版）	文学（社会科学）	无	上海人民出版社（上海）
958	消费、偏好与资产收益：基于中国资本市场的分析	中文	图书（纸质版）	经济学（社会科学）	无	格致出版社（上海）
959	伊斯兰文化前沿研究论集	中文	图书（纸质版）	宗教学（社会科学）	无	中国社会科学出版社（北京）
960	郑和与东南亚伊斯兰	中文	图书（纸质版）	宗教学（社会科学）	无	海洋出版社（北京）
961	中国经济学 2006	中文	图书（纸质版）	经济学（社会科学）	无	格致出版社（上海）
962	中国危机管理报告 2007	中文	图书（纸质版）	管理学（社会科学）	无	中国人民大学出版社（北京）
963	中国现代化报告 2008	中文	图书（纸质版）	管理学（社会科学）	无	北京大学出版社（北京）
964	中国疑难刑事案法理研究	中文	图书（纸质版）	法学（社会科学）	无	北京大学出版社（北京）
965	大转型：互联网的关系型合约理论与中国奇迹	中文	图书（纸质版）	经济学（社会科学）	无	格致出版社（上海）
966	健康需求与医疗保障制度建设：对中国农村的研究	中文	图书（纸质版）	社会学（社会科学）	无	格致出版社（上海）
967	近代中国教会大学图书馆研究	中文	图书（纸质版）	图书馆、情报与文献学（社会科学）	无	国家图书馆出版社（北京）
968	收入和财富分配不平等：动态视角	中文	图书（纸质版）	经济学（社会科学）	无	格致出版社（上海）

续表

马来西亚

序号	出版物名称	语种	类型	学科	国际合作出版/版权输出机构	国内出版机构
969	唐末词传播方式研究	中文	图书（纸质版）	新闻学与传播学（社会科学）	无	复旦大学出版社（上海）
970	西风东渐：西方管理对中国企业的影响	中文	图书（纸质版）	管理学（社会科学）	无	机械工业出版社（北京）
971	中国的过渡经济学	中文	图书（纸质版）	经济学（社会科学）	无	格致出版社（上海）
972	中国和平发展的国际环境分析	中文	图书（纸质版）	政治学（社会科学）	无	经济科学出版社（北京）
973	中国经济学2007	中文	图书（纸质版）	经济学（社会科学）	无	格致出版社（上海）
974	中国民营经济制度创新与发展	中文	图书（纸质版）	经济学（社会科学）	无	经济科学出版社（北京）
975	中国特大都市圈与世界制造中心研究	中文	图书（纸质版）	经济学（社会科学）	无	经济科学出版社（北京）
976	中国危机管理报告2008—2009	中文	图书（纸质版）	管理学（社会科学）	无	中国人民大学出版社（北京）
977	中国现代化报告2009	中文	图书（纸质版）	管理学（社会科学）	无	北京大学出版社（北京）
978	孔子文学思想研究	中文	图书（纸质版）	文学（社会科学）	无	北京大学出版社（北京）
979	池田大作教育伦理思想研究	中文	图书（纸质版）	教育学（社会科学）	无	中国社会科学出版社（北京）
980	改革、转型与增长：观察与解释	中文	图书（纸质版）	经济学（社会科学）	无	北京师范大学出版社（北京）
981	公共风险视角下的公共财政	中文	图书（纸质版）	经济学（社会科学）	无	科学出版社（北京）
982	国际贸易与产业集聚的互动机制研究	中文	图书（纸质版）	经济学（社会科学）	无	格致出版社（上海）
983	和平与教育：池田大作思想研究	中文	图书（纸质版）	教育学（社会科学）	无	教育科学出版社（北京）
984	江南的早期工业化（1550－1850）	中文	图书（纸质版）	经济学（社会科学）	无	中国人民大学出版社（北京）
985	破解房市危局：兼论中国经济腾飞之路	中文	图书（纸质版）	经济学（社会科学）	无	经济科学出版社（北京）
986	三农、民生与经济增长：中国特色改革与发展探索	中文	图书（纸质版）	经济学（社会科学）	无	北京师范大学出版社（北京）
987	十九世纪后半期的中国财政与经济	中文	图书（纸质版）	经济学（社会科学）	无	中国人民大学出版社（北京）
988	文明的冲突与世界秩序的重建	中文	图书（纸质版）	政治学（社会科学）	无	新华出版社（北京）

续表

马来西亚

序号	出版物名称	语种	类型	学科	国际合作出版/版权输出机构	国内出版机构
989	性格组合论	中文	图书（纸质版）	文学（社会科学）	无	中国人民大学出版社（北京）
990	知识产权制度法典化问题研究	中文	图书（纸质版）	法学（社会科学）	无	北京大学出版社（北京）
991	知识产权制度国际化问题研究	中文	图书（纸质版）	法学（社会科学）	无	北京大学出版社（北京）
992	知识产权制度现代化问题研究	中文	图书（纸质版）	法学（社会科学）	无	北京大学出版社（北京）
993	知识产权制度战略化问题研究	中文	图书（纸质版）	法学（社会科学）	无	北京大学出版社（北京）
994	制度变革与产业发展：进程和案例研究	中文	图书（纸质版）	经济学（社会科学）	无	北京师范大学出版社（北京）
995	中国对外投资合作发展报告 2010	中文	图书（纸质版）	经济学（社会科学）	无	上海交通大学出版社（上海）
996	中国古代小说与民间宗教及帮会之关系研究	中文	图书（纸质版）	文学（社会科学）	无	人民文学出版社（北京）
997	中国经济外交年度报告 2010	中文	图书（纸质版）	经济学（社会科学）	无	经济科学出版社（北京）
998	中国经济现代化透视：经验与未来	中文	图书（纸质版）	经济学（社会科学）	无	格致出版社（上海）
999	中国经济学 2008	中文	图书（纸质版）	经济学（社会科学）	无	格致出版社（上海）
1000	中国式分权、内生的财政政策与宏观经济稳定：理论与实证	中文	图书（纸质版）	经济学（社会科学）	无	格致出版社（上海）
1001	中国司法制度的基础理论问题研究	中文	图书（纸质版）	法学（社会科学）	无	经济科学出版社（北京）
1002	中国土地制度与社会经济协调发展研究	中文	图书（纸质版）	经济学（社会科学）	无	经济科学出版社（北京）
1003	中国文化产业年度发展报告 2010	中文	图书（纸质版）	经济学（社会科学）	无	北京大学出版社（北京）
1004	中国现代化报告 2010	中文	图书（纸质版）	管理学（社会科学）	无	北京大学出版社（北京）
1005	转轨中的经济增长：中国的经验和问题	中文	图书（纸质版）	经济学（社会科学）	无	北京师范大学出版社（北京）
1006	海陆的起源	中文	图书（纸质版）	地球科学（自然科学）	无	江苏人民出版社（江苏）
1007	创富报告：2011 年度中国上市公司市值管理绩效评价	中文	图书（纸质版）	经济学（社会科学）	无	经济科学出版社（北京）
1008	国家与市民社会：中国视角	中文	图书（纸质版）	政治学（社会科学）	无	格致出版社（上海）

续表

马来西亚

序号	出版物名称	语种	类型	学科	国际合作出版/版权输出机构	国内出版机构
1009	均衡与非均衡：中国宏观经济与转轨经济问题探索	中文	图书（纸质版）	经济学（社会科学）	无	北京师范大学出版社
1010	史学方法导论	中文	图书（纸质版）	历史学（社会科学）	无	上海古籍出版社（上海）
1011	折冲樽俎：维特远东外交政策研究	中文	图书（纸质版）	政治学（社会科学）	无	北京大学出版社（北京）
1012	中国传统法律文化研究	中文	图书（纸质版）	法学（社会科学）	无	中国人民大学出版社（北京）
1013	中国佛教与传统文化	中文	图书（纸质版）	宗教学（社会科学）	无	中国人民大学出版社（北京）
1014	中国服务外包发展报告2010—2011	中文	图书（纸质版）	管理学（社会科学）	无	上海交通大学出版社（上海）
1015	中国经济：农村改革与农业发展	中文	图书（纸质版）	经济学（社会科学）	无	格致出版社（上海）
1016	中国经济2009	中文	图书（纸质版）	经济学（社会科学）	无	格致出版社（上海）
1017	中国式企业管理科学基础研究总报告	中文	图书（纸质版）	管理学（社会科学）	无	机械工业出版社（北京）
1018	中国文化产业年度发展报告2011	中文	图书（纸质版）	经济学（社会科学）	无	北京大学出版社（北京）
1019	中国现代化报告2011	中文	图书（纸质版）	管理学（社会科学）	无	北京大学出版社（北京）
1020	中国伊斯兰教建筑	中文	图书（纸质版）	土木建筑工程（自然科学）	无	中国建筑工业出版社（北京）
1021	中文古籍数字化研究	中文	图书（纸质版）	图书馆、情报与文献学（社会科学）	无	国家图书馆出版社（北京）
1022	南京大屠杀史研究	中文	图书（纸质版）	历史学（社会科学）	无	凤凰出版社（江苏）
1023	文化如何影响对外政策	中文	图书（纸质版）	政治学（社会科学）	无	北京大学出版社（北京）
1024	伊斯兰金融和银行体系：理论、原则和实践	中文	图书（纸质版）	经济学（社会科学）	无	中国人民大学出版社（北京）
1025	中国的农地制度、农地流转和农地投资	中文	图书（纸质版）	经济学（社会科学）	无	格致出版社（上海）
1026	中国古代文人集团与文学风貌	中文	图书（纸质版）	文学（社会科学）	无	中国人民大学出版社（北京）
1027	国有企业的双重效率损失与经济增长：理论和中国的经验证据	中文	图书（纸质版）	经济学（社会科学）	无	格致出版社（上海）
1028	伊斯兰教苏非概论	中文	图书（纸质版）	宗教学（社会科学）	无	商务印书馆（北京）

续表

马来西亚

序号	出版物名称	语种	类型	学科	国际合作出版/版权输出机构	国内出版机构
1029	伊斯兰与国际政治	中文	图书（纸质版）	宗教学（社会科学）	无	中国社会科学出版社（北京）
1030	追踪与溯源：当今世界伊斯兰教热点问题	中文	图书（纸质版）	宗教学（社会科学）	无	中国社会科学出版社（北京）
1031	拉丁美洲经济展望（2017）：青年、技能和创业	中文	图书（纸质版）	经济学（社会科学）	无	中国社会科学出版社（北京）
1032	儒家传统与现代市场经济	中文	图书（纸质版）	经济学（社会科学）	无	复旦大学出版社（上海）
1033	腐败的经济学分析	中文	图书（电子版）	经济学（社会科学）	无	中共中央党校出版社（北京）
1034	金融发展与企业改革	中文	图书（电子版）	经济学（社会科学）	无	经济科学出版社（北京）
1035	经济全球化与政府的作用	中文	图书（电子版）	经济学（社会科学）	无	北京人民出版社（北京）
1036	全球化与文化：西方与中国	中文	图书（电子版）	综合（社会科学）	无	北京大学出版社（北京）
1037	语言与姓名文化：东亚人名地名族名探源	中文	图书（电子版）	语言学（社会科学）	无	中国科学技术出版社（北京）
1038	构建中国大战略的框架：国家实力、战略观念与国际制度	中文	图书（电子版）	政治学（社会科学）	无	北京大学出版社（北京）
1039	中国经济史新论（1840—1949）	中文	图书（电子版）	经济学（社会科学）	无	经济科学出版社（北京）
1040	霸权之翼：美国国际制度战略	中文	图书（电子版）	政治学（社会科学）	无	北京大学出版社（北京）
1041	中国国际关系研究1995—2005	中文	图书（电子版）	政治学（社会科学）	无	北京大学出版社（北京）
1042	地缘政治学：二分论及其超越——兼论地缘整合中的中国选择	中文	图书（电子版）	政治学（社会科学）	无	北京大学出版社（北京）
1043	构建新的认同：市场转型期国有企业的劳动控制	中文	图书（电子版）	管理学（社会科学）	无	社会科学文献出版社（北京）
1044	经济崛起中的中国经济增长与资本市场	中文	图书（电子版）	经济学（社会科学）	无	中国人民大学出版社（北京）
1045	中国崛起与东亚国际秩序的转型：共有利益的塑造与拓展	中文	图书（电子版）	政治学（社会科学）	无	北京大学出版社（北京）
1046	产业集聚与中国地区差距研究	中文	图书（电子版）	经济学（社会科学）	无	上海人民出版社（上海）

续表

马来西亚

序号	出版物名称	语种	类型	学科	国际合作出版/版权输出机构	国内出版机构
1047	全球化与地域性：经济全球化进程中国家与社会的关系	中文	图书（电子版）	政治学（社会科学）	无	北京大学出版社（北京）
1048	日耳曼学术谱系中的汉学：德国汉学之研究	中文	图书（电子版）	民族学与文化学（社会科学）	无	外语教学与研究出版社（北京）
1049	后冷战时代的中国外交	中文	图书（电子版）	政治学（社会科学）	无	北京大学出版社（北京）
1050	金融体制改革和货币问题研究	中文	图书（电子版）	经济学（社会科学）	无	经济科学出版社（北京）
1051	论二十世纪中国文学	中文	图书（电子版）	文学（社会科学）	无	中国人民大学出版社（北京）
1052	明清福建家组织与社会变迁	中文	图书（电子版）	历史学（社会科学）	无	中国人民大学出版社（北京）
1053	清代社会的贱民等级	中文	图书（电子版）	历史学（社会科学）	无	中国人民大学出版社（北京）
1054	中国大众媒介的传播效果与公信力研究：基础理论、评测方法与实证分析	中文	图书（电子版）	新闻学与传播学（社会科学）	无	经济科学出版社（北京）
1055	中国近代社党史研究	中文	图书（电子版）	政治学（社会科学）	无	中国人民大学出版社（北京）
1056	中国经济史新论（1949—2009）	中文	图书（电子版）	经济学（社会科学）	无	经济科学出版社（北京）
1057	众神狂欢：世纪之交的中国文化现象	中文	图书（电子版）	文学（社会科学）	无	中国人民大学出版社（北京）
1058	嬗变：辛亥革命时期至五四时期的中国文学	中文	图书（电子版）	文学（社会科学）	无	中国人民大学出版社（北京）
1059	宋子文生平与资料文献研究	中文	图书（电子版）	历史学（社会科学）	无	复旦大学出版社（上海）
1060	夏商西周的社会变迁	中文	图书（电子版）	历史学（社会科学）	无	中国人民大学出版社（北京）
1061	中国古代文论的现代阐释	中文	图书（电子版）	文学（社会科学）	无	中国人民大学出版社（北京）
1062	中国伊斯兰探秘	中文	图书（电子版）	宗教学（社会科学）	无	中国人民大学出版社（北京）
1063	近五百年来福建的家族社会文化	中文	图书（电子版）	民族学与文化学（社会科学）	无	中国人民大学出版社（北京）
1064	人民币迈向国际货币	中文	图书（电子版）	经济学（社会科学）	无	经济科学出版社（北京）
1065	上海公共租界城市管理研究	中文	图书（电子版）	管理学（社会科学）	无	中西书局（上海）

续表

马来西亚

序号	出版物名称	语种	类型	学科	国际合作出版/版权输出机构	国内出版机构
1066	西学东渐与晚清社会	中文	图书（电子版）	历史学（社会科学）	无	中国人民大学出版社（北京）
1067	现代西方伦理学史	中文	图书（电子版）	哲学（社会科学）	无	中国人民大学出版社（北京）
1068	核电站地震安全	中文	图书（电子版）	土木建筑工程（自然科学）	无	高等教育出版社（北京）
1069	环境污染责任：争点与案例	中文	图书（电子版）	法学（社会科学）	无	北京大学出版社（北京）
1070	教与学的和谐：高职院校师生关系构建艺术	中文	图书（电子版）	教育学（社会科学）	无	北京大学出版社（北京）
1071	乐府诗本事研究	中文	图书（电子版）	文学（社会科学）	无	北京大学出版社（北京）
1072	乐府诗体式研究	中文	图书（电子版）	文学（社会科学）	无	北京大学出版社（北京）
1073	乐府音乐形态研究：以曲调考察为中心	中文	图书（电子版）	艺术学（社会科学）	无	北京大学出版社（北京）
1074	马家塬墓地金属制品技术研究：兼论战国时期西北地区文化交流	中文	图书（电子版）	考古学（自然科学）	无	北京大学出版社（北京）
1075	民国人物的再研究与再评价	中文	图书（电子版）	历史学（社会科学）	无	复旦大学出版社（上海）
1076	侵权责任法论：制度诠释与理论探索	中文	图书（电子版）	法学（社会科学）	无	北京大学出版社（北京）
1077	全球化时代的高等教育：市场的挑战	中文	图书（电子版）	教育学（社会科学）	无	北京大学出版社（北京）
1078	日本奈良时代古钞本《论语集解》研究	中文	图书（电子版）	文学（社会科学）	无	北京大学出版社（北京）
1079	社会变迁视野下的金融法理论与实践	中文	图书（电子版）	法学（社会科学）	无	北京大学出版社（北京）
1080	市场监管法律制度的改革与完善	中文	图书（电子版）	法学（社会科学）	无	北京大学出版社（北京）
1081	水乡泽国：江南社会（9－20世纪）	中文	图书（电子版）	综合（社会科学）	无	北京大学出版社（北京）·
1082	宋代经书注疏刊刻研究	中文	图书（电子版）	图书馆、情报与文献学（社会科学）	无	北京大学出版社（北京）
1083	微行天益：社会化媒体时代的公益变革与实践	中文	图书（电子版）	新闻学与传播学（社会科学）	无	北京大学出版社（北京）
1084	象征的显影：彝族撒尼人阿诗玛文化的传媒人类学研究	中文	图书（电子版）	社会学（社会科学）	无	北京大学出版社（北京）

续表

马来西亚

序号	出版物名称	语种	类型	学科	国际合作出版/版权输出机构	国内出版机构
1085	辛亥革命与中华世界	中文	图书（电子版）	历史学（社会科学）	无	北京大学出版社（北京）
1086	新闻媒体侵权问题研究：新闻媒体侵权的判定、抗辩与救济	中文	图书（电子版）	新闻学与传播学（社会科学）	无	北京大学出版社（北京）
1087	形上之路：基督宗教的哲学建构方法研究	中文	图书（电子版）	哲学（社会科学）	无	北京大学出版社（北京）
1088	易学思维研究	中文	图书（电子版）	哲学（社会科学）	无	北京大学出版社（北京）
1089	意大利宪法审判制度研究	中文	图书（电子版）	法学（社会科学）	无	北京大学出版社（北京）
1090	政府优化科技资源配置研究：评价指标体系构建及政策建议	中文	图书（电子版）	管理学（社会科学）	无	北京大学出版社（北京）
1091	政治学的方法与视野	中文	图书（电子版）	政治学（社会科学）	无	北京大学出版社（北京）
1092	中国古代文体形态研究（第三版）	中文	图书（电子版）	文学（社会科学）	无	北京大学出版社（北京）
1093	中国语言学（第六辑）	中文	图书（电子版）	语言学（社会科学）	无	北京大学出版社（北京）
1094	重大地下工程安全建设与风险管理	中文	图书（电子版）	安全科学技术（自然科学）	无	高等教育出版社（北京）
1095	走向马克思主义阐释学：詹姆逊的阐释学研究	中文	图书（电子版）	文学（社会科学）	无	北京大学出版社（北京）
1096	比较文学	中文	图书（电子版）	文学（社会科学）	无	高等教育出版社（北京）
1097	当代中国经济	中文	图书（电子版）	经济学（社会科学）	无	五洲传播出版社（北京）
1098	复杂系统建模仿真	中文	图书（电子版）	信息科学与系统科学（自然科学）	无	高等教育出版社（北京）
1099	供应链智能建模方法研究：信任契约视角	中文	图书（电子版）	管理学（社会科学）	无	北京大学出版社（北京）
1100	国际汉学研究通讯	中文	图书（电子版）	民族学与文化学（社会科学）	无	北京大学出版社（北京）
1101	宏观调控行为的可诉性研究	中文	图书（电子版）	法学（社会科学）	无	北京大学出版社（北京）
1102	经济法前沿问题（2013）	中文	图书（电子版）	法学（社会科学）	无	北京大学出版社（北京）
1103	膜技术在水和气体净化中的应用	中文	图书（电子版）	工程与技术科学基础学科（自然科学）	无	高等教育出版社（北京）

续表

马来西亚

序号	出版物名称	语种	类型	学科	国际合作出版/版权输出机构	国内出版机构
1104	前瞻记忆：社会心理学的视野	中文	图书（电子版）	心理学（社会科学）	无	北京大学出版社（北京）
1105	儒家典籍与思想研究（第六辑）	中文	图书（电子版）	哲学（社会科学）	无	北京大学出版社（北京）
1106	世界经济变化中的教育发展：质量、公平与效率	中文	图书（电子版）	教育学（社会科学）	无	北京大学出版社（北京）
1107	数人侵权责任研究	中文	图书（电子版）	法学（社会科学）	无	北京大学出版社（北京）
1108	叙述功能制约下的创作与再创作：《红楼梦》回目英译比较研究	中文	图书（电子版）	文学（社会科学）	无	北京大学出版社（北京）
1109	中国产业政策与 WTO 规则协调研究	中文	图书（电子版）	经济学（社会科学）	无	北京大学出版社（北京）
1110	中国当代建筑设计发展战略	中文	图书（电子版）	土木建筑工程（自然科学）	无	高等教育出版社（北京）
1111	中国古代妇女史研究入门	中文	图书（电子版）	历史学（社会科学）	无	北京大学出版社（北京）
1112	《古逸丛书》研究	中文	图书（电子版）	文学（社会科学）	无	北京大学出版社（北京）
1113	财税法：原理、案例与材料	中文	图书（电子版）	法学（社会科学）	无	北京大学出版社（北京）
1114	城镇化的健康发展与投融资管理	中文	图书（电子版）	管理学（社会科学）	无	北京大学出版社（北京）
1115	地权的实践	中文	图书（电子版）	法学（社会科学）	无	北京大学出版社（北京）
1116	国家治理及其改革	中文	图书（电子版）	管理学（社会科学）	无	北京大学出版社（北京）
1117	汉语动词同义度分析方法与等级划分	中文	图书（电子版）	语言学（社会科学）	无	北京大学出版社（北京）
1118	会计信息市场估值与高管激励相互关系研究	中文	图书（电子版）	经济学（社会科学）	无	北京大学出版社（北京）
1119	金融建模	中文	图书（电子版）	经济学（社会科学）	无	北京大学出版社（北京）
1120	经济法研究	中文	图书（电子版）	法学（社会科学）	无	北京大学出版社（北京）
1121	科学与宗教：21 世纪的问题	中文	图书（电子版）	哲学（社会科学）	无	北京大学出版社（北京）
1122	空间数据分析	中文	图书（电子版）	环境科学技术及资源科学技术（自然科学）	无	北京大学出版社（北京）

续表

马来西亚

序号	出版物名称	语种	类型	学科	国际合作出版/版权输出机构	国内出版机构
1123	论政府跨部门协同治理	中文	图书（电子版）	管理学（社会科学）	无	北京大学出版社（北京）
1124	美学语法：后期维特根斯坦的美学与艺术思想	中文	图书（电子版）	哲学（社会科学）	无	北京大学出版社（北京）
1125	农村基础设施供给中的政府投资行为研究	中文	图书（电子版）	管理学（社会科学）	无	北京大学出版社（北京）
1126	强调范畴及其若干句法研究	中文	图书（电子版）	语言学（社会科学）	无	北京大学出版社（北京）
1127	人民币的国际地位与作用	中文	图书（电子版）	经济学（社会科学）	无	北京大学出版社（北京）
1128	社会管理的理论与实践：基于利益论视阈解的研究	中文	图书（电子版）	管理学（社会科学）	无	高等教育出版社（北京）
1129	世界权力的转移：政治领导与战略竞争	中文	图书（电子版）	政治学（社会科学）	无	北京大学出版社（北京）
1130	危险废物法律问题研究	中文	图书（电子版）	法学（社会科学）	无	北京大学出版社（北京）
1131	我国刑事审判制度实效问题研究	中文	图书（电子版）	法学（社会科学）	无	北京大学出版社（北京）
1132	信息检索方法与实践	中文	图书（电子版）	图书馆、情报与文献学（社会科学）	无	北京大学出版社（北京）
1133	行政管理案例分析	中文	图书（电子版）	管理学（社会科学）	无	北京大学出版社（北京）
1134	学前教育理论与实践教程	中文	图书（电子版）	教育学（社会科学）	无	北京大学出版社（北京）
1135	证券投资理论与实务	中文	图书（电子版）	经济学（社会科学）	无	北京大学出版社（北京）
1136	知识产权侵权责任研究	中文	图书（电子版）	法学（社会科学）	无	北京大学出版社（北京）
1137	中央与地方关系法治化研究：财政维度	中文	图书（电子版）	法学（社会科学）	无	北京大学出版社（北京）
1138	宗教社会学	中文	图书（电子版）	宗教学（社会科学）	无	北京大学出版社（北京）
1139	组织管理的心理基础	中文	图书（电子版）	管理学（社会科学）	无	北京大学出版社（北京）
1140	雅典政制汉译专门研究	中文	图书（电子版）	历史学（社会科学）	无	高等教育出版社（北京）
1141	解放军医学杂志	中文	期刊（纸质版）	医学综合（自然科学）	无	人民军医出版社（北京）

续表

马来西亚

序号	出版物名称	语种	类型	学科	国际合作出版/版权输出机构	国内出版机构
1142	复旦学报（社会科学版）	中文	期刊（纸质版）	综合（社会科学）	无	《复旦学报（社会科学版）》编辑部（上海）
1143	生物工程学报	中文	期刊（纸质版）	生物学（自然科学）	无	《生物工程学报》编辑部（北京）
1144	化学学报	中文	期刊（纸质版）	化学（自然科学）	无	科学出版社（北京）
1145	农业资源与环境学报	中文	期刊（纸质版）	农学（自然科学）	无	《农业资源与环境学报》编辑部（天津）
1146	考古学报	中文	期刊（电子版）	考古学（社会科学）	无	考古杂志社（北京）
1147	气象学报	中文	期刊（电子版）	地球科学（自然科学）	无	《气象学报》编辑部（北京）
1148	作物学报	中文	期刊（电子版）	农学（自然科学）	无	科学出版社（北京）
1149	北京大学学报（自然科学版）	中文	期刊（电子版）	综合（自然科学）	无	《北京大学学报（自然科学版）》编辑部（北京）
1150	上海精神医学	中文	期刊（电子版）	临床医学（自然科学）	无	《上海精神医学》编辑部（上海）
1151	质谱学报	中文	期刊（电子版）	物理学（自然科学）	无	《质谱学报》编辑部（北京）
1152	中国骨伤	中文	期刊（电子版）	临床医学（自然科学）	无	《中国骨伤》编辑部（北京）
1153	林业科学研究	中文	期刊（电子版）	林学（自然科学）	无	《林业科学研究》编辑部（北京）
1154	中国中药杂志	中文	期刊（电子版）	中医学与中药学（自然科学）	无	《中国中药杂志》编辑部（北京）
1155	光电工程	中文	期刊（电子版）	物理学（自然科学）	无	《光电工程》编辑部（四川）
1156	上海口腔医学	中文	期刊（电子版）	临床医学（自然科学）	无	《上海口腔医学》编辑部（上海）
1157	中国骨质疏松杂志	中文	期刊（电子版）	临床医学（自然科学）	无	《中国骨质疏松杂志》编辑部（北京）

续表

马来西亚

序号	出版物名称	语种	类型	学科	国际合作出版/版权输出机构	国内出版机构
1158	中华男科学杂志	中文	期刊（电子版）	临床医学（自然科学）	无	《中华男科学杂志》编辑部（江苏）
1159	天然产物研究与开发	中文	期刊（纸质版+电子版）	生物学（自然科学）	无	《天然产物研究与开发》编辑部（四川）
1160	Reader RMB	马来文	图书（纸质版）	经济学（社会科学）	Windu Puncak Studio 出版社（马来西亚）	中国人民大学出版社（北京）
1161	Impian Dan Laluan Gemilang China	马来文	图书（纸质版）	政治学（社会科学）	马来西亚汉文化中心（马来西亚）	社会科学文献出版社（北京）

泰国

序号	出版物名称	语种	类型	学科	国际合作出版/版权输出机构	国内出版机构
1	China's Socialist Economy	英文	图书（纸质版）	经济学（社会科学）	无	外文出版社（北京）
2	China's Population: Problems and Prospects	英文	图书（纸质版）	社会学（社会科学）	无	新世界出版社（北京）
3	Chemistry of Natural Products: Proceedings of Sino-American Symposium on Chemistry of Natural Products	英文	图书（纸质版）	药学（自然科学）	戈登和布里奇科学出版公司（美国）	科学出版社（北京）
4	China's Search for Economic Growth: The Chinese Economy since 1949	英文	图书（纸质版）	经济学（社会科学）	无	新世界出版社（北京）
5	Cell and Tissue Culture Techniques for Cereal Crop Improvement	英文	图书（纸质版）	生物学（自然科学）	戈登和布里奇科学出版公司（美国）	科学出版社（北京）
6	New Strategy for China's Economy	英文	图书（纸质版）	经济学（社会科学）	无	新世界出版社（北京）
7	Chinese Economic Thought before the Seventeenth Century	英文	图书（纸质版）	经济学（社会科学）	无	外文出版社（北京）
8	Historic Chinese Architecture	英文	图书（纸质版）	土木建筑工程（自然科学）	无	清华大学出版社（北京）
9	Treatise on Febrile Diseases Caused by Cold: A Classic of Traditional Chinese Medicine	英文	图书（纸质版）	中医学与中药学（自然科学）	无	新世界出版社（北京）

续表

泰国

序号	出版物名称	语种	类型	学科	国际合作出版机构/版权输出机构	国内出版机构
10	A History of English Literature	英文	图书（纸质版）	文学（社会科学）	无	商务印书馆（北京）
11	Diet, Life-style, and Mortality in China: A Study of the Characteristics of 65 Chinese Counties	英文	图书（纸质版）	预防医学与公共卫生学（自然科学）	牛津大学出版社（英国）	人民卫生出版社（北京）
12	Development of Forestry Science and Technology in China	英文	图书（纸质版）	林学（自然科学）	无	中国科学技术出版社（北京）
13	Theoretical and Computational Dynamics of a Compressible Flow	英文	图书（纸质版）	力学（自然科学）	范·诺斯特兰德·赖因霍德出版社（美国）	科学出版社（北京）
14	Finite Element Methods in Dynamics	英文	图书（纸质版）	数学（自然科学）	威科出版集团（荷兰）	科学出版社（北京）
15	The Merging of Religious and Secular Rule in Tibet	英文	图书（纸质版）	民族学与文化学（社会科学）	无	外文出版社（北京）
16	Comprehensive Cancer Cytopathology of the Cervix Uteri: Correlation with Histopathology	英文	图书（纸质版）	基础医学（自然科学）	麦格劳希尔出版公司（美国）	人民卫生出版社（北京）
17	Theory and Reality of Transition to a Market Economy	英文	图书（纸质版）	经济学（社会科学）	无	外文出版社（北京）
18	Practical Chinese Tuina Therapy with Illustrations	英文	图书（纸质版）	中医学与中药学（自然科学）	无	新世界出版社（北京）
19	Chinese Acupuncture and Moxibustion	英文	图书（纸质版）	中医学与中药学（自然科学）	无	外文出版社（北京）
20	Chinese Herbal Medicine	英文	图书（纸质版）	中医学与中药学（自然科学）	无	华夏出版社（北京）
21	A History of Development of Tibet	英文	图书（纸质版）	历史学（社会科学）	无	外文出版社（北京）
22	Nematology: Advances and Perspectives, Volume 1	英文	图书（纸质版）	预防医学与公共卫生学（自然科学）	国际应用生物科学中心出版社（美国）	清华大学出版社（北京）
23	Story of the Silk Road	英文	图书（纸质版）	历史学（社会科学）	无	五洲传播出版社（北京）
24	Wired for Design	英文	图书（纸质版）	土木建筑工程（自然科学）	无	江西科学技术出版社（江西）
25	Resource Management for Sustainable Intensive Agriculture Systems	英文	图书（纸质版）	管理学（社会科学）	无	清华大学出版社（北京）

续表

序号	出版物名称	语种	类型	学科	国际合作出版/版权输出机构	国内出版机构
26	Essentials of Life Science	英文	图书（纸质版）	生物学（自然科学）	无	高等教育出版社（北京）
27	Challenges of Power Engineering and Environment: Proceedings of the International Conference on Power Engineering 2007	英文	图书（纸质版）	动力与电气工程（自然科学）	施普林格·自然出版集团（德国）	浙江大学出版社（浙江）
28	Proceedings of 2008 China-Japan Joint Microwave Conference, September 10–12, 2008, Shanghai, China	英文	图书（纸质版）	电子与通信技术（自然科学）	电气和电子工程师协会出版平台（美国）	上海大学出版社（上海）
29	Making New Partnership: A Rising China and its Neighbors	英文	图书（纸质版）	政治学（社会科学）	帕斯国际出版社（英国）	社会科学文献出版社（北京）
30	Industrial and Applied Mathematics in China	英文	图书（纸质版）	数学（自然科学）	世界科技出版公司（新加坡）	高等教育出版社（北京）
31	A History of Chinese Confucianism	英文	图书（纸质版）	哲学（社会科学）	无	上海外语教育出版社（上海）
32	A Brief History of Chambers of Commerce in China	英文	图书（纸质版）	经济学（社会科学）	帕斯国际出版社（英国）	社会科学文献出版社（北京）
33	Hyperbolic Problems: Theory, Numerics and Applications	英文	图书（纸质版）	数学（自然科学）	世界科技出版公司（新加坡）	高等教育出版社（北京）
34	The Rising Middle Classes in China	英文	图书（纸质版）	社会学（社会科学）	帕斯国际出版社（英国）	社会科学文献出版社（北京）
35	Quantum Control of Multi-Wave Mixing	英文	图书（纸质版）	物理学（自然科学）	威利出版集团（美国）	高等教育出版社（北京）
36	Computational Number Theory and Modern Cryptography	英文	图书（纸质版）	数学（自然科学）	威利出版集团（美国）	高等教育出版社（北京）
37	Lectures on the Theory of Group Properties of Differential Equations	英文	图书（纸质版）	数学（自然科学）	世界科技出版公司（新加坡）	高等教育出版社（北京）
38	A History of China's Political Party System	英文	图书（纸质版）	政治学（社会科学）	无	五洲传播出版社（北京）
39	A Brief History of Foreign Debt in China	英文	图书（纸质版）	经济学（社会科学）	帕斯国际出版社（英国）	社会科学文献出版社（北京）

续表

泰　国

序号	出版物名称	语种	类型	学科	国际合作出版/版权输出机构	国内出版机构
40	Suizhou Meteorite: Mineralogy and Shock Metamorphism	英文	图书（纸质版）	地球科学（自然科学）	施普林格·自然出版集团（德国）	广东科技出版社（广东）
41	Culture and Security: A Strategy for China	英文	图书（纸质版）	政治学（社会科学）	帕斯国际出版社（英国）	社会科学文献出版社（北京）
42	Transcultural Encounters in Knowledge Production and Consumption	英文	图书（纸质版）	新闻学与传播学（社会科学）	施普林格·自然出版集团（德国）	高等教育出版社（北京）
43	Taigu Genic Male-sterile Wheat	英文	图书（电子版）	农学（自然科学）	爱思唯尔出版集团（荷兰）	科学出版社（北京）
44	Proceedings of the 1988 IEEE International Conference on Systems, Man and Cybernetics, Aug. 8 – 12, 1988, Beijing and Shenyang, China	英文	图书（电子版）	信息科学与系统科学（自然科学）	电气和电子工程师协会出版社（美国）	万国学术出版社（北京）
45	Proceedings of the 1988 IEEE International Conference on Systems, Man and Cybernetics, Aug. 8 – 12, 1988, Beijing and Shenyang, China	英文	图书（电子版）	信息科学与系统科学（自然科学）	电气和电子工程师协会出版社（美国）	万国学术出版社（北京）
46	Shallow Water Hydrodynamics: Mathematical Theory and Numerical Solution for a Two-dimensional System of Shallow Water Equations	英文	图书（电子版）	力学（自然科学）	爱思唯尔出版集团（荷兰）	中国水利水电出版社（北京）
47	Proceedings of IEEE Region 10 Conference on Computer, Communication, Control, and Power Engineering, Oct. 19 – 21, 1993, Beijing, China	英文	图书（电子版）	综合（自然科学）	电气和电子工程师协会出版社（美国）	万国学术出版社（北京）
48	Proceedings of CIE International Conference of Radar (CICR – 96), Oct. 8 – 10, 1996, Beijing, China	英文	图书（电子版）	电子与通信技术（自然科学）	电气和电子工程师协会出版社（美国）	电子工业出版社（北京）
49	Proceedings of International Conference on Communication Technology, May 5 – 7, 1996, Beijing, China	英文	图书（电子版）	电子与通信技术（自然科学）	电气和电子工程师协会出版社（美国）	电子工业出版社（北京）
50	Processings of the 3rd International Conference on Signal, Oct. 14 – 18, 1996, Beijing, China	英文	图书（电子版）	电子与通信技术（自然科学）	电气和电子工程师协会出版社（美国）	电子工业出版社（北京）

续表

表　国

序号	出版物名称	语种	类型	学科	国际合作出版/版权输出机构	国内出版机构
51	Proceedings of International Conference on Communication Technology, Oct.22 – 24, 1998, Beijing, China	英文	图书（电子版）	电子与通信技术（自然科学）	电气和电子工程师协会出版社（美国）	电子工业出版社（北京）
52	Proceedings of the 4th International Conference on Signal Processings（ICSP'98）：Oct.12 – 16, 1998, Beijing, China	英文	图书（电子版）	电子与通信技术（自然科学）	电气和电子工程师协会出版社（美国）	电子工业出版社（北京）
53	Proceedings of International Conference on Communication Technology, Aug.21 – 25, 2000, Beijing, China	英文	图书（电子版）	电子与通信技术（自然科学）	电气和电子工程师协会出版社（美国）	电子工业出版社（北京）
54	Proceedings of the 2nd Asia-Pacific Conference on Environmental Electromagnetics, May 3 – 7, 2000, Shanghai, China	英文	图书（电子版）	物理学（自然科学）	无	北京邮电大学出版社（北京）
55	Proceedings of 2000 5th International Symposium on Antennas, Propagation and EM Theory, August 15 – 18, 2000, Beijing, China	英文	图书（电子版）	电子与通信技术（自然科学）	电气和电子工程师协会出版社（美国）	电子工业出版社（北京）
56	Proceedings of the 3rd International Power Electronics and Motion Control Conference, August 15 – 18, 2000, Beijing, China	英文	图书（电子版）	电子与通信技术（自然科学）	电气和电子工程师协会出版社（美国）	万国学术出版社（北京）
57	Proceedings of the 6th International Conference on Solid-state and Integrated-circuit Technology, Oct.22 – 25, 2001, Shanghai, China	英文	图书（电子版）	电子与通信技术（自然科学）	电气和电子工程师协会出版社（美国）	人民邮电出版社（北京）
58	Proceedings of 2001 6th International Conference on Solid-State and Integrated-Circuit Technology, October 22 – 25, 2001, Shanghai, China	英文	图书（电子版）	电子与通信技术（自然科学）	电气和电子工程师协会出版社（美国）	人民邮电出版社（北京）
59	Proceedings of the 6th International Conference on Signal Processing, Aug.26 – 30, 2002, Beijing, China	英文	图书（电子版）	电子与通信技术（自然科学）	电气和电子工程师协会出版社（美国）	人民邮电出版社（北京）

续表

泰　国

序号	出版物名称	语种	类型	学科	国际合作出版/版权输出机构	国内出版机构
60	Proceedings of the 4th World Congress on Intelligent Control and Automation, June 10－14, 2002, Shanghai, China	英文	图书（电子版）	信息科学与系统科学（自然科学）	电气和电子工程师协会出版社（美国）	华东理工大学出版社（上海）
61	Proceedings of International Conference on Communication Technology, Apr. 9－11, 2003, Beijing, China	英文	图书（电子版）	电子与通信技术（自然科学）	电气和电子工程师协会出版社（美国）	北京邮电大学出版社（北京）
62	Proceedings of the 5th International Conference on Electronic Packaging Technology (ICEPT 2003), Oct. 28－30, 2003, Shanghai, China	英文	图书（电子版）	工程与技术科学基础学科（自然科学）	电气和电子工程师协会出版社（美国）	中国电子封装协会（上海）
63	Proceedings of Asia-Pacific Conference on Environmental Electromagnetics (CEEM 2003), Nov. 4－7, 2003, Hangzhou, China	英文	图书（电子版）	物理学（自然科学）	无	北京邮电大学出版社（北京）
64	Proceedings of the 6th International Conference on Electrical Machines and Systems (ICEMS2003): Nov. 9－11, 2003, Beijing, China	英文	图书（电子版）	动力与电气工程（自然科学）	无	万国学术出版社（北京）
65	Proceedings of the 5th International Vacuum Electron Sources Conference (IVESC2004), Sep. 6－10, 2004, Beijing, China	英文	图书（电子版）	物理学（自然科学）	电气和电子工程师协会出版社（美国）	中国电子学会（北京）
66	Extended Abstracts of the 4th International Workshop on Junction Technology (IWJT－2004), March 15－16, 2004, Shanghai, China	英文	图书（电子版）	电子与通信技术（自然科学）	电气和电子工程师协会出版社（美国）	复旦大学出版社（上海）
67	Proceedings of Asia-Pacific Radio Science Conference, Aug. 24－27, 2004, Qingdao, China	英文	图书（电子版）	电子与通信技术（自然科学）	电气和电子工程师协会出版社（美国）	电子工业出版社（北京）
68	Proceedings of Conference on Frontiers and Prospects of Contemporary Applied Mathematics, Aug. 24－30, 2004, Xiangtan, China	英文	图书（电子版）	数学（自然科学）	世界科技出版公司（新加坡）	高等教育出版社（北京）

续表

序号	出版物名称	语种	类型	学科	国际合作出版/版权输出机构	国内出版机构
69	Proceedings of the 4th International Conference on Microwave and Millimeter Wave Technology (IC-MMT2004): Aug. 18–21, 2004, Beijing, China	英文	图书（电子版）	电子与通信技术（自然科学）	电气和电子工程师协会出版社（美国）	中国电子学会（北京）
70	Proceedings of the 7th International Conference on Signal Processing, Aug. 31-Sept. 4, 2004, Beijing, China	英文	图书（电子版）	电子与通信技术（自然科学）	电气和电子工程师协会出版社（美国）	电子工业出版社（北京）
71	Wave Propagation, Scattering and Emission in Complex Media	英文	图书（电子版）	物理学（自然科学）	世界科技出版公司（新加坡）	科学出版社（北京）
72	Proceedings of the 8th International Conference on Computer Supported Cooperative Work in Design, May 26–28, 2004, Xiamen, China	英文	图书（电子版）	计算机科学技术（自然科学）	电气和电子工程师协会出版平台（美国）	万国学术出版社（北京）
73	Proceedings of IEEE 2005 International Symposium on Microwave, Antenna, Propagation and EMC Technologies for Wireless Communications (MAPE 2005), Aug. 8–12, 2005, Beijing, China	英文	图书（电子版）	电子与通信技术（自然科学）	电气和电子工程师协会出版社（美国）	中国电子学会（北京）
74	Ginzburg-Landau Vortices	英文	图书（电子版）	数学（自然科学）	世界科技出版公司（新加坡）	高等教育出版社（北京）
75	China's Energy Outlook 2004	英文	图书（电子版）	能源科学技术（自然科学）	世界科技出版公司（新加坡）	清华大学出版社（北京）
76	Introduction to Biomaterials	英文	图书（电子版）	材料科学（自然科学）	世界科技出版公司（新加坡）	清华大学出版社（北京）
77	Mathematical Methods for Surface and Subsurface Hydrosystems	英文	图书（电子版）	环境科学技术及资源科学技术（自然科学）	世界科技出版公司（新加坡）	高等教育出版社（北京）
78	Proceedings of the 13th International Conference on Management Science & Engineering: Oct. 5–7, 2006, Lille, France	英文	图书（电子版）	管理学（社会科学）	电气和电子工程师协会出版社（美国）	哈尔滨工业大学出版社（黑龙江）
79	Contemporary Medical Acupuncture: A Systems Approach	英文	图书（电子版）	中医学与中药学（自然科学）	施普林格·自然出版集团（德国）	高等教育出版社（北京）

续表

泰　国

序号	出版物名称	语种	类型	学科	国际合作出版/版权输出机构	国内出版机构
80	Impinging Streams: Fundamentals, Properties, Applications	英文	图书（电子版）	化学工程（自然科学）	爱思唯尔出版集团（荷兰）	化学工业出版社（北京）
81	Molecular Pain	英文	图书（电子版）	基础医学（自然科学）	施普林格·自然出版集团（德国）	高等教育出版社（北京）
82	Proceedings of the 14th International Conference on Management Science & Engineering; Aug. 20 - 22, 2007, Harbin, China	英文	图书（电子版）	管理学（社会科学）	电气和电子工程师协会出版社（美国）	哈尔滨工业大学出版社（黑龙江）
83	China's Dilemma: Economic Growth, the Environment and Climate Change	英文	图书（电子版）	经济学（社会科学）	布鲁金斯学会出版社（美国）	社会科学文献出版社（北京）
84	Reconstruction of Chaotic Signals with Applications to Chaos-based Communications	英文	图书（电子版）	信息科学与系统科学（自然科学）	世界科技出版公司（新加坡）	清华大学出版社（北京）
85	Proceedings of the 27th Chinese Control Conference	英文	图书（电子版）	信息科学与系统科学（自然科学）	电气和电子工程师协会出版社（美国）	北京航空航天大学出版社（北京）
86	China-Japan: Making New Partnership	英文	图书（电子版）	政治学（社会科学）	帕斯国际出版社（英国）	社会科学文献出版社（北京）
87	New Developments in Biostatistics and Bioinformatics	英文	图书（电子版）	生物学（自然科学）	世界科技出版公司（新加坡）	高等教育出版社（北京）
88	Processings of the 1st International Conference on Sustainable Power Generation and Supply, Apr. 6 - 7, 2009, Nanjing, China	英文	图书（电子版）	动力与电气工程（自然科学）	电气和电子工程师协会出版社（美国）	中国电力出版社（北京）
89	Modeling and Dynamics of Infectious Diseases	英文	图书（电子版）	数学（自然科学）	世界科技出版公司（新加坡）	高等教育出版社（北京）
90	Multi-scale Phenomena in Complex Fluids: Modeling, Analysis and Numerical Simulation	英文	图书（电子版）	数学（自然科学）	世界科技出版公司（新加坡）	高等教育出版社（北京）
91	Nonlinear Conservation Laws, fluid systems and Related Topics	英文	图书（电子版）	数学（自然科学）	世界科技出版公司（新加坡）	高等教育出版社（北京）
92	Economic and Social Impact of Liberalization: A Study on Early Harvest Program under China-Asean FTA	英文	图书（电子版）	经济学（社会科学）	帕斯国际出版社（英国）	社会科学文献出版社（北京）

续表

泰 国

序号	出版物名称	语种	类型	学科	国际合作出版/版权输出机构	国内出版机构
93	Bioinspired Intelligent Nanostructured Interfacial Materials	英文	图书(电子版)	材料科学(自然科学)	世界科技出版公司(新加坡)	化学工业出版社(北京)
94	Some Problems on Nonlinear Hyperbolic Equations and Applications	英文	图书(电子版)	数学(自然科学)	世界科技出版公司(新加坡)	高等教育出版社(北京)
95	Multiscale Problems: Theory, Numerical Approximation and Applications	英文	图书(电子版)	数学(自然科学)	世界科技出版公司(新加坡)	高等教育出版社(北京)
96	China-ASEAN: Making New Partnership	英文	图书(电子版)	政治学(社会科学)	帕斯国际出版社(英国)	社会科学文献出版社(北京)
97	China-Central Asian Countries: Making New Partnership	英文	图书(电子版)	政治学(社会科学)	帕斯国际出版社(英国)	社会科学文献出版社(北京)
98	China-South Asian Relations: Making New Partnership	英文	图书(电子版)	政治学(社会科学)	帕斯国际出版社(英国)	社会科学文献出版社(北京)
99	Left-behind Children in Rural China: Impact Study of Rural Labor Migration on Left-behind Children in Mid-West China	英文	图书(电子版)	社会学(社会科学)	帕斯国际出版社(英国)	社会科学文献出版社(北京)
100	Advances in Intelligence and Security Informatics	英文	图书(电子版)	安全科学技术(自然科学)	爱思唯尔出版集团(荷兰)	浙江大学出版社(浙江)
101	China-Latin America Relations: Review and Analysis, Volume 1	英文	图书(电子版)	政治学(社会科学)	帕斯国际出版社(英国)	社会科学文献出版社(北京)
102	Rational Function Systems and Electrical Networks with Multi-parameters	英文	图书(电子版)	数学(自然科学)	世界科技出版公司(新加坡)	高等教育出版社(北京)
103	Ammonia Synthesis Catalysts: Innovation and Practice	英文	图书(电子版)	化学(自然科学)	世界科技出版公司(新加坡)	化学工业出版社(北京)
104	Budgeting Carbon for Equity and Sustainability	英文	图书(电子版)	环境科学技术及资源科学技术(自然科学)	帕斯国际出版社(英国)	社会科学文献出版社(北京)
105	China-Europe Relations: Review and Analysis	英文	图书(电子版)	政治学(社会科学)	帕斯国际出版社(英国)	社会科学文献出版社(北京)
106	Intelligent Systems for Security Informatics	英文	图书(电子版)	信息与系统科学相关工程与技术(自然科学)	爱思唯尔出版集团(荷兰)	浙江大学出版社(浙江)

续表

泰　国

序号	出版物名称	语种	类型	学科	国际合作出版/版权输出机构	国内出版机构
107	Power Generation in China: Research, Policy and Management	英文	图书（电子版）	管理学（社会科学）	帕斯国际出版社（英国）	社会科学文献出版社（北京）
108	Service Science, Management, and Engineering: Theory and Applications	英文	图书（电子版）	综合（自然科学）	爱思唯尔出版集团（荷兰）	浙江大学出版社（浙江）
109	China-Africa Relations: Review and Analysis	英文	图书（电子版）	政治学（社会科学）	帕斯国际出版社（英国）	社会科学文献出版社（北京）
110	Healthy China 2020 Strategic Research Report	英文	图书（电子版）	管理学（社会科学）	无	人民卫生出版社（北京）
111	Business Trends in the Digital Era: Evolution of Theories and Applications	英文	图书（电子版）	经济学（社会科学）	施普林格·自然出版集团（德国）	上海交通大学出版社（上海）
112	Gas Discharge and Gas Insulation	英文	图书（电子版）	物理学（自然科学）	施普林格·自然出版集团（德国）	上海交通大学出版社（上海）
113	Darriwilian (Ordovician) Graptolites from Northwest China	英文	图书（电子版）	地球科学（自然科学）	爱思唯尔出版集团（荷兰）	浙江大学出版社（浙江）
114	Subdivision Surface Modeling Technology	英文	图书（电子版）	计算机科学技术（自然科学）	施普林格·自然出版集团（德国）	高等教育出版社（北京）
115	Chinese Macro-Economy in Process of Bottoming-Out and Rebounding	英文	图书（电子版）	经济学（社会科学）	帕斯国际出版社（英国）	中国社会科学出版社（北京）
116	Mao Tse-tung's International Politics Theory and Practice	英文	图书（电子版）	政治学（社会科学）	帕斯国际出版社（英国）	中国社会科学出版社（北京）
117	Research on the Laws of Contemporary China, Volume 1, 1949—1978	英文	图书（电子版）	法学（社会科学）	帕斯国际出版社（英国）	中国社会科学出版社（北京）
118	Research on the Laws of Contemporary China, Volume 2, 1978—1992	英文	图书（电子版）	法学（社会科学）	帕斯国际出版社（英国）	中国社会科学出版社（北京）
119	Research on the Laws of Contemporary China, Volume 3, 1992—2009	英文	图书（电子版）	法学（社会科学）	帕斯国际出版社（英国）	中国社会科学出版社（北京）
120	An Analysis of the Relationship between the Stock Markets of China and other BRICS Countries, the United States and Australia	英文	图书（电子版）	经济学（社会科学）	无	中国财政经济出版社（北京）

续表

序号	出版物名称	语种	类型	学科	国际合作出版/版权输出机构	国内出版机构
121	China's Fiscal and Monetary Policies in the New Era	英文	图书（电子版）	经济学（社会科学）	帕斯国际出版社（英国）	经济科学出版社（北京）
122	Reform of the Financial Regulation System of China during Financial Market Globalization	英文	图书（电子版）	经济学（社会科学）	帕斯国际出版社（英国）	经济科学出版社（北京）
123	Mechatronic Reliability: Electric Failures, Mechanical-electrical Coupling, Domain Switching, Mass-flow Instabilities	英文	图书（纸质版＋电子版）	电子与通信技术（自然科学）	施普林格·自然出版集团（德国）	清华大学出版社（北京）
124	Proceedings of the 14th IEEE International Symposium on Personal, Indoor, and Mobile Radio Communications (PIMRC2003), Sep. 7 – 10, 2003, Beijing, China	英文	图书（纸质版＋电子版）	电子与通信技术（自然科学）	电气和电子工程师协会出版社（美国）	电子工业出版社（北京）
125	New Developments in Biostatistics and Bioinformatics	英文	图书（纸质版＋电子版）	生物学（自然科学）	世界科技出版公司（新加坡）	高等教育出版社（北京）
126	AC Machine Systems: Mathematical Model and Parameters, Analysis, and System Performance	英文	图书（纸质版＋电子版）	动力与电气工程（自然科学）	施普林格·自然出版集团（德国）	清华大学出版社（北京）
127	Experimental Plant Virology	英文	图书（纸质版＋电子版）	农学（自然科学）	施普林格·自然出版集团（德国）	浙江大学出版社（浙江）
128	High Temperature Deformation and Fracture of Materials	英文	图书（纸质版＋电子版）	材料科学（自然科学）	爱思唯尔出版集团（荷兰）	科学出版社（北京）
129	Wavelet Methods in Mathematical Analysis and Engineering	英文	图书（纸质版＋电子版）	数学（自然科学）	世界科技出版公司（新加坡）	高等教育出版社（北京）
130	High Performance Liquid Chromatography Fingerprinting Technology of the Commonly-Used Traditional Chinese Medicine Herbs	英文	图书（纸质版＋电子版）	化学工程（自然科学）	世界科技出版公司（新加坡）	化学工业出版社（北京）
131	Advances in Analysis and Control of Time-delayed Dynamical Systems	英文	图书（纸质版＋电子版）	物理学（自然科学）	世界科技出版公司（新加坡）	高等教育出版社（北京）
132	Folklore Studies	英文	期刊（纸质版）	民族学与文化学（社会科学）	无	北京辅仁大学（北京）

续表

泰　国

序号	出版物名称	语种	类型	学科	国际合作出版/版权输出机构	国内出版机构
133	Journal of Systems Science and Complexity	英文	期刊（纸质版）	信息科学与系统科学（自然科学）	施普林格·自然出版集团（德国）	Journal of Systems Science and Complexity 编辑部（北京）
134	Voices for Change: Participatory Monitoring and Evaluation in China	英文	期刊（电子版）	管理学（社会科学）	国际发展研究中心（加拿大）	云南科技出版社（云南）
135	Journal of Systems Engineering and Electronics	英文	期刊（电子版）	电子与通信技术（自然科学）	电气和电子工程师协会出版平台（美国）	Journal of Systems Engineering and Electronics 编辑部（北京）
136	Chinese Medical Journal	英文	期刊（电子版）	临床医学（自然科学）	威科出版集团（荷兰）	中华医学会杂志社（北京）
137	Applied Mathematics and Mechanics	英文	期刊（电子版）	综合（自然科学）	施普林格·自然出版集团（德国）	Applied Mathematics and Mechanics 编辑部（上海）
138	China Ocean Engineering	英文	期刊（电子版）	自然科学相关工程与技术（自然科学）	施普林格·自然出版集团（德国）	海洋出版社（北京）
139	Social Sciences in China	英文	期刊（电子版）	综合（社会科学）	泰勒弗朗西斯出版集团（英国）	中国社会科学杂志社（北京）
140	Journal of Traditional Chinese Medicine	英文	期刊（电子版）	中医学与中药学（自然科学）	无	Journal of Traditional Chinese Medicine 编辑部（北京）
141	Acta Mathematica Scientia	英文	期刊（电子版）	数学（自然科学）	施普林格·自然出版集团（德国）	科学出版社（北京）
142	Acta Oceanologica Sinica	英文	期刊（电子版）	地球科学（自然科学）	施普林格·自然出版集团（德国）	海洋出版社（北京）
143	Chinese Journal of Chemical Engineering	英文	期刊（电子版）	化学工程（自然科学）	爱思唯尔出版集团（荷兰）	化学工业出版社（北京）
144	Acta Geochimica	英文	期刊（电子版）	地球科学（自然科学）	施普林格·自然出版集团（德国）	科学出版社（北京）
145	Chinese Annals of Mathematics, Series B	英文	期刊（电子版）	数学（自然科学）	施普林格·自然出版集团（德国）	Chinese Annals of Mathematics, Series B 编辑部（上海）
146	Journal of Computational Mathematics	英文	期刊（电子版）	数学（自然科学）	无	科学出版社（北京）

续表

序号	出版物名称	语种	类型	学科	国际合作出版/版权输出机构	国内出版机构
147	Advances in Atmospheric Sciences	英文	期刊(电子版)	地球科学(自然科学)	施普林格·自然出版集团(德国)	科学出版社(北京)
148	International Journal of Sediment Research	英文	期刊(电子版)	水利工程(自然科学)	爱思唯尔出版集团(荷兰)	International Journal of Sediment Research 编辑部(北京)
149	Journal of Ancient Civilizations	英文	期刊(电子版)	历史学(社会科学)	无	Journal of Ancient Civilizations 编辑部(吉林)
150	Journal of Computer Science & Technology	英文	期刊(电子版)	计算机科学技术(自然科学)	施普林格·自然出版集团(德国)	科学出版社(北京)
151	Journal of Wuhan University of Technology (Materials Science)	英文	期刊(电子版)	材料科学(自然科学)	施普林格·自然出版集团(德国)	Journal of Wuhan University of Technology (Materials Science) 编辑部(湖北)
152	Bulletin of the Chinese Academy of Sciences	英文	期刊(电子版)	综合(自然科学)	无	Bulletin of the Chinese Academy of Sciences 编辑部(北京)
153	Chinese Journal of Mechanical Engineering	英文	期刊(电子版)	机械工程(自然科学)	施普林格·自然出版集团(德国)	Chinese Journal of Mechanical Engineering 编辑部(北京)
154	Acta Geologica Sinica	英文	期刊(电子版)	地球科学(自然科学)	威利出版集团(美国)	Acta Geologica Sinica 编辑部(北京)
155	Journal of Environmental Sciences	英文	期刊(电子版)	环境科学技术及资源科学技术(自然科学)	爱思唯尔出版集团(荷兰)	科学出版社(北京)
156	Rare Metals	英文	期刊(电子版)	材料科学(自然科学)	施普林格·自然出版集团(德国)	有科期刊出版(北京)有限公司(北京)
157	Chinese Chemical Letters	英文	期刊(电子版)	化学(自然科学)	爱思唯尔出版集团(荷兰)	Chinese Chemical Letters 编辑部(北京)
158	Chinese Journal of Chemistry	英文	期刊(电子版)	化学(自然科学)	威利出版集团(美国)	Chinese Journal of Chemistry 编辑部(上海)
159	International Journal of Mining Science and Technology	英文	期刊(电子版)	矿山工程技术(自然科学)	爱思唯尔出版集团(荷兰)	International Journal of Mining Science and Technology 编辑部(江苏)

续表

序号	出版物名称	语种	类型	学科	国际合作出版/版权输出机构	国内出版机构
160	Journal of Hydrodynamics, Series B	英文	期刊（电子版）	力学（自然科学）	施普林格·自然出版集团（德国）	Journal of Hydrodynamics, Series B 编辑部（上海）
161	Nuclear Science and Techniques	英文	期刊（电子版）	核科学技术（自然科学）	施普林格·自然出版集团（德国）	科学出版社（北京）
162	Rice Science	英文	期刊（电子版）	农学（自然科学）	爱思唯尔出版集团（荷兰）	Rice Science 编辑部（浙江）
163	Chemical Research in Chinese Universities	英文	期刊（电子版）	化学（自然科学）	施普林格·自然出版集团（德国）	Chemical Research in Chinese Universities 编辑部（吉林）
164	Chinese Geographical Science	英文	期刊（电子版）	地球科学（自然科学）	施普林格·自然出版集团（德国）	科学出版社（北京）
165	Chinese Medical Sciences Journal	英文	期刊（电子版）	医学综合（自然科学）	爱思唯尔出版集团（荷兰）	Chinese Medical Sciences Journal 编辑部（北京）
166	Journal of Rare Earths	英文	期刊（电子版）	化学（自然科学）	爱思唯尔出版集团（荷兰）	Journal of Rare Earths 编辑部（北京）
167	Pedosphere	英文	期刊（电子版）	农学（自然科学）	爱思唯尔出版集团（荷兰）	科学出版社（北京）
168	Progress in Natural Science: Materials International	英文	期刊（电子版）	材料科学（自然科学）	爱思唯尔出版集团（荷兰）	Progress in Natural Science: Materials International 编辑部（北京）
169	World Journal of Acupuncture-Moxibustion	英文	期刊（电子版）	中医学与中药学（自然科学）	爱思唯尔出版集团（荷兰）	World Journal of Acupuncture-Moxibustion 编辑部（北京）
170	Journal of Systems Science and Systems Engineering	英文	期刊（电子版）	信息科学与系统科学（自然科学）	施普林格·自然出版集团（德国）	Journal of Systems Science and Systems Engineering 编辑部（北京）
171	Journal of Thermal Science	英文	期刊（电子版）	物理学（自然科学）	施普林格·自然出版集团（德国）	科学出版社（北京）
172	Journal of Chinese Pharmaceutical Sciences	英文	期刊（电子版）	药学（自然科学）	无	Journal of Chinese Pharmaceutical Sciences 编辑部（北京）

泰　国

续表

序号	出版物名称	语种	类型	学科	国际合作出版/版权输出机构	国内出版机构
173	Applied Mathematics: A Journal of Chinese Universities	英文	期刊（电子版）	数学（自然科学）	施普林格·自然出版集团（德国）	浙江大学出版社（浙江）
174	Journal of Materials Science & Technology	英文	期刊（电子版）	材料科学（自然科学）	爱思唯尔出版集团（荷兰）	Journal of Materials Science & Technology 编辑部（辽宁）
175	Acta Metallurgica Sinica (English Letters)	英文	期刊（电子版）	材料科学（自然科学）	施普林格·自然出版集团（德国）	Acta Metallurgica Sinica 编辑部（辽宁）
176	Algebra Colloquium	英文	期刊（电子版）	数学（自然科学）	世界科技出版公司（新加坡）	Algebra Colloquium 编辑部（北京）
177	Journal of Iron and Steel Research (International)	英文	期刊（电子版）	冶金工程技术（自然科学）	施普林格·自然出版集团（德国）	北京钢研柏苑出版有限责任公司（北京）
178	China Oil & Gas	英文	期刊（电子版）	能源科学技术（自然科学）	无	石油工业出版社（北京）
179	Journal of Tropical Meteorology	英文	期刊（电子版）	环境科学技术及资源科学技术（自然科学）	无	Journal of Tropical Meteorology 编辑部（广东）
180	Journal of Shanghai Jiaotong University (Science)	英文	期刊（电子版）	综合（自然科学）	施普林格·自然出版集团（德国）	Journal of Shanghai Jiaotong University (Science) 编辑部（上海）
181	Science China Life Sciences	英文	期刊（电子版）	生物学（自然科学）	施普林格·自然出版集团（德国）	《中国科学》杂志社（北京）
182	Chinese Journal of Traumatology	英文	期刊（电子版）	临床医学（自然科学）	爱思唯尔出版集团（荷兰）	中华医学会杂志社（北京）
183	Fungal Diversity	英文	期刊（电子版）	生物学（自然科学）	施普林格·自然出版集团（德国）	Fungal Diversity 编辑部（云南）
184	The Chinese Journal of Dental Research	英文	期刊（电子版）	临床医学（自然科学）	精粹出版集团（德国）	科学普及出版社（北京）
185	Acta Mathematica Sinica	英文	期刊（电子版）	数学（自然科学）	施普林格·自然出版集团（德国）	科学出版社（北京）
186	Chinese Journal of Polymer Science	英文	期刊（电子版）	化学（自然科学）	施普林格·自然出版集团（德国）	Chinese Journal of Polymer Science 编辑部（北京）

续表

泰 国

序号	出版物名称	语种	类型	学科	国际合作出版/版权输出机构	国内出版机构
187	Journal of Geographical Sciences	英文	期刊（电子版）	地球科学（自然科学）	施普林格·自然出版集团（德国）	科学出版社（北京）
188	China & World Economy	英文	期刊（电子版）	经济学（社会科学）	威利出版集团（美国）	China & World Economy 编辑部（北京）
189	Current Medical Science	英文	期刊（电子版）	医学综合（自然科学）	施普林格·自然出版集团（德国）	Current Medical Science 编辑部（湖北）
190	Hepatobiliary & Pancreatic Diseases International	英文	期刊（电子版）	临床医学（自然科学）	爱思唯尔出版集团（荷兰）	浙江大学出版社（浙江）
191	Journal of Marine Science and Application	英文	期刊（电子版）	自然科学相关工程与技术（自然科学）	施普林格·自然出版集团（德国）	Journal of Marine Science and Application 编辑部（黑龙江）
192	Earthquake Engineering and Engineering Vibration	英文	期刊（电子版）	工程与技术科学基础学科（自然科学）	施普林格·自然出版集团（德国）	Earthquake Engineering and Engineering Vibration 编辑部（黑龙江）
193	Acta Mechanica Solida Sinica	英文	期刊（电子版）	力学（自然科学）	施普林格·自然出版集团（德国）	Acta Mechanica Solida Sinica 编辑部（湖北）
194	Control Theory and Technology	英文	期刊（电子版）	信息科学与系统科学（自然科学）	施普林格·自然出版集团（德国）	Control Theory and Technology 编辑部（广东）
195	Genomics, Proteomics & Bioinformatics	英文	期刊（电子版）	生物学（自然科学）	爱思唯尔出版集团（荷兰）	科学出版社（北京）
196	Journal of Acupuncture and Tuina Science	英文	期刊（电子版）	中医学与中药学（自然科学）	施普林格·自然出版集团（德国）	Journal of Acupuncture and Tuina Science 编辑部（上海）
197	Journal of Systems Science and Information	英文	期刊（电子版）	信息科学与系统科学（自然科学）	德古意特出版公司（德国）	科学出版社（北京）
198	Particuology	英文	期刊（电子版）	化学工程（自然科学）	爱思唯尔出版集团（荷兰）	科学出版社（北京）
199	China Tibetology	英文	期刊（电子版）	民族学与文化学（社会科学）	无	China Tibetology 编辑部（北京）

续表

泰 国

序号	出版物名称	语种	类型	学科	国际合作出版/版权输出机构	国内出版机构
200	Acta Biochimica et Biophysica Sinica	英文	期刊（电子版）	生物学（自然科学）	牛津大学出版社（英国）	Acta Biochimica et Biophysica Sinica 编辑部（上海）
201	China Communications	英文	期刊（电子版）	电子与通信技术（自然科学）	电气和电子工程师协会出版平台（美国）	China Communications 编辑部（北京）
202	China Foundry	英文	期刊（电子版）	材料科学（自然科学）	施普林格·自然出版集团（德国）	《铸造》杂志社（辽宁）
203	Chinese Journal of Population Resources and Environment	英文	期刊（电子版）	社会学（社会科学）	泰勒弗朗西斯出版集团（英国）	Chinese Journal of Population Resources and Environment 编辑部（山东）
204	International Journal of Automation and Computing	英文	期刊（电子版）	信息与系统科学相关工程与技术（自然科学）	施普林格·自然出版集团（德国）	International Journal of Automation and Computing 编辑部（北京）
205	Journal of Ocean University of China	英文	期刊（电子版）	地球科学（自然科学）	施普林格·自然出版集团（德国）	科学出版社（北京）
206	Petroleum Science	英文	期刊（电子版）	能源科学技术（自然科学）	施普林格·自然出版集团（德国）	Petroleum Science 编辑部（北京）
207	Journal of Mountain Science	英文	期刊（电子版）	环境科学技术及资源科学技术（自然科学）	施普林格·自然出版集团（德国）	科学出版社（北京）
208	Acta Mechanica Sinica	英文	期刊（电子版）	力学（自然科学）	施普林格·自然出版集团（德国）	Acta Mechanica Sinica 编辑部（北京）
209	China International Studies	英文	期刊（电子版）	政治学（社会科学）	无	China International Studies 编辑部（北京）
210	Journal of Integrative Plant Biology	英文	期刊（电子版）	生物学（自然科学）	威利出版集团（美国）	Journal of Integrative Plant Biology 编辑部（北京）
211	Journal of Zhejiang University-Science B (Biomedicine & Biotechnology)	英文	期刊（电子版）	自然科学相关工程与技术（自然科学）	施普林格·自然出版集团（德国）	浙江大学出版社（浙江）
212	Neuroscience Bulletin	英文	期刊（电子版）	临床医学（自然科学）	施普林格·自然出版集团（德国）	Neuroscience Bulletin 编辑部（上海）

续表

泰国

序号	出版物名称	语种	类型	学科	国际合作出版/版权输出机构	国内出版机构
213	Optoelectronics Letters	英文	期刊（电子版）	电子与通信技术（自然科学）	施普林格·自然出版集团（德国）	Optoelectronics Letters 编辑部（天津）
214	World Journal of Pediatrics	英文	期刊（电子版）	临床医学（自然科学）	施普林格·自然出版集团（德国）	浙江大学出版社（浙江）
215	China Economist	英文	期刊（电子版）	经济学（社会科学）	无	China Economist 编辑部（北京）
216	Frontiers of Economics in China	英文	期刊（电子版）	经济学（社会科学）	博睿出版集团（荷兰）	高等教育出版社（北京）
217	Frontiers of Education in China	英文	期刊（电子版）	教育（社会科学）	施普林格·自然出版集团（德国）	高等教育出版社（北京）
218	Frontiers of History in China	英文	期刊（电子版）	历史学（社会科学）	博睿出版集团（荷兰）	高等教育出版社（北京）
219	Frontiers of Law in China	英文	期刊（电子版）	法学（社会科学）	汤森路透法律出版集团（美国）	高等教育出版社（北京）
220	Frontiers of Mathematics in China	英文	期刊（电子版）	数学（自然科学）	施普林格·自然出版集团（德国）	高等教育出版社（北京）
221	Frontiers of Philosophy in China	英文	期刊（电子版）	哲学（社会科学）	博睿出版集团（荷兰）	高等教育出版社（北京）
222	Integrative Zoology	英文	期刊（电子版）	生物学（自然科学）	威利出版集团（美国）	Integrative Zoology 编辑部（北京）
223	Journal of Otology	英文	期刊（电子版）	综合（自然科学）	爱思唯尔出版集团（荷兰）	Journal of Otology 编辑部（北京）
224	Journal of Zhejiang University-Science A （Applied Physics & Engineering）	英文	期刊（电子版）	临床医学（自然科学）	施普林格·自然出版集团（德国）	浙江大学出版社（浙江）
225	Neural Regeneration Research	英文	期刊（电子版）	临床医学（自然科学）	威科出版集团（荷兰）	Neural Regeneration Research 编辑部（辽宁）
226	Transactions of Nonferrous Metals Society of China	英文	期刊（电子版）	材料科学（自然科学）	爱思唯尔出版集团（荷兰）	科学出版社（北京）
227	Frontiers of Business Research in China	英文	期刊（电子版）	管理学（社会科学）	施普林格·自然出版集团（德国）	高等教育出版社（北京）

续表

序号	出版物名称	语种	类型	学科	国际合作出版/版权输出机构	国内出版机构
228	Frontiers of Literary Studies in China	英文	期刊（电子版）	文学（社会科学）	博睿出版集团（荷兰）	高等教育出版社（北京）
229	Journal of Genetics and Genomics	英文	期刊（电子版）	生物学（自然科学）	爱思唯尔出版集团（荷兰）	科学出版社（北京）
230	Virologica Sinica	英文	期刊（电子版）	生物学（自然科学）	施普林格·自然出版集团（德国）	Virologica Sinica 编辑部（湖北）
231	Atmospheric and Oceanic Science Letters	英文	期刊（电子版）	地球科学（自然科学）	泰勒弗朗西斯出版集团（英国）	科学出版社（北京）
232	Fudan Journal of the Humanities and Social Sciences	英文	期刊（电子版）	综合（社会科学）	施普林格·自然出版集团（德国）	Fudan Journal of the Humanities and Social Sciences 编辑部（上海）
233	International Journal of Digital Earth	英文	期刊（电子版）	测绘科学技术（自然科学）	泰勒弗朗西斯出版集团（英国）	International Journal of Digital Earth 编辑部（北京）
234	Journal of Innovative Optical Health Sciences	英文	期刊（电子版）	物理学（自然科学）	世界科技出版公司（新加坡）	Journal of Innovative Optical Health Sciences 编辑部（湖北）
235	Journal of Plant Ecology	英文	期刊（电子版）	生物学（自然科学）	牛津大学出版社（英国）	科学出版社（北京）
236	Journal of Systematics and Evolution	英文	期刊（电子版）	生物学（自然科学）	威利出版集团（美国）	Journal of Systematics and Evolution 编辑部（北京）
237	Nano Research	英文	期刊（电子版）	材料科学（自然科学）	施普林格·自然出版集团（德国）	清华大学出版社（北京）
238	Petroleum Exploration and Development	英文	期刊（电子版）	能源科学技术（自然科学）	爱思唯尔出版集团（荷兰）	Petroleum Exploration and Development 编辑部（北京）
239	Rare Metal Materials and Engineering	英文	期刊（电子版）	材料科学（自然科学）	爱思唯尔出版集团（荷兰）	科学出版社（北京）
240	International Journal of Minerals, Metallurgy and Materials	英文	期刊（电子版）	冶金工程技术（自然科学）	施普林格·自然出版集团（德国）	International Journal of Minerals, Metallurgy and Materials 编辑部（北京）

续表

泰　国

序号	出版物名称	语种	类型	学科	国际合作出版/版权输出机构	国内出版机构
241	International Journal of Oral Science	英文	期刊（电子版）	临床医学（自然科学）	施普林格·自然出版集团（德国）	International Journal of Oral Science 编辑部（四川）
242	Journal of Arid Land	英文	期刊（电子版）	地球科学（自然科学）	施普林格·自然出版集团（德国）	科学出版社（北京）
243	Journal of Earth Science	英文	期刊（电子版）	地球科学（自然科学）	施普林格·自然出版集团（德国）	Journal of Earth Science 编辑部（湖北）
244	Journal of Rock Mechanics and Geotechnical Engineering	英文	期刊（电子版）	土木建筑工程（自然科学）	爱思唯尔出版集团（荷兰）	科学出版社（北京）
245	Current Zoology	英文	期刊（电子版）	生物学（自然科学）	牛津大学出版社（英国）	Current Zoology 编辑部（北京）
246	Advances in Climate Change Research	英文	期刊（电子版）	地球科学（自然科学）	爱思唯尔出版集团（荷兰）	科学出版社（北京）
247	Chinese Journal of Applied Linguistics	英文	期刊（电子版）	语言学（社会科学）	德古意特出版公司（德国）	外语教学与研究出版社（北京）
248	Frontiers in Biology	英文	期刊（电子版）	生物学（自然科学）	施普林格·自然出版集团（德国）	高等教育出版社（北京）
249	Geodesy and Geodynamics	英文	期刊（电子版）	地球科学（自然科学）	爱思唯尔出版集团（荷兰）	科学出版社（北京）
250	Geoscience Frontiers	英文	期刊（电子版）	地球科学（自然科学）	爱思唯尔出版集团（荷兰）	Geoscience Frontiers 编辑部（北京）
251	Journal of Electronic Science and Technology	英文	期刊（电子版）	电子与通信技术（自然科学）	爱思唯尔出版集团（荷兰）	Journal of Electronic Science and Technology 编辑部（四川）
252	Science China Earth Sciences	英文	期刊（电子版）	地球科学（自然科学）	施普林格·自然出版集团（德国）	《中国科学》杂志社（北京）
253	Science China Information Sciences	英文	期刊（电子版）	信息科学与系统科学（自然科学）	施普林格·自然出版集团（德国）	《中国科学》杂志社（北京）
254	Science China Mathematics	英文	期刊（电子版）	数学（自然科学）	施普林格·自然出版集团（德国）	《中国科学》杂志社（北京）

续表

序号	出版物名称	语种	类型	学科	国际合作出版/版权输出机构	国内出版机构
255	Science China Physics, Mechanics & Astronomy	英文	期刊（电子版）	综合（自然科学）	施普林格·自然出版集团（德国）	《中国科学》杂志社（北京）
256	Science China Technological Sciences	英文	期刊（电子版）	工程与技术科学基础学科（自然科学）	施普林格·自然出版集团（德国）	《中国科学》杂志社（北京）
257	Journal of Animal Science and Biotechnology	英文	期刊（电子版）	畜牧、兽医科学（自然科学）	施普林格·自然出版集团（德国）	Journal of Animal Science and Biotechnology 编辑部（北京）
258	Frontiers in Energy	英文	期刊（电子版）	能源科学技术（自然科学）	施普林格·自然出版集团（德国）	高等教育出版社（北京）
259	Frontiers of Chemical Science and Engineering	英文	期刊（电子版）	化学工程（自然科学）	施普林格·自然出版集团（德国）	高等教育出版社（北京）
260	Frontiers of Earth Science	英文	期刊（电子版）	地球科学（自然科学）	施普林格·自然出版集团（德国）	高等教育出版社（北京）
261	Frontiers of Materials Science	英文	期刊（电子版）	材料科学（自然科学）	施普林格·自然出版集团（德国）	高等教育出版社（北京）
262	Frontiers of Medicine	英文	期刊（电子版）	临床医学（自然科学）	施普林格·自然出版集团（德国）	高等教育出版社（北京）
263	Frontiers of Physics	英文	期刊（电子版）	物理学（自然科学）	施普林格·自然出版集团（德国）	高等教育出版社（北京）
264	Journal of Pharmaceutical Analysis	英文	期刊（电子版）	药学（自然科学）	爱思唯尔出版集团（荷兰）	Journal of Pharmaceutical Analysis 编辑部（陕西）
265	Theoretical & Applied Mechanics Letters	英文	期刊（电子版）	机械工程（自然科学）	爱思唯尔出版集团（荷兰）	Theoretical & Applied Mechanics Letters 编辑部（北京）
266	Frontiers of Architectural Research	英文	期刊（电子版）	土木建筑工程（自然科学）	施普林格·自然出版集团（德国）	高等教育出版社（北京）
267	Frontiers of Computer Science	英文	期刊（电子版）	计算机科学技术（自然科学）	施普林格·自然出版集团（德国）	高等教育出版社（北京）
268	Frontiers of Environmental Science & Engineering	英文	期刊（电子版）	环境科学技术及资源科学技术（自然科学）	施普林格·自然出版集团（德国）	高等教育出版社（北京）

续表

泰　国

序号	出版物名称	语种	类型	学科	国际合作出版/版权输出机构	国内出版机构
269	Frontiers of Optoelectronics	英文	期刊（电子版）	电子与通信技术（自然科学）	施普林格·自然出版集团（德国）	高等教育出版社（北京）
270	Frontiers of Structural and Civil Engineering	英文	期刊（电子版）	土木建筑工程（自然科学）	施普林格·自然出版集团（德国）	高等教育出版社（北京）
271	Journal of Advanced Ceramics	英文	期刊（电子版）	材料科学（自然科学）	施普林格·自然出版集团（德国）	清华大学出版社（北京）
272	Journal of Central South University	英文	期刊（电子版）	综合（自然科学）	施普林格·自然出版集团（德国）	Journal of Central South University 编辑部（湖南）
273	Journal of Integrative Agriculture	英文	期刊（电子版）	农学（自然科学）	爱思唯尔出版集团（荷兰）	Journal of Integrative Agriculture 编辑部（北京）
274	Journal of Palaeogeography	英文	期刊（电子版）	地球科学（自然科学）	施普林格·自然出版集团（德国）	科学出版社（北京）
275	Journal of Sport and Health Science	英文	期刊（电子版）	体育科学（社会科学）	爱思唯尔出版集团（荷兰）	Journal of Sport and Health Science 编辑部（上海）
276	China Finance and Economic Review	英文	期刊（电子版）	经济学（社会科学）	无	社会科学文献出版社（北京）
277	China Legal Science	英文	期刊（电子版）	法学（社会科学）	无	《中国法学》杂志社（北京）
278	Defence Technology	英文	期刊（电子版）	产品应用相关工程与技术（自然科学）	爱思唯尔出版集团（荷兰）	Defence Technology 编辑部（北京）
279	Economic and Political Studies	英文	期刊（电子版）	综合（社会科学）	泰勒弗朗西斯出版集团（英国）	中国人民大学出版社（北京）
280	High Power Laser Science and Engineering	英文	期刊（电子版）	物理学（自然科学）	剑桥大学出版社（英国）	中国激光杂志社（上海）
281	International Soil and Water Conservation Research	英文	期刊（电子版）	自然科学相关工程与技术（自然科学）	爱思唯尔出版集团（荷兰）	International Soil and Water Conservation Research 编辑部（北京）
282	Journal of Energy Chemistry	英文	期刊（电子版）	能源科学技术（自然科学）	爱思唯尔出版集团（荷兰）	科学出版社（北京）

续表

泰 国

序号	出版物名称	语种	类型	学科	国际合作出版/版权输出机构	国内出版机构
283	Journal of Magnesium and Alloys	英文	期刊（电子版）	材料科学（自然科学）	爱思唯尔出版集团（荷兰）	Journal of Magnesium and Alloys 编辑部（重庆）
284	Journal of the Operations Research Society of China	英文	期刊（电子版）	数学（自然科学）	施普林格·自然出版集团（德国）	科学出版社（北京）
285	Quantitative Biology	英文	期刊（电子版）	生物学（自然科学）	无	高等教育出版社（北京）
286	International Journal of Nursing Sciences	英文	期刊（电子版）	临床医学（自然科学）	爱思唯尔出版集团（荷兰）	中华护理杂志社（北京）
287	Journal of Traditional Chinese Medical Sciences	英文	期刊（电子版）	中医学与中药学（自然科学）	爱思唯尔出版集团（荷兰）	清华大学出版社（北京）
288	Journal of Traffic and Transportation Engineering (English Edition)	英文	期刊（电子版）	交通运输工程（自然科学）	爱思唯尔出版集团（荷兰）	Journal of Traffic and Transportation Engineering 编辑部（陕西）
289	Forest Ecosystems	英文	期刊（电子版）	林学（自然科学）	爱思唯尔出版集团（荷兰）	Forest Ecosystems 编辑部（北京）
290	Information Processing in Agriculture	英文	期刊（电子版）	信息科学与系统科学（自然科学）	爱思唯尔出版集团（荷兰）	Information Processing in Agriculture 编辑部（北京）
291	Biosurface and Biotribology	英文	期刊（电子版）	机械工程（自然科学）	威利出版集团（美国）	Biosurface and Biotribology 编辑部（四川）
292	Chronic Diseases and Translational Medicine	英文	期刊（电子版）	临床医学（自然科学）	爱思唯尔出版集团（荷兰）	中华医学会杂志社（北京）
293	Digital Communications and Networks	英文	期刊（电子版）	电子与通信技术（自然科学）	爱思唯尔出版集团（荷兰）	Digital Communications and Networks 编辑部（重庆）
294	Frontiers of Information Technology & Electronic Engineering	英文	期刊（电子版）	信息与系统科学相关科学工程与技术（自然科学）	施普林格·自然出版集团（德国）	浙江大学出版社（浙江）
295	Language and Semiotic Studies	英文	期刊（电子版）	语言学（社会科学）	无	Language and Semiotic Studies 编辑部（江苏）
296	Petroleum	英文	期刊（电子版）	能源科学技术（自然科学）	爱思唯尔出版集团（荷兰）	Petroleum 编辑部（四川）

续表

泰　国

序号	出版物名称	语种	类型	学科	国际合作出版/版权输出机构	国内出版机构
297	World Journal of Otorhinolaryngology-Head and Neck Surgery	英文	期刊（电子版）	临床医学（自然科学）	爱思唯尔出版集团（荷兰）	中华医学会杂志社（北京）
298	Synthetic and Systems Biotechnology	英文	期刊（电子版）	自然科学相关工程与技术（自然科学）	爱思唯尔出版集团（荷兰）	Synthetic and Systems Biotechnology 编辑部（北京）
299	Forensic Sciences Research	英文	期刊（电子版）	军事医学与特种医学（自然科学）	泰勒弗朗西斯出版集团（英国）	Forensic Sciences Research 编辑部（上海）
300	Journal of Bioresources and Bioproducts	英文	期刊（电子版）	林学（自然科学）	爱思唯尔出版集团（荷兰）	Journal of Bioresources and Bioproducts 编辑部（江苏）
301	Journal of Communications and Information Networks	英文	期刊（电子版）	电子与通信技术（自然科学）	电气和电子工程师协会出版平台（美国）	Journal of Communications and Information Networks 编辑部（北京）
302	Journal of Management Science and Engineering	英文	期刊（电子版）	管理学（社会科学）	爱思唯尔出版集团（荷兰）	科学出版社（北京）
303	Oil Crop Science	英文	期刊（电子版）	农学（自然科学）	爱思唯尔出版集团（荷兰）	Oil Crop Science 编辑部（湖北）
304	Petroleum Research	英文	期刊（电子版）	能源科学技术（自然科学）	爱思唯尔出版集团（荷兰）	石油工业出版社（北京）
305	Underground Space	英文	期刊（电子版）	土木建筑工程（自然科学）	爱思唯尔出版集团（荷兰）	同济大学出版社（上海）
306	Journal of Ocean Engineering and Science	英文	期刊（电子版）	地球科学（自然科学）	爱思唯尔出版集团（荷兰）	Journal of Ocean Engineering and Science 编辑部（上海）
307	Infectious Disease Modelling	英文	期刊（电子版）	数学（自然科学）	爱思唯尔出版集团（荷兰）	Infectious Disease Modelling 编辑部（北京）
308	Global Health Journal	英文	期刊（电子版）	临床医学（自然科学）	爱思唯尔出版集团（荷兰）	人民卫生出版社（北京）
309	International Journal of Innovation studies	英文	期刊（电子版）	综合（社会科学）	爱思唯尔出版集团（荷兰）	科学出版社（北京）

续表

序号	出版物名称	语种	类型	学科	国际合作出版/版权输出机构	国内出版机构
310	Journal of Analysis and Testing	英文	期刊（电子版）	化学（自然科学）	施普林格·自然出版集团（德国）	有科期刊出版（北京）有限公司（北京）
311	Liver Research	英文	期刊（电子版）	临床医学（自然科学）	爱思唯尔出版集团（荷兰）	Liver Research 编辑部（广东）
312	Automotive Innovation	英文	期刊（电子版）	动力与电气工程（自然科学）	施普林格·自然出版集团（德国）	Automotive Innovation 编辑部（北京）
313	China Population and Development Studies	英文	期刊（电子版）	社会学（社会科学）	施普林格·自然出版集团（德国）	China Population and Development Studies 编辑部（北京）
314	ECNU Review of Education	英文	期刊（电子版）	教育学（社会科学）	无	华东师范大学出版社（上海）
315	Electrochemical Energy Reviews	英文	期刊（电子版）	能源科学技术（自然科学）	施普林格·自然出版集团（德国）	Electrochemical Energy Reviews 编辑部（上海）
316	Global Energy Interconnection	英文	期刊（电子版）	能源科学技术（自然科学）	爱思唯尔出版集团（荷兰）	Global Energy Interconnection 编辑部（北京）
317	Journal of Interventional Medicine	英文	期刊（电子版）	临床医学（自然科学）	爱思唯尔出版集团（荷兰）	Journal of Interventional Medicine 编辑部（上海）
318	Grain & Oil Science and Technology	英文	期刊（电子版）	食品科学技术（自然科学）	爱思唯尔出版集团（荷兰）	Grain & Oil Science and Technology 编辑部（河南）
319	Biosafety and Health	英文	期刊（电子版）	基础医学（自然科学）	爱思唯尔出版集团（荷兰）	中华医学会杂志社（北京）
320	Chinese Journal of Plastic and Reconstructive Surgery	英文	期刊（电子版）	临床医学（自然科学）	爱思唯尔出版集团（荷兰）	Chinese Journal of Plastic and Reconstructive Surgery 编辑部（北京）
321	Maternal-Fetal Medicine	英文	期刊（电子版）	临床医学（自然科学）	威科出版集团（荷兰）	中华医学会杂志社（北京）
322	Nano Materials Science	英文	期刊（电子版）	材料科学（自然科学）	爱思唯尔出版集团（荷兰）	科学出版社（北京）
323	Environmental Science & Ecotechnology	英文	期刊（电子版）	环境科学技术及资源科学技术（自然科学）	爱思唯尔出版集团（荷兰）	Environmental Science & Ecotechnology 编辑部（北京）

续表

泰国

序号	出版物名称	语种	类型	学科	国际合作出版/版权输出机构	国内出版机构
324	Regional Sustainability	英文	期刊（电子版）	环境科学技术及资源科学技术（自然科学）	爱思唯尔出版集团（荷兰）	Regional Sustainability 编辑部（新疆）
325	Journal of Safety Science and Resilience	英文	期刊（电子版）	安全科学技术（自然科学）	爱思唯尔出版集团（荷兰）	科学出版社（北京）
326	Intelligent Medicine	英文	期刊（电子版）	临床医学（自然科学）	爱思唯尔出版集团（荷兰）	Intelligent Medicine 编辑部（北京）
327	Chinese Journal of Cancer Research	英文	期刊（纸质版＋电子版）	临床医学（自然科学）	无	Chinese Journal of Cancer Research 杂志社（北京）
328	Cell Research	英文	期刊（纸质版＋电子版）	生物学（自然科学）	施普林格·自然出版集团（德国）	Cell Research 编辑部（北京）
329	Tsinghua Science and Technology	英文	期刊（纸质版＋电子版）	综合（自然科学）	电气和电子工程师协会出版平台（美国）	清华大学出版社（北京）
330	Science China Materials	英文	期刊（纸质版＋电子版）	材料科学（自然科学）	施普林格·自然出版集团（德国）	《中国科学》杂志社（北京）
331	Chinese Journal of Integrative Medicine	英文	期刊（纸质版＋电子版）	中医学与中药学（自然科学）	施普林格·自然出版集团（德国）	中国中西医结合杂志社（北京）
332	Cellular & Molecular Immunology	英文	期刊（纸质版＋电子版）	生物学（自然科学）	施普林格·自然出版集团（德国）	Cellular & Molecular Immunology 编辑部（安徽）
333	Molecular Plant	英文	期刊（纸质版＋电子版）	生物学（自然科学）	爱思唯尔出版集团（荷兰）	Molecular Plant 编辑部（上海）
334	Nano-Micro Letters	英文	期刊（纸质版＋电子版）	材料科学（自然科学）	施普林格·自然出版集团（德国）	上海交通大学出版社（上海）
335	Science China Chemistry	英文	期刊（纸质版＋电子版）	化学（自然科学）	施普林格·自然出版集团（德国）	《中国科学》杂志社（北京）
336	Acta Pharmaceutica Sinica B	英文	期刊（纸质版＋电子版）	药学（自然科学）	爱思唯尔出版集团（荷兰）	Acta Pharmaceutica Sinica B 编辑部（北京）
337	Engineering	英文	期刊（纸质版＋电子版）	工程与技术科学基础学科（自然科学）	爱思唯尔出版集团（荷兰）	高等教育出版社（北京）

续表

序号	出版物名称	语种	类型	学科	国际合作出版/版权输出机构	国内出版机构
338	IEEE/CAA Journal of Automatica Sinica	英文	期刊（纸质版+电子版）	信息与系统科学相关工程与技术（自然科学）	电气和电子工程师协会出版平台（美国）	科学出版社（北京）
339	National Science Review	英文	期刊（纸质版+电子版）	综合（自然科学）	牛津大学出版社（英国）	科学出版社（北京）
340	Science Bulletin	英文	期刊（纸质版+电子版）	综合（自然科学）	爱思唯尔出版集团（荷兰）	《中国科学》杂志社（北京）
341	Computational Visual Media	英文	期刊（纸质版+电子版）	计算机科学技术（自然科学）	施普林格·自然出版集团（德国）	清华大学出版社（北京）
342	Green Energy & Environment	英文	期刊（纸质版+电子版）	能源科学技术（自然科学）	爱思唯尔出版集团（荷兰）	科学出版社（北京）
343	Radiation Detection Technology and Methods	英文	期刊（纸质版+电子版）	物理学（自然科学）	施普林格·自然出版集团（德国）	Radiation Detection Technology and Methods 编辑部（北京）
344	李白研究	中文	图书（纸质版）	文学（社会科学）	无	中华书局（北京）
345	中国文学史	中文	图书（纸质版）	文学（社会科学）	无	人民文学出版社（北京）
346	聋哑病的治疗	中文	图书（纸质版）	临床医学（自然科学）	无	人民卫生出版社（北京）
347	小儿麻痹后遗症穴位刺激结扎疗法	中文	图书（纸质版）	中医学与中药学（自然科学）	无	人民卫生出版社（北京）
348	简明中国哲学史	中文	图书（纸质版）	哲学（社会科学）	无	人民出版社（北京）
349	中国近代简史	中文	图书（纸质版）	历史学（社会科学）	无	上海人民出版社（上海）
350	近代中国史话	中文	图书（纸质版）	历史学（社会科学）	无	人民出版社（北京）
351	中国近代史稿	中文	图书（纸质版）	历史学（社会科学）	无	人民出版社（北京）
352	中国近代史问题	中文	图书（纸质版）	历史学（社会科学）	无	人民出版社（北京）
353	中国青铜器时代	中文	图书（纸质版）	考古学（社会科学）	无	生活·读书·新知三联书店（北京）
354	中国小说史	中文	图书（纸质版）	文学（社会科学）	无	人民文学出版社（北京）

续表

泰 国

序号	出版物名称	语种	类型	学科	国际合作出版/版权输出机构	国内出版机构
355	红楼梦概说	中文	图书（纸质版）	文学（社会科学）	无	上海古籍出版社（上海）
356	洋务运动与中国近代企业	中文	图书（纸质版）	经济学（社会科学）	无	中国社会科学出版社（北京）
357	语法修辞讲话	中文	图书（纸质版）	语言学（社会科学）	无	中国青年出版社（北京）
358	中国封建社会形态研究	中文	图书（纸质版）	社会学（社会科学）	无	生活·读书·新知三联书店（北京）
359	中国古代农民革命史	中文	图书（纸质版）	历史学（社会科学）	无	上海人民出版社（上海）
360	茅盾论中国现代作家作品	中文	图书（纸质版）	文学（社会科学）	无	北京大学出版社（北京）
361	清史研究集	中文	图书（纸质版）	历史学（社会科学）	无	福建人民出版社（福建）
362	中国当代文学史	中文	图书（纸质版）	文学（社会科学）	无	中国人民大学出版社（北京）
363	中国革命史讲义	中文	图书（纸质版）	历史学（社会科学）	无	中国人民大学出版社（北京）
364	中国古代史籍举要	中文	图书（纸质版）	历史学（社会科学）	无	湖北人民出版社（湖北）
365	中国经济史论丛	中文	图书（纸质版）	经济学（社会科学）	无	生活·读书·新知三联书店（北京）
366	中国历史概要	中文	图书（纸质版）	历史学（社会科学）	无	知识出版社（北京）
367	中国现代史论	中文	图书（纸质版）	历史学（社会科学）	无	中国社会科学出版社（北京）
368	中国现代史论集	中文	图书（纸质版）	历史学（社会科学）	无	中国社会科学出版社（北京）
369	中国新民主主义革命时期通史	中文	图书（纸质版）	历史学（社会科学）	无	人民出版社（北京）
370	文学理论	中文	图书（纸质版）	文学（社会科学）	无	中国人民大学出版社（北京）
371	中国财政史问题	中文	图书（纸质版）	经济学（社会科学）	无	天津科学技术出版社（天津）
372	中国古代建筑史	中文	图书（纸质版）	土木建筑工程（自然科学）	无	中国建筑工业出版社（北京）
373	中国简史	中文	图书（纸质版）	历史学（社会科学）	无	人民教育出版社（北京）
374	中国近代史新编	中文	图书（纸质版）	历史学（社会科学）	无	人民出版社（北京）

续表

序号	出版物名称	语种	类型	学科	国际合作出版/版权输出机构	国内出版机构
				秦 国		
375	中国社会主义经济问题研究	中文	图书（纸质版）	经济学（社会科学）	无	人民出版社（北京）
376	经济与管理	中文	图书（纸质版）	经济学（社会科学）	无	中国社会科学出版社（北京）
377	义和团史料	中文	图书（纸质版）	历史学（社会科学）	无	中国社会科学出版社（北京）
378	中国国民经济的变革	中文	图书（纸质版）	经济学（社会科学）	无	中国社会科学出版社（北京）
379	中国近代史散论	中文	图书（纸质版）	历史学（社会科学）	无	人民出版社（北京）
380	中国现代史	中文	图书（纸质版）	历史学（社会科学）	无	河南人民出版社（河南）
381	中国现代文学史	中文	图书（纸质版）	文学（社会科学）	无	山东人民出版社（山东）
382	中国新文学史初稿	中文	图书（纸质版）	文学（社会科学）	无	人民文学出版社（北京）
383	世界经济与中国经济	中文	图书（纸质版）	经济学（社会科学）	无	生活·读书·新知三联书店（北京）
384	西谛书话	中文	图书（纸质版）	文学（社会科学）	无	中华书局（北京）
385	中国文学论集	中文	图书（纸质版）	文学（社会科学）	无	生活·读书·新知三联书店（北京）
386	中国哲学	中文	图书（纸质版）	哲学（社会科学）	无	湖南人民出版社（湖南）
387	汉魏六朝心理思想研究	中文	图书（纸质版）	历史学（社会科学）	无	复旦大学出版社（上海）
388	近代中国资产阶级研究	中文	图书（纸质版）	历史学（社会科学）	无	山西人民出版社（山西）
389	中国古文法	中文	图书（纸质版）	语言学（社会科学）	无	辽宁人民出版社（辽宁）
390	中国近代军事史	中文	图书（纸质版）	军事学（社会科学）	无	中国社会科学出版社（北京）
391	中国民族古文字研究	中文	图书（纸质版）	语言学（社会科学）	无	吉林人民出版社（吉林）
392	中国现代哲学史	中文	图书（纸质版）	哲学（社会科学）	无	民族出版社（北京）
393	中国原始社会史稿	中文	图书（纸质版）	历史学（社会科学）	无	人民出版社（北京）
394	沙逊集团在旧中国	中文	图书（纸质版）	经济学（社会科学）	无	

续表

序号	出版物名称	语种	类型	学科	国际合作出版/版权输出机构	国内出版机构
395	中国古代小说理论研究	中文	图书（纸质版）	文学（社会科学）	无	华中工学院出版社（湖北）
396	中国民间童话概说	中文	图书（纸质版）	文学（社会科学）	无	四川民族出版社（四川）
397	中国现代史史料学	中文	图书（纸质版）	历史学（社会科学）	无	山东人民出版社（山东）
398	方言与中国文化	中文	图书（纸质版）	语言学（社会科学）	无	上海人民出版社（上海）
399	哲学的探索：中国社会科学哲学论文集	中文	图书（纸质版）	哲学（社会科学）	无	上海人民出版社（上海）
400	中国革命史	中文	图书（纸质版）	历史学（社会科学）	无	天津人民出版社（天津）
401	东南亚史论文集	中文	图书（纸质版）	历史学（社会科学）	无	河南人民出版社（河南）
402	中国近代新闻思想史	中文	图书（纸质版）	新闻学与传播学（社会科学）	无	山西人民出版社（山西）
403	中国史学集刊	中文	图书（纸质版）	历史学（社会科学）	无	江苏古籍出版社（江苏）
404	中国现代杂文史	中文	图书（纸质版）	文学（社会科学）	无	西北大学出版社（陕西）
405	民俗学概论	中文	图书（纸质版）	民族学与文化学（社会科学）	无	中央民族学院出版社（北京）
406	民族民间文学理论基础	中文	图书（纸质版）	文学（社会科学）	无	中央民族学院出版社（北京）
407	满学朝鲜学论集	中文	图书（纸质版）	民族学与文化学（社会科学）	无	中国城市出版社（北京）
408	满族历史与文化	中文	图书（纸质版）	民族学与文化学（社会科学）	无	中央民族大学出版社（北京）
409	红楼梦对话研究	中文	图书（纸质版）	文学（社会科学）	无	北京大学出版社（北京）
410	泰国与东南亚古代史地丛考	中文	图书（纸质版）	历史学（社会科学）	无	中国华侨出版社（北京）
411	现代化的陷阱：当代中国的经济社会问题	中文	图书（纸质版）	经济学（社会科学）	无	今日中国出版社（北京）
412	剑桥中国辽西夏金元史	中文	图书（纸质版）	历史学（社会科学）	无	中国社会科学出版社（北京）
413	中国金融体制简论	中文	图书（纸质版）	经济学（社会科学）	无	社会科学文献出版社（北京）
414	现代化进程中的中泰关系	中文	图书（纸质版）	政治学（社会科学）	无	世界知识出版社（北京）
415	宋代文学研究	中文	图书（纸质版）	文学（社会科学）	无	北京出版社（北京）

泰　国

续表

序号	出版物名称	语种	类型	学科	国际合作出版/版权输出机构	国内出版机构
416	隋唐五代文学研究	中文	图书（纸质版）	文学（社会科学）	无	北京出版社（北京）
417	中国风湿病学	中文	图书（纸质版）	临床医学（自然科学）	无	人民卫生出版社（北京）
418	聚酯纤维科学与工程	中文	图书（纸质版）	材料科学（自然科学）	无	中国纺织出版社（北京）
419	中国经济思想通史	中文	图书（纸质版）	经济学（社会科学）	无	北京大学出版社（北京）
420	古典文学佛教溯源十论	中文	图书（纸质版）	文学（社会科学）	无	复旦大学出版社（上海）
421	中国农业农村前沿问题报告	中文	图书（纸质版）	经济学（社会科学）	无	人民日报出版社（北京）
422	现代汉语：语义平面问题研究	中文	图书（纸质版）	语言学（社会科学）	无	学林出版社（上海）
423	社会生活史的历史学：中国社会史研究新探	中文	图书（纸质版）	历史学（社会科学）	无	北京师范大学出版社（北京）
424	中国古代礼仪文明	中文	图书（纸质版）	历史学（社会科学）	无	中华书局（北京）
425	中国科举史	中文	图书（纸质版）	历史学（社会科学）	无	东方出版中心（上海）
426	中国书院史	中文	图书（纸质版）	历史学（社会科学）	无	东方出版中心（上海）
427	中国文明的形成	中文	图书（纸质版）	民族学与文化学（社会科学）	无	新世界出版社（北京）
428	中国哲学简史	中文	图书（纸质版）	哲学（社会科学）	无	新世界出版社（北京）
429	转型时期的中国社会丛书——转型时期中国社会分层	中文	图书（纸质版）	社会学（社会科学）	无	辽宁教育出版社（辽宁）
430	转型时期的中国社会丛书——转型时期中国社会教育	中文	图书（纸质版）	教育学（社会科学）	无	辽宁教育出版社（辽宁）
431	转型时期的中国社会丛书——转型时期中国社会救助	中文	图书（纸质版）	社会学（社会科学）	无	辽宁教育出版社（辽宁）
432	转型时期的中国社会丛书——转型时期中国社会人口	中文	图书（纸质版）	社会学（社会科学）	无	辽宁教育出版社（辽宁）
433	亚太研究论丛（第一辑）	中文	图书（纸质版）	综合（社会科学）	无	北京大学出版社（北京）
434	中古文论要义十讲	中文	图书（纸质版）	文学（社会科学）	无	复旦大学出版社（上海）

续表

泰国

序号	出版物名称	语种	类型	学科	国际合作出版/版权输出机构	国内出版机构
435	中国古代书画研究十论	中文	图书（纸质版）	艺术学（社会科学）	无	复旦大学出版社（上海）
436	比较文学与比较文化十讲	中文	图书（纸质版）	文学（社会科学）	无	复旦大学出版社（上海）
437	元明清绘画研究十论	中文	图书（纸质版）	艺术学（社会科学）	无	复旦大学出版社（上海）
438	中国古代建筑十论	中文	图书（纸质版）	土木建筑工程（自然科学）	无	复旦大学出版社（上海）
439	史学经学与思想：在世界史背景下对于中国古代历史文化的思考	中文	图书（纸质版）	历史学（社会科学）	无	北京师范大学出版社（北京）
440	历史的空间与空间的历史：中国历史地理与地理学史研究	中文	图书（纸质版）	历史学（社会科学）	无	北京师范大学出版社（北京）
441	社会变革与文化趋向：中国近代文化研究	中文	图书（纸质版）	历史学（社会科学）	无	北京师范大学出版社（北京）
442	思潮与学派：中国近代思想文化研究	中文	图书（纸质版）	历史学（社会科学）	无	北京师范大学出版社（北京）
443	中国佛教文化历程	中文	图书（纸质版）	宗教学（社会科学）	无	江苏教育出版社（南京）
444	中国近现代科技奖励制度	中文	图书（纸质版）	历史学（社会科学）	无	山东教育出版社（山东）
445	中国史学的理论遗产	中文	图书（纸质版）	历史学（社会科学）	无	北京师范大学出版社（北京）
446	昨日之我与今日之我：当代史学的反思与阐释	中文	图书（纸质版）	历史学（社会科学）	无	北京师范大学出版社（北京）
447	近代中国史学十论	中文	图书（纸质版）	历史学（社会科学）	无	复旦大学出版社（上海）
448	中国古代文明十讲	中文	图书（纸质版）	综合（社会科学）	无	复旦大学出版社（上海）
449	中国古中古研究十论	中文	图书（纸质版）	历史学（社会科学）	无	复旦大学出版社（上海）
450	商务印书馆与近代知识文化的传播	中文	图书（纸质版）	历史学（社会科学）	无	商务印书馆（北京）
451	古代中国的历史、思想与宗教	中文	图书（纸质版）	历史学（社会科学）	无	北京师范大学出版社（北京）
452	中国古代哲学史	中文	图书（纸质版）	哲学（社会科学）	无	上海古籍出版社（上海）
453	中国古典文学图志	中文	图书（纸质版）	文学（社会科学）	无	生活·读书·新知三联书店（北京）

续表

序号	出版物名称	语种	类型	泰 国 学科	国际合作出版/版权输出机构	国内出版机构
454	中国官制史	中文	图书（纸质版）	历史学（社会科学）	无	东方出版中心（上海）
455	中国学术史	中文	图书（纸质版）	历史学（社会科学）	无	东方出版中心（上海）
456	中国文学发展史	中文	图书（纸质版）	文学（社会科学）	无	复旦大学出版社（上海）
457	当代国外中国学研究	中文	图书（纸质版）	民族学与文化学（社会科学）	无	商务印书馆（北京）
458	对外汉语综合课教学研究	中文	图书（纸质版）	教育学（社会科学）	无	商务印书馆（北京）
459	中国文学批评通史	中文	图书（纸质版）	文学（社会科学）	无	上海古籍出版社（上海）
460	中国报纸副刊学	中文	图书（纸质版）	新闻学与传播学（社会科学）	无	上海人民出版社（上海）
461	汉语听力教学理论与方法	中文	图书（纸质版）	教育学（社会科学）	无	北京大学出版社（北京）
462	晚明清初思想十论	中文	图书（纸质版）	历史学（社会科学）	无	复旦大学出版社（上海）
463	现代中国小说十讲	中文	图书（纸质版）	文学（社会科学）	无	复旦大学出版社（上海）
464	中国出土文献十讲	中文	图书（纸质版）	考古学（社会科学）	无	复旦大学出版社（上海）
465	中国经学史十讲	中文	图书（纸质版）	哲学（社会科学）	无	复旦大学出版社（上海）
466	冷战国际史研究（第 8 册）	中文	图书（纸质版）	历史学（社会科学）	无	世界知识出版社（北京）
467	先秦史十讲	中文	图书（纸质版）	历史学（社会科学）	无	中华书局（北京）
468	汉语语法学理论与方法	中文	图书（纸质版）	教育学（社会科学）	无	北京大学出版社（北京）
469	中国知识分子十论	中文	图书（纸质版）	综合（社会科学）	无	复旦大学出版社（上海）
470	中西文化研究十论	中文	图书（纸质版）	民族学与文化学（社会科学）	无	复旦大学出版社（上海）
471	冷战国际史研究（第 10 册）	中文	图书（纸质版）	历史学（社会科学）	无	世界知识出版社（北京）
472	中国文化要义	中文	图书（纸质版）	民族学与文化学（社会科学）	无	上海人民出版社（上海）
473	冷战国际史研究（第 12 册）	中文	图书（纸质版）	历史学（社会科学）	无	世界知识出版社（北京）
474	中国当代文学研究（1949—2009）	中文	图书（纸质版）	文学（社会科学）	无	中国社会科学出版社（北京）

续表

序号	出版物名称	语种	类型	学科	国际合作出版/版权输出机构	国内出版机构
				泰　国		
475	中国古代文学	中文	图书（纸质版）	文学（社会科学）	无	北京大学出版社（北京）
476	汉字学新论	中文	图书（纸质版）	语言学（社会科学）	无	北京师范大学出版社（北京）
477	语文教学心理学	中文	图书（纸质版）	教育学（社会科学）	无	高等教育出版社（北京）
478	冷战国际史研究（第13册）	中文	图书（纸质版）	历史学（社会科学）	无	世界知识出版社（北京）
479	冷战国际史研究（第14册）	中文	图书（纸质版）	历史学（社会科学）	无	世界知识出版社（北京）
480	中国共产党的组织与机制	中文	图书（纸质版）	政治学（社会科学）	无	五洲传播出版社（北京）
481	社会学评论	中文	图书（纸质版）	社会学（社会科学）	无	《社会学评论》编辑部（北京）
482	汉语书面语的历史与现状	中文	图书（纸质版）	语言学（社会科学）	无	北京大学出版社（北京）
483	基于社会文化理论的汉语学习者词汇习得研究	中文	图书（纸质版）	语言学（社会科学）	无	北京语言大学出版社（北京）
484	中国古代语言学史	中文	图书（纸质版）	语言学（社会科学）	无	复旦大学出版社（上海）
485	当代中国古代文学研究（1949—2009）	中文	图书（纸质版）	文学（社会科学）	无	中国社会科学出版社（北京）
486	中国现当代文学中的跨文化书写	中文	图书（纸质版）	文学（社会科学）	无	中央编译出版社（北京）
487	历史题材文学系列研究（第二卷）：中国古代历史文学的传统与经验	中文	图书（纸质版）	文学（社会科学）	无	北京师范大学出版社（北京）
488	历史题材文学系列研究（第三卷）：中国现代历史文学的传统与经验	中文	图书（纸质版）	文学（社会科学）	无	北京师范大学出版社（北京）
489	历史题材文学系列研究（第四卷）：中国当代历史文学的创造与重构	中文	图书（纸质版）	文学（社会科学）	无	北京师范大学出版社（北京）
490	历史题材文学系列研究（第一卷）：历史题材文学前沿理论问题	中文	图书（纸质版）	文学（社会科学）	无	北京师范大学出版社（北京）
491	汉语国际教育研究	中文	图书（纸质版）	教育学（社会科学）	无	北京语言大学出版社（北京）
492	藏界与交融：跨区域跨文化的世界华文文学	中文	图书（纸质版）	文学（社会科学）	无	人民文学出版社（北京）

续表

序号	出版物名称	语种	类型	学科	国际合作出版/版权输出机构	国内出版机构
				泰国		
493	中国早期古典诗歌的生成	中文	图书(纸质版)	文学(社会科学)	无	生活·读书·新知三联书店(北京)
494	中国艺术史	中文	图书(纸质版)	艺术学(社会科学)	无	上海人民出版社(上海)
495	满族小说与中华文化	中文	图书(纸质版)	民族学与文化学(社会科学)	无	社会科学文献出版社(北京)
496	五山文学与中国文学	中文	图书(纸质版)	文学(社会科学)	无	中央编译出版社(北京)
497	中国现代文学研究丛刊	中文	期刊(纸质版)	文学(社会科学)	无	北京出版社(北京)
498	农业经济问题	中文	期刊(纸质版)	经济学(社会科学)	无	《农业经济问题》编辑部(北京)
499	上海对外经贸大学学报	中文	期刊(纸质版)	综合(社会科学)	无	《上海对外经贸大学学报》编辑部(上海)
500	中国人口·资源与环境	中文	期刊(电子版)	社会科学(社会科学)	无	《中国人口·资源与环境》编辑部(山东)
501	当代修辞学	中文	期刊(电子版)	语言学(社会科学)	无	《当代修辞学》编辑部(上海)
502	公共管理与政策评论	中文	期刊(电子版)	管理学(社会科学)	无	《公共管理与政策评论》编辑部(北京)
503	考古学报	中文	期刊(电子版)	考古学(社会科学)	无	考古杂志社(北京)
504	世界经济	中文	期刊(电子版)	经济学(社会科学)	无	《世界经济》编辑部(北京)
505	历史教学	中文	期刊(电子版)	历史学(社会科学)	无	历史教学社(天津)
506	世界文学	中文	期刊(电子版)	文学(社会科学)	无	《世界文学》编辑部(北京)
507	数学通报	中文	期刊(电子版)	数学(自然科学)	无	《数学通报》编辑部(北京)
508	历史研究	中文	期刊(电子版)	历史学(社会科学)	无	《历史研究》编辑部(北京)
509	经济研究	中文	期刊(电子版)	经济学(社会科学)	无	《经济研究》编辑部(北京)
510	文学遗产	中文	期刊(电子版)	文学(社会科学)	无	《文学遗产》编辑部(北京)

续表

序号	出版物名称	语种	类型	国家	学科	国际合作出版/版权 输出机构	国内出版机构
511	音乐创作	中文	期刊（电子版）	泰　国	艺术学（社会科学）	无	《音乐创作》编辑部（北京）
512	哲学研究	中文	期刊（电子版）		哲学（社会科学）	无	《哲学研究》编辑部（北京）
513	财经研究	中文	期刊（电子版）		经济学（社会科学）	无	《财经研究》编辑部（上海）
514	电影艺术	中文	期刊（电子版）		艺术学（社会科学）	无	《电影艺术》编辑部（北京）
515	华南师范大学学报（社会科学版）	中文	期刊（电子版）		综合（社会科学）	无	《华南师范大学学报（社会科学版）》编辑部（广东）
516	历史教学问题	中文	期刊（电子版）		历史学（社会科学）	无	《历史教学问题》编辑部（上海）
517	美术研究	中文	期刊（电子版）		艺术学（社会科学）	无	《美术研究》编辑部（北京）
518	曲艺	中文	期刊（电子版）		艺术学（社会科学）	无	《曲艺》编辑部（北京）
519	学术月刊	中文	期刊（电子版）		综合（社会科学）	无	《学术月刊》编辑部（上海）
520	舞蹈	中文	期刊（电子版）		艺术学（社会科学）	无	舞蹈杂志社（北京）
521	北京体育大学学报	中文	期刊（电子版）		体育学（社会科学）	无	《北京体育大学学报》编辑部（北京）
522	国际问题研究	中文	期刊（电子版）		政治学（社会科学）	无	《国际问题研究》编辑部（北京）
523	内蒙古教育	中文	期刊（电子版）		教育学（社会科学）	无	《内蒙古教育》编辑部（内蒙古）
524	外语教学与研究	中文	期刊（电子版）		语言学（社会科学）	无	《外语教学与研究》编辑部（北京）
525	文物	中文	期刊（电子版）		考古学（社会科学）	无	《文物》编辑部（北京）
526	文学评论	中文	期刊（电子版）		文学（社会科学）	无	《文学评论》编辑部（北京）
527	考古	中文	期刊（电子版）		考古学（社会科学）	无	考古杂志社（北京）
528	经济学动态	中文	期刊（电子版）		经济学（社会科学）	无	《经济学动态》编辑部（北京）

续表

序号	出版物名称	语种	类型	学科	国际合作出版/版权输出机构	国内出版机构
529	史学史研究	中文	期刊（电子版）	历史学（社会科学）	无	《史学史研究》编辑部（北京）
530	中华文史论丛	中文	期刊（电子版）	文学（社会科学）	无	《中华文史论丛》编辑部（上海）
531	北京工业大学学报（社会科学版）	中文	期刊（电子版）	综合（社会科学）	无	《北京工业大学学报》编辑部（北京）
532	贵州大学学报（社会科学版）	中文	期刊（电子版）	综合（社会科学）	无	《贵州大学学报（社会科学版）》编辑部（贵州）
533	人口研究	中文	期刊（电子版）	社会学（社会科学）	无	《人口研究》编辑部（北京）
534	书法	中文	期刊（电子版）	艺术学（社会科学）	无	上海书画出版社（上海）
535	饲料研究	中文	期刊（电子版）	畜牧、兽医科学（自然科学）	无	《饲料研究》编辑部（北京）
536	复旦学报（社会科学版）	中文	期刊（电子版）	综合（社会科学）	无	《复旦学报（社会科学版）》编辑部（上海）
537	南亚研究	中文	期刊（电子版）	综合（社会科学）	无	《南亚研究》编辑部（北京）
538	世界历史	中文	期刊（电子版）	历史学（社会科学）	无	《世界历史》编辑部（北京）
539	经济科学	中文	期刊（电子版）	经济学（社会科学）	无	《经济科学》编辑部（北京）
540	中华肿瘤杂志	中文	期刊（电子版）	临床医学（自然科学）	无	中华医学会杂志社（北京）
541	财务与会计	中文	期刊（电子版）	经济学（社会科学）	无	《财务与会计》编辑部（北京）
542	辞书研究	中文	期刊（电子版）	语言学（社会科学）	无	《辞书研究》编辑部（上海）
543	教育研究	中文	期刊（电子版）	教育学（社会科学）	无	《教育研究》编辑部（北京）
544	近代史研究	中文	期刊（电子版）	历史学（社会科学）	无	《近代史研究》编辑部（北京）
545	民族研究	中文	期刊（电子版）	民族学与文化学（社会科学）	无	《民族研究》编辑部（北京）
546	社会科学	中文	期刊（电子版）	综合（社会科学）	无	《社会科学》编辑部（上海）
547	世界农业	中文	期刊（电子版）	农学（自然科学）	无	《世界农业》编辑部（北京）

续表

泰　国

序号	出版物名称	语种	类型	学科	国际合作出版/版权输出机构	国内出版机构
548	世界宗教研究	中文	期刊（电子版）	宗教学（社会科学）	无	《世界宗教研究》编辑部（北京）
549	文献	中文	期刊（电子版）	图书馆、情报与文献学（社会科学）	无	《文献》编辑部（北京）
550	文艺研究	中文	期刊（电子版）	艺术学（社会科学）	无	《文艺研究》编辑部（北京）
551	中国史研究	中文	期刊（电子版）	历史学（社会科学）	无	《中国史研究》编辑部（北京）
552	中国史研究动态	中文	期刊（电子版）	历史学（社会科学）	无	《中国史研究动态》编辑部（北京）
553	经济管理	中文	期刊（电子版）	经济学（社会科学）	无	经济管理杂志社（北京）
554	自然辩证法通讯	中文	期刊（电子版）	哲学（社会科学）	无	中国科学院自然辩证法通讯杂志社（北京）
555	广西植物	中文	期刊（电子版）	生物学（自然科学）	无	科学出版社（北京）
556	科研管理	中文	期刊（电子版）	管理学（社会科学）	无	《科研管理》编辑部（北京）
557	财贸经济	中文	期刊（电子版）	经济学（社会科学）	无	《财贸经济》编辑部（北京）
558	财政研究	中文	期刊（电子版）	经济学（社会科学）	无	《财政研究》编辑部（北京）
559	华东师范大学学报（哲学社会科学版）	中文	期刊（电子版）	综合（社会科学）	无	《华东师范大学学报（哲学社会科学版）》编辑部（上海）
560	化学教育	中文	期刊（电子版）	教育学（社会科学）	无	《化学教育》编辑部（北京）
561	经济与管理研究	中文	期刊（电子版）	经济学（社会科学）	无	《经济与管理研究》编辑部（北京）
562	青海社会科学	中文	期刊（电子版）	综合（社会科学）	无	《青海社会科学》编辑部（青海）
563	人口与经济	中文	期刊（电子版）	社会学（社会科学）	无	《人口与经济》编辑部（北京）
564	文艺理论研究	中文	期刊（电子版）	文学（社会科学）	无	《文艺理论研究》编辑部（上海）

续表

序号	出版物名称	语种	类型	学科	国际合作出版/版权输出机构	国内出版机构
				美国		
565	中央音乐学院学报	中文	期刊(电子版)	艺术学(社会科学)	无	《中央音乐学院学报》编辑部(北京)
566	法学杂志	中文	期刊(电子版)	法学(社会科学)	无	法学杂志社(北京)
567	中国社会科学	中文	期刊(电子版)	综合	无	中国社会科学杂志社(北京)
568	国外文学	中文	期刊(电子版)	文学(社会科学)	无	《国外文学》编辑部(北京)
569	黑河学刊	中文	期刊(电子版)	综合(社会科学)	无	《黑河学刊》编辑部(黑龙江)
570	经济理论与经济管理	中文	期刊(电子版)	经济科学(社会科学)	无	《经济理论与经济管理》编辑部(北京)
571	历史档案	中文	期刊(电子版)	历史学(社会科学)	无	《历史档案》编辑部(北京)
572	农业考古	中文	期刊(电子版)	考古学(社会科学)	无	《农业考古》编辑部(江西)
573	现代国际关系	中文	期刊(电子版)	政治学(社会科学)	无	《现代国际关系》编辑部(北京)
574	中国地方志	中文	期刊(电子版)	历史学(社会科学)	无	《中国地方志》编辑部(北京)
575	中国体育科技	中文	期刊(电子版)	体育科学(社会科学)	无	《中国体育科技》编辑部(北京)
576	林业经济问题	中文	期刊(电子版)	林学(自然科学)	无	《林业经济问题》编辑部(福建)
577	实验室研究与探索	中文	期刊(电子版)	自然科学相关工程与技术(自然科学)	无	《自然科学相关工程与技术》编辑部(上海)
578	城市问题	中文	期刊(电子版)	管理学(社会科学)	无	《城市问题》编辑部(北京)
579	农业技术经济	中文	期刊(电子版)	经济学(社会科学)	无	《农业技术经济》编辑部(北京)
580	青少年犯罪问题	中文	期刊(电子版)	法学(社会科学)	无	《青少年犯罪问题》编辑部(上海)
581	自然科学史研究	中文	期刊(电子版)	历史学(社会科学)	无	科学出版社(北京)

续表

泰　国

序号	出版物名称	语种	类型	学科	国际合作出版/版权输出机构	国内出版机构
582	大学图书馆学报	中文	期刊（电子版）	图书馆、情报与文献学（社会科学）	无	《大学图书馆学报》编辑部（北京）
583	财经科学	中文	期刊（电子版）	经济学（社会科学）	无	《财经科学》编辑部（四川）
584	当代青年研究	中文	期刊（电子版）	社会学（社会科学）	无	《当代青年研究》编辑部（上海）
585	扬州教育学院学报	中文	期刊（电子版）	综合（社会科学）	无	《扬州教育学院学报》编辑部（江苏）
586	东疆学刊	中文	期刊（电子版）	民族学与文化学（社会科学）	无	《东疆学刊》编辑部（吉林）
587	上海经济研究	中文	期刊（电子版）	经济学（社会科学）	无	《上海经济研究》编辑部（上海）
588	数量经济技术经济研究	中文	期刊（电子版）	经济学（社会科学）	无	《数量经济技术经济研究》编辑部（北京）
589	中国比较文学	中文	期刊（电子版）	文学（社会科学）	无	《中国比较文学》编辑部（上海）
590	中国法学	中文	期刊（电子版）	法学（社会科学）	无	《中国法学》杂志社（北京）
591	自然辩证法研究	中文	期刊（电子版）	哲学（社会科学）	无	《自然辩证法研究》编辑部（北京）
592	当代电影	中文	期刊（电子版）	艺术学（社会科学）	无	当代电影杂志社（北京）
593	学位与研究生教育	中文	期刊（电子版）	教育学（社会科学）	无	学位与研究生教育杂志社（北京）
594	国际经济合作	中文	期刊（电子版）	经济学（社会科学）	无	《国际经济合作》编辑部（北京）
595	经济社会体制比较	中文	期刊（电子版）	经济学（社会科学）	无	《经济社会体制比较》编辑部（北京）
596	民国档案	中文	期刊（电子版）	历史学（社会科学）	无	《民国档案》编辑部（江苏）
597	民俗研究	中文	期刊（电子版）	民族学与文化学（社会科学）	无	《民俗研究》编辑部（山东）

续表

序号	出版物名称	语种	类型	学科	国际合作出版/版权输出机构	国内出版机构
598	明清小说研究	中文	期刊(电子版)	文学(社会科学)	无	《明清小说研究》编辑部(江苏)
599	农业工程学报	中文	期刊(电子版)	自然科学相关工程与技术(自然科学)	无	《农业工程学报》编辑部(北京)
600	世界经济研究	中文	期刊(电子版)	经济学(社会科学)	无	《世界经济研究》编辑部(上海)
601	外语界	中文	期刊(电子版)	语言学(社会科学)	无	《外语界》编辑部(上海)
602	政法论坛	中文	期刊(电子版)	法学(社会科学)	无	《政法论坛》编辑部(北京)
603	中国农村经济	中文	期刊(电子版)	经济学(社会科学)	无	《中国农村经济》编辑部(北京)
604	管理世界	中文	期刊(电子版)	管理学(社会科学)	无	管理世界杂志社(北京)
605	北京社会科学	中文	期刊(电子版)	综合(社会科学)	无	《北京社会科学》编辑部(北京)
606	清华大学学报(哲学社会科学版)	中文	期刊(电子版)	综合(社会科学)	无	《清华大学学报(哲学社会科学版)》编辑部(北京)
607	社会学研究	中文	期刊(电子版)	社会学(社会科学)	无	《社会学研究》编辑部(北京)
608	史林	中文	期刊(电子版)	历史学(社会科学)	无	《史林》编辑部(上海)
609	文艺理论与批评	中文	期刊(电子版)	文学(社会科学)	无	《文艺理论与批评》编辑部(北京)
610	质谱学报	中文	期刊(电子版)	物理学(自然科学)	无	《质谱学报》编辑部(北京)
611	中国法医学杂志	中文	期刊(电子版)	军事医学与特种医学(自然科学)	无	《中国法医学杂志》编辑部(北京)
612	中国翻译	中文	期刊(电子版)	语言学(社会科学)	无	《中国翻译》编辑部(北京)
613	中国经济史研究	中文	期刊(电子版)	经济学(社会科学)	无	《中国经济史研究》编辑部(北京)

续表

泰　国

序号	出版物名称	语种	类型	学科	国际合作出版/版权输出机构	国内出版机构
614	中国软科学	中文	期刊（电子版）	经济学（社会科学）	无	《中国软科学》编辑部（北京）
615	岩矿测试	中文	期刊（电子版）	地球科学（自然科学）	无	科学出版社（北京）
616	自然资源学报	中文	期刊（电子版）	综合（自然科学）	无	科学出版社（北京）
617	中国农业气象	中文	期刊（电子版）	农学（自然科学）	无	《中国农业气象》编辑部（北京）
618	中国心理卫生杂志	中文	期刊（电子版）	临床医学（自然科学）	无	《中国心理卫生杂志》编辑部（北京）
619	比较法研究	中文	期刊（电子版）	法学（社会科学）	无	《比较法研究》编辑部（北京）
620	管子学刊	中文	期刊（电子版）	哲学（社会科学）	无	《管子学刊》编辑部（山东）
621	世界汉语教学	中文	期刊（电子版）	语言学（社会科学）	无	《世界汉语教学》编辑部（北京）
622	外国文学评论	中文	期刊（电子版）	文学（社会科学）	无	《外国文学评论》编辑部（北京）
623	哲学动态	中文	期刊（电子版）	哲学（社会科学）	无	《哲学动态》编辑部（北京）
624	中国科学基金	中文	期刊（电子版）	综合（自然科学）	无	《中国科学基金》编辑部（北京）
625	中国人口科学	中文	期刊（电子版）	社会学（社会科学）	无	《中国人口科学》编辑部（北京）
626	中国人民大学学报	中文	期刊（电子版）	综合（社会科学）	无	《中国人民大学学报》编辑部（北京）
627	特区经济	中文	期刊（电子版）	经济学（社会科学）	无	特区经济杂志社（广东）
628	中国男科学杂志	中文	期刊（电子版）	临床医学（自然科学）	无	《中国男科学杂志》编辑部（上海）

续表

序号	出版物名称	语种	类型	学科	国际合作出版/版权输出机构	国内出版机构
629	功能高分子学报	中文	期刊（电子版）	化学（自然科学）	无	《功能高分子学报》编辑部（上海）
630	华侨华人历史研究	中文	期刊（电子版）	历史学（社会科学）	无	《华侨华人历史研究》编辑部（北京）
631	中国藏学	中文	期刊（电子版）	民族学与文化学（社会科学）	无	《中国藏学》编辑部（北京）
632	中国物价	中文	期刊（电子版）	经济学（社会科学）	无	《中国物价》编辑部（北京）
633	周易研究	中文	期刊（电子版）	哲学（社会科学）	无	《周易研究》编辑部（山东）
634	人工晶体学报	中文	期刊（电子版）	物理学（自然科学）	无	《人工晶体学报》编辑部（北京）
635	农业图书情报学报	中文	期刊（电子版）	图书馆、情报与文献学（社会科学）	无	《农业图书情报学报》编辑部（北京）
636	中国注册会计师	中文	期刊（电子版）	经济学（社会科学）	无	《中国注册会计师》编辑部（北京）
637	水科学进展	中文	期刊（电子版）	水利工程（自然科学）	无	科学出版社（北京）
638	中国癌症杂志	中文	期刊（电子版）	临床医学（自然科学）	无	《中国癌症杂志》（上海）
639	抗日战争研究	中文	期刊（电子版）	历史学（社会科学）	无	《抗日战争研究》（北京）
640	心理科学	中文	期刊（电子版）	心理学（自然科学）	无	《心理科学》编辑部（上海）
641	中国边疆史地研究	中文	期刊（电子版）	历史学（社会科学）	无	《中国边疆史地研究》编辑部（北京）
642	中国人力资源开发	中文	期刊（电子版）	管理学（社会科学）	无	中国人力资源开发杂志社（北京）
643	史学理论研究	中文	期刊（电子版）	历史学（社会科学）	无	《史学理论研究》编辑部（北京）
644	中国京剧	中文	期刊（电子版）	艺术学（社会科学）	无	《中国京剧》编辑部（北京）

续表

泰　国

序号	出版物名称	语种	类型	学科	国际合作出版/版权输出机构	国内出版机构
645	北京石油化工学院学报	中文	期刊（电子版）	综合（自然科学）	无	《北京石油化工学院学报》编辑部（北京）
646	北京中医药大学学报	中文	期刊（电子版）	中医学与中药学（自然科学）	无	《北京中医药大学学报》编辑部（北京）
647	电子科技	中文	期刊（电子版）	电子与通信技术（自然科学）	无	《电子科技》编辑部（陕西）
648	城市发展研究	中文	期刊（电子版）	管理学（社会科学）	无	《城市发展研究》编辑部（北京）
649	当代中国史研究	中文	期刊（电子版）	历史学（社会科学）	无	《当代中国史研究》编辑部（北京）
650	药学实践杂志	中文	期刊（电子版）	药学（自然科学）	无	《药学实践杂志》编辑部（上海）
651	中国工业经济	中文	期刊（电子版）	经济学（社会科学）	无	中国工业经济杂志社（北京）
652	电机与控制学报	中文	期刊（电子版）	动力与电气工程（自然科学）	无	《电机与控制学报》编辑部（黑龙江）
653	中共中央党校学报	中文	期刊（电子版）	综合（社会科学）	无	《中共中央党校学报》编辑部（北京）
654	当代语言学	中文	期刊（电子版）	语言学（社会科学）	无	《当代语言学》编辑部（北京）
655	中国经贸导刊	中文	期刊（电子版）	经济学（社会科学）	无	中国经贸导刊杂志社（北京）
656	农药学学报	中文	期刊（电子版）	农学（自然科学）	无	《农药学学报》编辑部（北京）
657	浙江大学学报（人文社会科学版）	中文	期刊（电子版）	综合（社会科学）	无	《浙江大学学报（人文社会科学版）》编辑部（浙江）
658	中国大学教学	中文	期刊（电子版）	教育学（社会科学）	无	《中国大学教学》编辑部（北京）
659	中国远程教育	中文	期刊（电子版）	教育学（社会科学）	无	《中国远程教育》编辑部（北京）

续表

序号	出版物名称	语种	类型	学科	国际合作出版/版权输出机构	国内出版机构
				泰　国		
660	应用化工	中文	期刊（电子版）	化学工程（自然科学）	无	《应用化工》编辑部（陕西）
661	法医学杂志	中文	期刊（电子版）	军事医学与特种医学（自然科学）	无	《法医学杂志》编辑部（上海）
662	燕山大学学报（哲学社会科学版）	中文	期刊（电子版）	综合（社会科学）	无	《燕山大学学报（哲学社会科学版）》编辑部（北京）
663	上海党史与党建	中文	期刊（电子版）	历史学（社会科学）	无	《上海党史与党建》编辑部（上海）
664	中国医院用药评价与分析	中文	期刊（电子版）	药学（自然科学）	无	《中国医院用药评价与分析》编辑部（北京）
665	复旦学报（医学版）	中文	期刊（电子版）	医学综合（自然科学）	无	《复旦学报（医学版）》编辑部（上海）
666	江苏大学学报（自然科学版）	中文	期刊（电子版）	综合（自然科学）	无	《江苏大学学报（自然科学版）》编辑部（江苏）
667	辽宁工程技术大学学报（自然科学版）	中文	期刊（电子版）	综合（自然科学）	无	《辽宁工程技术大学学报（自然科学版）》编辑部（辽宁）
668	心理科学进展	中文	期刊（电子版）	心理学（自然科学）	无	科学出版社（北京）
669	语言科学	中文	期刊（电子版）	语言学（社会科学）	无	科学出版社（北京）
670	辽东学院学报（社会科学版）	中文	期刊（电子版）	综合（社会科学）	无	《辽东学院学报（社会科学版）》编辑部（辽宁）
671	辽宁科技学院学报	中文	期刊（电子版）	综合（社会科学、自然科学）	无	《辽宁科技学院学报》编辑部（辽宁）
672	中国发展观察	中文	期刊（电子版）	经济学（社会科学）	无	中国发展观察杂志社（北京）
673	化学工业	中文	期刊（电子版）	化学工程（自然科学）	无	《化学工业》编辑部（北京）
674	证据科学	中文	期刊（电子版）	军事医学与特种医学（自然科学）	无	《证据科学》编辑部（北京）
675	中华糖尿病杂志	中文	期刊（电子版）	临床医学（自然科学）	无	中华医学会杂志社（北京）

续表

泰　国

序号	出版物名称	语种	类型	学科	国际合作出版/版权输出机构	国内出版机构
676	标准科学	中文	期刊（电子版）	工程与技术科学基础学科（自然科学）	无	《标准科学》编辑部（北京）
677	政治经济学评论	中文	期刊（电子版）	经济学（社会科学）	无	《政治经济学评论》编辑部（北京）
678	创新人才教育	中文	期刊（电子版）	教育学（社会科学）	无	《创新人才教育》编辑部（北京）
679	Foreign Literature Studies	中英文	期刊（电子版）	文学（社会科学）	无	《外国文学研究》编辑部（湖北）
680	สร้างสรรค์ปัญญาชนเพื่อมวลชนในวิถีเศรษฐกิจสร้างสรรค์	泰文	图书（纸质版）	政治学（社会科学）	泰国素叻尼皇家大学出版社（泰国）	中国人民大学出版社（北京）

印　度

序号	出版物名称	语种	类型	学科	国际合作出版/版权输出机构	国内出版机构
1	Voices for Change: Participatory Monitoring and Evaluation in China	英文	图书（电子版）	管理学（社会科学）	国际发展研究中心（加拿大）	云南科技出版社（云南）
2	Wave Propagation, Scattering and Emission in Complex Media	英文	图书（电子版）	物理学（自然科学）	世界科技出版公司（新加坡）	科学出版社（北京）
3	Proceedings of Conference on Frontiers and Prospects of Contemporary Applied Mathematics, Aug 24-30, Xiangtan, China	英文	图书（电子版）	数学（自然科学）	世界科技出版公司（新加坡）	高等教育出版社（北京）
4	Ginzburg-Landau Vortices	英文	图书（电子版）	数学（自然科学）	世界科技出版公司（新加坡）	高等教育出版社（北京）
5	Proceedings of Conference on Frontiers and Prospects of Contemporary Applied Mathematics, Aug. 24-30, 2004, Xiangtan, China	英文	图书（电子版）	数学（自然科学）	世界科技出版公司（新加坡）	高等教育出版社（北京）
6	Functional Inequalities, Markov Semigroups and Spectral Theory	英文	图书（电子版）	数学（自然科学）	爱思唯尔出版集团（荷兰）	科学出版社（北京）

续表

序号	出版物名称	语种	类型	学科	国际合作出版/版权输出机构	国内出版机构
7	China's Energy Outlook 2004	英文	图书（电子版）	能源科学技术（自然科学）	世界科技出版公司（新加坡）	清华大学出版社（北京）
8	Mathematical Methods for Surface and Subsurface Hydrosystems	英文	图书（电子版）	环境科学技术及资源科学技术（自然科学）	世界科技出版公司（新加坡）	高等教育出版社（北京）
9	Introduction to Biomaterials	英文	图书（电子版）	材料科学（自然科学）	世界科技出版公司（新加坡）	清华大学出版社（北京）
10	Actuarial Science: Theory and Methodology	英文	图书（电子版）	数学（自然科学）	世界科技出版公司（新加坡）	高等教育出版社（北京）
11	China's Dilemma: Economic Growth, the Environment and Climate Change	英文	图书（电子版）	经济学（社会科学）	布鲁金斯学会出版社（美国）	社会科学文献出版社（北京）
12	Reconstruction of Chaotic Signals with Applications to Chaos-based Communications	英文	图书（电子版）	信息科学与系统科学（自然科学）	世界科技出版公司（新加坡）	清华大学出版社（北京）
13	China-Japan: Making New Partnership	英文	图书（电子版）	政治学（社会科学）	帕斯国际出版社（英国）	社会科学文献出版社（北京）
14	Nonlinear Conservation Laws, Fluid Systems and Related Topics	英文	图书（电子版）	数学（自然科学）	世界科技出版公司（新加坡）	高等教育出版社（北京）
15	Multi-scale Phenomena in Complex Fluids: Modeling, Analysis and Numerical Simulation	英文	图书（电子版）	数学（自然科学）	世界科技出版公司（新加坡）	高等教育出版社（北京）
16	Industrial and Applied Mathematics in China	英文	图书（电子版）	数学（自然科学）	世界科技出版公司（新加坡）	高等教育出版社（北京）
17	Modeling and Dynamics of Infectious Diseases	英文	图书（电子版）	数学（自然科学）	世界科技出版公司（新加坡）	高等教育出版社（北京）
18	Economic and Social Impact of Liberalization	英文	图书（电子版）	经济学（社会科学）	帕斯国际出版社（英国）	社会科学文献出版社（北京）
19	Bioinspired Intelligent Nanostructured Interfacial Materials	英文	图书（电子版）	材料科学（自然科学）	世界科技出版公司（新加坡）	化学工业出版社（北京）
20	Some Problems on Nonlinear Hyperbolic Equations and Applications	英文	图书（电子版）	数学（自然科学）	世界科技出版公司（新加坡）	高等教育出版社（北京）
21	Wavelet Methods in Mathematical Analysis and Engineering	英文	图书（电子版）	数学（自然科学）	世界科技出版公司（新加坡）	高等教育出版社（北京）

（印度）

续表

印度

序号	出版物名称	语种	类型	学科	国际合作出版机构/版权输出机构	国内出版机构
22	Multiscale Problems: Theory, Numerical Approximation and Applications	英文	图书（电子版）	数学（自然科学）	世界科技出版公司（新加坡）	高等教育出版社（北京）
23	Left-behind Children in Rural China: Impact Study of Rural Labor Migration on Left-behind Children in Mid-West China	英文	图书（电子版）	社会学（社会科学）	帕斯国际出版社（英国）	社会科学文献出版社（北京）
24	China-ASEAN: Making New Partnership	英文	图书（电子版）	政治学（社会科学）	帕斯国际出版社（英国）	社会科学文献出版社（北京）
25	China-Central Asian Countries: Making New Partnership	英文	图书（电子版）	政治学（社会科学）	帕斯国际出版社（英国）	社会科学文献出版社（北京）
26	China-South Asian Relations: Making New Partnership	英文	图书（电子版）	政治学（社会科学）	帕斯国际出版社（英国）	社会科学文献出版社（北京）
27	China-Latin America Relations: Review and Analysis, Volume 1	英文	图书（电子版）	政治学（社会科学）	帕斯国际出版社（英国）	社会科学文献出版社（北京）
28	The Rising Middle Classes in China	英文	图书（电子版）	社会学（社会科学）	帕斯国际出版社（英国）	社会科学文献出版社（北京）
29	Rational Function Systems and Electrical Networks with Multi-parameters	英文	图书（电子版）	数学（自然科学）	世界科技出版公司（新加坡）	高等教育出版社（北京）
30	High Performance Liquid Chromatography Fingerprinting Technology of the Commonly-Used Traditional Chinese Medicine Herbs	英文	图书（电子版）	化学工程（自然科学）	世界科技出版公司（新加坡）	化学工业出版社（北京）
31	Hyperbolic Problems: Theory, Numerics and Applications	英文	图书（电子版）	数学（自然科学）	世界科技出版公司（新加坡）	高等教育出版社（北京）
32	Advances in Analysis and Control of Time-delayed Dynamical Systems	英文	图书（电子版）	力学（自然科学）	世界科技出版公司（新加坡）	高等教育出版社（北京）

卡塔尔

序号	出版物名称	语种	类型	学科	国际合作出版机构/版权输出机构	国内出版机构
1	Some Methods in the Mathematical Analysis of Systems and Their Control	英文	图书（纸质版）	数学（自然科学）	戈登和布里奇科学出版公司（美国）	科学出版社（北京）

续表

卡塔尔

序号	出版物名称	语种	类型	学科	国际合作出版/版权输出机构	国内出版机构
2	Proceedings of the 1980 Beijing Symposium on Differential Geometry and Differential Equations	英文	图书（纸质版）	数学（自然科学）	戈登和布里奇科学出版公司（美国）	科学出版社（北京）
3	Computation, Logic, Philosophy: A Collection of Essays	英文	图书（纸质版）	数学（自然科学）	威科出版集团（荷兰）	科学出版社（北京）
4	An Introduction to Sociolinguistics	英文	图书（纸质版）	语言学（社会科学）	无	北京语言学院出版社（北京）
5	Wavelet Methods in Mathematical Analysis and Engineering	英文	图书（纸质版）	数学（自然科学）	世界科技出版公司（新加坡）	高等教育出版社（北京）
6	Environment-friendly Antiviral Agents for Plants	英文	图书（纸质版）	农学（自然科学）	施普林格·自然出版集团（德国）	化学工业出版社（北京）
7	Applications of Lie Group Analysis in Geophysical Fluid Dynamics	英文	图书（纸质版）	地球科学（自然科学）	世界科技出版公司（新加坡）	高等教育出版社（北京）
8	Assessing and Evaluating Adult Learning in Career and Technical Education	英文	图书（纸质版）	教育学（社会科学）	信息科学文献出版社（美国）	浙江大学出版社（浙江）
9	High-dimensional Data Analysis	英文	图书（纸质版）	计算机科学技术（自然科学）	世界科技出版公司（新加坡）	高等教育出版社（北京）
10	Multiscale Problems: Theory, Numerical Approximation and Applications	英文	图书（纸质版）	数学（自然科学）	世界科技出版公司（新加坡）	高等教育出版社（北京）
11	A Brief History of Chambers of Commerce in China	英文	图书（纸质版）	经济学（社会科学）	帕斯国际出版社（英国）	社会科学文献出版社（北京）
12	Annual Report on China's Financial Development 2012	英文	图书（纸质版）	经济学（社会科学）	无	社会科学文献出版社（北京）
13	Annual Report on International Politics and Security 2012	英文	图书（纸质版）	政治学（社会科学）	无	社会科学文献出版社（北京）
14	China-America relations: Review and Analysis, Volume 1	英文	图书（纸质版）	政治学（社会科学）	帕斯国际出版社（英国）	社会科学文献出版社（北京）
15	On Minority Rights	英文	图书（纸质版）	法学（社会科学）	帕斯国际出版社（英国）	社会科学文献出版社（北京）
16	The Rising Middle Classes in China	英文	图书（纸质版）	社会学（社会科学）	帕斯国际出版社（英国）	社会科学文献出版社（北京）

续表

卡塔尔

序号	出版物名称	语种	类型	学科	国际合作出版/版权输出机构	国内出版机构
17	Environmental Innovation in China	英文	图书（纸质版）	管理学（社会科学）	WIT出版社（美国）	科学出版社（北京）
18	Multilevel Models Applications Using SAS	英文	图书（纸质版）	统计学（自然科学）	德古意特出版公司（德国）	高等教育出版社（北京）
19	Reform of Ownership in Modern China: the Social, Economic and Legal Impact	英文	图书（纸质版）	经济学（社会科学）	帕斯国际出版社（英国）	社会科学文献出版社（北京）
20	Urban Migrants and Poverty Reduction in China	英文	图书（纸质版）	经济学（社会科学）	帕斯国际出版社（英国）	社会科学文献出版社（北京）
21	Vibratory and Controlled Synchronization Engineering	英文	图书（纸质版）	机械工程（自然科学）	阿尔法科学国际出版社（英国）	科学出版社（北京）
22	China's Economic Zones: Design, Implementation and Impact	英文	图书（纸质版）	经济学（社会科学）	帕斯国际出版社（英国）	社会科学文献出版社（北京）
23	Computational Methods for Applied Inverse Problems	英文	图书（纸质版）	数学（自然科学）	德古意特出版公司（德国）	高等教育出版社（北京）
24	Urban Environmental Crisis Management	英文	图书（纸质版）	管理学（社会科学）	阿尔法科学国际出版社（英国）	科学出版社（北京）
25	Hyperbolic Problems: Theory, Numerics and Applications	英文	图书（纸质版）	数学（自然科学）	世界科技出版公司（新加坡）	高等教育出版社（北京）
26	Food Safety Management in China: A Perspective from Food Quality Control System	英文	图书（纸质版）	食品科学技术（自然科学）	世界科技出版公司（新加坡）	浙江大学出版社（浙江）
27	Intelligent Systems for Security Informatics	英文	图书（纸质版）	信息与系统科学相关工程与技术（自然科学）	爱思唯尔出版集团（荷兰）	浙江大学出版社（浙江）
28	Quantum Control of Multi-Wave Mixing	英文	图书（纸质版）	物理学（自然科学）	威利出版集团（美国）	高等教育出版社（北京）
29	Seeing Transnationally: How Chinese Migrants Make Their Dreams Come True	英文	图书（纸质版）	历史学（社会科学）	鲁汶大学出版社（比利时）	浙江大学出版社（浙江）
30	Food Immunochemistry and Immunology	英文	图书（纸质版）	食品科学技术（自然科学）	无	科学出版社（北京）
31	Structure-preserving Algorithms for Oscillatory Differential Equations	英文	图书（纸质版）	数学（自然科学）	施普林格·自然出版集团（德国）	科学出版社（北京）

续表

卡塔尔

序号	出版物名称	语种	类型	学科	国际合作出版/版权输出机构	国内出版机构
32	A Brief History of Inflation in China	英文	图书（纸质版）	经济学（社会科学）	帕斯国际出版社（英国）	社会科学文献出版社（北京）
33	Radiology of Influenza A（H1N1）	英文	图书（纸质版）	基础医学（自然科学）	施普林格·自然出版集团（德国）	清华大学出版社（北京）
34	Pinning Control of Complex Networked Systems: Synchronization, Consensus and Flocking of Networked Systems via Pinning Pinning Control of Complex Networked Systems	英文	图书（纸质版）	计算机科学技术（自然科学）	施普林格·自然出版集团（德国）	上海交通大学出版社（上海）
35	Capital War: How Foreign Companies Fight Their War in China	英文	图书（纸质版）	经济学（社会科学）	帕斯国际出版社（英国）	广东经济出版社（广东）
36	A Brief History of Foreign Debt in China	英文	图书（纸质版）	经济学（社会科学）	帕斯国际出版社（英国）	社会科学文献出版社（北京）
37	Chaotic Signal Processing	英文	图书（纸质版）	物理学（自然科学）	无	高等教育出版社（北京）
38	Landslide Hazard Assessment Using GIS	英文	图书（纸质版）	安全科学技术（自然科学）	阿尔法科学国际出版社（英国）	科学出版社（北京）
39	Contemporary Biotechnology and Bioengineering	英文	图书（纸质版）	自然科学相关工程与技术（自然科学）	阿尔法科学国际出版社（英国）	科学出版社（北京）
40	A Brief History of Finance in China	英文	图书（纸质版）	经济学（社会科学）	帕斯国际出版社（英国）	社会科学文献出版社（北京）
41	Optimal Control of Switched Systems Arising in Fermentation Processes	英文	图书（纸质版）	自然科学相关工程与技术（自然科学）	施普林格·自然出版集团（德国）	清华大学出版社（北京）
42	Geostationary Satellites Collocation	英文	图书（纸质版）	航空、航天科学技术（自然科学）	施普林格·自然出版集团（德国）	国防工业出版社（北京）
43	Environmentally Friendly Alkylphosphonate Herbicides	英文	图书（纸质版）	农学（自然科学）	施普林格·自然出版集团（德国）	化学工业出版社（北京）
44	Stochastic Evolutions of Dynamic Traffic Flow: Modeling and Applications	英文	图书（纸质版）	交通运输工程（自然科学）	施普林格·自然出版集团（德国）	清华大学出版社（北京）
45	Semantics of Probabilistic Processes: An Operational Approach	英文	图书（纸质版）	计算机科学技术（自然科学）	施普林格·自然出版集团（德国）	上海交通大学出版社（上海）

续表

卡塔尔

序号	出版物名称	语种	类型	学科	国际合作出版/版权输出机构	国内出版机构
46	A History of Chinese Science and Technology, Volume 2	英文	图书（纸质版）	历史学（社会科学）	施普林格·自然出版集团（德国）	上海交通大学出版社（上海）
47	Contemporary Ecology Research in China	英文	图书（纸质版）	生物学（自然科学）	施普林格·自然出版集团（德国）	高等教育出版社（北京）
48	Rural Household Finance in China: A Study on Peasant Household Cooperative Financial Institutions in China from The Perspective of the Household Contract System	英文	图书（纸质版）	经济学（社会科学）	帕斯国际出版社（英国）	中国财政经济出版社（北京）
49	Web Security: A WhiteHat Perspective	英文	图书（纸质版）	信息与系统科学相关工程与技术（自然科学）	泰勒弗朗西斯出版社（英国）	电子工业出版社（北京）
50	Suizhou Meteorite: Mineralogy and Shock Metamorphism	英文	图书（纸质版）	地球科学（自然科学）	施普林格·自然出版集团（德国）	广东科技出版社（广东）
51	East Asian Economic Integration: A China-ASEAN Perspective	英文	图书（纸质版）	经济学（社会科学）	帕斯国际出版社（英国）	社会科学文献出版社（北京）
52	Nonlinear Super-resolution Nano-optics and Applications	英文	图书（纸质版）	物理学（自然科学）	施普林格·自然出版集团（德国）	科学出版社（北京）
53	Petrolipalynology	英文	图书（纸质版）	地球科学（自然科学）	施普林格·自然出版集团（德国）	科学出版社（北京）
54	Discretization and Implicit Mapping Dynamics	英文	图书（纸质版）	力学（自然科学）	施普林格·自然出版集团（德国）	高等教育出版社（北京）
55	Vibro-acoustics	英文	图书（纸质版）	力学（自然科学）	施普林格·自然出版集团（德国）	科学出版社（北京）
56	Bioinspired Smell and Taste Sensors	英文	图书（纸质版）	工程与技术科学基础学科（自然科学）	施普林格·自然出版集团（德国）	科学出版社（北京）
57	Reform and Development of Educational System: History, Policy and Cases	英文	图书（纸质版）	教育学（社会科学）	施普林格·自然出版集团（德国）	高等教育出版社（北京）
58	Structure-preserving Algorithms for Oscillatory Differential Equations II	英文	图书（纸质版）	数学（自然科学）	施普林格·自然出版集团（德国）	科学出版社（北京）

续表

卡塔尔

序号	出版物名称	语种	类型	学科	国际合作出版机构/版权输出机构	国内出版机构
59	Advance in Structural Bioinformatics	英文	图书(纸质版)	生物学(自然科学)	施普林格·自然出版集团(德国)	上海交通大学出版社(上海)
60	Style in Translation: A Corpus-based Perspective	英文	图书(纸质版)	语言学(社会科学)	施普林格·自然出版集团(德国)	上海交通大学出版社(上海)
61	Corpus-based Studies of Translational Chinese in English-Chinese Translation	英文	图书(纸质版)	语言学(社会科学)	施普林格·自然出版集团(德国)	上海交通大学出版社(上海)
62	Stem Cells: Basics and Clinical Translation	英文	图书(纸质版)	医学综合(自然科学)	施普林格·自然出版集团(德国)	上海交通大学出版社(上海)
63	Culture and Security: A Strategy for China	英文	图书(纸质版)	政治学(社会科学)	帕斯国际出版社(英国)	社会科学文献出版社(北京)
64	Socio-biological Implications in Confucianism	英文	图书(纸质版)	社会学(社会科学)	施普林格·自然出版集团(德国)	外语教学与研究出版社(北京)
65	The "States" in Villages: A Look at Schools in Rural China	英文	图书(纸质版)	教育学(社会科学)	施普林格·自然出版集团(德国)	外语教学与研究出版社(北京)
66	Basic Principles of Concrete Structures	英文	图书(纸质版)	土木建筑工程(自然科学)	施普林格·自然出版集团(德国)	同济大学出版社(上海)
67	Rock Anisotropy, Fracture, and Earthquake Assessment	英文	图书(纸质版)	地球科学(自然科学)	德古意特出版公司(德国)	高等教育出版社(北京)
68	Five Basic Institution Structures and Institutional Economics	英文	图书(纸质版)	管理学(社会科学)	施普林格·自然出版集团(德国)	科学出版社(北京)
69	Contemporary Chinese Rural Reform	英文	图书(纸质版)	管理学(社会科学)	施普林格·自然出版集团(德国)	外语教学与研究出版社(北京)
70	Network Radar Countermeasure Systems: Integrating Radar and Radar Countermeasures	英文	图书(纸质版)	电子与通信技术(自然科学)	施普林格·自然出版集团(德国)	国防工业出版社(北京)
71	Influences of Electric Vehicles on Power System and Key Technologies of Vehicle-to-grid	英文	图书(纸质版)	动力与电气工程(自然科学)	施普林格·自然出版集团(德国)	科学出版社(北京)
72	China's Environmental Governing and Ecological Civilization	英文	图书(纸质版)	管理学(社会科学)	施普林格·自然出版集团(德国)	中国社会科学出版社(北京)

续表

卡塔尔

序号	出版物名称	语种	类型	学科	国际合作出版/版权输出机构	国内出版机构
73	Key Project Management Based on Effective Project Thinking	英文	图书（纸质版）	管理学（社会科学）	施普林格·自然出版集团（德国）	中国电力出版社（北京）
74	Introducing Corpus-based Translation Studies	英文	图书（纸质版）	语言学（社会科学）	施普林格·自然出版集团（德国）	上海交通大学出版社（上海）
75	Nanomaterials for Tumor Targeting Theranostics: A Proactive Clinical Perspective	英文	图书（纸质版）	临床医学（自然科学）	世界科技出版公司（新加坡）	高等教育出版社（北京）
76	Towards a Society with Social Protection for All: A Concise History of Social Security Transformation in Modern China	英文	图书（纸质版）	社会学（社会科学）	施普林格·自然出版集团（德国）	中国社会科学出版社（北京）
77	Inner Experience of the Chinese People: Globalization, Social Transformation, and the Evolution of Social Mentality	英文	图书（纸质版）	社会学（社会科学）	施普林格·自然出版集团（德国）	社会科学文献出版社（北京）
78	High Temperature Superconducting Magnetic Levitation	英文	图书（纸质版）	物理学（自然科学）	德古意特出版公司（德国）	北京大学出版社（北京）
79	Low-dimensional Materials and Applications	英文	图书（纸质版）	材料科学（自然科学）	德古意特出版公司（德国）	国防工业出版社（北京）
80	What is behind China's Latest National Balance Sheet	英文	图书（纸质版）	经济学（社会科学）	帕斯国际出版社（英国）	中国社会科学出版社（北京）
81	China's New Strategic Layout	英文	图书（纸质版）	政治学（社会科学）	施普林格·自然出版集团（德国）	中国社会科学出版社（北京）
82	Earthquake-induced Landslides: Initiation and Run-out Analysis by Considering Vertical Seismic Loading, Tension Failure and the Trampoline Effect	英文	图书（纸质版）	土木建筑工程（自然科学）	施普林格·自然出版集团（德国）	科学出版社（北京）
83	The Origin of the Capitalist Firm: An Entrepreneurial/contractual Theory of the Firm	英文	图书（纸质版）	经济学（社会科学）	施普林格·自然出版集团（德国）	格致出版社（上海）
84	Research on Ship Design and Optimization based on Simulation-based Design (SBD) Technique	英文	图书（纸质版）	交通运输工程（自然科学）	施普林格·自然出版集团（德国）	上海交通大学出版社（上海）

续表

卡塔尔

序号	出版物名称	语种	类型	学科	国际合作出版/版权输出机构	国内出版机构
85	Difference Methods for Initial-boundary-value Problems and Flow around Bodies	英文	图书（电子版）	数学（自然科学）	施普林格·自然出版集团（德国）	科学出版社（北京）
86	Generalized Multivariate Analysis	英文	图书（电子版）	数学（自然科学）	施普林格·自然出版集团（德国）	科学出版社（北京）
87	International symposium in memory of Hua Loo Keng	英文	图书（电子版）	数学（自然科学）	施普林格·自然出版集团（德国）	科学出版社（北京）
88	Shallow Water Hydrodynamics: Mathematical Theory and Numerical Solution for a Two-dimensional System of Shallow Water Equations	英文	图书（电子版）	力学（自然科学）	爱思唯尔出版集团（荷兰）	中国水利水电出版社（北京）
89	Martingale Spaces and Inequalities	英文	图书（电子版）	数学（自然科学）	施普林格·自然出版集团（德国）	北京大学出版社（北京）
90	Functional Inequalities, Markov Semigroups and Spectral Theory	英文	图书（电子版）	数学（自然科学）	爱思唯尔出版集团（荷兰）	科学出版社（北京）
91	Theory of Complex Homogeneous Bounded Domains	英文	图书（电子版）	数学（自然科学）	施普林格·自然出版集团（德国）	科学出版社（北京）
92	Earth Science Satellite Remote Sensing	英文	图书（电子版）	地球科学（自然科学）	施普林格·自然出版集团（德国）	清华大学出版社（北京）
93	Handbook of Advanced Magnetic Materials	英文	图书（电子版）	材料科学（自然科学）	施普林格·自然出版集团（德国）	清华大学出版社（北京）
94	Gene Expression and Regulation	英文	图书（电子版）	生物学（自然科学）	施普林格·自然出版集团（德国）	高等教育出版社（北京）
95	Impinging Streams: Fundamentals, Properties, Applications	英文	图书（电子版）	化学工程（自然科学）	爱思唯尔出版集团（荷兰）	化学工业出版社（北京）
96	Challenges of Power Engineering and Environment: Proceedings of the International Conference on Power Engineering 2007	英文	图书（电子版）	动力与电气工程（自然科学）	施普林格·自然出版集团（德国）	浙江大学出版社（浙江）
97	Contemporary Medical Acupuncture: A Systems Approach	英文	图书（电子版）	中医学与中药学（自然科学）	施普林格·自然出版集团（德国）	高等教育出版社（北京）

续表

卡塔尔

序号	出版物名称	语种	类型	学科	国际合作出版/版权输出机构	国内出版机构
98	Molecular Pain	英文	图书（电子版）	基础医学（自然科学）	施普林格·自然出版集团（德国）	高等教育出版社（北京）
99	Services Computing	英文	图书（电子版）	计算机科学技术（自然科学）	施普林格·自然出版集团（德国）	清华大学出版社（北京）
100	Achievement Evaluation of IFI Assistance Loans to China (1981—2002)	英文	图书（电子版）	经济学（社会科学）	施普林格·自然出版集团（德国）	清华大学出版社（北京）
101	Computational Methods in Engineering & Science	英文	图书（电子版）	计算机科学技术（自然科学）	施普林格·自然出版集团（德国）	清华大学出版社（北京）
102	Research Methods in Urban and Regional Planning	英文	图书（电子版）	土木建筑工程（自然科学）	施普林格·自然出版集团（德国）	清华大学出版社（北京）
103	Conducting Polymers with Micro or Nanometer Structure	英文	图书（电子版）	材料科学（自然科学）	施普林格·自然出版集团（德国）	清华大学出版社（北京）
104	Finite Automata and Application to Cryptography	英文	图书（电子版）	信息与系统科学相关工程与技术（自然科学）	施普林格·自然出版集团（德国）	清华大学出版社（北京）
105	Granular Dynamic Theory and its Application	英文	图书（电子版）	力学（自然科学）	施普林格·自然出版集团（德国）	冶金工业出版社（北京）
106	Optical Code Division Multiple Access Communication Networks: Theory and Applications	英文	图书（电子版）	电子与通信技术（自然科学）	施普林格·自然出版集团（德国）	清华大学出版社（北京）
107	New Antibody Microarray Tube for Cellular Localization and Signaling Pathways	英文	图书（电子版）	自然科学相关工程与技术（自然科学）	施普林格·自然出版集团（德国）	清华大学出版社（北京）
108	Proceedings of ISES World Congress 2007: Solar Energy and Human Settlement	英文	图书（电子版）	能源科学技术（自然科学）	施普林格·自然出版集团（德国）	清华大学出版社（北京）
109	Macro-micro Theory on Multifield Coupling Behavior of Heterogeneous Materials	英文	图书（电子版）	物理学（自然科学）	施普林格·自然出版集团（德国）	高等教育出版社（北京）
110	AC Machine Systems: Mathematical Model and Parameters, Analysis, and System Performance	英文	图书（电子版）	动力与电气工程（自然科学）	施普林格·自然出版集团（德国）	清华大学出版社（北京）
111	Modeling and Analysis of Enterprise and Information Systems: From Requirements to Realization	英文	图书（电子版）	信息科学与系统科学（自然科学）	施普林格·自然出版集团（德国）	高等教育出版社（北京）

续表

卡塔尔

序号	出版物名称	语种	类型	学科	国际合作出版/版权输出机构	国内出版机构
112	Approximate and Renormgroup Symmetries	英文	图书（电子版）	物理学（自然科学）	施普林格·自然出版集团（德国）	高等教育出版社（北京）
113	Advanced Finite Element Method in Structural Engineering	英文	图书（电子版）	工程与技术科学基础学科（自然科学）	施普林格·自然出版集团（德国）	清华大学出版社（北京）
114	Electrochemistry of Flotation of Sulphide Minerals	英文	图书（电子版）	地球科学（自然科学）	施普林格·自然出版集团（德国）	清华大学出版社（北京）
115	Statistical Properties of Deterministic Systems	英文	图书（电子版）	数学（自然科学）	施普林格·自然出版集团（德国）	清华大学出版社（北京）
116	Nanoscience in Biomedicine	英文	图书（电子版）	自然科学相关工程与技术（自然科学）	施普林格·自然出版集团（德国）	清华大学出版社（北京）
117	Partial Differential Equations and Solitary Waves Theory	英文	图书（电子版）	物理学（自然科学）	施普林格·自然出版集团（德国）	高等教育出版社（北京）
118	Advances in Water Resources and Hydraulic Engineering	英文	图书（电子版）	水利工程（自然科学）	施普林格·自然出版集团（德国）	清华大学出版社（北京）
119	Discontinuous Dynamical Systems on Time-varying Domains	英文	图书（电子版）	物理学（自然科学）	施普林格·自然出版集团（德国）	高等教育出版社（北京）
120	Ultra-fine Grained Steels	英文	图书（电子版）	材料科学（自然科学）	施普林格·自然出版集团（德国）	冶金工业出版社（北京）
121	Geological Formation Names of China (1866—2000)	英文	图书（电子版）	地球科学（自然科学）	施普林格·自然出版集团（德国）	高等教育出版社（北京）
122	Computer Network Security: Theory and Practice	英文	图书（电子版）	信息与系统科学相关工程与技术（自然科学）	施普林格·自然出版集团（德国）	高等教育出版社（北京）
123	Intraepithelial Neoplasia	英文	图书（电子版）	临床医学（自然科学）	施普林格·自然出版集团（德国）	高等教育出版社（北京）
124	Security Access in Wireless Local Area Networks: From Architecture and Protocols to Realization	英文	图书（电子版）	信息与系统科学相关工程与技术（自然科学）	施普林格·自然出版集团（德国）	高等教育出版社（北京）

续表

卡塔尔

序号	出版物名称	语种	类型	学科	国际合作出版/版权输出机构	国内出版机构
125	Graph Factors and Matching Extensions	英文	图书（电子版）	数学（自然科学）	施普林格·自然出版集团（德国）	高等教育出版社（北京）
126	Dynamics of Surface Waves in Coastal Waters: Wave-current-bottom Interactions	英文	图书（电子版）	力学（自然科学）	施普林格·自然出版集团（德国）	高等教育出版社（北京）
127	Experimental Plant Virology	英文	图书（电子版）	生物学（自然科学）	施普林格·自然出版集团（德国）	浙江大学出版社（浙江）
128	High Temperature Deformation and Fracture of Materials	英文	图书（电子版）	材料科学（自然科学）	爱思唯尔出版集团（荷兰）	科学出版社（北京）
129	Desertification and its Control in China	英文	图书（电子版）	地球科学（自然科学）	施普林格·自然出版集团（德国）	高等教育出版社（北京）
130	Moving Objects Management: Models, Techniques and Applications	英文	图书（电子版）	计算机科学技术（自然科学）	施普林格·自然出版集团（德国）	清华大学出版社（北京）
131	Acupuncture Therapy for Neurological Diseases: A Neurobiological View	英文	图书（电子版）	中医学与中药学（自然科学）	施普林格·自然出版集团（德国）	清华大学出版社（北京）
132	Applications of Pulse-coupled Neural Networks	英文	图书（电子版）	计算机科学技术（自然科学）	施普林格·自然出版集团（德国）	高等教育出版社（北京）
133	Advanced Materials Science & Technology in China: A Roadmap to 2050	英文	图书（电子版）	材料科学（自然科学）	施普林格·自然出版集团（德国）	科学出版社（北京）
134	UV Radiation in Global Climate Change: Measurements, Modeling and Effects on Ecosystems	英文	图书（电子版）	地球科学（自然科学）	施普林格·自然出版集团（德国）	清华大学出版社（北京）
135	3-Dimensional VLSI: A 2.5-Dimensional Integration Scheme	英文	图书（电子版）	电子与通信技术（自然科学）	施普林格·自然出版集团（德国）	清华大学出版社（北京）
136	Marine Science & Technology in China: A Roadmap to 2050	英文	图书（电子版）	地球科学（自然科学）	施普林格·自然出版集团（德国）	科学出版社（北京）
137	Science & Technology on Public Health in China: A Roadmap to 2050	英文	图书（电子版）	综合（自然科学）	施普林格·自然出版集团（德国）	科学出版社（北京）
138	Space Science & Technology in China: A Roadmap to 2050	英文	图书（电子版）	航空、航天科学技术（自然科学）	施普林格·自然出版集团（德国）	科学出版社（北京）

续表

序号	出版物名称	语种	类型	学科	国际合作出版/版权输出机构	国内出版机构
				卡塔尔		
139	Medical Image Reconstruction: A Conceptual Tutorial	英文	图书（电子版）	自然科学相关工程与技术（自然科学）	施普林格·自然出版集团（德国）	高等教育出版社（北京）
140	Constructive Computation in Stochastic Models with Applications: the RG-factorization	英文	图书（电子版）	数学（自然科学）	施普林格·自然出版集团（德国）	清华大学出版社（北京）
141	Mathematical Theory of Dispersion-managed Optical Solitons	英文	图书（电子版）	物理学（自然科学）	施普林格·自然出版集团（德国）	高等教育出版社（北京）
142	Temporal Information Processing Technology and its Applications	英文	图书（电子版）	计算机科学技术（自然科学）	施普林格·自然出版集团（德国）	清华大学出版社（北京）
143	Science & Technology on Bio-hylic and Biomass Resources in China: A Roadmap to 2050	英文	图书（电子版）	生物学（自然科学）	施普林格·自然出版集团（德国）	科学出版社（北京）
144	Fractional Dynamics: Applications of Fractional Calculus to Dynamics of Particles, Fields and Media	英文	图书（电子版）	物理学（自然科学）	施普林格·自然出版集团（德国）	高等教育出版社（北京）
145	Mineral Resources Science in China: A Roadmap to 2050	英文	图书（电子版）	自然科学相关工程与技术（自然科学）	施普林格·自然出版集团（德国）	科学出版社（北京）
146	Biodegradable Poly (Lactic Acid): Synthesis, Modification, Processing and Applications	英文	图书（电子版）	生物学（自然科学）	施普林格·自然出版集团（德国）	清华大学出版社（北京）
147	Regional Development Research in China: A Roadmap to 2050	英文	图书（电子版）	自然科学相关工程与技术（自然科学）	施普林格·自然出版集团（德国）	科学出版社（北京）
148	Agricultural Science & Technology in China: A Roadmap to 2050	英文	图书（电子版）	自然科学相关工程与技术（自然科学）	施普林格·自然出版集团（德国）	科学出版社（北京）
149	Hamiltonian Chaos Beyond the KAM Theory	英文	图书（电子版）	物理学（自然科学）	施普林格·自然出版集团（德国）	高等教育出版社（北京）
150	Novel Colloidal Forming of Ceramics	英文	图书（电子版）	材料科学（自然科学）	施普林格·自然出版集团（德国）	清华大学出版社（北京）
151	Machine-based Intelligent Face Recognition	英文	图书（电子版）	计算机科学技术（自然科学）	施普林格·自然出版集团（德国）	高等教育出版社（北京）

续表

卡塔尔

序号	出版物名称	语种	类型	学科	国际合作出版/版权输出机构	国内出版机构
152	Oil and Gas Resources in China: A Roadmap to 2050	英文	图书（电子版）	自然科学相关工程与技术（自然科学）	施普林格·自然出版集团（德国）	科学出版社（北京）
153	Quantum Private Communication	英文	图书（电子版）	电子与通信技术（自然科学）	施普林格·自然出版集团（德国）	高等教育出版社（北京）
154	Polymer Matrix Composites and Technology	英文	图书（电子版）	材料科学（自然科学）	爱思唯尔出版集团（荷兰）	科学出版社（北京）
155	Foundations of Large-scale Multimedia Information Management and Retrieval: Mathematics of Perception	英文	图书（电子版）	计算机科学技术（自然科学）	施普林格·自然出版集团（德国）	清华大学出版社（北京）
156	Recent Advances in Entomological Research: from Molecular Biology to Pest Management	英文	图书（电子版）	生物学（自然科学）	施普林格·自然出版集团（德国）	高等教育出版社（北京）
157	Pattern Recognition, Machine Intelligence and Biometrics	英文	图书（电子版）	计算机科学技术（自然科学）	施普林格·自然出版集团（德国）	高等教育出版社（北京）
158	Probability Inequalities	英文	图书（电子版）	数学（自然科学）	施普林格·自然出版集团（德国）	科学出版社（北京）
159	Optimization and Regularization for Computational Inverse Problems and Applications	英文	图书（电子版）	数学（自然科学）	施普林格·自然出版集团（德国）	高等教育出版社（北京）
160	Information Science & Technology in China: A Roadmap to 2050	英文	图书（电子版）	信息与系统科学相关工程与技术（自然科学）	施普林格·自然出版集团（德国）	科学出版社（北京）
161	Linear and Nonlinear Integral Equations Methods and Applications	英文	图书（电子版）	数学（自然科学）	施普林格·自然出版集团（德国）	高等教育出版社（北京）
162	Modeling the Dynamics and Consequences of Land System Change	英文	图书（电子版）	地球科学（自然科学）	施普林格·自然出版集团（德国）	高等教育出版社（北京）
163	Large Research Infrastructures Development in China: A Roadmap to 2050	英文	图书（电子版）	自然科学相关工程与技术（自然科学）	施普林格·自然出版集团（德国）	科学出版社（北京）
164	Bifurcation and Chaos in Discontinuous and Continuous Systems	英文	图书（电子版）	物理学（自然科学）	施普林格·自然出版集团（德国）	高等教育出版社（北京）

续表

卡塔尔

序号	出版物名称	语种	类型	学科	国际合作出版/版权输出机构	国内出版机构
165	Energy Economics: CO$_2$ Emissions in China	英文	图书（电子版）	经济学（社会科学）	施普林格·自然出版集团（德国）	科学出版社（北京）
166	Fractional-order Nonlinear Systems: Modeling, Analysis and Simulation	英文	图书（电子版）	物理学（自然科学）	施普林格·自然出版集团（德国）	高等教育出版社（北京）
167	Towards a Sustainable Asia: the Cultural Perspectives	英文	图书（电子版）	管理学（社会科学）	施普林格·自然出版集团（德国）	科学出版社（北京）
168	Metallurgical Process Engineering	英文	图书（电子版）	冶金工程技术（自然科学）	施普林格·自然出版集团（德国）	冶金工业出版社（北京）
169	Towards a Sustainable Asia: Environment and Climate Change	英文	图书（电子版）	地球科学（自然科学）	施普林格·自然出版集团（德国）	科学出版社（北京）
170	Coherent Control of Four-wave Mixing	英文	图书（电子版）	电子与通信技术（自然科学）	施普林格·自然出版集团（德国）	高等教育出版社（北京）
171	Towards a Sustainable Asia: Natural Resources	英文	图书（电子版）	管理学（社会科学）	施普林格·自然出版集团（德国）	科学出版社（北京）
172	Value Distribution of Meromorphic Functions	英文	图书（电子版）	数学（自然科学）	施普林格·自然出版集团（德国）	清华大学出版社（北京）
173	Power Grid Complexity	英文	图书（电子版）	动力与电气工程（自然科学）	施普林格·自然出版集团（德国）	清华大学出版社（北京）
174	Advances in FRP Composites in Civil Engineering	英文	图书（电子版）	土木建筑工程（自然科学）	施普林格·自然出版集团（德国）	清华大学出版社（北京）
175	Introduction to Skin Biothermomechanics and Thermal Pain	英文	图书（电子版）	物理学（自然科学）	施普林格·自然出版集团（德国）	科学出版社（北京）
176	Towards a Sustainable Asia: Green Transition and Innovation	英文	图书（电子版）	管理学（社会科学）	施普林格·自然出版集团（德国）	科学出版社（北京）
177	Settlement Calculation on High-rise Buildings: Theory and Application	英文	图书（电子版）	土木建筑工程（自然科学）	施普林格·自然出版集团（德国）	科学出版社（北京）
178	Ultrasonic Motors: Technologies and Applications	英文	图书（电子版）	动力与电气工程（自然科学）	施普林格·自然出版集团（德国）	科学出版社（北京）

续表

卡塔尔

序号	出版物名称	语种	类型	学科	国际合作出版/版权输出机构	国内出版机构
179	Waves and Structures in Nonlinear Nondispersive Media: General Theory and Applications to Nonlinear Acoustics	英文	图书（电子版）	物理学（自然科学）	施普林格·自然出版集团（德国）	高等教育出版社（北京）
180	Towards a Sustainable Asia: Energy	英文	图书（电子版）	管理学（社会科学）	施普林格·自然出版集团（德国）	科学出版社（北京）
181	Long-range Interactions, Stochasticity and Fractional Dynamics	英文	图书（电子版）	物理学（自然科学）	施普林格·自然出版集团（德国）	高等教育出版社（北京）
182	Ecological and Environmental Science & Technology in China: A Roadmap to 2050	英文	图书（电子版）	自然科学相关工程与技术（自然科学）	施普林格·自然出版集团（德国）	科学出版社（北京）
183	Landscape Ecology in Forest Management and Conservation: Challenges and Solutions for Global Change	英文	图书（电子版）	林学（自然科学）	施普林格·自然出版集团（德国）	高等教育出版社（北京）
184	Self-organization and Pattern-formation in Neuronal Systems under Conditions of Variable Gravity: Life Sciences under Space Conditions	英文	图书（电子版）	物理学（自然科学）	施普林格·自然出版集团（德国）	高等教育出版社（北京）
185	Quality-based Content Delivery over the Internet	英文	图书（电子版）	电子与通信技术（自然科学）	施普林格·自然出版集团（德国）	上海交通大学出版社（上海）
186	Virtual Reality & Augmented Reality in Industry	英文	图书（电子版）	计算机科学技术（自然科学）	施普林格·自然出版集团（德国）	上海交通大学出版社（上海）
187	Fuzzy Computational Ontologies in Contexts: Formal Models of Knowledge Representation with Membership Degree and Typicality of Objects, and their Applications	英文	图书（电子版）	计算机科学技术（自然科学）	施普林格·自然出版集团（德国）	高等教育出版社（北京）
188	Geometric Structure of High-Dimensional Data and Dimensionality Reduction	英文	图书（电子版）	数学（自然科学）	施普林格·自然出版集团（德国）	高等教育出版社（北京）
189	Incomplete Information System and Rough Set Theory: Models and Attribute Reductions	英文	图书（电子版）	数学（自然科学）	施普林格·自然出版集团（德国）	科学出版社（北京）

续表

卡塔尔

序号	出版物名称	语种	类型	学科	国际合作出版/版权输出机构	国内出版机构
190	Computational Fluid Dynamics Based on the Unified Coordinates	英文	图书（电子版）	力学（自然科学）	施普林格·自然出版集团（德国）	科学出版社（北京）
191	Advanced Manufacturing Technology in China: A Roadmap to 2050	英文	图书（电子版）	自然科学相关工程与技术（自然科学）	施普林格·自然出版集团（德国）	科学出版社（北京）
192	Linguistic Decision Making: Theory and Methods	英文	图书（电子版）	计算机科学技术（自然科学）	施普林格·自然出版集团（德国）	科学出版社（北京）
193	Discontinuous Dynamical Systems	英文	图书（电子版）	物理学（自然科学）	施普林格·自然出版集团（德国）	高等教育出版社（北京）
194	Homotopy Analysis Method in Nonlinear Differential Equations	英文	图书（电子版）	数学（自然科学）	施普林格·自然出版集团（德国）	高等教育出版社（北京）
195	Water Science & Technology in China: A Roadmap to 2050	英文	图书（电子版）	自然科学相关工程与技术（自然科学）	施普林格·自然出版集团（德国）	科学出版社（北京）
196	Modular Forms with Integral and Half-integral Weights	英文	图书（电子版）	数学（自然科学）	施普林格·自然出版集团（德国）	科学出版社（北京）
197	Intuitionistic Fuzzy Information Aggregation: Theory and Applications	英文	图书（电子版）	信息科学与系统科学（自然科学）	施普林格·自然出版集团（德国）	科学出版社（北京）
198	Advanced Sliding Mode Control for Mechanical Systems: Design,Analysis and MATLAB Simulation	英文	图书（电子版）	机械工程（自然科学）	施普林格·自然出版集团（德国）	清华大学出版社（北京）
199	The NCL Natural Constraint Language	英文	图书（电子版）	计算机科学技术（自然科学）	无	科学出版社（北京）
200	Finsler Geometry: An approach via Randers SpacesFinsler	英文	图书（电子版）	数学（自然科学）	施普林格·自然出版集团（德国）	科学出版社（北京）
201	Advances in Soft Matter Mechanics	英文	图书（电子版）	力学（自然科学）	施普林格·自然出版集团（德国）	高等教育出版社（北京）
202	Hyperbolic Chaos: A Physicist's View	英文	图书（电子版）	物理学（自然科学）	施普林格·自然出版集团（德国）	高等教育出版社（北京）

续表

卡塔尔

序号	出版物名称	语种	类型	学科	国际合作出版/版权输出机构	国内出版机构
203	Micro and Nano Sulfide Solid Lubrication	英文	图书（电子版）	材料科学（自然科学）	施普林格·自然出版集团（德国）	科学出版社（北京）
204	Microsystems and Nanotechnology	英文	图书（电子版）	自然科学相关工程与技术（自然科学）	施普林格·自然出版集团（德国）	清华大学出版社（北京）
205	Complex Systems: Fractionality, Time-delay and Synchronization	英文	图书（电子版）	物理学（自然科学）	施普林格·自然出版集团（德国）	高等教育出版社（北京）
206	Modern Thermodynamics: Based on the Extended Carnot Theorem	英文	图书（电子版）	物理学（自然科学）	施普林格·自然出版集团（德国）	科学出版社（北京）
207	Self-excited Vibration: Theory, Paradigms and Research Methods	英文	图书（电子版）	力学（自然科学）	施普林格·自然出版集团（德国）	清华大学出版社（北京）
208	Characterization of Microstructures by Analytical Electron Microscopy	英文	图书（电子版）	材料科学（自然科学）	施普林格·自然出版集团（德国）	高等教育出版社（北京）
209	Blind Signal Processing: Theory and Practice	英文	图书（电子版）	电子与通信技术（自然科学）	施普林格·自然出版集团（德国）	上海交通大学出版社（上海）
210	leaner Combustion and Sustainable World: Proceedings of the 7th International Symposium on Coal Combustion	英文	图书（电子版）	能源科学技术（自然科学）	施普林格·自然出版集团（德国）	清华大学出版社（北京）
211	Wireless Network Security: Theories and Applications	英文	图书（电子版）	信息与系统科学相关工程与技术（自然科学）	施普林格·自然出版集团（德国）	高等教育出版社（北京）
212	Radial Basis Function (RBF) Neural Network Control for Mechanical Systems: Design, Analysis and Matlab Simulation	英文	图书（电子版）	信息与系统科学相关工程与技术（自然科学）	施普林格·自然出版集团（德国）	清华大学出版社（北京）
213	Artificial Boundary Method	英文	图书（电子版）	数学（自然科学）	施普林格·自然出版集团（德国）	清华大学出版社（北京）
214	Advanced Mechanics of Piezoelectricity	英文	图书（电子版）	物理学（自然科学）	施普林格·自然出版集团（德国）	高等教育出版社（北京）

续表

卡塔尔

序号	出版物名称	语种	类型	学科	国际合作出版/版权输出机构	国内出版机构
215	Proceedings of the 26th Conference of Spacecraft TT & C Technology in China: Shared and Flexible TT & C (Tracking, Telemetry and Command) Systems	英文	图书（电子版）	航空、航天科学技术（自然科学）	施普林格·自然出版集团（德国）	清华大学出版社（北京）
216	Optical Properties of 3d-ions in Crystals: Spectroscopy and Crystal Field Analysis	英文	图书（电子版）	物理学（自然科学）	施普林格·自然出版集团（德国）	清华大学出版社（北京）
217	Remote Sensing and Modeling Applications to Wildland Fires	英文	图书（电子版）	测绘科学技术（自然科学）	施普林格·自然出版集团（德国）	清华大学出版社（北京）
218	Entrepreneurial Alertness: An Exploratory Study	英文	图书（电子版）	管理学（社会科学）	施普林格·自然出版集团（德国）	清华大学出版社（北京）
219	Eco-and Renewable Energy Materials	英文	图书（电子版）	材料科学（自然科学）	施普林格·自然出版集团（德国）	科学出版社（北京）
220	Multilayer Integrated Film Bulk Acoustic Resonators	英文	图书（电子版）	电子与通信技术（自然科学）	施普林格·自然出版集团（德国）	上海交通大学出版社（上海）
221	Multi-point Cooperative Communication Systems: Theory and Applications	英文	图书（电子版）	电子与通信技术（自然科学）	施普林格·自然出版集团（德国）	上海交通大学出版社（上海）
222	Nonlinear Estimation and Control of Automotive Drivetrains	英文	图书（电子版）	机械工程（自然科学）	施普林格·自然出版集团（德国）	科学出版社（北京）
223	Radiology of HIV/AIDS: A Practical Approach	英文	图书（电子版）	临床医学（自然科学）	施普林格·自然出版集团（德国）	人民卫生出版社（北京）
224	Dynamic Response and Deformation Characteristic of Saturated Soft Clay under Subway Vehicle Loading	英文	图书（电子版）	力学（自然科学）	施普林格·自然出版集团（德国）	科学出版社（北京）
225	Ecological Emergy Accounting for a Limited System: General Principles and a Case Study of Macao	英文	图书（电子版）	生物学（自然科学）	施普林格·自然出版集团（德国）	科学出版社（北京）
226	Plant Metabolomics: Methods and Applications	英文	图书（电子版）	生物学（自然科学）	施普林格·自然出版集团（德国）	化学工业出版社（北京）

续表

卡塔尔

序号	出版物名称	语种	类型	学科	国际合作出版/版权输出机构	国内出版机构
227	The Principles of Geotourism	英文	图书（电子版）	地球科学（自然科学）	施普林格·自然出版集团（德国）	科学出版社（北京）
228	Radiology of Infectious Diseases, Volume 1	英文	图书（电子版）	临床医学（自然科学）	施普林格·自然出版集团（德国）	人民卫生出版社（北京）
229	Radiology of Infectious Diseases, Volume 2	英文	图书（电子版）	临床医学（自然科学）	施普林格·自然出版集团（德国）	人民卫生出版社（北京）
230	A Monograph of Codonopsis and Allied Genera (Campanulaceae)	英文	图书（电子版）	生物学（自然科学）	爱思唯尔出版集团（荷兰）	科学出版社（北京）
231	Information Hiding in Speech Signals for Secure Communication	英文	图书（电子版）	电子与通信技术（自然科学）	无	科学出版社（北京）
232	INS/CNS/GNSS Integrated Navigation Technology INS/CNS/GNSS	英文	图书（电子版）	航空、航天科学技术（自然科学）	施普林格·自然出版集团（德国）	国防工业出版社（北京）
233	Introduction to Quality and Reliability Engineering	英文	图书（电子版）	自然科学相关工程与技术（自然科学）	施普林格·自然出版集团（德国）	科学出版社（北京）
234	Strength Failure and Crack Evolution Behavior of Rock Materials Containing Pre-existing Fissures	英文	图书（电子版）	地球科学（自然科学）	施普林格·自然出版集团（德国）	科学出版社（北京）
235	Genetic Analyses of Wheat and Molecular Marker-assisted Breeding, Volume 2	英文	图书（电子版）	农学（自然科学）	施普林格·自然出版集团（德国）	科学出版社（北京）
236	Business Trends in the Digital Era: Evolution of Theories and Applications	英文	图书（电子版）	经济学（社会科学）	施普林格·自然出版集团（德国）	上海交通大学出版社（上海）
237	Mathematical Theory of Elasticity of Quasicrystals and its Applications	英文	图书（电子版）	数学（自然科学）	施普林格·自然出版集团（德国）	科学出版社（北京）
238	Gas Discharge and Gas Insulation	英文	图书（电子版）	物理学（自然科学）	施普林格·自然出版集团（德国）	上海交通大学出版社（上海）
239	Kiwifruit: the Genus Actinidia	英文	图书（电子版）	农学（自然科学）	爱思唯尔出版集团（荷兰）	科学出版社（北京）
240	Multi-band Polarization Imaging and Applications	英文	图书（电子版）	物理学（自然科学）	施普林格·自然出版集团（德国）	国防工业出版社（北京）

续表

序号	出版物名称	语种	类型	学科	国际合作出版/版权输出机构	国内出版机构
241	Interactions in Multiagent Systems: Fairness, Social Optimality and Individual Rationality	英文	图书(电子版)	计算机科学技术(自然科学)	施普林格·自然出版集团(德国)	高等教育出版社(北京)
242	China's New Urbanization: Developmental Paths, Blueprints and Patterns	英文	图书(电子版)	经济学(社会科学)	施普林格·自然出版集团(德国)	科学出版社(北京)
243	Qualitative Analysis and Control of Complex neural Networks with Delays	英文	图书(电子版)	动力与电气工程(自然科学)	施普林格·自然出版集团(德国)	科学出版社(北京)
244	Ecological Economics and Harmonious Society	英文	图书(电子版)	经济学(社会科学)	施普林格·自然出版集团(德国)	社会科学文献出版社(北京)
245	Financial Security in China: Situation Analysis and System Design	英文	图书(电子版)	经济学(社会科学)	施普林格·自然出版集团(德国)	社会科学文献出版社(北京)
246	Technology, Manufacturing and Grid Connection of Photovoltaic Solar Cells	英文	图书(电子版)	能源科学技术(自然科学)	威利出版集团(美国)	中国电力出版社(北京)
247	Fibroblast Growth Factor	英文	图书(电子版)	生物学(自然科学)	爱思唯尔出版集团(荷兰)	高等教育出版社(北京)
248	Advances in Intelligence and Security Informatics	英文	图书(纸质版+电子版)	安全科学技术(自然科学)	爱思唯尔出版集团(荷兰)	浙江大学出版社(浙江)
249	High Performance Liquid Chromatography Fingerprinting Technology of the Commonly-Used Traditional Chinese Medicine Herbs	英文	图书(纸质版+电子版)	化学工程(自然科学)	世界科技出版公司(新加坡)	化学工业出版社(北京)
250	Digital Preservation Technology for Cultural Heritage	英文	图书(纸质版+电子版)	计算机科学技术(自然科学)	施普林格·自然出版集团(德国)	高等教育出版社(北京)
251	Journal of Computational Mathematics	英文	期刊(纸质版)	数学(自然科学)	无	科学出版社(北京)
252	Journal of Computer Science and Technology	英文	期刊(纸质版)	计算机科学技术(自然科学)	施普林格·自然出版集团(德国)	科学出版社(北京)
253	Journal of Wuhan University of Technology (Materials Science)	英文	期刊(纸质版)	材料科学(自然科学)	施普林格·自然出版集团(德国)	Journal of Wuhan University of Technology (Materials Science) 编辑部(湖北)

续表

卡塔尔

序号	出版物名称	语种	类型	学科	国际合作出版/版权输出机构	国内出版机构
254	Reproductive and Developmental Medicine	英文	期刊（纸质版）	临床医学（自然科学）	无	中华医学会杂志社（北京）
255	Pedosphere	英文	期刊（纸质版）	农学（自然科学）	爱思唯尔出版集团（荷兰）	科学出版社（北京）
256	Chinese Physics B	英文	期刊（纸质版）	物理学（自然科学）	英国物理学会出版社（英国）	Chinese Physics B 编辑部（北京）
257	Journal of Systems Science and Systems Engineering	英文	期刊（纸质版）	信息科学与系统科学（自然科学）	施普林格·自然出版集团（德国）	Journal of Systems Science and Systems Engineering 编辑部（北京）
258	Journal of Systems Science and Complexity	英文	期刊（纸质版）	信息科学与系统科学（自然科学）	施普林格·自然出版集团（德国）	Journal of Systems Science & Complexity 编辑部（北京）
259	Journal of Acupuncture and Tuina Science	英文	期刊（纸质版）	中医学与中药学（自然科学）	施普林格·自然出版集团（德国）	Journal of Acupuncture and Tuina Science 编辑部（上海）
260	Frontiers of Medicine in China	英文	期刊（纸质版）	医学综合（自然科学）	施普林格·自然出版集团（德国）	高等教育出版社（北京）
261	Journal of Energy Chemistry	英文	期刊（纸质版）	能源科学技术（自然科学）	爱思唯尔出版集团（荷兰）	科学出版社（北京）
262	Frontiers of Nursing	英文	期刊（纸质版）	临床医学（自然科学）	爱思唯尔出版集团（荷兰）	山西医学期刊社（山西）
263	Water Science and Engineering	英文	期刊（纸质版）	水利工程（自然科学）	无	Water Science and Engineering 编辑部（江苏）
264	Journal of Systems Engineering and Electronics	英文	期刊（电子版）	电子与通信技术（自然科学）	电气和电子工程师协会出版平台（美国）	Journal of Systems Engineering and Electronics 编辑部（北京）
265	Chinese Journal of Chemical Engineering	英文	期刊（电子版）	化学工程（自然科学）	爱思唯尔出版集团（荷兰）	化学工业出版社（北京）
266	Acta Mathematica Scientia	英文	期刊（电子版）	数学（自然科学）	施普林格·自然出版集团（德国）	科学出版社（北京）
267	Chinese Annals of Mathematics, Series B	英文	期刊（电子版）	数学（自然科学）	施普林格·自然出版集团（德国）	Chinese Annals of Mathematics, Series B 编辑部（上海）

续表

卡塔尔

序号	出版物名称	语种	类型	学科	国际合作出版/版权输出机构	国内出版机构
268	Chinese Journal of Polymer Science	英文	期刊（电子版）	化学（自然科学）	施普林格·自然出版集团（德国）	Chinese Journal of Polymer Science 编辑部（北京）
269	Acta Mechanica Sinica	英文	期刊（电子版）	力学（自然科学）	施普林格·自然出版集团（德国）	Acta Mechanica Sinica 编辑部（北京）
270	International Journal of Sediment Research	英文	期刊（电子版）	水利工程（自然科学）	爱思唯尔出版集团（荷兰）	International Journal of Sediment Research 编辑部（北京）
271	Acta Mechanica Solida Sinica	英文	期刊（电子版）	力学（自然科学）	施普林格·自然出版集团（德国）	Acta Mechanica Solida Sinica 编辑部（湖北）
272	Chinese Journal of Cancer Research	英文	期刊（电子版）	临床医学（自然科学）	无	Chinese Journal of Cancer Research 杂志社（北京）
273	Science China Chemistry	英文	期刊（电子版）	化学（自然科学）	施普林格·自然出版集团（德国）	《中国科学》杂志社（北京）
274	Journal of Environmental Sciences	英文	期刊（电子版）	环境科学技术及资源科学技术（自然科学）	爱思唯尔出版集团（荷兰）	科学出版社（北京）
275	Rare Metals	英文	期刊（电子版）	材料科学（自然科学）	施普林格·自然出版集团（德国）	有科期刊出版（北京）有限公司（北京）
276	Asian Journal of Pharmaceutical Sciences	英文	期刊（电子版）	药学（自然科学）	爱思唯尔出版集团（荷兰）	Asian Journal of Pharmaceutical Sciences 编辑部（辽宁）
277	Chinese Chemical Letters	英文	期刊（电子版）	化学（自然科学）	爱思唯尔出版集团（荷兰）	Chinese Chemical Letters 编辑部（北京）
278	International Journal of Mining Science and Technology	英文	期刊（电子版）	矿山工程技术（自然科学）	爱思唯尔出版集团（荷兰）	International Journal of Mining Science and Technology 编辑部（江苏）
279	Journal of Hydrodynamics, Series B	英文	期刊（电子版）	力学（自然科学）	施普林格·自然出版集团（德国）	Journal of Hydrodynamics, Series B 编辑部（上海）
280	Rice Science	英文	期刊（电子版）	农学（自然科学）	爱思唯尔出版集团（荷兰）	Rice Science 编辑部（浙江）

续表

卡塔尔

序号	出版物名称	语种	类型	学科	国际合作出版/版权输出机构	国内出版机构
281	Nuclear Science and Techniques	英文	期刊（电子版）	核科学技术（自然科学）	施普林格·自然出版集团（德国）	科学出版社（北京）
282	World Journal of Acupuncture-moxibustion	英文	期刊（电子版）	中医学与中药学（自然科学）	爱思唯尔出版集团（荷兰）	World Journal of Acupuncture-moxibustion 编辑部（北京）
283	Journal of Rare Earths	英文	期刊（电子版）	化学（自然科学）	爱思唯尔出版集团（荷兰）	Journal of Rare Earths 编辑部（北京）
284	Progress in Natural Science: Materials International	英文	期刊（电子版）	材料科学（自然科学）	爱思唯尔出版集团（荷兰）	Progress in Natural Science: Materials International 编辑部（北京）
285	Chemical Research in Chinese Universities	英文	期刊（电子版）	化学（自然科学）	施普林格·自然出版集团（德国）	Chemical Research in Chinese Universities 编辑部（吉林）
286	Chinese Medical Sciences Journal	英文	期刊（电子版）	医学综合（自然科学）	爱思唯尔出版集团（荷兰）	Chinese Medical Sciences Journal 编辑部（北京）
287	Journal of Thermal Science	英文	期刊（电子版）	物理学（自然科学）	施普林格·自然出版集团（德国）	科学出版社（北京）
288	Journal of Materials Science & Technology	英文	期刊（电子版）	材料科学（自然科学）	爱思唯尔出版集团（荷兰）	Journal of Materials Science & Technology 编辑部（辽宁）
289	Journal of Iron and Steel Research（International）	英文	期刊（电子版）	冶金工程技术（自然科学）	施普林格·自然出版集团（德国）	北京钢研柏苑出版有限责任公司（北京）
290	Acta Metallurgica Sinica（English Letters）	英文	期刊（电子版）	材料科学（自然科学）	施普林格·自然出版集团（德国）	Acta Metallurgica Sinica 编辑部（辽宁）
291	Science China Life Sciences	英文	期刊（电子版）	生物学（自然科学）	施普林格·自然出版集团（德国）	《中国科学》杂志社（北京）
292	Science China Earth Sciences	英文	期刊（电子版）	地球科学（自然科学）	施普林格·自然出版集团（德国）	《中国科学》杂志社（北京）
293	Tsinghua Science and Technology	英文	期刊（电子版）	综合（自然科学）	电气和电子工程师协会出版平台（美国）	清华大学出版社（北京）

续表

卡塔尔

序号	出版物名称	语种	类型	学科	国际合作出版/版权输出机构	国内出版机构
294	Journal of Shanghai Jiaotong University (Science)	英文	期刊（电子版）	综合（自然科学）	施普林格·自然出版集团（德国）	Journal of Shanghai Jiaotong University (Science) 编辑部（上海）
295	Wuhan University Journal of Natural Sciences	英文	期刊（电子版）	综合（自然科学）	无	Wuhan University Journal of Natural Sciences 编辑部（湖北）
296	Chinese Journal of Traumatology	英文	期刊（电子版）	临床医学（自然科学）	爱思唯尔出版集团（荷兰）	中华医学会杂志社（北京）
297	Chinese Journal of Chemistry	英文	期刊（电子版）	化学（自然科学）	威利出版集团（美国）	Chinese Journal of Chemistry 编辑部（上海）
298	Journal of Huazhong University of Science and Technology (Medical Sciences)	英文	期刊（电子版）	医学综合（自然科学）	施普林格·自然出版集团（德国）	Journal of Huazhong University of Science and Technology (Medical Sciences) 编辑部（湖北）
299	Chinese Journal of Integrative Medicine	英文	期刊（电子版）	中医学与中药学（自然科学）	施普林格·自然出版集团（德国）	中国中西医结合杂志社（北京）
300	Science China Mathematics	英文	期刊（电子版）	数学（自然科学）	施普林格·自然出版集团（德国）	《中国科学》杂志社（北京）
301	Particuology	英文	期刊（电子版）	化学工程（自然科学）	爱思唯尔出版集团（荷兰）	科学出版社（北京）
302	Petroleum Science	英文	期刊（电子版）	能源科学技术（自然科学）	施普林格·自然出版集团（德国）	Petroleum Science 编辑部（北京）
303	Acta Biochimica et Biophysica Sinica	英文	期刊（电子版）	生物学（自然科学）	牛津大学出版社（英国）	Acta Biochimica et Biophysica Sinica 编辑部（上海）
304	Optoelectronics Letters	英文	期刊（电子版）	电子与通信技术（自然科学）	施普林格·自然出版集团（德国）	Optoelectronics Letters 编辑部（天津）
305	Neuroscience Bulletin	英文	期刊（电子版）	临床医学（自然科学）	施普林格·自然出版集团（德国）	Neuroscience Bulletin 编辑部（上海）

续表

卡塔尔

序号	出版物名称	语种	类型	学科	国际合作出版/版权输出机构	国内出版机构
306	Frontiers of Mathematics in China	英文	期刊（电子版）	数学（自然科学）	施普林格·自然出版集团（德国）	高等教育出版社（北京）
307	Neural Regeneration Research	英文	期刊（电子版）	临床医学（自然科学）	威科出版集团（荷兰）	Neural Regeneration Research 编辑部（辽宁）
308	Journal of Otology	英文	期刊（电子版）	临床医学（自然科学）	爱思唯尔出版集团（荷兰）	Journal of Otology 编辑部（北京）
309	Transactions of Nonferrous Metals Society of China	英文	期刊（电子版）	材料科学（自然科学）	爱思唯尔出版集团（荷兰）	科学出版社（北京）
310	Virologica Sinica	英文	期刊（电子版）	生物学（自然科学）	施普林格·自然出版集团（德国）	Virologica Sinica 编辑部（湖北）
311	Journal of Genetics and Genomics	英文	期刊（电子版）	生物学（自然科学）	爱思唯尔出版集团（荷兰）	科学出版社（北京）
312	Nano Research	英文	期刊（电子版）	材料科学（自然科学）	施普林格·自然出版集团（德国）	清华大学出版社（北京）
313	Atmospheric and Oceanic Science Letters	英文	期刊（电子版）	地球科学（自然科学）	泰勒弗朗西斯出版集团（英国）	科学出版社（北京）
314	Molecular Plant	英文	期刊（电子版）	生物学（自然科学）	爱思唯尔出版集团（荷兰）	Molecular Plant 编辑部（上海）
315	Petroleum Exploration and Development	英文	期刊（电子版）	能源科学技术（自然科学）	爱思唯尔出版集团（荷兰）	Petroleum Exploration and Development 编辑部（北京）
316	Rare Metal Materials and Engineering	英文	期刊（电子版）	材料科学（自然科学）	爱思唯尔出版集团（荷兰）	科学出版社（北京）
317	Chinese Herbal Medicines	英文	期刊（电子版）	中医学与中药学（自然科学）	爱思唯尔出版集团（荷兰）	Chinese Herbal Medicines 编辑部（天津）
318	Journal of Rock Mechanics and Geotechnical Engineering	英文	期刊（电子版）	土木建筑工程（自然科学）	爱思唯尔出版集团（荷兰）	科学出版社（北京）
319	Journal of Semiconductors	英文	期刊（电子版）	电子与通信技术（自然科学）	英国物理学会出版社（英国）	Journal of Semiconductors 编辑部（北京）

续表

卡塔尔

序号	出版物名称	语种	类型	学科	国际合作出版/版权输出机构	国内出版机构
320	International Journal of Minerals, Metallurgy and Materials	英文	期刊（电子版）	冶金工程技术（自然科学）	施普林格·自然出版集团（德国）	International Journal of Minerals, Metallurgy and Materials 编辑部（北京）
321	Geoscience Frontiers	英文	期刊（电子版）	地球科学（自然科学）	爱思唯尔出版集团（荷兰）	Geoscience Frontiers 编辑部（北京）
322	Journal of Electronic Science and Technology	英文	期刊（电子版）	电子与通信技术（自然科学）	爱思唯尔出版集团（荷兰）	Journal of Electronic Science and Technology 编辑部（四川）
323	Acta Pharmaceutica Sinica B	英文	期刊（电子版）	药学（自然科学）	爱思唯尔出版集团（荷兰）	Acta Pharmaceutica Sinica B 编辑部（北京）
324	Theoretical & Applied Mechanics Letters	英文	期刊（电子版）	机械工程（自然科学）	爱思唯尔出版集团（荷兰）	Theoretical & Applied Mechanics Letters 编辑部（北京）
325	Translational Neurodegeneration	英文	期刊（电子版）	临床医学（自然科学）	施普林格·自然出版集团（德国）	Translational Neurodegeneration 编辑部（上海）
326	Frontiers of Architectural Research	英文	期刊（电子版）	土木建筑工程（自然科学）	施普林格·自然出版集团（德国）	高等教育出版社（北京）
327	Journal of Integrative Agriculture	英文	期刊（电子版）	农学（自然科学）	爱思唯尔出版集团（荷兰）	Journal of Integrative Agriculture 编辑部（北京）
328	Journal of Palaeogeography	英文	期刊（电子版）	地球科学（自然科学）	施普林格·自然出版集团（德国）	科学出版社（北京）
329	Journal of Sport and Health Science	英文	期刊（电子版）	体育科学（社会科学）	爱思唯尔出版集团（荷兰）	Journal of Sport and Health Science 编辑部（上海）
330	Defence Technology	英文	期刊（电子版）	产品应用相关工程与技术（自然科学）	爱思唯尔出版集团（荷兰）	Defence Technology 编辑部（北京）
331	International Soil and Water Conservation Research	英文	期刊（电子版）	自然科学相关工程与技术（自然科学）	爱思唯尔出版集团（荷兰）	International Soil and Water Conservation Research 编辑部（北京）
332	Journal of Magnesium and Alloys	英文	期刊（电子版）	材料科学（自然科学）	爱思唯尔出版集团（荷兰）	Journal of Magnesium and Alloys 编辑部（重庆）

续表

卡塔尔

序号	出版物名称	语种	类型	学科	国际合作出版/版权输出机构	国内出版机构
333	Information Processing in Agriculture	英文	期刊（电子版）	信息科学与系统科学（自然科学）	爱思唯尔出版集团（荷兰）	Information Processing in Agriculture 编辑部（北京）
334	Asian Journal of Urology	英文	期刊（电子版）	临床医学（自然科学）	爱思唯尔出版集团（荷兰）	Asian Journal of Urology 编辑部（上海）
335	Engineering	英文	期刊（电子版）	工程与技术科学基础学科（自然科学）	爱思唯尔出版集团（荷兰）	高等教育出版社（北京）
336	International Journal of Nursing Sciences	英文	期刊（电子版）	临床医学（自然科学）	爱思唯尔出版集团（荷兰）	中华护理杂志社（北京）
337	Journal of Traditional Chinese Medical Sciences	英文	期刊（电子版）	中医学与中药学（自然科学）	爱思唯尔出版集团（荷兰）	清华大学出版社（北京）
338	Synthetic and Systems Biotechnology	英文	期刊（电子版）	自然科学相关工程与技术（自然科学）	爱思唯尔出版集团（荷兰）	Synthetic and Systems Biotechnology 编辑部（北京）
339	Emerging Contaminants	英文	期刊（电子版）	环境科学技术及资源科学技术（自然科学）	爱思唯尔出版集团（荷兰）	Emerging Contaminants 编辑部（北京）
340	Animal Nutrition	英文	期刊（电子版）	畜牧、兽医科学（自然科学）	爱思唯尔出版集团（荷兰）	Animal Nutrition 编辑部（北京）
341	Digital Communications and Networks	英文	期刊（电子版）	电子与通信技术（自然科学）	爱思唯尔出版集团（荷兰）	Digital Communications and Networks 编辑部（重庆）
342	Journal of Materiomics	英文	期刊（电子版）	材料科学（自然科学）	爱思唯尔出版集团（荷兰）	Journal of Materiomics 编辑部（北京）
343	Petroleum	英文	期刊（电子版）	能源科学技术（自然科学）	爱思唯尔出版集团（荷兰）	Petroleum 编辑部（四川）
344	World Journal of Otorhinolaryngology-Head and Neck Surgery	英文	期刊（电子版）	临床医学（自然科学）	爱思唯尔出版集团（荷兰）	中华医学会杂志社（北京）
345	Infectious Disease Modelling	英文	期刊（电子版）	数学（自然科学）	爱思唯尔出版集团（荷兰）	Infectious Disease Modelling 编辑部（北京）
346	Oil Crop Science	英文	期刊（电子版）	农学（自然科学）	爱思唯尔出版集团（荷兰）	Oil Crop Science 编辑部（湖北）

续表

卡塔尔

序号	出版物名称	语种	类型	学科	国际合作出版/版权输出机构	国内出版机构
347	Green Energy & Environment	英文	期刊（电子版）	能源科学技术（自然科学）	爱思唯尔出版集团（荷兰）	科学出版社（北京）
348	Journal of Bioresources and Bioproducts	英文	期刊（电子版）	林学（自然科学）	爱思唯尔出版集团（荷兰）	Journal of Bioresources and Bioproducts 编辑部（江苏）
349	Journal of Management Science and Engineering	英文	期刊（电子版）	管理学（社会科学）	爱思唯尔出版集团（荷兰）	科学出版社（北京）
350	Journal of Ocean Engineering and Science	英文	期刊（电子版）	地球科学（自然科学）	爱思唯尔出版集团（荷兰）	Journal of Ocean Engineering and Science 编辑部（上海）
351	Petroleum Research	英文	期刊（电子版）	能源科学技术（自然科学）	爱思唯尔出版集团（荷兰）	石油工业出版社（北京）
352	Solid Earth Sciences	英文	期刊（电子版）	地球科学（自然科学）	爱思唯尔出版集团（荷兰）	Solid Earth Sciences 编辑部（广东）
353	Global Health Journal	英文	期刊（电子版）	临床医学（自然科学）	爱思唯尔出版集团（荷兰）	人民卫生出版社（北京）
354	International Journal of Innovation Studies	英文	期刊（电子版）	综合（社会科学）	爱思唯尔出版集团（荷兰）	科学出版社（北京）
355	Grain & Oil Science and Technology	英文	期刊（电子版）	食品科学技术（自然科学）	爱思唯尔出版集团（荷兰）	Grain & Oil Science and Technology 编辑部（河南）
356	China Geology	英文	期刊（电子版）	地球科学（自然科学）	无	China Geology 编辑部（北京）
357	Global Energy Interconnection	英文	期刊（电子版）	能源科学技术（自然科学）	爱思唯尔出版集团（荷兰）	Global Energy Interconnection 编辑部（北京）
358	Journal of Interventional Medicine	英文	期刊（电子版）	临床医学（自然科学）	爱思唯尔出版集团（荷兰）	Journal of Interventional Medicine 编辑部（上海）
359	Artificial Intelligence in Agriculture	英文	期刊（电子版）	计算机科学技术（自然科学）	爱思唯尔出版集团（荷兰）	Artificial Intelligence in Agriculture 编辑部（北京）
360	Chinese Journal of Plastic and Reconstructive Surgery	英文	期刊（电子版）	临床医学（自然科学）	爱思唯尔出版集团（荷兰）	Chinese Journal of Plastic and Reconstructive Surgery 编辑部（北京）

续表

卡塔尔

序号	出版物名称	语种	类型	学科	国际合作出版/版权输出机构	国内出版机构
361	Biosafety and Health	英文	期刊（电子版）	基础医学（自然科学）	爱思唯尔出版集团（荷兰）	中华医学会杂志社（北京）
362	Nano Materials Science	英文	期刊（电子版）	材料科学（自然科学）	爱思唯尔出版集团（荷兰）	科学出版社（北京）
363	Regional Sustainability	英文	期刊（电子版）	环境科学技术及资源科学技术（自然科学）	爱思唯尔出版集团（荷兰）	Regional Sustainability 编辑部（新疆）
364	Environmental Science & Ecotechnology	英文	期刊（电子版）	环境科学技术及资源科学技术（自然科学）	爱思唯尔出版集团（荷兰）	Environmental Science & Ecotechnology 编辑部（北京）
365	Journal of Safety Science and Resilience	英文	期刊（电子版）	安全科学技术（自然科学）	爱思唯尔出版集团（荷兰）	科学出版社（北京）
366	Intelligent Medicine	英文	期刊（电子版）	临床医学（自然科学）	爱思唯尔出版集团（荷兰）	Intelligent Medicine 编辑部（北京）
367	Journal of Traditional Chinese Medicine	英文	期刊（纸质版＋电子版）	中医学与中药学（自然科学）	无	Journal of Traditional Chinese Medicine 编辑部（北京）
368	Communications in Theoretical Physics	英文	期刊（纸质版＋电子版）	物理学（自然科学）	英国物理学会出版社（英国）	Communications in Theoretical Physics 编辑部（北京）
369	Acta Geochimica	英文	期刊（纸质版＋电子版）	地球科学（自然科学）	施普林格·自然出版集团（德国）	科学出版社（北京）
370	Acta Mathematicae Applicatae Sinica	英文	期刊（纸质版＋电子版）	数学（自然科学）	施普林格·自然出版集团（德国）	Acta Mathematicae Applicatae Sinica 编辑部（北京）
371	Analysis in Theory and Applications	英文	期刊（纸质版＋电子版）	数学（自然科学）	世界科技出版公司（新加坡）	Analysis in Theory and Applications 编辑部（江苏）
372	Chinese Journal of Aeronautics	英文	期刊（纸质版＋电子版）	航空、航天科学技术（自然科学）	爱思唯尔出版集团（荷兰）	Chinese Journal of Aeronautics 编辑部（北京）
373	Science Bulletin	英文	期刊（纸质版＋电子版）	综合（自然科学）	爱思唯尔出版集团（荷兰）	《中国科学》杂志社（北京）
374	Cell Research	英文	期刊（纸质版＋电子版）	生物学（自然科学）	施普林格·自然出版集团（德国）	Cell Research 编辑部（上海）

续表

序号	出版物名称	语种	类型	学科	国际合作出版/版权输出机构	国内出版机构
375	Algebra Colloquium	英文	期刊（纸质版+电子版）	数学（自然科学）	世界科技出版公司（新加坡）	Algebra Colloquium 编辑部（北京）
376	Plasma Science and Technology	英文	期刊（纸质版+电子版）	物理学（自然科学）	英国物理学会出版社（英国）	Plasma Science and Technology 编辑部（安徽）
377	Journal of Marine Science and Application	英文	期刊（纸质版+电子版）	自然科学相关工程与技术（自然科学）	施普林格·自然出版集团（德国）	Journal of Marine Science and Application 编辑部（黑龙江）
378	Hepatobiliary & Pancreatic Diseases International	英文	期刊（纸质版+电子版）	临床医学（自然科学）	爱思唯尔出版集团（荷兰）	浙江大学出版社（浙江）
379	Journal of Integrative Medicine	英文	期刊（纸质版+电子版）	中医学与中药学（自然科学）	无	科学出版社（北京）
380	Genomics, Proteomics & Bioinformatics	英文	期刊（纸质版+电子版）	生物学（自然科学）	爱思唯尔出版集团（荷兰）	科学出版社（北京）
381	Journal of Geriatric Cardiology	英文	期刊（纸质版+电子版）	临床医学（自然科学）	无	科学出版社（北京）
382	Journal of Zhejiang University-Science A	英文	期刊（纸质版+电子版）	综合（自然科学）	施普林格·自然出版集团（德国）	浙江大学出版社（浙江）
383	Advances in Climate Change Research	英文	期刊（纸质版+电子版）	地球科学（自然科学）	爱思唯尔出版集团（荷兰）	科学出版社（北京）
384	Geodesy and Geodynamics	英文	期刊（纸质版+电子版）	地球科学（自然科学）	爱思唯尔出版集团（荷兰）	科学出版社（北京）
385	Journal of Pharmaceutical Analysis	英文	期刊（纸质版+电子版）	药学（自然科学）	爱思唯尔出版集团（荷兰）	Journal of Pharmaceutical Analysis 编辑部（陕西）
386	Forest Ecosystems	英文	期刊（纸质版+电子版）	林学（自然科学）	爱思唯尔出版集团（荷兰）	Forest Ecosystems 编辑部（北京）
387	Journal of Traffic and Transportation Engineering	英文	期刊（纸质版+电子版）	交通运输工程（自然科学）	爱思唯尔出版集团（荷兰）	Journal of Traffic and Transportation Engineering 编辑部（陕西）
388	Chronic Diseases and Translational Medicine	英文	期刊（纸质版+电子版）	临床医学（自然科学）	爱思唯尔出版集团（荷兰）	中华医学会杂志社（北京）

续表

卡塔尔

序号	出版物名称	语种	类型	学科	国际合作出版/版权输出机构	国内出版机构
389	统计学习理论的本质	中文	图书（电子版）	统计学（自然科学）	无	清华大学出版社（北京）
390	（阿拉伯文书名）	阿拉伯文	图书（纸质版）	政治学（社会科学）	埃及智慧宫文化产业投资公司（埃及）	中国人民大学出版社（北京）
391	（阿拉伯文书名）	阿拉伯文	图书（纸质版）	考古学（社会科学）	DIFAF 出版社（黎巴嫩）	北京大学出版社（北京）
392	（阿拉伯文书名）	阿拉伯文	图书（纸质版）	经济学（社会科学）	黎巴嫩数字未来出版社（黎巴嫩）	中国人民大学出版社（北京）
393	（阿拉伯文书名）	阿拉伯文	图书（纸质版）	历史学（社会科学）	埃及国家翻译中心（埃及）	湖北人民出版社（湖北）
394	（阿拉伯文书名）	阿拉伯文	图书（纸质版）	历史学（社会科学）	希克迈特文化出版公司（埃及）	北京大学出版社（北京）
395	（阿拉伯文书名）	阿拉伯文	图书（纸质版）	历史学（社会科学）	阿拉伯科学出版社（黎巴嫩）	社会科学文献出版社（北京）
396	（阿拉伯文书名）	阿拉伯文	图书（纸质版）	经济学（社会科学）	斯福萨法出版社（埃及）	社会科学文献出版社（北京）

土耳其

序号	出版物名称	语种	类型	学科	国际合作出版/版权输出机构	国内出版机构
1	Some Methode in the Mathematical Analysis of Systems and their Control	英文	图书（纸质版）	数学（自然科学）	戈登和布里奇科学出版公司（美国）	科学出版社（北京）
2	Variational Principles of Theory of Elasticity With Applications	英文	图书（纸质版）	力学（自然科学）	戈登和布里奇科学出版社（美国）	科学出版社（北京）
3	The Theory of Fixed Point Classes	英文	图书（纸质版）	数学（自然科学）	施普林格·自然出版集团（德国）	科学出版社（北京）
4	Computation, Logic, Philosophy: A Collection of Essays	英文	图书（纸质版）	数学（自然科学）	威科出版集团（荷兰）	科学出版社（北京）

续表

土耳其

序号	出版物名称	语种	类型	学科	国际合作出版/版权输出机构	国内出版机构
5	Harmonic Analysis on Classical Groups	英文	图书（纸质版）	数学（自然科学）	施普林格·自然出版集团（德国）	科学出版社（北京）
6	Finite Element Methods in Dynamics	英文	图书（纸质版）	力学（自然科学）	威科出版集团（荷兰）	科学出版社（北京）
7	Applied Elasticity	英文	图书（纸质版）	力学（自然科学）	威利出版集团（美国）	高等教育出版社（北京）
8	Birth and Death Processes and Markov Chains	英文	图书（纸质版）	数学（自然科学）	施普林格·自然出版集团（德国）	科学出版社（北京）
9	Strong Limit Theorems	英文	图书（纸质版）	物理学（自然科学）	威科出版集团（荷兰）	科学出版社（北京）
10	Absolute Stability of Nonlinear Control Systems	英文	图书（纸质版）	数学（自然科学）	威科出版集团（荷兰）	科学出版社（北京）
11	Best of Traditional Chinese Medicine	英文	图书（纸质版）	中医学与中药学（自然科学）	无	新世界出版社（北京）
12	Chinese Acupuncture and Moxibustion	英文	图书（纸质版）	中医学与中药学（自然科学）	无	外文出版社（北京）
13	The Nine Chapters on The Mathematical Art	英文	图书（纸质版）	数学（自然科学）	牛津大学出版社（英国）	科学出版社（北京）
14	Practical Traditional Chinese Medicine	英文	图书（纸质版）	中医学与中药学（自然科学）	无	外文出版社（北京）
15	A History of Chinese Painting	英文	图书（纸质版）	艺术学（社会科学）	无	外文出版社（北京）
16	Proceedings of the International Congress of Mathematicians, Aug. 20-28, 2002, Beijing, China	英文	图书（纸质版）	数学（自然科学）	无	高等教育出版社（北京）
17	Impinging Streams: Fundamentals, Properties, Applications	英文	图书（纸质版）	化学工程（自然科学）	爱思唯尔出版集团（荷兰）	化学工业出版社（北京）
18	Molecular Pain	英文	图书（纸质版）	基础医学（自然科学）	施普林格·自然出版集团（德国）	高等教育出版社（北京）
19	Application of the Finite Element Method in Implant Dentistry	英文	图书（纸质版）	临床医学（自然科学）	施普林格·自然出版集团（德国）	浙江大学出版社（浙江）

续表

序号	出版物名称	语种	类型	学科	国际合作出版/版权输出机构	国内出版机构	
20	Differential Geometry: Theory and Applications	英文	图书（纸质版）	数学（自然科学）	世界科技出版公司（新加坡）	高等教育出版社（北京）	
21	Industrial and Applied Mathematics in China	英文	图书（纸质版）	数学（自然科学）	世界科技出版公司（新加坡）	高等教育出版社（北京）	
22	Bioinspired Intelligent Nanostructured Interfacial Materials	英文	图书（纸质版）	材料科学（自然科学）	世界科技出版公司（新加坡）	化学工业出版社（北京）	
23	Applications of Lie Group Analysis in Geophysical Fluid Dynamics	英文	图书（纸质版）	地球科学（自然科学）	世界科技出版公司（新加坡）	高等教育出版社（北京）	
24	Assessing and Evaluating Adult Learning in Career and Technical Education	英文	图书（纸质版）	教育学（社会科学）	信息科学文献出版社（美国）	浙江大学出版社（浙江）	土 耳 其
25	A Brief History of Chambers of Commerce in China	英文	图书（纸质版）	经济学（社会科学）	帕斯国际出版社（英国）	社会科学文献出版社（北京）	
26	The Rising Middle Classes in China	英文	图书（纸质版）	社会学（社会科学）	帕斯国际出版社（英国）	社会科学文献出版社（北京）	
27	Physics and Partial Differential Equations	英文	图书（纸质版）	数学（自然科学）	无	高等教育出版社（北京）	
28	Quantum Control of Multi-Wave Mixing	英文	图书（纸质版）	物理学（自然科学）	威利出版集团（美国）	高等教育出版社（北京）	
29	A Brief History of Foreign Debt in China	英文	图书（纸质版）	经济学（社会科学）	帕斯国际出版社（英国）	社会科学文献出版社（北京）	
30	Culture and Security: A Strategy for China	英文	图书（纸质版）	政治学（社会科学）	帕斯国际出版社（英国）	社会科学文献出版社（北京）	
31	Nonlinear Optics: Principles and Applications	英文	图书（纸质版）	物理学（自然科学）	施普林格·自然出版集团（德国）	上海交通大学出版社（上海）	
32	Regularized Semigroups and Non-elliptic Differential Operators	英文	图书（纸质版）	数学（自然科学）	阿尔法科学国际出版社（英国）	科学出版社（北京）	
33	Applications of Number Theory to Numerical Analysis	英文	图书（电子版）	数学（自然科学）	施普林格·自然出版集团（德国）	科学出版社（北京）	
34	Taigu Genic Male-sterile Wheat	英文	图书（电子版）	农学（自然科学）	爱思唯尔出版集团（荷兰）	科学出版社（北京）	
35	Proceedings of the 1988 IEEE International Conference on Systems, Man and Cybernetics, Aug. 8 – 12, 1983, Beijing and Shenyang, China	英文	图书（电子版）	信息科学与系统科学（自然科学）	电气和电子工程师协会出版社（美国）	万国学术出版社（北京）	

续表

土耳其

序号	出版物名称	语种	类型	学科	国际合作出版/版权输出版机构	国内出版机构
36	Shallow Water Hydrodynamics: Mathematical Theory and Numerical Solution for a Two-dimensional System of Shallow Water Equations	英文	图书（电子版）	力学（自然科学）	爱思唯尔出版集团（荷兰）	中国水利电出版社（北京）
37	Proceedings of IEEE Region 10 Conference on Computer, Communication, Control, and Power Engineering, Oct.19-21, 1993, Beijing, China	英文	图书（电子版）	综合（自然科学）	电气和电子工程师协会出版社（美国）	万国学术出版社（北京）
38	Martingale Spaces and Inequalities	英文	图书（电子版）	数学（自然科学）	施普林格·自然出版集团（德国）	北京大学出版社（北京）
39	Value Distribution Theory	英文	图书（电子版）	数学（自然科学）	施普林格·自然出版集团（德国）	科学出版社（北京）
40	Processings of the 3rd International Conference on Signal: Proceedings, Oct.14-18, 1996, Beijing, China	英文	图书（电子版）	电子与通信技术（自然科学）	电气和电子工程师协会出版社（美国）	电子工业出版社（北京）
41	Proceedings of CIE International Conference of Radar (CICR-96), Oct.8-10, 1996, Beijing, China	英文	图书（电子版）	电子与通信技术（自然科学）	电气和电子工程师协会出版社（美国）	电子工业出版社（北京）
42	Proceedings of International Conference on Communication Technology, May 5-7, 1996, Beijing, China	英文	图书（电子版）	电子与通信技术（自然科学）	电气和电子工程师协会出版社（美国）	电子工业出版社（北京）
43	Proceedings of International Conference on Communication Technology, Oct.22-24, 1998, Beijing, China	英文	图书（电子版）	电子与通信技术（自然科学）	电气和电子工程师协会出版社（美国）	电子工业出版社（北京）
44	Proceedings of the 4th International Conference on Signal Processings (ICSP98): Oct.12-16, 1998, Beijing, China	英文	图书（电子版）	电子与通信技术（自然科学）	电气和电子工程师协会出版社（美国）	电子工业出版社（北京）
45	Proceedings of International Conference on Communication Technology, Aug.21-25, 2000, Beijing, China	英文	图书（电子版）	电子与通信技术（自然科学）	电气和电子工程师协会出版社（美国）	电子工业出版社（北京）

续表

土耳其

序号	出版物名称	语种	类型	学科	国际合作出版/版权输出机构	国内出版机构
46	Proceedings of the 3rd International Power Electronics and Motion Control Conference (IPEMC), Aug. 15 –18, 2000, Beijing, China	英文	图书（电子版）	电子与通信技术（自然科学）	电气和电子工程师协会出版社（美国）	万国学术出版社（北京）
47	Proceedings of the 2nd Asia-Pacific Conference on Environmental Electromagnetics: May 3 – 7, 2000, Shanghai, China	英文	图书（电子版）	物理学（自然科学）	无	北京邮电大学出版社（北京）
48	Proceedings of the 6th International Conference on Solid-state and Integrated-circuit Technology, Oct. 22 –25, 2001, Shanghai, China	英文	图书（电子版）	电子与通信技术（自然科学）	电气和电子工程师协会出版社（美国）	人民邮电出版社（北京）
49	Proceedings of the 6th International Conference on Signal Processing, Aug. 26 – 30, 2002, Beijing, China	英文	图书（电子版）	电子与通信技术（自然科学）	电气和电子工程师协会出版社（美国）	人民邮电出版社（北京）
50	Proceedings of the 4th World Congress on Intelligent Control and Automation, June 10 – 14, 2002, Shanghai, China	英文	图书（电子版）	信息科学与系统科学（自然科学）	电气和电子工程师协会出版社（美国）	华东理工大学出版社（上海）
51	Proceedings of International Conference on Communication Technology, Apr. 9 – 11, 2003, Beijing, China	英文	图书（电子版）	电子与通信技术（自然科学）	电气和电子工程师协会出版社（美国）	北京邮电大学出版社（北京）
52	Proceedings of Asia-Pacific Conference on Environmental Electromagnetics (CEEM 2003), Nov. 4 – 7, 2003, Hangzhou, China	英文	图书（电子版）	物理学（自然科学）	无	北京邮电大学出版社（北京）
53	Proceedings of the 6th International Conference on Electrical Machines and Systems (ICEMS2003), Nov. 9 – 11, 2003, Beijing, China	英文	图书（电子版）	动力与电气工程（自然科学）	无	万国学术出版社（北京）
54	Proceedings of the 5th International Conference on Electronic Packaging Technology (ICEPT 2003): Oct. 28 – 30, 2003, Shanghai, China	英文	图书（电子版）	工程与技术科学基础学科（自然科学）	电气和电子工程师协会出版社（美国）	中国电子封装协会（上海）

续表

土耳其

序号	出版物名称	语种	类型	学科	国际合作出版/版权输出机构	国内出版机构
55	Proceedings of the 14th IEEE International Symposium on Personal, Indoor, and Mobile Radio Communications（PIMRC2003）, Sep. 7－10, 2003, Beijing, China	英文	图书（电子版）	电子与通信技术（自然科学）	电气和电子工程师协会出版社（美国）	电子工业出版社（北京）
56	Voices for Change: Participatory Monitoring and Evaluation in China	英文	图书（电子版）	管理学（社会科学）	国际发展研究中心（加拿大）	云南科技出版社（云南）
57	Proceedings of the 7th International Conference on Signal Processing, Aug. 31-Sept. 4, 2004, Beijing, China	英文	图书（电子版）	电子与通信技术（自然科学）	电气和电子工程师协会出版社（美国）	电子工业出版社（北京）
58	Proceedings of Asia-Pacific Radio Science Conference, Aug. 24－27, 2004, Qingdao, China	英文	图书（电子版）	电子与通信技术（自然科学）	电气和电子工程师协会出版社（美国）	电子工业出版社（北京）
59	Proceedings of the 8th International Conference on Computer Supported Cooperative Work in Design（CSCWD 2004）, May 26－28, 2004, Xiamen, China	英文	图书（电子版）	计算机科学技术（自然科学）	电气和电子工程师协会出版平台（美国）	万国学术出版社（北京）
60	Extended Abstracts of the 4th International Workshop on Junction Technology（IWJT－2004）, March 15－16, 2004, Shanghai, China	英文	图书（电子版）	电子与通信技术（自然科学）	电气和电子工程师协会出版社（美国）	复旦大学出版社（上海）
61	Proceedings of Conference on Frontiers and Prospects of Contemporary Applied Mathematics, Aug 24－30, 2004, Xiangtan, China	英文	图书（电子版）	数学（自然科学）	世界科技出版公司（新加坡）	高等教育出版社（北京）
62	Proceedings of the 4th International Conference on Microwave and Millimeter Wave Technology（ICMMT2004）: Aug. 18－21, 2004, Beijing, China	英文	图书（电子版）	电子与通信技术（自然科学）	电气和电子工程师协会出版社（美国）	中国电子学会（北京）
63	Proceedings of the 5th International Vacuum Electron Sources Conference（IVESC2004）, Sep. 6－10, 2004, Beijing, China	英文	图书（电子版）	物理学（自然科学）	电气和电子工程师协会出版社（美国）	中国电子学会（北京）

续表

土耳其

序号	出版物名称	语种	类型	学科	国际合作出版/版权输出机构	国内出版机构
64	Wave Propagation, Scattering and Emission in Complex Media	英文	图书（电子版）	物理学（自然科学）	世界科技出版公司（新加坡）	科学出版社（北京）
65	Ginzburg-Landau Vortices	英文	图书（电子版）	数学（自然科学）	世界科技出版公司（新加坡）	高等教育出版社（北京）
66	Proceedings of IEEE 2005 International Symposium on Microwave, Antenna, Propagation and EMC Technologies for Wireless Communications (MAPE 2005), Aug. 8 – 12, 2005, Beijing, China	英文	图书（电子版）	电子与通信技术（自然科学）	电气和电子工程师协会出版社（美国）	中国电子学会（北京）
67	Functional Inequalities, Markov Semigroups and Spectral Theory	英文	图书（电子版）	数学（自然科学）	爱思唯尔出版集团（荷兰）	科学出版社（北京）
68	Actuarial Science: Theory and Methodology	英文	图书（电子版）	数学（自然科学）	世界科技出版公司（新加坡）	高等教育出版社（北京）
69	China's Energy Outlook 2004	英文	图书（电子版）	能源科学技术（自然科学）	世界科技出版公司（新加坡）	清华大学出版社（北京）
70	Introduction to Biomaterials	英文	图书（电子版）	材料科学（自然科学）	世界科技出版公司（新加坡）	清华大学出版社（北京）
71	Mathematical Methods for Surface and Subsurface Hydrosystems	英文	图书（电子版）	环境科学技术及资源科学技术（自然科学）	世界科技出版公司（新加坡）	高等教育出版社（北京）
72	Proceedings of the 13th International Conference on Management Science & Engineering, Oct. 5 – 7, 2006, Lille, France	英文	图书（电子版）	管理学（社会科学）	电气和电子工程师协会出版社（美国）	哈尔滨工业大学出版社（黑龙江）
73	Gene Expression and Regulation	英文	图书（电子版）	生物学（自然科学）	施普林格·自然出版集团（德国）	高等教育出版社（北京）
74	Contemporary Medical Acupuncture: A Systems Approach	英文	图书（电子版）	中医学与中药学（社会科学）	施普林格·自然出版集团（德国）	高等教育出版社（北京）
75	Proceedings of the 14th International Conference on Management Science & Engineering, Aug. 20 – 22, 2007, Harbin, China	英文	图书（电子版）	管理学（社会科学）	电气和电子工程师协会出版社（美国）	哈尔滨工业大学出版社（黑龙江）

续表

土耳其

序号	出版物名称	语种	类型	学科	国际合作出版/版权输出机构	国内出版机构
76	Some Topics in Industrial and Applied Mathematics	英文	图书（电子版）	数学（自然科学）	世界科技出版公司（新加坡）	高等教育出版社（北京）
77	China's Dilemma: Economic Growth, the Environment and Climate Change	英文	图书（电子版）	经济学（社会科学）	布鲁金斯学会出版社（美国）	社会科学文献出版社（北京）
78	Reconstruction of Chaotic Signals with Applications to Chaos-based Communications	英文	图书（电子版）	信息科学与系统科学（自然科学）	世界科技出版公司（新加坡）	清华大学出版社（北京）
79	Macro-micro Theory on Multifield Coupling Behavior of Heterogeneous Materials	英文	图书（电子版）	物理学（自然科学）	施普林格·自然出版集团（德国）	高等教育出版社（北京）
80	Proceedings of the 27th Chinese Control Conference	英文	图书（电子版）	信息科学与系统科学（自然科学）	电气和电子工程师协会出版社（美国）	北京航空航天大学出版社（北京）
81	Making New Partnership: A Rising China and its Neighbors	英文	图书（电子版）	政治学（社会科学）	帕斯国际出版社（英国）	社会科学文献出版社（北京）
82	New Developments in Biostatistics and Bioinformatics	英文	图书（电子版）	生物学（自然科学）	世界科技出版公司（新加坡）	高等教育出版社（北京）
83	Nonlinear Conservation Laws, Fluid Systems and Related Topics	英文	图书（电子版）	数学（自然科学）	世界科技出版公司（新加坡）	高等教育出版社（北京）
84	Multi-scale Phenomena in Complex Fluids: Modeling, Analysis and Numerical Simulation	英文	图书（电子版）	数学（自然科学）	世界科技出版公司（新加坡）	高等教育出版社（北京）
85	Modeling and Dynamics of Infectious Diseases	英文	图书（电子版）	数学（自然科学）	世界科技出版公司（新加坡）	高等教育出版社（北京）
86	Renminbi: The Internationalization of China's Currency	英文	图书（电子版）	经济学（社会科学）	帕斯国际出版社（英国）	中国财政经济出版社（北京）
87	The 1st International Conference on Sustainable Power Generation and Supply, Apr. 6 – 7, 2009, Nanjing, China	英文	图书（电子版）	动力与电气工程（自然科学）	电气和电子工程师协会出版社（美国）	中国电力出版社（北京）
88	Modeling and Analysis of Enterprise and Information Systems: From Requirements to Realization	英文	图书（电子版）	信息科学与系统科学（自然科学）	施普林格·自然出版集团（德国）	高等教育出版社（北京）

续表

土耳其

序号	出版物名称	语种	类型	学科	国际合作出版/版权输出机构	国内出版机构
89	Approximate and Renormgroup Symmetries	英文	图书（电子版）	物理学（自然科学）	施普林格·自然出版集团（德国）	高等教育出版社（北京）
90	Computer Network Security: Theory and Practice	英文	图书（电子版）	信息与系统科学相关工程与技术（自然科学）	施普林格·自然出版集团（德国）	高等教育出版社（北京）
91	Security Access in Wireless Local Area Networks: From Architecture and Protocols to Realization	英文	图书（电子版）	信息与系统科学相关工程与技术（自然科学）	施普林格·自然出版集团（德国）	高等教育出版社（北京）
92	Partial Differential Equations and Solitary Waves Theory	英文	图书（电子版）	物理学（自然科学）	施普林格·自然出版集团（德国）	高等教育出版社（北京）
93	Dynamics of Surface Waves in Coastal Waters: Wave-current-bottom Interactions	英文	图书（电子版）	力学（自然科学）	施普林格·自然出版集团（德国）	高等教育出版社（北京）
94	Economic and Social Impact of Liberalization: A Study on Early Harvest Program under China-Asean FTA	英文	图书（电子版）	经济学（社会科学）	帕斯国际出版社（英国）	社会科学文献出版社（北京）
95	Some Problems on Nonlinear Hyperbolic Equations and Applications	英文	图书（电子版）	数学（自然科学）	世界科技出版公司（新加坡）	高等教育出版社（北京）
96	Wavelet Methods in Mathematical Analysis and Engineering	英文	图书（电子版）	数学（自然科学）	世界科技出版公司（新加坡）	高等教育出版社（北京）
97	High Temperature Deformation and Fracture of Materials	英文	图书（电子版）	材料科学（自然科学）	爱思唯尔出版集团（荷兰）	科学出版社（北京）
98	Medical Image Reconstruction: A Conceptual Tutorial	英文	图书（电子版）	自然科学相关工程与技术（自然科学）	施普林格·自然出版集团（德国）	高等教育出版社（北京）
99	Desertification and its Control in China	英文	图书（电子版）	地球科学（自然科学）	施普林格·自然出版集团（德国）	高等教育出版社（北京）
100	Regional Development Research in China: A Roadmap to 2050	英文	图书（电子版）	自然科学相关工程与技术（自然科学）	施普林格·自然出版集团（德国）	科学出版社（北京）
101	Machine-based Intelligent Face Recognition	英文	图书（电子版）	计算机科学技术（自然科学）	施普林格·自然出版集团（德国）	高等教育出版社（北京）

续表

土耳其

序号	出版物名称	语种	类型	学科	国际合作出版/版权输出机构	国内出版机构
102	Quantum Private Communication	英文	图书(电子版)	电子与通信技术(自然科学)	施普林格·自然出版集团(德国)	高等教育出版社(北京)
103	A Practical Course in Differential Equations and Mathematical Modelling	英文	图书(电子版)	数学(自然科学)	世界科技出版公司(新加坡)	高等教育出版社(北京)
104	Multiscale Problems: Theory, Numerical Approximation and Applications	英文	图书(电子版)	数学(自然科学)	世界科技出版公司(新加坡)	高等教育出版社(北京)
105	Polymer Matrix Composites and Technology	英文	图书(电子版)	材料科学(自然科学)	爱思唯尔出版集团(荷兰)	科学出版社(北京)
106	Recent Advances in Entomological Research: from Molecular Biology to Pest Management	英文	图书(电子版)	生物学(自然科学)	施普林格·自然出版集团(德国)	高等教育出版社(北京)
107	Landscape Ecology in Forest Management and Conservation: Challenges and Solutions for Global Change	英文	图书(电子版)	林学(自然科学)	施普林格·自然出版集团(德国)	高等教育出版社(北京)
108	Self-organization and Pattern-formation in Neuronal Systems under Conditions of Variable Gravity: Life Sciences under Space Conditions	英文	图书(电子版)	物理学(自然科学)	施普林格·自然出版集团(德国)	高等教育出版社(北京)
109	Left-behind Children in Rural China: Impact Study of Rural Labor Migration on Left-behind Children in Mid-West China	英文	图书(电子版)	社会学(社会科学)	帕斯国际出版社(英国)	社会科学文献出版社(北京)
110	Modeling and Simulation for Microelectronic Packaging Assembly: Manufacturing, Reliability and Testing	英文	图书(电子版)	工程与技术科学基础学科(自然科学)	威利出版集团(美国)	化学工业出版社(北京)
111	Rising China: Global Challenges and Opportunities	英文	图书(电子版)	经济学(社会科学)	澳洲国立大学电子出版社(澳大利亚)	社会科学文献出版社(北京)
112	Advances in Intelligence and Security Informatics	英文	图书(电子版)	安全科学技术(自然科学)	爱思唯尔出版集团(荷兰)	浙江大学出版社(浙江)

续表

土耳其

序号	出版物名称	语种	类型	学科	国际合作出版/版权输出机构	国内出版机构
113	Rational Function Systems and Electrical Networks with Multi-parameters	英文	图书（电子版）	数学（自然科学）	世界科技出版公司（新加坡）	高等教育出版社（北京）
114	China-Latin America Relations: Review and Analysis, Volume 1	英文	图书（电子版）	政治学（社会科学）	帕斯国际出版社（英国）	社会科学文献出版社（北京）
115	High Performance Liquid Chromatography Fingerprinting Technology of the Commonly-Used Traditional Chinese Medicine Herbs	英文	图书（电子版）	化学工程（自然科学）	世界科技出版公司（新加坡）	化学工业出版社（北京）
116	Hyperbolic Problems: Theory, Numerics and Applications	英文	图书（电子版）	数学（自然科学）	世界科技出版公司（新加坡）	高等教育出版社（北京）
117	Computational Methods for Applied Inverse Problems	英文	图书（电子版）	数学（自然科学）	德古意特出版公司（德国）	高等教育出版社（北京）
118	Computational Fluid Dynamics Based on the Unified Coordinates	英文	图书（电子版）	力学（自然科学）	施普林格·自然出版集团（德国）	科学出版社（北京）
119	Characterization of Microstructures by Analytical Electron Microscopy (AEM)	英文	图书（电子版）	材料科学（自然科学）	施普林格·自然出版集团（德国）	高等教育出版社（北京）
120	China's Economic Zones: Design, Implementation and Impact	英文	图书（电子版）	经济学（社会科学）	帕斯国际出版社（英国）	社会科学文献出版社（北京）
121	Nonlinear Flow Phenomena and Homotopy Analysis: Fluid Flow and Heat Trans	英文	图书（电子版）	数学（自然科学）	施普林格·自然出版集团（德国）	高等教育出版社（北京）
122	Pseudochaotic Kicked Oscillators: Renormalization, Symbolic Dynamics, and Transport	英文	图书（电子版）	物理学（自然科学）	施普林格·自然出版集团（德国）	高等教育出版社（北京）
123	Rebalancing and Sustaining Growth in China	英文	图书（电子版）	经济学（社会科学）	澳洲国立大学电子出版社（澳大利亚）	社会科学文献出版社（北京）
124	Ammonia Synthesis Catalysts: Innovation and Practice	英文	图书（电子版）	化学（自然科学）	世界科技出版公司（新加坡）	化学工业出版社（北京）
125	British Views on China at the Dawn of the 19th Century	英文	图书（电子版）	历史学（社会科学）	帕斯国际出版社（英国）	中国社会科学出版社（北京）

续表

序号	出版物名称	语种	类型	学科	国际合作出版/版权输出机构	国内出版机构
126	Budgeting Carbon for Equity and Sustainability	英文	图书(电子版)	环境科学技术及资源科学技术(自然科学)	帕斯国际出版社(英国)	社会科学文献出版社(北京)
127	China-Europe Relations: Review and Analysis	英文	图书(电子版)	政治学(社会科学)	帕斯国际出版社(英国)	社会科学文献出版社(北京)
128	Concrete and Sustainability	英文	图书(电子版)	土木建筑工程(自然科学)	泰勒弗朗西斯出版集团(英国)	化学工业出版社(北京)
129	Intelligent Systems for Security Informatics	英文	图书(电子版)	信息与系统科学相关工程与技术(自然科学)	爱思唯尔出版集团(荷兰)	浙江大学出版社(浙江)
130	Power Generation in China: Research, Policy and Management	英文	图书(电子版)	管理学(社会科学)	帕斯国际出版社(英国)	社会科学文献出版社(北京)
131	Service Science, Management, and Engineering: Theory and Applications	英文	图书(电子版)	综合(自然科学)	爱思唯尔出版集团(荷兰)	浙江大学出版社(浙江)
132	The Competitiveness of G20 Nations: Report on the Group of Twenty (G20) National Innovation Competitiveness Development (2001—2010)	英文	图书(电子版)	经济学(社会科学)	帕斯国际出版社(英国)	社会科学文献出版社(北京)
133	Advances in Analysis and Control of Time-delayed Dynamical Systems	英文	图书(电子版)	物理学(自然科学)	世界科技出版公司(新加坡)	高等教育出版社(北京)
134	The General Theory of Taoism	英文	图书(电子版)	宗教学(社会科学)	帕斯国际出版社(英国)	社会科学文献出版社(北京)
135	Transformation Groups and Lie Algebras	英文	图书(电子版)	物理学(自然科学)	世界科技出版公司(新加坡)	高等教育出版社(北京)
136	China-Africa Relations: Review and Analysis	英文	图书(电子版)	政治学(社会科学)	帕斯国际出版社(英国)	社会科学文献出版社(北京)
137	A Monograph of Codonopsis and Allied Genera (Campanulaceae)	英文	图书(电子版)	生物学(自然科学)	爱思唯尔出版集团(荷兰)	科学出版社(北京)
138	Information Hiding in Speech Signals for Secure Communication	英文	图书(电子版)	电子与通信技术(自然科学)	无	科学出版社(北京)
139	RF Circuit Design Fundamentals	英文	图书(电子版)	电子与通信技术(自然科学)	阿尔法科学国际出版社(英国)	科学出版社(北京)

土耳其

续表

土耳其

序号	出版物名称	语种	类型	学科	国际合作出版/版权输出出版机构	国内出版机构
140	Kiwifruit: the Genus Actinidia	英文	图书（电子版）	农学（自然科学）	爱思唯尔出版集团（荷兰）	科学出版社（北京）
141	Darriwilian to Katian (Ordovician) Graptolites from Northwest China	英文	图书（电子版）	地球科学（自然科学）	爱思唯尔出版集团（荷兰）	浙江大学出版社（浙江）
142	Color Image Watermarking: Algorithms and Technologies	英文	图书（电子版）	自然科学相关工程与技术（自然科学）	德古意特出版公司（德国）	清华大学出版社（北京）
143	Pyrolysis of Biomass	英文	图书（电子版）	能源科学技术（自然科学）	德古意特出版公司（德国）	科学出版社（北京）
144	Chinese Macro-Economy in Process of Bottoming-Out and Rebounding	英文	图书（电子版）	经济学（社会科学）	帕斯国际出版社（英国）	中国社会科学出版社（北京）
145	Mao Tse-tung's International Politics Theory and Practice	英文	图书（电子版）	政治学（社会科学）	帕斯国际出版社（英国）	中国社会科学出版社（北京）
146	Report on Constitutional Enforcement and Constitutional Review in China	英文	图书（电子版）	法学（社会科学）	帕斯国际出版社（英国）	中国社会科学出版社（北京）
147	Research on the Laws of Contemporary China, Volume 1, 1949—1978	英文	图书（电子版）	法学（社会科学）	帕斯国际出版社（英国）	中国社会科学出版社（北京）
148	Research on the Laws of Contemporary China, Volume 2, 1978—1992	英文	图书（电子版）	法学（社会科学）	帕斯国际出版社（英国）	中国社会科学出版社（北京）
149	Research on the Laws of Contemporary China, Volume 3, 1992—2009	英文	图书（电子版）	法学（社会科学）	帕斯国际出版社（英国）	中国社会科学出版社（北京）
150	Technology, Manufacturing and Grid Connection of Photovoltaic Solar Cells	英文	图书（电子版）	能源科学技术（自然科学）	威利出版集团（美国）	中国电力出版社（北京）
151	Low-dimensional Materials and Applications	英文	图书（电子版）	材料科学（自然科学）	德古意特出版公司（德国）	国防工业出版社（北京）
152	Advances in Nanophotonics	英文	图书（电子版）	物理学（自然科学）	德古意特出版公司（德国）	上海交通大学出版社（上海）
153	Blind Equalization in neural Networks: Theory, Algorithms and Application	英文	图书（电子版）	计算机科学技术（自然科学）	德古意特出版公司（德国）	清华大学出版社（北京）

续表

土耳其

序号	出版物名称	语种	类型	学科	国际合作出版/版权输出机构	国内出版机构
154	Folklore Studies	英文	期刊（纸质版）	民族学与文化学（社会科学）	无	北京辅仁大学（北京）
155	China Ocean Engineering	英文	期刊（电子版）	自然科学相关工程与技术（自然科学）	施普林格·自然出版集团（德国）	海洋出版社（北京）
156	Social Sciences in China	英文	期刊（电子版）	综合（自然科学）	泰勒弗朗西斯出版（英国）	中国社会科学杂志社（北京）
157	Journal of Traditional Chinese Medicine	英文	期刊（电子版）	中医学与中药学（自然科学）	无	Journal of Traditional Chinese Medicine 编辑部（北京）
158	Acta Oceanologica Sinica	英文	期刊（电子版）	地球科学（自然科学）	施普林格·自然出版集团（德国）	海洋出版社（北京）
159	Chinese Journal of Chemical Engineering	英文	期刊（电子版）	化学工程（自然科学）	爱思唯尔出版集团（荷兰）	化学工业出版社（北京）
160	Acta Geochimica	英文	期刊（电子版）	地球科学（自然科学）	施普林格·自然出版集团（德国）	科学出版社（北京）
161	Journal of Oceanology and Limnology	英文	期刊（电子版）	地球科学（自然科学）	施普林格·自然出版集团（德国）	科学出版社（北京）
162	Chinese Annals of Mathematics, Series B	英文	期刊（电子版）	数学（自然科学）	施普林格·自然出版集团（德国）	Chinese Annals of Mathematics, Series B 编辑部（上海）
163	International Journal of Sediment Research	英文	期刊（电子版）	水利工程（自然科学）	爱思唯尔出版集团（荷兰）	International Journal of Sediment Research 编辑部（北京）
164	Chinese Journal of Mechanical Engineering	英文	期刊（电子版）	机械工程（自然科学）	施普林格·自然出版集团（德国）	Chinese Journal of Mechanical Engineering 编辑部（北京）
165	Journal of Environmental Sciences	英文	期刊（电子版）	环境科学技术及资源科学技术（自然科学）	爱思唯尔出版集团（荷兰）	科学出版社（北京）
166	Rare Metals	英文	期刊（电子版）	材料科学（自然科学）	施普林格·自然出版集团（德国）	有科期刊出版（北京）有限公司（北京）
167	Asian Journal of Pharmaceutical Sciences	英文	期刊（电子版）	药学（自然科学）	爱思唯尔出版集团（荷兰）	Asian Journal of Pharmaceutical Sciences 编辑部（辽宁）

续表

土耳其

序号	出版物名称	语种	类型	学科	国际合作出版/版权输出机构	国内出版机构
168	Cell Research	英文	期刊（电子版）	生物学（自然科学）	施普林格·自然出版集团（德国）	Cell Research 编辑部（上海）
169	Chinese Chemical Letters	英文	期刊（电子版）	化学（自然科学）	爱思唯尔出版集团（荷兰）	Chinese Chemical Letters 编辑部（北京）
170	Chinese Journal of Chemistry	英文	期刊（电子版）	化学（自然科学）	威利出版集团（美国）	Chinese Journal of Chemistry 编辑部（上海）
171	International Journal of Mining Science and Technology	英文	期刊（电子版）	矿山工程技术（自然科学）	爱思唯尔出版集团（荷兰）	International Journal of Mining Science and Technology 编辑部（江苏）
172	Journal of Hydrodynamics, Series B	英文	期刊（电子版）	力学（自然科学）	施普林格·自然出版集团（德国）	Journal of Hydrodynamics, Series B 编辑部（上海）
173	Rice Science	英文	期刊（电子版）	农学（自然科学）	爱思唯尔出版集团（荷兰）	Rice Science 编辑部（浙江）
174	Chemical Research in Chinese Universities	英文	期刊（电子版）	化学（自然科学）	施普林格·自然出版集团（德国）	Chemical Research in Chinese Universities 编辑部（吉林）
175	Chinese Geographical Science	英文	期刊（电子版）	地球科学（自然科学）	施普林格·自然出版集团（德国）	科学出版社（北京）
176	Chinese Medical Sciences Journal	英文	期刊（电子版）	医学综合（自然科学）	爱思唯尔出版集团（荷兰）	Chinese Medical Sciences Journal 编辑部（北京）
177	World Journal of Acupuncture-moxibustion	英文	期刊（电子版）	中医学与中药学（自然科学）	爱思唯尔出版集团（荷兰）	World Journal of Acupuncture-moxibustion 编辑部（北京）
178	Journal of Rare Earths	英文	期刊（电子版）	化学（自然科学）	爱思唯尔出版集团（荷兰）	Journal of Rare Earths 编辑部（北京）
179	Pedosphere	英文	期刊（电子版）	农学（自然科学）	爱思唯尔出版集团（荷兰）	科学出版社（北京）
180	Progress in Natural Science: Materials International	英文	期刊（电子版）	材料科学（自然科学）	爱思唯尔出版集团（荷兰）	Progress in Natural Science: Materials International 编辑部（北京）

续表

土耳其

序号	出版物名称	语种	类型	学科	国际合作出版/版权输出机构	国内出版机构
181	Journal of Systems Science and Systems Engineering	英文	期刊（电子版）	信息科学与系统科学（自然科学）	施普林格·自然出版集团（德国）	Journal of Systems Science and Systems Engineering 编辑部（北京）
182	Journal of Thermal Science	英文	期刊（电子版）	物理学（自然科学）	施普林格·自然出版集团（德国）	科学出版社（北京）
183	Applied Mathematics: A Journal of Chinese Universities	英文	期刊（电子版）	数学（自然科学）	施普林格·自然出版集团（德国）	浙江大学出版社（浙江）
184	Journal of Materials Science & Technology	英文	期刊（电子版）	材料科学（自然科学）	爱思唯尔出版集团（荷兰）	Journal of Materials Science & Technology 编辑部（辽宁）
185	Acta Metallurgica Sinica (English Letters)	英文	期刊（电子版）	材料科学（自然科学）	施普林格·自然出版集团（德国）	Acta Metallurgica Sinica 编辑部（辽宁）
186	Journal of Iron and Steel Research (International)	英文	期刊（电子版）	冶金工程技术（自然科学）	施普林格·自然出版集团（德国）	北京钢研柏苑出版有限责任公司（北京）
187	Journal of Tropical Meteorology	英文	期刊（电子版）	环境科学技术及资源科学技术（自然科学）	无	Journal of Tropical Meteorology 编辑部（广东）
188	Journal of Shanghai Jiaotong University (Science)	英文	期刊（电子版）	综合（自然科学）	施普林格·自然出版集团（德国）	Journal of Shanghai Jiaotong University (Science) 编辑部（上海）
189	Journal of Systems Engineering and Electronics	英文	期刊（电子版）	电子与通信技术（自然科学）	电气和电子工程师协会出版平台（美国）	Journal of Systems Engineering and Electronics 编辑部（北京）
190	Tsinghua Science and Technology	英文	期刊（电子版）	综合（自然科学）	电气和电子工程师协会出版平台（美国）	清华大学出版社（北京）
191	Chinese Journal of Traumatology	英文	期刊（电子版）	临床医学（自然科学）	爱思唯尔出版集团（荷兰）	中华医学会杂志社（北京）
192	Fungal Diversity	英文	期刊（电子版）	生物学（自然科学）	施普林格·自然出版集团（德国）	Fungal Diversity 编辑部（云南）
193	Acta Mathematica Sinica	英文	期刊（电子版）	数学（自然科学）	施普林格·自然出版集团（德国）	科学出版社（北京）

续表

土耳其

序号	出版物名称	语种	类型	学科	国际合作出版/版权输出机构	国内出版机构
194	Chinese Journal of Polymer Science	英文	期刊（电子版）	化学（自然科学）	施普林格·自然出版集团（德国）	Chinese Journal of Polymer Science 编辑部（北京）
195	Chinese Medical Journal	英文	期刊（电子版）	临床医学（自然科学）	威科出版集团（荷兰）	中华医学会杂志社（北京）
196	Journal of Systems Science and Complexity	英文	期刊（电子版）	信息科学与系统科学（自然科学）	施普林格·自然出版集团（德国）	Journal of Systems Science & Complexity 编辑部（北京）
197	China & World Economy	英文	期刊（电子版）	经济学（社会科学）	威利出版集团（美国）	China & World Economy 编辑部（北京）
198	Journal of Marine Science and Application	英文	期刊（电子版）	自然科学相关工程与技术（自然科学）	施普林格·自然出版集团（德国）	Journal of Marine Science and Application 编辑部（黑龙江）
199	Earthquake Engineering and Engineering Vibration	英文	期刊（电子版）	工程与技术科学基础学科（自然科学）	施普林格·自然出版集团（德国）	Earthquake Engineering and Engineering Vibration 编辑部（黑龙江）
200	Acta Mechanica Solida Sinica	英文	期刊（电子版）	力学（自然科学）	施普林格·自然出版集团（德国）	Acta Mechanica Solida Sinica 编辑部（湖北）
201	Chinese Journal of Integrative Medicine	英文	期刊（电子版）	中医学与中药学（自然科学）	施普林格·自然出版集团（德国）	中国中西医结合杂志社（北京）
202	Journal of Acupuncture and Tuina Science	英文	期刊（电子版）	中医学与中药学（自然科学）	施普林格·自然出版集团（德国）	Journal of Acupuncture and Tuina Science 编辑部（上海）
203	Genomics, Proteomics & Bioinformatics	英文	期刊（电子版）	生物学（自然科学）	爱思唯尔出版集团（荷兰）	科学出版社（北京）
204	Cellular & Molecular Immunology	英文	期刊（电子版）	生物学（自然科学）	施普林格·自然出版集团（德国）	Cellular & Molecular Immunology 编辑部（安徽）
205	Acta Biochimica et Biophysica Sinica	英文	期刊（电子版）	生物学（自然科学）	牛津大学出版社（英国）	Acta Biochimica et Biophysica Sinica 编辑部（上海）
206	China Communications	英文	期刊（电子版）	电子与通信技术（自然科学）	电气和电子工程师协会出版平台（美国）	China Communications 编辑部（北京）
207	China Foundry	英文	期刊（电子版）	材料科学（自然科学）	施普林格·自然出版集团（德国）	《铸造》杂志社（辽宁）

续表

土耳其

序号	出版物名称	语种	类型	学科	国际合作出版/版权输出机构	国内出版机构
208	Petroleum Science	英文	期刊(电子版)	能源科学技术(自然科学)	施普林格·自然出版集团(德国)	Petroleum Science 编辑部(北京)
209	Journal of Ocean University of China	英文	期刊(电子版)	地球科学(自然科学)	施普林格·自然出版集团(德国)	科学出版社(北京)
210	Journal of Mountain Science	英文	期刊(电子版)	环境科学技术及资源科学技术(自然科学)	施普林格·自然出版集团(德国)	科学出版社(北京)
211	Acta Mechanica Sinica	英文	期刊(电子版)	力学(自然科学)	施普林格·自然出版集团(德国)	Acta Mechanica Sinica 编辑部(北京)
212	China International Studies	英文	期刊(电子版)	政治学(社会科学)	无	China International Studies 编辑部(北京)
213	Fudan Journal of the Humanities and Social Sciences	英文	期刊(电子版)	综合(社会科学)	施普林格·自然出版集团(德国)	Fudan Journal of the Humanities and Social Sciences 编辑部(上海)
214	Journal of Integrative Plant Biology	英文	期刊(电子版)	生物学(自然科学)	威利出版集团(美国)	Journal of Integrative Plant Biology 编辑部(北京)
215	Journal of Zhejiang University-Science B (Biomedicine & Biotechnology)	英文	期刊(电子版)	自然科学相关工程与技术(自然科学)	施普林格·自然出版集团(德国)	浙江大学出版社(浙江)
216	Neuroscience Bulletin	英文	期刊(电子版)	临床医学(自然科学)	施普林格·自然出版集团(德国)	Neuroscience Bulletin 编辑部(上海)
217	Optoelectronics Letters	英文	期刊(电子版)	电子与通信技术(自然科学)	施普林格·自然出版集团(德国)	Optoelectronics Letters 编辑部(天津)
218	World Journal of Pediatrics	英文	期刊(电子版)	临床医学(自然科学)	施普林格·自然出版集团(德国)	浙江大学出版社(浙江)
219	China Economist	英文	期刊(电子版)	经济学(社会科学)	无	China Economist 编辑部(北京)
220	Frontiers of Economics in China	英文	期刊(电子版)	经济学(社会科学)	博睿出版集团(荷兰)	高等教育出版社(北京)
221	Frontiers of Education in China	英文	期刊(电子版)	教育学(社会科学)	施普林格·自然出版集团(德国)	高等教育出版社(北京)

续表

土耳其

序号	出版物名称	语种	类型	学科	国际合作出版/版权输出机构	国内出版机构
222	Frontiers of History in China	英文	期刊(电子版)	历史学(社会科学)	博睿出版集团(荷兰)	高等教育出版社(北京)
223	Frontiers of Mathematics in China	英文	期刊(电子版)	数学(自然科学)	施普林格·自然出版集团(德国)	高等教育出版社(北京)
224	Frontiers of Philosophy in China	英文	期刊(电子版)	哲学(社会科学)	博睿出版集团(荷兰)	高等教育出版社(北京)
225	Integrative Zoology	英文	期刊(电子版)	生物学(自然科学)	威利出版集团(美国)	Integrative Zoology 编辑部(北京)
226	Journal of Otology	英文	期刊(电子版)	临床医学(自然科学)	爱思唯尔出版集团(荷兰)	Journal of Otology 编辑部(北京)
227	Journal of Zhejiang University-Science A (Applied Physics & Engineering)	英文	期刊(电子版)	综合(自然科学)	施普林格·自然出版集团(德国)	浙江大学出版社(浙江)
228	Neural Regeneration Research	英文	期刊(电子版)	临床医学(自然科学)	威科出版集团(荷兰)	Neural Regeneration Research 编辑部(辽宁)
229	Transactions of Nonferrous Metals Society of China	英文	期刊(电子版)	材料科学(自然科学)	爱思唯尔出版集团(荷兰)	科学出版社(北京)
230	Frontiers of Business Research in China	英文	期刊(电子版)	管理学(社会科学)	施普林格·自然出版集团(德国)	高等教育出版社(北京)
231	Frontiers of Literary Studies in China	英文	期刊(电子版)	文学(社会科学)	博睿出版集团(荷兰)	高等教育出版社(北京)
232	Journal of Genetics and Genomics	英文	期刊(电子版)	生物学(自然科学)	爱思唯尔出版集团(荷兰)	科学出版社(北京)
233	Virologica Sinica	英文	期刊(电子版)	生物学(自然科学)	施普林格·自然出版集团(德国)	Virologica Sinica 编辑部(湖北)
234	International Journal of Digital Earth	英文	期刊(电子版)	测绘科学技术(自然科学)	泰勒弗朗西斯出版(英国)	International Journal of Digital Earth 编辑部(北京)
235	Atmospheric and Oceanic Science Letters	英文	期刊(电子版)	地球科学(自然科学)	泰勒弗朗西斯出版集团(英国)	科学出版社(北京)
236	Journal of Innovative Optical Health Sciences	英文	期刊(电子版)	物理学(自然科学)	世界科技出版公司(新加坡)	Journal of Innovative Optical Health Sciences 编辑部(湖北)

续表

土耳其

序号	出版物名称	语种	类型	学科	国际合作出版/版权输出机构	国内出版机构
237	Journal of Systematics and Evolution	英文	期刊（电子版）	生物学（自然科学）	威利出版集团（美国）	Journal of Systematics and Evolution 编辑部（北京）
238	Molecular Plant	英文	期刊（电子版）	生物学（自然科学）	爱思唯尔出版集团（荷兰）	Molecular Plant 编辑部（上海）
239	Petroleum Exploration and Development	英文	期刊（电子版）	能源科学技术（自然科学）	爱思唯尔出版集团（荷兰）	Petroleum Exploration and Development 编辑部（北京）
240	Rare Metal Materials and Engineering	英文	期刊（电子版）	材料科学（自然科学）	爱思唯尔出版集团（荷兰）	科学出版社（北京）
241	Chinese Herbal Medicines	英文	期刊（电子版）	中医学与中药学（自然科学）	爱思唯尔出版集团（荷兰）	Chinese Herbal Medicines 编辑部（天津）
242	International Journal of Minerals, Metallurgy and Materials	英文	期刊（电子版）	冶金工程技术（自然科学）	施普林格·自然出版集团（德国）	International Journal of Minerals, Metallurgy and Materials 编辑部（北京）
243	International Journal of Oral Science	英文	期刊（电子版）	临床医学（自然科学）	施普林格·自然出版集团（德国）	四川大学出版社（四川）
244	Journal of Arid Land	英文	期刊（电子版）	地球科学（自然科学）	施普林格·自然出版集团（德国）	科学出版社（北京）
245	Journal of Earth Science	英文	期刊（电子版）	地球科学（自然科学）	施普林格·自然出版集团（德国）	Journal of Earth Science 编辑部（湖北）
246	Journal of Rock Mechanics and Geotechnical Engineering	英文	期刊（电子版）	土木建筑工程（自然科学）	爱思唯尔出版集团（荷兰）	科学出版社（北京）
247	Nano-Micro Letters	英文	期刊（电子版）	材料科学（自然科学）	施普林格·自然出版集团（德国）	上海交通大学出版社（上海）
248	Current Zoology	英文	期刊（电子版）	生物学（自然科学）	牛津大学出版社（英国）	Current Zoology 编辑部（北京）
249	Advances in Climate Change Research	英文	期刊（电子版）	地球科学（自然科学）	爱思唯尔出版集团（荷兰）	科学出版社（北京）

续表

土耳其

序号	出版物名称	语种	类型	学科	国际合作出版机构/版权输出机构	国内出版机构
250	Chinese Journal of Applied Linguistics	英文	期刊（电子版）	语言学（社会科学）	德古意特出版公司（德国）	外语教学与研究出版社（北京）
251	Geodesy and Geodynamics	英文	期刊（电子版）	地球科学（自然科学）	爱思唯尔出版集团（荷兰）	科学出版社（北京）
252	Geoscience Frontiers	英文	期刊（电子版）	地球科学（自然科学）	爱思唯尔出版集团（荷兰）	Geoscience Frontiers 编辑部（北京）
253	Journal of Electronic Science and Technology	英文	期刊（电子版）	电子与通信技术（自然科学）	爱思唯尔出版集团（荷兰）	Journal of Electronic Science and Technology 编辑部（四川）
254	Protein & Cell	英文	期刊（电子版）	生物学（自然科学）	施普林格·自然出版集团（德国）	高等教育出版社（北京）
255	Acta Pharmaceutica Sinica B	英文	期刊（电子版）	药学（自然科学）	爱思唯尔出版集团（荷兰）	Acta Pharmaceutica Sinica B 编辑部（北京）
256	Frontiers of Earth Science	英文	期刊（电子版）	地球科学（自然科学）	施普林格·自然出版集团（德国）	高等教育出版社（北京）
257	Frontiers in Energy	英文	期刊（电子版）	能源科学技术（自然科学）	施普林格·自然出版集团（德国）	高等教育出版社（北京）
258	Frontiers of Chemical Science and Engineering	英文	期刊（电子版）	化学工程（自然科学）	施普林格·自然出版集团（德国）	高等教育出版社（北京）
259	Frontiers of Materials Science	英文	期刊（电子版）	材料科学（自然科学）	施普林格·自然出版集团（德国）	高等教育出版社（北京）
260	Frontiers of Medicine	英文	期刊（电子版）	临床医学（自然科学）	施普林格·自然出版集团（德国）	高等教育出版社（北京）
261	Frontiers of Physics	英文	期刊（电子版）	物理学（自然科学）	施普林格·自然出版集团（德国）	高等教育出版社（北京）
262	Hepatobiliary & Pancreatic Diseases International	英文	期刊（电子版）	临床医学（自然科学）	爱思唯尔出版集团（荷兰）	浙江大学出版社（浙江）
263	Journal of Pharmaceutical Analysis	英文	期刊（电子版）	药学（自然科学）	爱思唯尔出版集团（荷兰）	Journal of Pharmaceutical Analysis 编辑部（陕西）

续表

土耳其

序号	出版物名称	语种	类型	学科	国际合作出版/版权输出机构	国内出版机构
264	Theoretical & Applied Mechanics Letters	英文	期刊（电子版）	机械工程（自然科学）	爱思唯尔出版集团（荷兰）	Theoretical & Applied Mechanics Letters 编辑部（北京）
265	Frontiers of Architectural Research	英文	期刊（电子版）	土木建筑工程（自然科学）	施普林格·自然出版集团（德国）	高等教育出版社（北京）
266	Frontiers of Computer Science	英文	期刊（电子版）	计算机科学技术（自然科学）	施普林格·自然出版集团（德国）	高等教育出版社（北京）
267	Frontiers of Environmental Science & Engineering	英文	期刊（电子版）	环境科学技术及资源科学技术（自然科学）	施普林格·自然出版集团（德国）	高等教育出版社（北京）
268	Frontiers of Optoelectronics	英文	期刊（电子版）	电子与通信技术（自然科学）	施普林格·自然出版集团（德国）	高等教育出版社（北京）
269	Frontiers of Structural and Civil Engineering	英文	期刊（电子版）	土木建筑工程（自然科学）	施普林格·自然出版集团（德国）	高等教育出版社（北京）
270	Journal of Central South University	英文	期刊（电子版）	综合（自然科学）	施普林格·自然出版集团（德国）	Journal of Central South University 编辑部（湖南）
271	Journal of Integrative Agriculture	英文	期刊（电子版）	农学（自然科学）	爱思唯尔出版集团（荷兰）	Journal of Integrative Agriculture 编辑部（北京）
272	Journal of Palaeogeography	英文	期刊（电子版）	地球科学（自然科学）	施普林格·自然出版集团（德国）	科学出版社（北京）
273	Journal of Sport and Health Science	英文	期刊（电子版）	体育科学（社会科学）	爱思唯尔出版集团（荷兰）	Journal of Sport and Health Science 编辑部（上海）
274	Light: Science & Applications	英文	期刊（电子版）	物理学（自然科学）	施普林格·自然出版集团（德国）	Light: Science & Applications 编辑部（吉林）
275	Defence Technology	英文	期刊（电子版）	产品应用相关工程与技术（自然科学）	爱思唯尔出版集团（荷兰）	Defence Technology 编辑部（北京）
276	Economic and Political Studies	英文	期刊（电子版）	综合（社会科学）	泰勒弗朗西斯出版集团（英国）	中国人民大学出版社（北京）
277	High Power Laser Science and Engineering	英文	期刊（电子版）	物理学（自然科学）	剑桥大学出版社（英国）	中国激光杂志社（上海）

续表

土耳其

序号	出版物名称	语种	类型	学科	国际合作出版机构/版权输出机构	国内出版机构
278	International Soil and Water Conservation Research	英文	期刊（电子版）	自然科学相关工程与技术（自然科学）	爱思唯尔出版集团（荷兰）	International Soil and Water Conservation Research 编辑部（北京）
279	Journal of Energy Chemistry	英文	期刊（电子版）	能源科学技术（自然科学）	爱思唯尔出版集团（荷兰）	科学出版社（北京）
280	Journal of Magnesium and Alloys	英文	期刊（电子版）	材料科学（自然科学）	爱思唯尔出版集团（荷兰）	Journal of Magnesium and Alloys 编辑部（重庆）
281	Journal of the Operations Research Society of China	英文	期刊（电子版）	数学（自然科学）	施普林格·自然出版集团（德国）	科学出版社（北京）
282	Photonics Research	英文	期刊（电子版）	物理学（自然科学）	美国光学会出版社（美国）	中国激光杂志社（上海）
283	International Journal of Coal Science & Technology	英文	期刊（电子版）	能源科学技术（自然科学）	施普林格·自然出版集团（德国）	International Journal of Coal Science & Technology 编辑部（北京）
284	Asian Journal of Urology	英文	期刊（电子版）	临床医学（自然科学）	爱思唯尔出版集团（荷兰）	Asian Journal of Urology 编辑部（上海）
285	Engineering	英文	期刊（电子版）	工程与技术科学基础学科（自然科学）	爱思唯尔出版集团（荷兰）	高等教育出版社（北京）
286	Frontiers of Nursing	英文	期刊（电子版）	临床医学（自然科学）	德古意特出版公司（德国）	山西医学期刊社（山西）
287	IEEE/CAA Journal of Automatica Sinica	英文	期刊（电子版）	信息与系统科学相关工程与技术（自然科学）	电气和电子工程师协会出版平台（美国）	科学出版社（北京）
288	International Journal of Nursing Sciences	英文	期刊（电子版）	临床医学（自然科学）	爱思唯尔出版集团（荷兰）	中华护理杂志社（北京）
289	Information Processing in Agriculture	英文	期刊（电子版）	信息科学与系统科学（自然科学）	爱思唯尔出版集团（荷兰）	Information Processing in Agriculture 编辑部（北京）
290	Journal of Traditional Chinese Medical Sciences	英文	期刊（电子版）	中医学与中药学（自然科学）	爱思唯尔出版集团（荷兰）	清华大学出版社（北京）

续表

序号	出版物名称	语种	类型	学科	国际合作出版/版权输出机构	国内出版机构
291	National Science Review	英文	期刊（电子版）	综合（自然科学）	牛津大学出版社（英国）	科学出版社（北京）
292	Forest Ecosystems	英文	期刊（电子版）	林学（自然科学）	爱思唯尔出版集团（荷兰）	Forest Ecosystems 编辑部（北京）
293	Animal Nutrition	英文	期刊（电子版）	畜牧、兽医科学（自然科学）	爱思唯尔出版集团（荷兰）	Animal Nutrition 编辑部（北京）
294	Applied Mathematics and Mechanics	英文	期刊（电子版）	综合（自然科学）	施普林格·自然出版集团（德国）	Applied Mathematics and Mechanics 编辑部（上海）
295	Biosurface and Biotribology	英文	期刊（电子版）	机械工程（自然科学）	威利出版集团（美国）	Biosurface and Biotribology 编辑部（四川）
296	Chronic Diseases and Translational Medicine	英文	期刊（电子版）	临床医学（自然科学）	爱思唯尔出版集团（荷兰）	中华医学会杂志社（北京）
297	Digital Communications and Networks	英文	期刊（电子版）	电子与通信技术（自然科学）	爱思唯尔出版集团（荷兰）	Digital Communications and Networks 编辑部（重庆）
298	Frontiers of Information Technology & Electronic Engineering	英文	期刊（电子版）	信息与系统科学相关工程与技术（自然科学）	施普林格·自然出版集团（德国）	浙江大学出版社（浙江）
299	Emerging Contaminants	英文	期刊（电子版）	环境科学技术及资源科学技术（自然科学）	爱思唯尔出版集团（荷兰）	Emerging Contaminants 编辑部（北京）
300	Journal of Materiomics	英文	期刊（电子版）	材料科学（自然科学）	爱思唯尔出版集团（荷兰）	Journal of Materiomics 编辑部（北京）
301	Petroleum	英文	期刊（电子版）	能源科学技术（自然科学）	爱思唯尔出版集团（荷兰）	Petroleum 编辑部（四川）
302	Water Science and Engineering	英文	期刊（电子版）	水利工程（自然科学）	无	Water Science and Engineering 编辑部（江苏）
303	World Journal of Otorhinolaryngology-Head and Neck Surgery	英文	期刊（电子版）	临床医学（自然科学）	爱思唯尔出版集团（荷兰）	中华医学会杂志社（北京）
304	Synthetic and Systems Biotechnology	英文	期刊（电子版）	自然科学相关工程与技术（自然科学）	爱思唯尔出版集团（荷兰）	Synthetic and Systems Biotechnology 编辑部（北京）

续表

土耳其

序号	出版物名称	语种	类型	学科	国际合作出版/版权输出机构	国内出版机构
305	Green Energy & Environment	英文	期刊（电子版）	能源科学技术（自然科学）	爱思唯尔出版集团（荷兰）	科学出版社（北京）
306	Infectious Disease Modelling	英文	期刊（电子版）	数学（自然科学）	爱思唯尔出版集团（荷兰）	Infectious Disease Modelling 编辑部（北京）
307	Journal of Bioresources and Bioproducts	英文	期刊（电子版）	林学（自然科学）	爱思唯尔出版集团（荷兰）	Journal of Bioresources and Bioproducts 编辑部（江苏）
308	Journal of Communications and Information Networks	英文	期刊（电子版）	电子与通信技术（自然科学）	电气和电子工程师协会出版平台（美国）	Journal of Communications and Information Networks 编辑部（北京）
309	Journal of Management Science and Engineering	英文	期刊（电子版）	管理学（社会科学）	爱思唯尔出版集团（荷兰）	科学出版社（北京）
310	Journal of Ocean Engineering and Science	英文	期刊（电子版）	地球科学（自然科学）	爱思唯尔出版集团（荷兰）	Journal of Ocean Engineering and Science 编辑部（上海）
311	Oil Crop Science	英文	期刊（电子版）	农学（自然科学）	爱思唯尔出版集团（荷兰）	Oil Crop Science 编辑部（湖北）
312	Petroleum Research	英文	期刊（电子版）	能源科学技术（自然科学）	爱思唯尔出版集团（荷兰）	石油工业出版社（北京）
313	Solid Earth Sciences	英文	期刊（电子版）	地球科学（自然科学）	爱思唯尔出版集团（荷兰）	Solid Earth Sciences 编辑部（广东）
314	Underground Space	英文	期刊（电子版）	土木建筑工程（自然科学）	爱思唯尔出版集团（荷兰）	同济大学出版社（上海）
315	Clean Energy	英文	期刊（电子版）	能源科学技术（自然科学）	牛津大学出版社（英国）	科学出版社（北京）
316	Earth and Planetary Physics	英文	期刊（电子版）	天文学（自然科学）	威利出版集团（美国）	科学出版社（北京）
317	Food Quality and Safety	英文	期刊（电子版）	食品科学技术（自然科学）	牛津大学出版社（英国）	浙江大学出版社（浙江）
318	Global Health Journal	英文	期刊（电子版）	临床医学（自然科学）	爱思唯尔出版集团（荷兰）	人民卫生出版社（北京）

续表

序号	出版物名称	语种	类型	学科	国际合作出版/版权输出机构	国内出版机构
319	International Journal of Innovation Studies	英文	期刊（电子版）	综合（社会科学）	爱思唯尔出版集团（荷兰）	科学出版社（北京）
320	Liver Research	英文	期刊（电子版）	临床医学（自然科学）	爱思唯尔出版集团（荷兰）	Liver Research 编辑部（广东）
321	Built Heritage	英文	期刊（电子版）	环境科学技术及资源科学技术（自然科学）	施普林格·自然出版集团（德国）	同济大学出版社（上海）
322	Brain Science Advances	英文	期刊（电子版）	临床医学（自然科学）	世哲出版集团（美国）	清华大学出版社（北京）
323	Cultures of Science	英文	期刊（电子版）	哲学（社会科学）	无	Cultures of Science 编辑部（北京）
324	ECNU Review of Education	英文	期刊（电子版）	教育学（社会科学）	无	华东师范大学出版社（上海）
325	Global Energy Interconnection	英文	期刊（电子版）	能源科学技术（自然科学）	爱思唯尔出版集团（荷兰）	Global Energy Interconnection 编辑部（北京）
326	Grain & Oil Science and Technology	英文	期刊（电子版）	食品科学技术（自然科学）	爱思唯尔出版集团（荷兰）	Grain & Oil Science and Technology 编辑部（河南）
327	China Geology	英文	期刊（电子版）	地球科学（自然科学）	无	China Geology 编辑部（北京）
328	Journal of Interventional Medicine	英文	期刊（电子版）	临床医学（自然科学）	爱思唯尔出版集团（荷兰）	Journal of Interventional Medicine 编辑部（上海）
329	Biosafety and Health	英文	期刊（电子版）	基础医学（自然科学）	爱思唯尔出版集团（荷兰）	中华医学会杂志社（北京）
330	Artificial Intelligence in Agriculture	英文	期刊（电子版）	计算机科学技术（自然科学）	爱思唯尔出版集团（荷兰）	Artificial Intelligence in Agriculture 编辑部（北京）
331	Chinese Journal of Plastic and Reconstructive Surgery	英文	期刊（电子版）	临床医学（自然科学）	爱思唯尔出版集团（荷兰）	Chinese Journal of Plastic and Reconstructive Surgery 编辑部（北京）
332	Nano Materials Science	英文	期刊（电子版）	材料科学（自然科学）	爱思唯尔出版集团（荷兰）	科学出版社（北京）

土耳其

续表

土耳其

序号	出版物名称	语种	类型	学科	国际合作出版/版权输出机构	国内出版机构
333	Environmental Science & Ecotechnology	英文	期刊（电子版）	环境科学技术及资源科学技术（自然科学）	爱思唯尔出版集团（荷兰）	Environmental Science & Ecotechnology 编辑部（北京）
334	Regional Sustainability	英文	期刊（电子版）	环境科学技术及资源科学技术（自然科学）	爱思唯尔出版集团（荷兰）	Regional Sustainability 编辑部（新疆）
335	Journal of Safety Science and Resilience	英文	期刊（电子版）	安全科学技术（自然科学）	爱思唯尔出版集团（荷兰）	科学出版社（北京）
336	Intelligent Medicine	英文	期刊（电子版）	临床医学（自然科学）	爱思唯尔出版集团（荷兰）	Intelligent Medicine 编辑部（北京）
337	Acta Mathematica Scientia	英文	期刊（纸质版+电子版）	数学（自然科学）	施普林格·自然出版集团（德国）	科学出版社（北京）
338	Nuclear Science and Techniques	英文	期刊（纸质版+电子版）	核科学技术（自然科学）	施普林格·自然出版集团（德国）	科学出版社（北京）
339	Science China Materials	英文	期刊（纸质版+电子版）	材料科学（自然科学）	施普林格·自然出版集团（德国）	《中国科学》杂志社（北京）
340	Particuology	英文	期刊（纸质版+电子版）	化学工程（自然科学）	爱思唯尔出版集团（荷兰）	科学出版社（北京）
341	Nano Research	英文	期刊（纸质版+电子版）	材料科学（自然科学）	施普林格·自然出版集团（德国）	清华大学出版社（北京）
342	Science China Chemistry	英文	期刊（纸质版+电子版）	化学（自然科学）	施普林格·自然出版集团（德国）	《中国科学》杂志社（北京）
343	Science China Earth Sciences	英文	期刊（纸质版+电子版）	地球科学（自然科学）	施普林格·自然出版集团（德国）	《中国科学》杂志社（北京）
344	Science China Life Sciences	英文	期刊（纸质版+电子版）	生物学（自然科学）	施普林格·自然出版集团（德国）	《中国科学》杂志社（北京）
345	Science China Mathematics	英文	期刊（纸质版+电子版）	数学（自然科学）	施普林格·自然出版集团（德国）	《中国科学》杂志社（北京）
346	Science China Physics, Mechanics & Astronomy	英文	期刊（纸质版+电子版）	综合（自然科学）	施普林格·自然出版集团（德国）	《中国科学》杂志社（北京）

续表

土耳其

序号	出版物名称	语种	类型	学科	国际合作出版/版权输出机构	国内出版机构
347	Translational Neurodegeneration	英文	期刊(纸质版+电子版)	临床医学(自然科学)	施普林格·自然出版集团(德国)	Translational Neurodegeneration 编辑部(上海)
348	Science Bulletin	英文	期刊(纸质版+电子版)	综合(自然科学)	爱思唯尔出版集团(荷兰)	《中国科学》杂志社(北京)
349	婚姻家庭法之研究	中文	图书(纸质版)	法学(社会科学)	无	中国政法大学出版社(北京)
350	构建新的认同:市场转型期国有企业的劳动控制	中文	图书(纸质版)	社会学(社会科学)	无	社会科学文献出版社(北京)
351	社会的生产:1978年以来的中国社会变迁	中文	图书(纸质版)	综合(社会科学)	无	上海人民出版社(上海)
352	文化主体性与历史的主人——费孝通学术思想研究	中文	图书(纸质版)	社会学(社会科学)	无	上海人民出版社(上海)
353	腐败的经济学分析	中文	图书(电子版)	经济学(社会科学)	无	中共中央党校出版社(北京)
354	核电站地震安全	中文	图书(电子版)	土木建筑工程(自然科学)	无	高等教育出版社(北京)
355	重大地下工程安全建设与风险管理	中文	图书(电子版)	安全科学技术(自然科学)	无	高等教育出版社(北京)
356	复杂系统建模仿真	中文	图书(电子版)	信息科学与系统科学(自然科学)	无	高等教育出版社(北京)
357	膜技术在水和气体净化中的应用	中文	图书(电子版)	工程与技术科学基础学科(自然科学)	无	高等教育出版社(北京)
358	中国人口·资源与环境	中文	期刊(电子版)	社会学(社会科学)	无	《中国人口·资源与环境》编辑部(山东)
359	地球科学与环境学报	中文	期刊(电子版)	地球科学(自然科学)	无	《地球科学与环境学报》编辑部(陕西)
360	临床神经外科杂志	中文	期刊(电子版)	临床医学(自然科学)	无	《临床神经外科杂志》编辑部(江苏)
361	上海交通大学学报	中文	期刊(电子版)	综合(自然科学)	无	《上海交通大学学报》编辑部(上海)
362	西北工业大学学报	中文	期刊(电子版)	综合(自然科学)	无	《西北工业大学学报》编辑部(陕西)

续表

序号	出版物名称	语种	类型	学科	国际合作出版/版权输出机构	国内出版机构
				土耳其		
363	测绘学报	中文	期刊（电子版）	测绘科学技术（自然科学）	无	《测绘学报》编辑部（北京）
364	北方农业学报	中文	期刊（电子版）	农学（自然科学）	无	《北方农业学报》编辑部（内蒙古）
365	福建农业科技	中文	期刊（电子版）	农学（自然科学）	无	《福建农业科技》编辑部（福建）
366	电子技术应用	中文	期刊（电子版）	电子与通信技术（自然科学）	无	《电子技术应用》编辑部（北京）
367	饲料研究	中文	期刊（电子版）	畜牧、兽医科学（自然科学）	无	《饲料研究》编辑部（北京）
368	当代经济科学	中文	期刊（电子版）	经济学（社会科学）	无	《当代经济科学》编辑部（陕西）
369	经济科学	中文	期刊（电子版）	经济学（社会科学）	无	《经济科学》编辑部（北京）
370	陆军军医大学学报	中文	期刊（电子版）	医学综合（自然科学）	无	《陆军军医大学学报》编辑部（重庆）
371	中华肿瘤杂志	中文	期刊（电子版）	临床医学（自然科学）	无	中华医学会杂志社（北京）
372	广西植物	中文	期刊（电子版）	生物学（自然科学）	无	科学出版社（北京）
373	森林与环境学报	中文	期刊（电子版）	林学（自然科学）	无	《森林与环境学报》编辑部（福建）
374	中华血液学杂志	中文	期刊（电子版）	临床医学（自然科学）	无	中华医学会杂志社（北京）
375	热带地理	中文	期刊（电子版）	地球科学（自然科学）	无	《热带地理》编辑部（广东）
376	上海交通大学学报（医学版）	中文	期刊（电子版）	医学综合（自然科学）	无	《上海交通大学学报（医学版）》编辑部（上海）
377	物理学进展	中文	期刊（电子版）	物理学（自然科学）	无	《物理学进展》编辑部（江苏）
378	林业经济问题	中文	期刊（电子版）	林学（自然科学）	无	《林业经济问题》编辑部（福建）

续表

土耳其

序号	出版物名称	语种	类型	学科	国际合作出版/版权输出机构	国内出版机构
379	实验室研究与探索	中文	期刊（电子版）	自然科学相关工程与技术（自然科学）	无	《自然科学相关工程与技术》编辑部（上海）
380	西南农业学报	中文	期刊（电子版）	农学（自然科学）	无	《西南农业学报》编辑部（四川）
381	波谱学杂志	中文	期刊（电子版）	物理学（自然科学）	无	《波谱学杂志》编辑部（湖北）
382	大学图书馆学报	中文	期刊（电子版）	图书馆、情报与文献学（社会科学）	无	《大学图书馆学报》编辑部（北京）
383	计算机应用研究	中文	期刊（电子版）	计算机科学技术（自然科学）	无	《计算机应用研究》编辑部（四川）
384	临床肝胆病杂志	中文	期刊（电子版）	临床医学（自然科学）	无	《临床肝胆病杂志》编辑部（吉林）
385	农业工程学报	中文	期刊（电子版）	自然科学相关工程与技术（自然科学）	无	《农业工程学报》编辑部（北京）
386	岩矿测试	中文	期刊（电子版）	矿山工程技术（自然科学）	无	科学出版社（北京）
387	自然资源学报	中文	期刊（电子版）	综合（自然科学）	无	科学出版社（北京）
388	中国农业气象	中文	期刊（电子版）	农学（自然科学）	无	《中国农业气象》编辑部（北京）
389	中国心理卫生杂志	中文	期刊（电子版）	临床医学（自然科学）	无	《中国心理卫生杂志》编辑部（北京）
390	功能高分子学报	中文	期刊（电子版）	化学（自然科学）	无	《功能高分子学报》编辑部（上海）
391	中国男科学杂志	中文	期刊（电子版）	临床医学（自然科学）	无	《中国男科学杂志》编辑部（上海）
392	同位素	中文	期刊（电子版）	物理学（自然科学）	无	《同位素》编辑部（北京）
393	农业图书情报学报	中文	期刊（电子版）	图书馆、情报与文献学（社会科学）	无	《农业图书情报学报》编辑部（北京）

续表

土耳其

序号	出版物名称	语种	类型	学科	国际合作出版版/版权输出机构	国内出版机构
394	人工晶体学报	中文	期刊（电子版）	物理学（自然科学）	无	《人工晶体学报》编辑部（北京）
395	水科学进展	中文	期刊（电子版）	水利工程（自然科学）	无	科学出版社（北京）
396	功能材料	中文	期刊（电子版）	材料科学（自然科学）	无	《功能材料》编辑部（重庆）
397	中国癌症杂志	中文	期刊（电子版）	临床医学（自然科学）	无	《中国癌症杂志》编辑部（上海）
398	南开管理评论	中文	期刊（电子版）	管理学（社会科学）	无	《南开管理评论》编辑部（天津）
399	影像诊断与介入放射学	中文	期刊（电子版）	临床医学（自然科学）	无	《影像诊断与介入放射学》编辑部（广东）
400	中国烟草学报	中文	期刊（电子版）	农学（自然科学）	无	《中国烟草学报》编辑部（北京）
401	北京石油化工学院学报	中文	期刊（电子版）	综合（自然科学）	无	《北京石油化工学院学报》编辑部（北京）
402	南昌大学学报（理科版）	中文	期刊（电子版）	综合（自然科学）	无	《南昌大学学报（理科版）》编辑部（江西）
403	实用心电学杂志	中文	期刊（电子版）	临床医学（自然科学）	无	《实用心电学杂志》编辑部（江苏）
404	北京中医药大学学报	中文	期刊（电子版）	中医学与中药学（自然科学）	无	《北京中医药大学学报》编辑部（北京）
405	电子科技	中文	期刊（电子版）	电子与通信技术（自然科学）	无	《电子科技》编辑部（陕西）
406	东北大学学报（自然科学版）	中文	期刊（电子版）	综合（自然科学）	无	《东北大学学报（自然科学版）》编辑部（沈阳）
407	森林工程	中文	期刊（电子版）	林学（自然科学）	无	《森林工程》编辑部（黑龙江）
408	药学实践杂志	中文	期刊（电子版）	药学（自然科学）	无	《药学实践杂志》编辑部（上海）

续表

序号	出版物名称	语种	类型	学科	国际合作出版/版权输出机构	国内出版机构
				土耳其		
409	哈尔滨理工大学学报	中文	期刊（电子版）	综合（自然科学）	无	《哈尔滨理工大学学报》编辑部（黑龙江）
410	河北科技大学学报	中文	期刊（电子版）	综合（自然科学）	无	《河北科技大学学报》编辑部（河北）
411	中国当代儿科杂志	中文	期刊（电子版）	临床医学（自然科学）	无	《中国当代儿科杂志》编辑部（湖南）
412	中国工程科学	中文	期刊（电子版）	综合（自然科学）	无	高等教育出版社（北京）
413	现代医药卫生	中文	期刊（电子版）	医学综合（自然科学）	无	现代医药卫生杂志社（重庆）
414	应用化工	中文	期刊（电子版）	化学工程（自然科学）	无	《应用化工》编辑部（陕西）
415	中国肺癌杂志	中文	期刊（电子版）	临床医学（自然科学）	无	《中国肺癌杂志》编辑部（天津）
416	药学服务与研究	中文	期刊（电子版）	药学（自然科学）	无	《药学服务与研究》编辑部（上海）
417	中国医院用药评价与分析	中文	期刊（电子版）	药学（自然科学）	无	《中国医院用药评价与分析》编辑部（北京）
418	复旦学报（医学版）	中文	期刊（电子版）	医学综合（自然科学）	无	《复旦学报（医学版）》编辑部（上海）
419	江苏大学学报（自然科学版）	中文	期刊（电子版）	综合（自然科学）	无	《江苏大学学报（自然科学版）》编辑部（江苏）
420	辽宁工程技术大学学报（自然科学版）	中文	期刊（电子版）	综合（自然科学）	无	《辽宁工程技术大学学报（自然科学版）》编辑部（辽宁）
421	西安交通大学学报（医学版）	中文	期刊（电子版）	医学综合（自然科学）	无	《西安交通大学学报（医学版）》编辑部（陕西）
422	生物信息学	中文	期刊（电子版）	生物学（自然科学）	无	《生物信息学》编辑部（黑龙江）
423	辽东学院学报（社会科学版）	中文	期刊（电子版）	综合（社会科学）	无	《辽东学院学报（社会科学版）》编辑部（辽宁）

续表

序号	出版物名称	语种	类型	学科	国际合作出版/版权输出机构	国内出版机构
				土耳其		
424	中国现代神经疾病杂志	中文	期刊（电子版）	临床医学（自然科学）	无	《中国现代神经疾病杂志》编辑部（天津）
425	南方医科大学学报	中文	期刊（电子版）	医学综合（自然科学）	无	《南方医科大学学报》编辑部（广东）
426	现代生物医学进展	中文	期刊（电子版）	自然科学相关工程与技术（自然科学）	无	《现代生物医学进展》编辑部（黑龙江）
427	中国美容整形外科杂志	中文	期刊（电子版）	临床医学（自然科学）	无	《中国美容整形外科杂志》编辑部（辽宁）
428	国际妇产科学杂志	中文	期刊（电子版）	临床医学（自然科学）	无	《国际妇产科学杂志》编辑部（天津）
429	国际生殖健康/计划生育杂志	中文	期刊（电子版）	临床医学（自然科学）	无	《国际生殖健康/计划生育杂志》编辑部（天津）
430	中华糖尿病杂志	中文	期刊（电子版）	临床医学（自然科学）	无	中华医学会杂志社（北京）
431	常州大学学报（自然科学版）	中文	期刊（电子版）	综合（自然科学）	无	《常州大学学报（自然科学版）》编辑部（江苏）
432	昆明医科大学学报	中文	期刊（电子版）	医学综合（自然科学）	无	《昆明医科大学学报》编辑部（云南）
433	雷达学报	中文	期刊（电子版）	电子与通信技术（自然科学）	无	科学出版社（北京）
434	中国组织工程研究	中文	期刊（电子版）	医学综合（自然科学）	无	《中国组织工程研究》编辑部（辽宁）
435	南方能源建设	中文	期刊（电子版）	动力与电气工程（自然科学）	无	《南方能源建设》编辑部（广东）
436	网络与信息安全学报	中文	期刊（电子版）	信息与系统科学相关工程与技术（自然科学）	无	人民邮电出版社（北京）
437	轻工学报	中文	期刊（电子版）	工程与技术科学基础学科（自然科学）	无	《轻工学报》编辑部（河南）
438	隧道与地下工程灾害防治	中文	期刊（电子版）	交通运输工程（自然科学）	无	《隧道与地下工程灾害防治》编辑部（山东）

续表

土耳其

序号	出版物名称	语种	类型	学科	国际合作出版/版权 输出机构	国内出版机构
439	Marx'ın Materyalist Tarih Kavramı	土耳 其文	图书（纸质版）	马克思主义（社会科学）	Canut 出版社（土耳其）	中国人民大学出版社（北京）
440	ÇİN'İN BAKIŞ AÇISINDAN	土耳 其文	图书（纸质版）	政治学（社会科学）	环球时代传播集团 公司（土耳其）	中国人民大学出版社（北京）

捷克共和国

序号	出版物名称	语种	类型	学科	国际合作出版/版权 输出机构	国内出版机构
1	The History of Chinese Dance	英文	图书（纸质版）	艺术学（社会科学）	无	外文出版社（北京）
2	An Intellectual History of China	英文	图书（纸质版）	历史学（社会科学）	无	外文出版社（北京）
3	From the Opium War to the May Fourth Movement	英文	图书（纸质版）	历史学（社会科学）	无	外文出版社（北京）
4	History of Modern Chinese Literature	英文	图书（纸质版）	文学（社会科学）	无	外文出版社（北京）
5	Several Issues Arising during the Retracking of the Chinese Economy	英文	图书（纸质版）	经济学（社会科学）	无	外文出版社（北京）
6	Journal of Systems Engineering and Electronics	英文	期刊（电子版）	电子与通信技术（自然科学）	电气和电子工程师协会 出版平台（美国）	Journal of Systems Engineering and Electronics 编辑部（北京）
7	Journal of Traditional Chinese Medicine	英文	期刊（电子版）	中医学与中药学（自然科学）	无	Journal of Traditional Chinese Medicine 编辑部（北京）
8	Acta Mathematica Scientia	英文	期刊（电子版）	数学（自然科学）	施普林格·自然出版 集团（德国）	科学出版社（北京）
9	Communications in Theoretical Physics	英文	期刊（电子版）	物理学（自然科学）	英国物理学会出版社 （英国）	Communications in Theoretical Physics 编辑部（北京）
10	Journal of Computational Mathematics	英文	期刊（电子版）	数学（自然科学）	无	科学出版社（北京）
11	Chinese Physics Letters	英文	期刊（电子版）	物理学（自然科学）	英国物理学会出版社 （英国）	Chinese Physics Letters 编辑部（北京）

380

续表

序号	出版物名称	语种	类型	学科	国际合作出版/版权输出出版机构	国内出版机构
				捷克共和国		
12	Acta Geochimica	英文	期刊（电子版）	地球科学（自然科学）	施普林格·自然出版集团（德国）	科学出版社（北京）
13	International Journal of Sediment Research	英文	期刊（电子版）	水利工程（自然科学）	爱思唯尔出版集团（荷兰）	International Journal of Sediment Research 编辑部（北京）
14	Military Medical Research	英文	期刊（电子版）	临床医学（自然科学）	施普林格·自然出版集团（德国）	人民军医出版社（北京）
15	Acta Mechanica Solida Sinica	英文	期刊（电子版）	力学（自然科学）	施普林格·自然出版集团（德国）	Acta Mechanica Solida Sinica 编辑部（湖北）
16	Reproductive and Developmental Medicine	英文	期刊（电子版）	临床医学（自然科学）	威科出版集团（荷兰）	中华医学会杂志社（北京）
17	International Journal of Mining Science and Technology	英文	期刊（电子版）	矿山工程技术（自然科学）	爱思唯尔出版集团（荷兰）	International Journal of Mining Science and Technology 编辑部（江苏）
18	Journal of Earth Science	英文	期刊（电子版）	地球科学（自然科学）	施普林格·自然出版集团（德国）	Journal of Earth Science 编辑部（湖北）
19	Journal of Hydrodynamics, Series B	英文	期刊（电子版）	力学（自然科学）	施普林格·自然出版集团（德国）	Journal of Hydrodynamics, Series B 编辑部（上海）
20	Chemical Research in Chinese Universities	英文	期刊（电子版）	化学（自然科学）	施普林格·自然出版集团（德国）	Chemical Research in Chinese Universities 编辑部（吉林）
21	Journal of Rare Earths	英文	期刊（电子版）	化学（自然科学）	爱思唯尔出版集团（荷兰）	Journal of Rare Earths 编辑部（北京）
22	Pedosphere	英文	期刊（电子版）	农学（自然科学）	爱思唯尔出版集团（荷兰）	科学出版社（北京）
23	World Journal of Acupuncture-Moxibustion	英文	期刊（电子版）	中医学与中药学（自然科学）	爱思唯尔出版集团（荷兰）	World Journal of Acupuncture-Moxibustion 编辑部（北京）
24	Journal of Tropical Meteorology	英文	期刊（电子版）	环境科学技术及资源科学技术（自然科学）	无	Journal of Tropical Meteorology 编辑部（广东）
25	Tsinghua Science and Technology	英文	期刊（电子版）	综合（自然科学）	电气和电子工程师协会出版平台（美国）	清华大学出版社（北京）

续表

捷克共和国

序号	出版物名称	语种	类型	学科	国际合作出版/版权输出机构	国内出版机构
26	Chinese Journal of Polymer Science	英文	期刊（电子版）	化学（自然科学）	施普林格·自然出版（德国）	Chinese Journal of Polymer Science 编辑部（北京）
27	Chinese Physics B	英文	期刊（电子版）	物理学（自然科学）	英国物理学会出版社（英国）	Chinese Physics B 编辑部（北京）
28	Research in Astronomy and Astrophysics	英文	期刊（电子版）	天文学（自然科学）	英国物理学会出版社（英国）	科学出版社（北京）
29	Particuology	英文	期刊（电子版）	化学工程（自然科学）	爱思唯尔出版集团（荷兰）	科学出版社（北京）
30	Chinese Journal of Integrative Medicine	英文	期刊（电子版）	中医学与中药学（自然科学）	施普林格·自然出版集团（德国）	中国中西医结合杂志社（北京）
31	Petroleum Science	英文	期刊（电子版）	能源科学技术（自然科学）	施普林格·自然出版集团（德国）	Petroleum Science 编辑部（北京）
32	Journal of Integrative Plant Biology	英文	期刊（电子版）	生物学（自然科学）	威利出版集团（美国）	Journal of Integrative Plant Biology 编辑部（北京）
33	Journal of Otology	英文	期刊（电子版）	临床医学（自然科学）	爱思唯尔出版集团（荷兰）	Journal of Otology 编辑部（北京）
34	Neural Regeneration Research	英文	期刊（电子版）	临床医学（自然科学）	威科出版集团（荷兰）	Neural Regeneration Research 编辑部（辽宁）
35	Journal of Genetics and Genomics	英文	期刊（电子版）	生物学（自然科学）	爱思唯尔出版集团（荷兰）	科学出版社（北京）
36	Virologica Sinica	英文	期刊（电子版）	生物学（自然科学）	施普林格·自然出版集团（德国）	Virologica Sinica 编辑部（湖北）
37	Atmospheric and Oceanic Science Letters	英文	期刊（电子版）	地球科学（自然科学）	泰勒弗朗西斯出版集团（英国）	科学出版社（北京）
38	Journal of Systematics and Evolution	英文	期刊（电子版）	生物学（自然科学）	威利出版集团（美国）	Journal of Systematics and Evolution 编辑部（北京）
39	International Journal of Minerals, Metallurgy and Materials	英文	期刊（电子版）	冶金工程技术（自然科学）	施普林格·自然出版集团（德国）	International Journal of Minerals, Metallurgy and Materials 编辑部（北京）

续表

捷克共和国

序号	出版物名称	语种	类型	学科	国际合作出版/版权输出机构	国内出版机构
40	Journal of Rock Mechanics and Geotechnical Engineering	英文	期刊（电子版）	土木建筑工程（自然科学）	爱思唯尔出版集团（荷兰）	科学出版社（北京）
41	Journal of Semiconductors	英文	期刊（电子版）	电子与通信技术（自然科学）	英国物理学会出版社（英国）	Journal of Semiconductors 编辑部（北京）
42	Geodesy and Geodynamics	英文	期刊（电子版）	地球科学（自然科学）	爱思唯尔出版集团（荷兰）	科学出版社（北京）
43	Journal of Animal Science and Biotechnology	英文	期刊（电子版）	生物学（自然科学）	施普林格·自然出版集团（德国）	Journal of Animal Science and Biotechnology 编辑部（北京）
44	Advances in Climate Change Research	英文	期刊（电子版）	地球科学（自然科学）	爱思唯尔出版集团（荷兰）	科学出版社（北京）
45	Theoretical & Applied Mechanics Letters	英文	期刊（电子版）	机械工程（自然科学）	爱思唯尔出版集团（荷兰）	Theoretical & Applied Mechanics Letters 编辑部（北京）
46	Journal of Palaeogeography	英文	期刊（电子版）	地球科学（自然科学）	施普林格·自然出版集团（德国）	科学出版社（北京）
47	Journal of Energy Chemistry	英文	期刊（电子版）	能源科学技术（自然科学）	爱思唯尔出版集团（荷兰）	科学出版社（北京）
48	Engineering	英文	期刊（电子版）	工程与技术科学基础学科（自然科学）	爱思唯尔出版集团（荷兰）	高等教育出版社（北京）
49	Forest Ecosystems	英文	期刊（电子版）	林学（自然科学）	爱思唯尔出版集团（荷兰）	Forest Ecosystems 编辑部（北京）
50	Frontiers of Nursing	英文	期刊（电子版）	临床医学（自然科学）	德古意特出版公司（德国）	山西医学期刊社（山西）
51	Information Processing in Agriculture	英文	期刊（电子版）	信息科学与系统科学（自然科学）	爱思唯尔出版集团（荷兰）	Information Processing in Agriculture 编辑部（北京）
52	Journal of Traditional Chinese Medical Sciences	英文	期刊（电子版）	中医学与中药学（自然科学）	爱思唯尔出版集团（荷兰）	清华大学出版社（北京）
53	Journal of Traffic and Transportation Engineering (English Edition)	英文	期刊（电子版）	交通运输工程（自然科学）	爱思唯尔出版集团（荷兰）	Journal of Traffic and Transportation Engineering 编辑部（陕西）

续表

捷克共和国

序号	出版物名称	语种	类型	学科	国际合作出版/版权输出机构	国内出版机构
54	Emerging Contaminants	英文	期刊（电子版）	环境科学技术及资源科学技术（自然科学）	爱思唯尔出版集团（荷兰）	Emerging Contaminants 编辑部（北京）
55	Petroleum	英文	期刊（电子版）	能源科学技术（自然科学）	爱思唯尔出版集团（荷兰）	Petroleum 编辑部（四川）
56	Synthetic and Systems Biotechnology	英文	期刊（电子版）	自然科学相关工程与技术（自然科学）	爱思唯尔出版集团（荷兰）	Synthetic and Systems Biotechnology 编辑部（北京）
57	Water Science and Engineering	英文	期刊（电子版）	水利工程（自然科学）	无	Water Science and Engineering 编辑部（江苏）
58	World Journal of Otorhinolaryngology-Head and Neck Surgery	英文	期刊（电子版）	临床医学（自然科学）	爱思唯尔出版集团（荷兰）	中华医学会杂志社（北京）
59	Chronic Diseases and Translational Medicine	英文	期刊（电子版）	临床医学（自然科学）	爱思唯尔出版集团（荷兰）	中华医学会杂志社（北京）
60	Green Energy & Environment	英文	期刊（电子版）	能源科学技术（自然科学）	爱思唯尔出版集团（荷兰）	科学出版社（北京）
61	Infectious Disease Modelling	英文	期刊（电子版）	数学（自然科学）	爱思唯尔出版集团（荷兰）	Infectious Disease Modelling 编辑部（北京）
62	Journal of Management Science and Engineering	英文	期刊（电子版）	管理学（社会科学）	爱思唯尔出版集团（荷兰）	科学出版社（北京）
63	Oil Crop Science	英文	期刊（电子版）	农学（自然科学）	爱思唯尔出版集团（荷兰）	Oil Crop Science 编辑部（湖北）
64	Global Health Journal	英文	期刊（电子版）	临床医学（自然科学）	爱思唯尔出版集团（荷兰）	人民卫生出版社（北京）
65	China Geology	英文	期刊（电子版）	地球科学（自然科学）	爱思唯尔出版集团（荷兰）	China Geology 编辑部（北京）
66	Grain & Oil Science and Technology	英文	期刊（电子版）	食品科学技术（自然科学）	爱思唯尔出版集团（荷兰）	Grain & Oil Science and Technology 编辑部（河南）
67	Artificial Intelligence in Agriculture	英文	期刊（电子版）	计算机科学技术（自然科学）	爱思唯尔出版集团（荷兰）	Artificial Intelligence in Agriculture 编辑部（北京）

续表

捷克共和国

序号	出版物名称	语种	类型	学科	国际合作出版/版权输出机构	国内出版机构
68	Biosafety and Health	英文	期刊（电子版）	基础医学（自然科学）	爱思唯尔出版集团（荷兰）	中华医学会杂志社（北京）
69	Chinese Journal of Plastic and Reconstructive Surgery	英文	期刊（电子版）	临床医学（自然科学）	爱思唯尔出版集团（荷兰）	Chinese Journal of Plastic and Reconstructive Surgery 编辑部（北京）
70	International Journal of Extreme Manufacturing	英文	期刊（电子版）	工程与技术科学基础学科（自然科学）	英国物理学会出版社（英国）	International Journal of Extreme Manufacturing 编辑部（四川）
71	Virtual Reality & Intelligent Hardware	英文	期刊（电子版）	计算机科学技术（自然科学）	爱思唯尔出版集团（荷兰）	科学出版社（北京）
72	Regional Sustainability	英文	期刊（电子版）	环境科学技术及资源科学技术（自然科学）	爱思唯尔出版集团（荷兰）	Regional Sustainability 编辑部（新疆）
73	Intelligent Medicine	英文	期刊（电子版）	临床医学（自然科学）	爱思唯尔出版集团（荷兰）	Intelligent Medicine 编辑部（北京）
74	Chinese Physics C	英文	期刊（纸质版+电子版）	物理学（自然科学）	英国物理学会出版社（英国）	科学出版社（北京）
75	Science Bulletin	英文	期刊（纸质版+电子版）	综合（自然科学）	爱思唯尔出版集团（荷兰）	《中国科学》杂志社（北京）
76	儒学与东方文化	中文	图书（纸质版）	哲学（社会科学）	无	人民出版社（北京）
77	中国哲学史通览	中文	图书（纸质版）	哲学（社会科学）	无	东方出版中心（上海）
78	楚辞文化背景研究	中文	图书（纸质版）	文学（社会科学）	无	湖北教育出版社（湖北）
79	楚系墓葬研究	中文	图书（纸质版）	考古学（社会科学）	无	湖北教育出版社（湖北）
80	中西文化交流史	中文	图书（纸质版）	历史学（社会科学）	无	外文出版社（北京）
81	楚文学史	中文	图书（纸质版）	文学（社会科学）	无	湖北教育出版社（湖北）
82	胡适文化思想析	中文	图书（纸质版）	综合（社会科学）	无	东方出版社（北京）
83	甲骨学一百年	中文	图书（纸质版）	历史学（社会科学）	无	社会科学文献出版社（北京）

续表

捷克共和国

序号	出版物名称	语种	类型	学科	国际合作出版/版权输出机构	国内出版机构
84	黄河中下游地区的东周墓葬制度	中文	图书（纸质版）	历史学（社会科学）	无	社会科学文献出版社（北京）
85	当代中国民主问题研究	中文	图书（纸质版）	政治学（社会科学）	无	当代世界出版社（北京）
86	20世纪中国新闻学与传播学：理论新闻学卷	中文	图书（纸质版）	新闻学与传播学（社会科学）	无	复旦大学出版社（上海）
87	20世纪中国新闻学与传播学：新闻史学卷	中文	图书（纸质版）	新闻学与传播学（社会科学）	无	复旦大学出版社（上海）
88	20世纪中国新闻学与传播学：传播学卷	中文	图书（纸质版）	新闻学与传播学（社会科学）	无	复旦大学出版社（上海）
89	马克思主义哲学研究	中文	图书（纸质版）	哲学（社会科学）	无	武汉大学出版社（湖北）
90	训诂简论	中文	图书（纸质版）	语言学（社会科学）	无	北京出版社（北京）
91	20世纪中国新闻学与传播学：宣传学和舆论学卷	中文	图书（纸质版）	新闻学与传播学（社会科学）	无	复旦大学出版社（上海）
92	中国伦理学	中文	图书（纸质版）	哲学（社会科学）	无	湖北人民出版社（湖北）
93	中国八十年代文学现象研究	中文	图书（纸质版）	文学（社会科学）	无	作家出版社（北京）
94	中华远古史	中文	图书（纸质版）	历史学（社会科学）	无	上海人民出版社（上海）
95	中国近代小说的兴起	中文	图书（纸质版）	文学（社会科学）	无	上海教育出版社（上海）
96	上海精神医学	中文	期刊（电子版）	临床医学（自然科学）	无	《上海精神医学》编辑部（上海）
97	质谱学报	中文	期刊（电子版）	物理学（自然科学）	无	《质谱学报》编辑部（北京）
98	岩矿测试	中文	期刊（电子版）	地球科学（自然科学）	无	科学出版社（北京）
99	天然产物研究与开发	中文	期刊（电子版）	生物学（自然科学）	无	《天然产物研究与开发》编辑部（四川）

拉脱维亚

序号	出版物名称	语种	类型	学科	国际合作出版/版权输出机构	国内出版机构
1	Voices for Change: Participatory Monitoring and Evaluation in China	英文	图书（电子版）	管理学（社会科学）	国际发展研究中心（加拿大）	云南科技出版社（云南）

续表

拉脱维亚

序号	出版物名称	语种	类型	学科	国际合作出版/版权输出机构	国内出版机构
2	Proceedings of Conference on Frontiers and Prospects of Contemporary Applied Mathematics, Aug. 24-30, 2004, Xiangtan, China	英文	图书（电子版）	数学（自然科学）	世界科技出版公司（新加坡）	高等教育出版社（北京）
3	Wave Propagation, Scattering and Emission in Complex Media	英文	图书（电子版）	物理学（自然科学）	世界科技出版公司（新加坡）	科学出版社（北京）
4	Ginzburg-Landau Vortices	英文	图书（电子版）	数学（自然科学）	世界科技出版公司（新加坡）	高等教育出版社（北京）
5	Functional Inequalities, Markov Semigroups and Spectral Theory	英文	图书（电子版）	数学（自然科学）	爱思唯尔出版集团（荷兰）	科学出版社（北京）
6	China's Energy Outlook 2004	英文	图书（电子版）	能源科学技术（自然科学）	世界科技出版公司（新加坡）	清华大学出版社（北京）
7	Mathematical Methods for Surface and Subsurface Hydrosystems	英文	图书（电子版）	环境科学技术及资源科学技术（自然科学）	世界科技出版公司（新加坡）	高等教育出版社（北京）
8	Actuarial Science: Theory and Methodology	英文	图书（电子版）	数学（自然科学）	世界科技出版公司（新加坡）	高等教育出版社（北京）
9	China's Dilemma: Economic Growth, the Environment and Climate Change	英文	图书（电子版）	经济学（社会科学）	布鲁金斯学会出版社（美国）	社会科学文献出版社（北京）
10	Making New Partnership: A Rising China and its Neighbors	英文	图书（电子版）	政治学（社会科学）	帕斯国际出版社（英国）	社会科学文献出版社（北京）
11	China-Japan: Making New Partnership	英文	图书（电子版）	政治学（社会科学）	帕斯国际出版社（英国）	社会科学文献出版社（北京）
12	Nonlinear Conservation Laws, Fluid Systems and Related Topics	英文	图书（电子版）	数学（自然科学）	世界科技出版公司（新加坡）	高等教育出版社（北京）
13	Multi-scale Phenomena in Complex Fluids: Modeling, Analysis and Numerical Simulation	英文	图书（电子版）	数学（自然科学）	世界科技出版公司（新加坡）	高等教育出版社（北京）
14	Industrial and Applied Mathematics in China	英文	图书（电子版）	数学（自然科学）	世界科技出版公司（新加坡）	高等教育出版社（北京）
15	Modeling and Dynamics of Infectious Diseases	英文	图书（电子版）	数学（自然科学）	世界科技出版公司（新加坡）	高等教育出版社（北京）

续表

拉脱维亚

序号	出版物名称	语种	类型	学科	国际合作出版/版权输出机构	国内出版机构
16	Economic and Social Impact of Liberalization: A Study on Early Harvest Program under China-Asean FTA	英文	图书（电子版）	经济学（社会科学）	帕斯国际出版社（英国）	社会科学文献出版社（北京）
17	Bioinspired Intelligent Nanostructured Interfacial Materials	英文	图书（电子版）	材料科学（自然科学）	世界科技出版公司（新加坡）	化学工业出版社（北京）
18	Some Problems on Nonlinear Hyperbolic Equations and Applications	英文	图书（电子版）	数学（自然科学）	世界科技出版公司（新加坡）	高等教育出版社（北京）
19	Wavelet Methods in Mathematical Analysis and Engineering	英文	图书（电子版）	数学（自然科学）	世界科技出版公司（新加坡）	高等教育出版社（北京）
20	Left-behind Children in Rural China: Impact Study of Rural Labor Migration on Left-behind Children in Mid-West China	英文	图书（电子版）	社会学（社会科学）	帕斯国际出版社（英国）	社会科学文献出版社（北京）
21	China-ASEAN: Making New Partnership	英文	图书（电子版）	政治学（社会科学）	帕斯国际出版社（英国）	社会科学文献出版社（北京）
22	China-Central Asian Countries: Making New Partnership	英文	图书（电子版）	政治学（社会科学）	帕斯国际出版社（英国）	社会科学文献出版社（北京）
23	China-South Asian Relations: Making New Partnership	英文	图书（电子版）	政治学（社会科学）	帕斯国际出版社（英国）	社会科学文献出版社（北京）
24	Advances in Analysis and Control of Time-delayed Dynamical Systems	英文	图书（电子版）	物理学（自然科学）	世界科技出版公司（新加坡）	高等教育出版社（北京）

参考文献

专著

[1] 〔英〕彼得·弗兰科潘. 丝绸之路 [M]. 邵旭东，孙芳，译. 杭州：浙江大学出版社，2016.

[2] 管育鹰. "一带一路"沿线国家知识产权法律制度研究——中亚、中东欧、中东篇 [M]. 北京：法律出版社，2017.

[3] 罗紫初. 出版学导论 [M]. 武汉：武汉大学出版社，2014.

[4] 刘杨. 中国社会科学学术期刊"走出去"研究 [M]. 北京：社会科学文献出版社，2015.

[5] 戚德祥. 中国出版"走出去"创新研究 [M]. 北京：中国社会科学出版社，2020.

[6] 魏玉山. "一带一路"国际出版合作发展报告（第一卷）[M]. 北京：中国书籍出版社，2019.

[7] 魏玉山. "一带一路"国际出版合作发展报告（第二卷）[M]. 北京：中国书籍出版社，2020.

[8] 魏玉山. "一带一路"国际出版合作发展报告（第三卷）[M]. 北京：中国书籍出版社，2021.

[9] 钱建平，董新凯. "一带一路"建设与知识产权风险防范 [M]. 北京：知识产权出版社，2018.

[10] 王义桅. "一带一路"机遇与挑战 [M]. 北京：人民出版社，2015.

[11] 单波. 跨文化传播研究 [M]. 北京：中国传媒大学出版社，2020.

[12] 单波，刘欣雅. 国家形象与跨文化传播 [M]. 北京：社会科学文献出版社，2017.

[13] 刘海涛. 学术出版"走出去"研究——基于西方中国学的思考 [M]. 北京：民族出版社，2018.

［14］佟东．"走出去"战略下图书出版业海外市场竞争力研究［M］.北京：经济管理出版社，2020.

［15］陈洁．数字出版商业模式研究［M］.北京：中国社会科学出版社，2017.

［16］陈燕．中国图书"走出去"成功案例选［M］.北京：外文出版社，2010.

［17］崔斌箴．出版与国际传播散论［M］.北京：五洲传播出版社，2012.

［18］崔立新，刘铁．出版服务质量提升长效机制研究［M］.北京：北京理工大学出版社，2018.

［19］国家新闻出版广电总局出版专业资格考试办公室．出版专业基础（初级）［M］.武汉：崇文书局，2015.

［20］〔德〕海德格尔．存在与时间［M］.陈嘉映，王庆节译．北京：生活·读书·新知三联书店，1999.

［21］方卿．出版价值引导研究［M］.北京：商务印书馆，2018.

［22］谢寿光．学术出版研究——中国学术图书质量与学术出版能力评价［M］.北京：社会科学文献出版社，2017.

［23］杨亦鸣，赵晓群．"一带一路"沿线国家语言国情手册［M］.北京：商务印书馆，2016.

［24］张宏．中国出版走出去的话语权和传播力构建［M］.苏州：苏州大学出版社，2015.

［25］张志强．现代出版学［M］.苏州：苏州大学出版社，2003.

［26］郑通涛．"一带一路"视角下的文化交流与传播［M］.北京：世界图书出版公司，2018.

［27］中国中共党史学会．中国共产党历史重要事件辞典［M］.北京：中共党史出版社，党建读物出版社，2019.

［28］聂静．学术出版的知识服务研究［M］.上海：上海科学技术文献出版社，2020.

［29］尹玉吉，李玉军，魏墨济．中西方学术期刊出版机制比较研究［M］.北京：人民出版社，2019.

［30］赵树旺．数字出版国际化变革与发展［M］.北京：科学出版社，2017.

［31］〔加〕尼克·斯尔尼塞克．平台资本主义［M］.程水英，译．广州：广东人民出版社，2018.

［32］刘银娣，唐敏珊．欧美大型学术出版机构营销战略研究［M］．广州：华南理工大学出版社，2011.

［33］刘立华．"一带一路"话语传播实践研究［M］．北京：国家行政管理出版社，2020.

［34］郑通涛．"一带一路"视角下的语言战略研究［M］．北京：世界图书出版公司，2017.

［35］王大可．中国出版国际贸易增长潜力研究——以"一带一路"为背景［M］．上海：上海交通大学出版社，2022.

［36］陆大道．科学认识"一带一路"［M］．北京：科学出版社，2017.

［37］刘晓红．"一带一路"法律研究［M］．北京：知识产权出版社，2020.

［38］张东平，张洪．图书出版走出去的思索［M］．北京：人民出版社，2018.

［39］外国专家座谈会筹备组．中国社会科学学术出版的国际化［M］．北京：社会科学文献出版社，2016.

［40］陆建平．国际化进程中中国学术出版的规范研究［M］．北京：科学出版社，2019.

［41］姜飞．跨文化传播理论研究［M］．北京：人民出版社，2021.

［42］肖珺．新媒体跨文化传播的中国实践研究［M］．北京：中国社会科学出版社，2018.

［43］宋红波．"一带一路"共建国家语言教育政策研究［M］．武汉：武汉大学出版社，2020.

［44］王辉．"一带一路"国家语言状况与语言政策（第一卷）［M］．北京：社会科学文献出版社，2015.

［45］王辉．"一带一路"国家语言状况与语言政策（第二卷）［M］．北京：社会科学文献出版社，2017.

［46］王辉．"一带一路"国家语言状况与语言政策（第三卷）［M］．北京：社会科学文献出版社，2019.

［47］董涛．"一带一路"与知识产权区域制度一体化问题研究［M］．北京：知识产权出版社，2022.

［48］〔美〕希拉·斯劳特，拉里·莱斯利．学术资本主义［M］．梁骁，黎丽，译北京：北京大学出版社，2014.

［49］苏国勋，张旅平，夏光．全球化：文化冲突与共生［M］北京：社

会科学文献出版社，2006.

[50] Tai Wei LIM，Henry Chan，Katherine Tseng，Wen Xin LIM. China's One Belt One Road Initiative［M］. London：Imperial College Press，2016.

[51] Yu Cheng，Lilei Song，Lihe Huang. The Belt & Road Initiative in the Global Arena：Chinese and European Perspectives［M］. New York：Palgrave Macmillan，2018.

[52] Fernando Loizides，Birgit Schmidt. Positioning and Power in Academic Publishing：Players，Agents and Agendas：Proceedings of the 20th International Conference on Electronic Publishing［M］. Amsterdam：IOS Press，2016.

[53] Jeffery C. Alexander. Culture and Society——Contemporary Debates［M］. Cambridge：Cambridge University Press，1990.

[54] Bill Cope，Angus Phillips. The Future of the Academic Journal［M］. London：Chandos Publishing，2014.

[55] Ping Zhou. Knowledge Production and Scholarly Communication in China ［M］. Beijing：Scientfic and Technical Documentation Press，2017.

连续出版物

[56] 薄九深."一带一路"战略布局下中医图书出版的新机遇［J］. 传播与版权，2015（9）.

[57] 期刊编辑部. 我国出版业在一带一路项目上硕果颇丰［J］. 全国新书目，2016（2）.

[58] 蔡晓宇. 中国出版十年"走出去"历程的回顾、反思与展望［J］. 出版广角，2015（13）.

[59] 曹建，郭占文. 中国共产党百年主题出版工作［J］. 出版广角，2021（20）.

[60] 曹菁，王英雪，王培一. 德国施普林格出版公司及其期刊出版成功经验剖析［J］. 中国科技期刊研究，2006，17（3）.

[61] 柴冬冬. 文化间性："丝绸之路"文化阐释的逻辑起点［J］. 内蒙古社会科学，2021（3）.

[62] 陈善军. 平衡计分卡在出版企业中的应用探讨——以 A 出版社为例［J］. 传播与版权，2022（7）.

［63］ 程艳林，庞燕．数字出版生态的维护与治理［J］．中国出版，2011（20）．

［64］ 范军，邹开元．"十三五"时期我国出版走出去发展报告［J］．中国出版，2020（24）．

［65］ 方卿．创新学术出版体制机制助力学术话语权建设［J］．出版科学，2020，28（2）．

［66］ 方英，刘静忆．中国与"一带一路"沿线国家间的出版贸易格局［J］．科技与出版，2016（10）．

［67］ 房毅，吕健泳．"经典中国国际出版工程"情况综述［J］．出版参考，2017（8）．

［68］ 高标，陆小新，尹茶．图书编辑的专业能动性在"一带一路"出版项目中的作用［J］．科技与出版，2018（4）．

［69］ 郭瑞佳．中国出版物东南亚国家市场拓展策略研究［J］．出版广角，2015（14）．

［70］ 韩筠．媒体融合背景下学术出版的发展策略［J］．科技与出版，2018（10）．

［71］ 郝婷．中国主题图书在"一带一路"沿线国家出版发行情况简析——以丝路书香工程重点翻译资助项目为例［J］．中国编辑，2018（12）．

［72］ 何明星．"一带一路"国家、地区中国图书翻译出版的现状与应对［J］．出版广角，2015（14）．

［73］ 花建．中国对外文化贸易体系构建研究［J］．学习与探索，2013（7）．

［74］ 黄楚新，彭韵佳．信息化建设打造数字"一带一路"［J］．网络传播，2017（4）．

［75］ 江宏春．自然科学、社会科学、人文科学的关系——一种"学科光谱"分析［J］．自然辩证法研究，2014，30（6）．

［76］ 江晓原，穆蕴秋．Nature 杂志：从科普期刊到学术神话［J］．浙江学刊，2017（5）．

［77］ 金强．"一带一路"图书出版中的学术交流与学术研讨合作［J］．出版广角，2019（21）．

［78］ 李海燕．爱思唯尔出版集团数字化发展历程研究［J］．内蒙古师范大学学报（教育科学版），2018，31（7）．

［79］李菊丹 . 论"一带一路"国家版权制度的国际化与版权保护的地域性［J］. 科技与出版，2016（10）.

［80］李明轩，王田 . "一带一路"下图书"走出去"的出版设想［J］. 出版广角，2017（23）.

［81］李延玲 . 中国学术出版如何真正"走出去"［J］. 出版参考，2015（11）.

［82］李永强 . 促进学术出版国际化推动中国经验走出去［J］. 出版发行研究，2015（8）.

［83］李永强 . 新时代主题出版和大学出版社的使命与探索［J］. 出版广角，2020（1）.

［84］李原，汪红驹 . "一带一路"沿线国家投资风险研究［J］. 河北经贸大学学报，2018（4）.

［85］刘九如 . 新技术赋能，数字出版呈现新业态［J］. 出版广角，2022（9）.

［86］刘敏，李旦 . 全球视域下中国学术出版"走出去"的创新与发展［J］. 出版广角，2020（18）.

［87］刘晓远 . "一带一路"背景下中央文献外译出版路径考察——以《习近平谈治国理政》外译出版为例［J］. 科技与出版，2018（7）.

［88］刘杨，孙奕鸣 . 中国英文社科学术期刊国际化发展矛盾与破解［J］. 中国科技期刊研究，2020，31（6）.

［89］刘杨 . 科技新闻助力中国科技学术期刊影响力提升实现路径探索［J］. 出版科学，2018，26（3）.

［90］刘杨 . 中国社科学术期刊"走出去"定位战略研究［J］. 出版科学，2016，24（2）.

［91］刘杨 . 中国学术出版"走出去"：经验梳理与路径探索［J］. 河南大学学报（社会科学版），2020，60（1）.

［92］刘叶华，刘莹晨，朱宝元 . 从丝路书香工程实践经验谈中国出版合作项目的溢出效应［J］. 出版参考，2017（8）.

［93］刘叶华 . 中国图书出版企业进入土耳其市场模式调查研究［J］. 出版参考，2014（34）.

［94］刘叶华 . 走中国高端学术国际出版道路［J］. 出版参考，2019（12）.

［95］刘永军，赵道致 . 业务延伸对企业竞争优势的影响［J］. 西北农林科

技大学学报，2012，12（1）.

[96] 刘战兵，孙忠．励德·爱思唯尔并购战略：1993—2014 年［J］.出版科学，2016，24（01）.

[97] 陆地，许可璞，陈思．周边传播的概念和特性——周边传播理论研究系列之一［J］.现代传播，2015（3）.

[98] 陆地．周边传播理论范式的建构和深化［J］.当代传播，2021（3）.

[99] 罗雪英，王璐妍．"一带一路"倡议下中俄图书版权贸易发展研究［J］.科技与出版，2019（4）.

[100] 马小侠．"一带一路"倡议助力中国出版"走出去"［J］.渭南师范学院学报，2021（8）.

[101] 缪立平．中国主题学术表达——基于第十八届输出版优秀图书的研究［J］.出版参考，2020（1）.

[102] 聂震宁．关于制定"一带一路"出版业走出去相关规划的思考［J］.科技与出版，2016（10）.

[103] 欧彦，葛世超，徐萍萍，等．国际出版机构提升影响力策略对中国英文刊的启示［J］.编辑学报，2017，29（S1）.

[104] 潘开灵，白列湖．管理协同机制研究［J］.系统科学学报，2006（1）.

[105] 裴永刚．中国出版"走出去"模式的探索——以国际编辑部为例［J］.编辑之友，2019（7）.

[106] 钱凤强，刘叶华．"十三五"时期我国图书走出去提质增效路径分析［J］.中国出版，2017（13）.

[107] 秦绪涛．新时期专业编辑人才培养指标研究［J］.文化创新比较研究，2022，6（10）.

[108] 任凤伟．"一带一路"和"走出去"战略下提升中华典籍外译在异域文化语境传播中的受众认知度［J］.科技与出版，2018（6）.

[109] 宋嘉庚，郝振省．出版融合背景下学术出版"走出去"的路径选择［J］.出版参考，2015（14）.

[110] 宋婷．"丝路书香工程"实施中重点翻译图书出版产业链研究与对策［J］.中国出版，2017（6）.

[111] 孙玮．传播中国声音：谈学术与主题出版的"走出去"路径［J］.出版广角，2016（1）.

[112] 谭学余. 国外出版商对中国市场的进入及其趋势 [J]. 编辑之友, 2004 (3).

[113] 谭跃. 扩大文化影响打造数字集团保持稳健增长——关于"十三五"时期中国出版集团发展的基本思考 [J]. 出版广角, 2016 (18).

[114] 唐润华, 郑敏. 文化间性视域下出版业"讲好中国故事"的效果提升路径 [J]. 新闻爱好者, 2021 (3).

[115] 陶亮. "季节计划"、印度海洋战略与"21世纪海上丝绸之路" [J]. 南亚研究, 2015 (3).

[116] 田海明. 文化产业的资本运作及发展之思考 [J]. 学术界, 2011 (1).

[117] 田又萌. "一带一路"战略下我国出版产品"走出去"的机遇及策略研究 [J]. 出版广角, 2016 (16).

[118] 外研社"一带一路"出版战略为更多优秀图书走出去铺平道路 [J]. 全国新书目, 2015 (07).

[119] 王大可. 2015年"一带一路"出版工作述评 [J]. 科技与出版, 2016 (5).

[120] 王华. 以进带出, 双向共赢——中外期刊合作概况 [J]. 传媒, 2007 (5).

[121] 王慧, 徐淑欣. "一带一路"背景卜学术出版的产品策略研究 [J]. 中国编辑, 2018 (1).

[122] 王慧. "一带一路"背景下学术出版的产品策略研究 [J]. 中国编辑, 2018 (1).

[123] 王敬华, 杨烦烦. 广西出版传媒集团"一带一路"初显 [J]. 出版参考, 2015 (14).

[124] 王璐璐, 赵玉山. "一带一路"背景下中国出版业的国际合作现状与发展建议 [J]. 出版广角, 2019 (19).

[125] 王淑华, 王亨君. "一带一路"背景下中国科技期刊先发战略实践——以《Journal of Earth Science》为例 [J]. 编辑学报, 2016 (6).

[126] 王淑华. "一带一路"建设中中国科技期刊的先发战略——宏观、中观和微观层面的策略思考 [J]. 编辑学报, 2015 (6).

[127] 邬书林.做强专业出版促进中外经济科技文化交流［J］.出版参考，2015（14）.

[128] 吴平.学术出版的价值与意义［J］.出版科学，2019（6）.

[129] 夏亚云.印度图书馆联盟的建设对我国的启示［J］.图书馆学研究，2010（12）.

[130] 向芝谊.周边传播价值机制中短视频的作用进路［J］.中国出版，2020（14）.

[131] 肖超.学术出版场域变革与欧美学术出版机构的差异化策略［J］.出版科学，2020，28（6）.

[132] 谢清风."一带一路"倡议与提高中国出版国际竞争力分析［J］.科技与出版，2018（1）.

[133] 谢卓华.广西出版产业面向东盟拓展的路径思考［J］.广西财经学院学报，2016（10）.

[134] 辛颖."一带一路"背景下学术图书的开发与走出去［J］.传媒论坛，2021（2）.

[135] 徐华东.高校出版社"一带一路"主题出版现状与路径探究［J］.中国出版，2017（23）.

[136] 徐来.把更多中国学术佳作推介给"一带一路"沿线国家——专访中国人民大学出版社国际出版中心主任刘叶华［J］.全国新书目，2017（10）.

[137] 徐丽芳，王钰.开放科学的挑战与因应：2017年海外科技期刊出版动态研究［J］.科技与出版，2018（2）.

[138] 徐湑琪.我国学术出版资本"走出去"研究［J］.出版参考，2020（10）.

[139] 许志敏.提高我国学术社交网络的国际传播能力——基于Research-Gate 与"科研之友"等的比较研究［J］.科技与出版，2018（7）.

[140] 亚马逊中国书店项目组.亚马逊中国书店助力中国文化走出国门［J］.出版参考，2019（12）.

[141] 闫蓓，严谨，肖宏.搭建科学与大众的桥梁：谈科技期刊与大众媒体的新闻报道合作实践［J］.编辑学报，2009，21（4）.

[142] 杨瑰玉.借力"一带一路"推动科技出版走出去［J］.新闻研究导刊，2016（12）.

[143] 姚宝权."一带一路"视域下出版走出去的问题、优势与路径选择 [J].中国出版,2015(17).

[144] 叶继元.学术期刊的内涵、外延及其评价机制探讨 [J].云梦学刊,2016(4).

[145] 叶继元.学术图书、学术著作、学术专著概念辨析 [J].中国图书馆学报,2016(1).

[146] 尹玉吉,李逢超.学术期刊分级研究述评 [J].山东理工大学学报(社会科学版),2004(3).

[147] 于殿利."一带一路"文化铺路 [J].科技与出版,2018(4).

[148] 张琛.拥抱科技出版国际化的春天 [J].科技与出版,2019(6).

[149] 张健."一带一路"战略下北京语言大学出版社"走出去"的实践探索 [J].科技与出版,2016(10).

[150] 张杰,麻小芸."一带一路"战略下我国出版单位在版权运营管理中需要注意的若干法律问题 [J].科技与出版,2016(10).

[151] 张伟伟,王磊,赵文义."一带一路"倡议助力中国学术期刊国际传播 [J].科技与出版,2019(6).

[152] 赵明昊."元首外交"引领中国周边外交大转型 [J].瞭望,2014(37).

[153] 郑磊."丝路书香工程"效益分析——以五洲传播出版社为例 [J].出版参考,2016(10).

[154] 郑磊.中国出版机构应开拓"一带一路"图书市场——兼谈国家"丝路书香工程" [J].科技与出版,2016(10).

[155] 郑良."一带一路"战略在版权贸易领域的实践和思考——以中南传媒为例 [J].出版发行研究,2015(6).

[156] 钟棉棉.中国周边传播活动的三大主要类型 [J].新闻爱好者,2020(5).

[157] 周朝虹.中俄出版合作现状及思考 [J].中国出版,2016(2).

[158] 朱昌爱.时代出版:以丝路书香工程引领走出去发展新格局 [J].出版参考,2015(7).

[159] 朱音.中国出版集团与阿拉伯出版商协会签署合作协议 [J].中国出版,2015(18).

[160] 左健,卢忆."一带一路"背景下大学出版社"走出去"的经验与

思考——以中国人民大学出版社为例 [J]. 现代出版, 2019 (1).

[161] Ahmet Faruk Isik, Zhiqiang Zou. China-Turkey Security Cooperation Under the Background of the 'Belt and Road' and the 'Middle Corridor' Initiatives [J]. Asian Journal of Middle Eastern and Islamic Studies, 2019, 13 (2).

[162] Akcay Nurettin, Qingye Tang. Turkey's Perceptions of China's Belt and Road Initiative (2013—2017): Media and Think-Tanks Discourse Analysis [J]. China Report, 2020, 56 (2).

[163] Alla Molchanova, Natalya Chunikhina, Wadim Strielkowski. Innovation and Academic Publishing: Who Will Cast the First Stone? [J]. Marketing and Management of Innovations, 2017 (4).

[164] Alvin Cheng, Hin Lim. China's "Belt and Road" and Southeast Asia: Challenges and Prospects [J]. JATI-Journal of Southeast Asian Studies, 2015, 20 (4).

[165] Anna Grzywacz. Closer to a Threat than an Opportunity: Polish Perception of China's Rise and International Engagement [J]. Asia Europe Journal, 2020, 18 (1).

[166] Dick Van Lente, Ferry de Goey. Trajectories of Internationalization: Knowledge and National Business Styles in the Making of Two Dutch Publishing Multinationals, 1950—1990 [J]. Enterprise&Society, 2008, 9 (1).

[167] E. A. Kanaev, M. A. Terskikh. Prospects for Vietnam-China Relations in Light of Digital Silk Road Project in Southeast Asia [J]. Russian Journal of Vietnamese Studies, 2020 (4).

[168] H. S. K. Pathiranage, Huilin Xiao, Weifeng Li. The Impact of Institutional Distance on Sustainable Investment: Evidence from China's Belt and Road Initiative [J]. Nankai Business Review International, 2020, 11 (4).

[169] Hak Yin Li, Seanon Wong. The Evolution of Chinese Public Diplomacy and the Rise of Think Tanks [J]. Place Branding and Public Diplomacy, 2018, 14 (1).

[170] Hongzhou Zhang. Building the Silk Road Economic Belt: Challenges in

Central Asia [J]. Cambridge Journal of China Studies, 2015, 10 (3).

[171] J. E. S. Moreno, Diego Telias, Francisco Urdinez. Deconstructing the Belt andRoad Initiative in Latin America [J]. Asian Education and Development Studies, 2021, 10 (3).

[172] Madi Sarsenbayev, Nicolas Véron. European versus American Perspectives on the Belt and Road Initiative [J]. China & World Economy, 2020, 28 (2).

[173] Muhammad Farhan Bashir, Benjiang Ma, Yifang Qin, Muhammad Adnan Bashir. Evaluation of One Belt One Road Publications: A Bibliometric and Literature Review Analysis [J]. Environmental Science and Pollution Research, 2021, 28 (28).

[174] Padmapriya Padmalochanan. Reimaging Academic Publishing from Perspectives of Academia in Australia [J]. Publishing Research Quarterly, 2019, 35 (4).

[175] Songqing Lin, Lijuan Zhan. International Publishing Partnerships for China's English Language Journals and Financial Security [J]. Learned Publishing, 2016, 29 (3).

[176] Theresa Fallon. The New Silk Road: Xi Jinping's Grand Strategy for Eurasia [J]. American Foreign Policy Interests, 2015, 37 (3).

[177] Tiantian Feng, Qi Kang, Binbin Pan, Yisheng Yang. Synergies of Sustainable Development Goals between China and Countries along the Belt and Road Initiative [J]. Current Opinion in Environmental Sustainability, 2019, 39 (10).

[178] Virginia A. Greiman. Building Bridges on the Silk Road: A Strategy for Vietnam [J]. Journal of International Business Research and Marketing, 2020, 5 (5).

[179] Zheng Wang. China's Institution Building, Leading the Way to Asian Integration [J]. Georgetown Journal of Asian Affairs, 2015, 1 (1).

学位论文

[180] 曾品元. 中国周边战略研究 [D]. 暨南大学, 2002.

[181] 陈宁欣. 学术期刊融合发展研究 [D]. 长安大学, 2021.

[182] 傅文奇. 全文数据库信息资源建设中的版权问题研究 [D]. 福建师范大学，2007.

[183] 康旸. 中国与"一带一路"沿线国家出版合作风险评估研究 [D]. 河北大学，2011.

[184] 潘文年. 中国出版业"走出去"研究 [D]. 南京：南京大学，2011.

[185] 王百惠. 严复"信达雅"翻译理论指导下《石油天然气开采和石油加工工业：趋势与预测》（节选）翻译实践报告 [D]. 辽宁大学，2022.

[186] 肖洋. 我国数字出版产业发展战略研究 [D]. 南京大学，2013.

[187] 张宏. 全球视野下的中国出版走出去：话语权和传播力构建 [D]. 上海外国语大学，2014.

专著和论文集析出文献

[188] 洪俊浩，严三九. 中华文化"走出去"的喜与忧 [M]//单波，刘欣雅. 国家形象与跨文化传播. 北京：社会科学文献出版社，2017.

[189] 魏冰. 提质增效，外研社使"一带一路"出版合作实现共赢 [M]//魏玉山. "一带一路"国际出版合作发展报告（第二卷）. 北京：中国书籍出版社，2020.

[190] 甄云霞，王珺. 服务"一带一路"倡议推动出版交流合作高质量发展 [M]//魏玉山. "一带一路"国际出版合作发展报告（第一卷）. 北京：中国书籍出版社，2019.

[191] E. N. Rumyantsev. On Belt and Road Initiative [C]//A. B. Vinogradov, P. V. Troshshinskiy. Proceedings Paper of Annual Scientific Conference of the Center-for-Political-Studies-and-Forecasting-of-the-Institute-of-the-Far-Eastern-Studies. Moscow，2019.

[192] Merkulor K. Katenariy. The PRC Scholars on the Global Governance New Model in the Plan of Beijing Ideas about "the New Globalization Epoch", "the New Globalization", etc. (on the Basis of the Special Review of the Journal "Social Sciences in China") [C]//D. A. Smirnov, P. V. Troshchinskiy. Proceedings Paper of Annual Scientific Conference of the Centre-for-Political-Research-and-Prognosis of the Institute-of-Far-

Eastern-Studies of the Russian Academy of Sciences. Moscow, 2020.

[193] Muratshina. China-Kazakhstan Cooperation in the Field of Education [C]∥L. G. Chova, A. L. Martinez, I. C. Torres. Proceedings Paper of 12th International Technology, Education and Development Conference. Valenica: IATED-INT Association of Technology Education & Development, 2018.

[194] Yanzhe Zhang, Huizhi Zhang. "One Belt One Road" Strategy and the Sustainable Development of Asia: The Case of Afghanistan and DPRK [C]∥Proceedings Paper of 3rd International Conference on Economics and Management. Englewood: DEStech Publications, Inc. , 2016.

报纸文章

[195] 陈怡. 中国学术出版"走出去"[N].上海科技报, 2015 - 08 - 21 (01).

[196] 出版创新越有特色越有市场 [N].四川日报, 2016 - 06 - 07 (06).

[197] 樊文. 向世界讲好"中国故事"——专访电子工业出版社总编辑刘九如 [N].国际出版周报, 2017 - 03 - 27 (07).

[198] 范军. "一带一路"战略中出版"走出去"的新转变 [N].中华书目报, 2016 - 07 - 27 (08).

[199] 范玉刚. 没有文化支撑的事业难以长久——学习习近平总书记关于文化发展繁荣的重要论述 [N].光明日报, 2014 - 01 - 08 (02).

[200] 高虎城. 深化经贸合作共创新的辉煌 [N].人民日报, 2014 - 07 - 02 (11).

[201] 巩育华, 管克江. 文化走出去, 更要走进去 [N].人民日报, 2016 - 11 - 23 (12).

[202] 国家发展改革委, 外交部, 商务部. 推动共建丝绸之路经济带和21世纪海上丝绸之路的愿景与行动 [N].人民日报, 2015 - 03 - 29 (04).

[203] 进一步支持文化企业发展的规定 [N].中国新闻出版广电报, 2018 - 12 - 16 (02).

[204] 李永强. "一带一路"学术出版联盟助推中国学术"走出去"[N].国际出版周报, 2020 - 11 - 02 (05).

［205］陆地.周边传播理论的创新与活力［N］.光明日报，2019－11－26
（02）.

［206］毛俊玉.做好学术文化出版要有坚守［N］.中国文化报，2014－09－
20（04）.

［207］孟歌，王永群.应设立"一带一路文化产业发展基金"［N］.中国
经济时报，2015－03－10（06）.

［208］渠竞帆，梁帆.共话"一带一路"倡议与国际出版合作［N］.中国
出版传媒商报，2017－08－25（02）.

［209］任志茜.探寻中国文化"走出去"的多种出版路径［N］.中国出版
传媒商报，2020－09－25（19）.

［210］宋平.爱思唯尔：数字业务如何掘金［N］.中华读书报，2012－11－
07（06）.

［211］苏天运.域外汉籍的学术价值［N］.中国社会科学报，2022－02－
28（04）.

［212］谭华."一带一路"学术出版联盟成立［N］.光明日报，2017－08－
26（01）.

［213］谭跃.弘扬丝路精神，务实推进"一带一路"的出版合作［N］.中
国出版传媒商报，2016－08－30（02）.

［214］拓展出版合作增进民众友谊——第五届东南亚中国图书巡回展举行
［N］.人民日报，2021－08－10（03）.

［215］王坤宁，李婧璇.中国出版走出去打动自己才能打动世界［N］.中
国新闻出版广电报，2017－07－17（04）.

［216］王彤.创新与完善："一带一路"机遇下的中国出版走出去［N］.
中国新闻出版广电报，2015－06－17（04）.

［217］文一.翻译出版在"一带一路"战略中发力［N］.人民日报海外
版，2015－09－01（07）.

［218］邬书林.加强学术出版打牢中华民族伟大复兴知识根基［N］.中国
新闻出版广电报，2013－08－16（01）.

［219］吴娜，王保纯.新闻出版业成为文化产业生力军［N］.光明日报，
2010－07－27（07）.

［220］习近平.弘扬人民友谊共创美好未来［N］.人民日报，2013－09－
08（03）.

[221] 谢娜，赵欣．积极响应"一带一路"倡议发挥自身学术出版优势 [N]．国际出版周报，2020 – 11 – 30（08）．

[222] 谢寿光．学术出版的问题与机遇 [N]．光明日报，2013 – 01 – 15（13）．

[223] 杨庆存．中国学术出版"走出去"还缺些什么 [N]．社会科学报，2014 – 11 – 20（05）．

[224] 于殿利，樊文．坚持精品战略拓展国际合作的深度和广度 [N]．国际出版周报，2018 – 09 – 17（09）．

[225] 张光政，隋鑫．优秀中国图书亮相莫斯科国际书展 [N]．人民日报，2021 – 09 – 29（04）．

[226] 张耀军．开放共建："一带一路"的鲜明标识 [N]．光明日报，2019 – 01 – 29（12）．

[227] 张桢．"高端学术国际出版"助人大社再获"走出去"殊荣——专访人民大学出版社社长李永强 [N]．国际出版周报，2019 – 06 – 24（06）．

[228] 中共中央国务院印发知识产权强国建设纲要（2021—2035 年）[N]．人民日报，2021 – 09 – 23（01）．

[229] 中医药学是打开中华文明宝库的钥匙 [N]．中国青年报，2015 – 12 – 23（01）．

电子资源

[230] 邓君．一带一路建设中我国律师提供国际仲裁法律服务面临的挑战 [EB/OL]．（2016 – 11 – 14）[2021 – 09 – 16]．https://zhuanlan.zhihu.com/p/23659504．

[231] 方亮羽．社科文献社——国际学术出版"走出去"的中国样板 [EB/OL]．（2016 – 08 – 25）[2021 – 09 – 15]．https://www.pishu.cn/zxzx/xwdt/380506.shtml．

[232] 广西科学技术出版社有限公司．打造"365 天不落幕的书展"，广西科技社如何创新版贸方式？[EB/OL]．（2022 – 07 – 05）[2022 – 07 – 17]．http://www.gxbgsx.cn/news/show – 35171.html．

[233] 国家发展改革委，外交部，商务部．推动共建丝绸之路经济带和21世纪海上丝绸之路的愿景与行动 [EB/OL]．（2015 – 03 – 29）

［2021 – 09 – 15］. https：//www. yidaiyilu. gov. cn/wcm. files/upload/
CMSydylgw/201702/201702070519013. pdf.

［234］环球网. "一带一路" 共建国家出版合作体高峰论坛在京举办
［EB/OL］.（2021 – 09 – 26）［2021 – 10 – 15］. https：//baijiahao.
baidu. com/s？ id = 1711961880446279532&wfr = spider&for = pc.

［235］经发局, 蔡强. 推动中国版权海外落地！这场跨洋巡展, 很精彩
［EB/OL］.（2020 – 10 – 21）［2021 – 09 – 15］. https：//www. thepa-
per. cn/newsDetail_forward_9651114.

［236］李明智. 中国扶贫经验为 "一带一路" 国家提供借鉴［EB/OL］.
（2021 – 03 – 18）［2021 – 09 – 15］. https：//www. sohu. com/a/4562
33594_115239.

［237］李月红. 浙江在俄开首家中文书店年销售 5000 余册主题图书［EB/
OL］.（2017 – 07 – 04）［2021 – 09 – 15］. http：//m. hebnews. cn/
peer/2017 – 07/04/content_6548074. htm.

［238］李震, 史竞男. "中国书香" 打开 "一带一路" 出版市场［EB/
OL］.（2017 – 05 – 04）［2021 – 09 – 15］. http：//www. scio. gov. cn/
31773/35507/35514/35522/document/1550478/1550478. htm.

［239］林雪娜. 八桂书香绵延 "一带一路"［EB/OL］.（2020 – 05 – 14）
［2021 – 09 – 15］. http：//www. gxnews. com. cn/staticpages/20200514/
newgx5ebc7cd4 – 19532251. shtml.

［240］陆云. "一带一路" 成为中国书架海外落地新热点［EB/OL］.
（2020 – 07 – 24）［2021 – 09 – 15］. http：//www. cnpubg. com/export/
2020/0724/52224. shtml.

［241］马琼. "一带一路" 倡议最终目标：打造人类命运共同体——专访中
国社科院中国边疆研究所党委书记李国强［EB/OL］.（2017 – 08 –
14）［2021 – 09 – 15］. http：//www. xinhuanet. com/globe/2017 – 08/14/c_
136500539. htm.

［242］穆东, 马骁. 第 32 届德黑兰国际书展开幕中国为主宾国［EB/OL］.
（2019 – 04 – 24）［2021 – 09 – 15］. http：//www. xinhuanet. com/zgjx/
2019 – 04/24/c_138004271. htm.

［243］山东友谊出版社. 友谊社 "尼山馆藏" 海外推广项目入选 2021 年
度数字出版精品遴选推荐计划、全国新闻出版深度融合发展创新案

例 [EB/OL]. (2021 – 10 – 21) [2021 – 11 – 15]. http://www. sdy-ouyi. com. cn/control/tab_news_detail? curTab = 3&articleId = 10598.

[244] 上海书展国际风扑面而来，学术出版"走出去"活力迸发 [EB/OL]. (2017 – 08 – 17) [2021 – 09 – 15]. http://www. jiaodapress. com. cn/news? nid = 1042.

[245] 社会科学文献出版社. 聊聊社科文献的版贸真经 [EB/OL]. (2018 – 08 – 24) [2021 – 09 – 15]. https://www. sohu. com/a/249821857_692521

[246] 史竞男，潘洁. 第 28 届北京国际图书博览会开幕 30 万种全球精品图书亮相 [EB/OL]. (2021 – 09 – 14) [2021 – 09 – 15]. https://baijia-hao. baidu. com/s? id = 1710877009320396756&wfr = spider&for = pc.

[247] 同济大学出版社. 专家学者齐聚同济，共话"学术出版与国际影响力提升" [EB/OL]. (2017 – 05 – 18) [2021 – 09 – 15]. https://news. tongji. edu. cn/info/1003/41809. htm.

[248] 推进"一带一路"建设工作领导小组办公室. 共建"一带一路"倡议：进展、贡献与展望 [EB/OL]. (2019 – 04 – 22) [2021 – 09 – 15]. https://www. yidaiyilu. gov. cn/lazd/dejgfld/wjxz/86708. htm.

[249] 五洲传播出版社. "中国书架"——中国图书"便利店"，中国文化"走出去"新品牌 [EB/OL]. (2020 – 05 – 18) [2021 – 09 – 15]. http://www. cicc. org. cn/html/2020/dtzx_0518/5923. html.

[250] 新华社. 李克强在第七次中国－中东欧国家领导人会晤上的讲话（全文）[EB/OL]. (2021 – 09 – 26) [2021 – 10 – 15]. http://www. gov. cn/guowuyuan/2018 – 07/08/content_5304568. htm.

[251] 新华社. 习近平在第二届"一带一路"国际合作高峰论坛记者会上的讲话 [EB/OL]. (2019 – 04 – 27) [2021 – 09 – 15]. http://www. gov. cn/xinwen/2019 – 04/27/content_5386904. htm.

[252] 新华社. 习近平在第二届"一带一路"国际合作高峰论坛开幕式上的主旨演讲 [EB/OL]. (2019 – 04 – 26) [2021 – 09 – 15]. http://www. gov. cn/xinwen/2019 – 04/26/content_5386544. htm.

[253] 亚玮，邹磊. 阐述中国方案加强"一带一路"话语体系建设 [EB/OL]. (2017 – 08 – 12) [2021 – 09 – 15]. http://www. xinhuanet. com/politics/2017 – 08/12/c_1121468857. htm.

[254] 应妮. 中国出版集团力推国际编辑部模式做实做优海外传播 [EB/

OL］．（2018 - 08 - 20）［2021 - 09 - 15］．http：//www. chinanews. com/cul/2018/08 - 20/8605439. shtml.

［255］中国共产党新闻网. 习近平在文艺工作座谈会上的讲话［EB/OL］. （2014 - 10 - 15）［2021 - 09 - 15］．http：//cpc. people. com. cn/n/ 2015/1015/c64094 - 27699249 - 2. html.

［256］中国图书对外推广网新闻中心. 从开罗到开罗——that's 阿语数字阅 读平台深化落地发展［EB/OL］．（2017 - 01 - 03）［2021 - 09 - 15］．http：//www. chinabookinternational. org/2017/0103/139627. shtml.

［257］中国一带一路网. 关于"一带一路"的 15 个认知误区［EB/OL］. （2019 - 04 - 22）［2021 - 09 - 15］．https：//www. yidaiyilu. gov. cn/sy/ zlbw/86705. htm.

［258］中国一带一路网. 丝路书香工程［EB/OL］．（2016 - 11 - 11） ［2021 - 09 - 15］．https：//www. yidaiyilu. gov. cn/qyfc/xmal/2462. htm

［259］Ben Simpfendorfer. One Belt, One Road：Assessing the Economic Impact of China's New Silk Road［EB/OL］．（2015 - 07 - 02）［2021 - 09 - 15］. http：//www. bloombergbriefs. com/content/uploads/sites/2/ 2015/07/SC_062615-OBOR. pdf.

［260］Ho Wah Foon. Belt-Road to Benefit Businesses in Malaysia［EB/OL］. （2015 - 08 - 02）［2021 - 09 - 15］. http：//business. asiaone. com/ news/belt-road-benefit-businesses-malaysia.

［261］Jeremy Koh. ASEAN Diplomats Welcome China's One Belt, One Road Initiative［EB/OL］．（2015 - 11 - 16）［2021 - 09 - 15］. http：// www. channelnewsasia. com/news/asiapacific/asean-diplomats-welcome/ 2265422. html.

［262］John Lim Patrick. China's One Belt, One Road Initiative Could Usher in New Growth［EB/OL］．（2015 - 06 - 27）［2021 - 09 - 15］. http：// www. channelnewsasia. com/news/business/singapore/china-s-one-belt- oneroad/2010212. html.

［263］Laurence Vandewalle. Pakistan and China：Iron Brothers Forever？［EB/ OL］．（2016 - 06 - 18）［2021 - 09 - 15］. http：//www. europarl. europa. eu/RegData/etudes/IDAN/2015/549052/EXPO_IDA（2015）549052_ EN. pdf.

[264] Linda Jakobson, Rory Medcalf. The Perception Gap: Reading China's Maritime Strategic Objectives in IndoPacific Asia [EB/OL]. (2015 – 06 – 20) [2021 – 09 – 15]. http://www. lowyinstitute. org/files/the-perceptiongap-reading-chinas-maritime-strategic-objectives-in-indo-pacific-asia. pdf.

[265] Mingjiang Li. China's "One Belt, One Road" Initiative: New Round of Opening Up? [EB/OL]. (2015 – 04 – 15) [2021 – 09 – 15]. http:// www. rsis. edu. sg/wp-content/uploads/2015/04/CMS_Bulletin0015. pdf.

[266] Qingguo Jia. One Belt, One Road: Urgent Clarifications and Discussions of a Few Major Questions [EB/OL]. (2015 – 03 – 19) [2021 – 09 – 15]. http://theory. rmlt. com. cn/2015/0319/377863. shtml.

[267] Rolland Nadege. China's New Silk Road [EB/OL]. (2015 – 02 – 12) [2016 – 04 – 22]. http://nbr. org/research/activity. aspx? id = 531.

[268] Siqi Gao. China's Soft Power in the Arab World through Higher Educational Exchange [EB/OL]. (2015 – 11 – 13) [2021 – 09 – 15]. https://repository. wellesley. edu/object/ir601.

[269] Yun Sun. Inserting Africa into China's One Belt, One Road strategy: A New Opportunity for Jobs and Infrastructure? [EB/OL]. (2015 – 03 – 02) [2021 – 09 – 15.]. http://www. brookings. edu/blogs/africa-in-focus/posts/2015/03/02-africa-chinajobs-infrastructure-sun.

致　谢

　　我对于出版"走出去"的研究，始于 2010 年攻读博士学位的第一年。当时我是学术期刊编辑，并具备一定的英语优势，所以选择中国社会科学学术期刊"走出去"作为自己的博士研究方向。当时的我恐怕也没想到，十三年后，自己依然在"走出去"研究领域探索着。十三年里，研究假设被证实时的激动、学术论文被录用时的欣喜、科研工作遇到瓶颈时的苦闷、被无数个 deadlines 催促时的慌乱……这些科研带来的"苦"与"乐"只有自己清楚其中滋味。

　　一路走来，心中更多的是感激和感恩。感谢我的博士导师吴平教授，毕业多年，每每遇到困难还是想找老师聊聊，从科研困惑到生活琐事，她总能拨开团团迷雾，引我找到答案。她的笑容温暖且坚定，无数次给彷徨的我继续前进的勇气。感谢我的博士后导师张志强教授，在他的鼓励和指导下，我的研究成果也实现了"走出去"并得到了本学科国际学术组织的关注和支持。感谢宋应离先生和王振铎先生对我的指导，他们对青年教师的无私关怀让我倍感幸运。感谢郭鸿昌教授、姬建敏教授、杨雪教授、张晓晨老师等多位良师益友给我的鼓励和指导，更坚定了我不断自我超越的决心。

　　感谢我的博士同学戴旸、郑燃、王菲菲、周磊等，毕业十年虽然见面次数有限，但她们在我需要帮助时总是第一时间伸出援手，同窗情谊终身难忘。此书在疫情中成稿，写作计划多次被疫情打断，焦急无助之时，侯明洁、吴树芳、李岩、张文丽、赵晓曼、杨静等诸多好友给了我无私的支持，"女性帮助女性"的力量与坚持远超我的想象，不是亲人胜似亲人的情谊永存心底。

　　感谢国家社科基金等项目对此项研究的支持，感谢河南大学新闻与传播学院领导和同事对我的关怀，感谢父母和家人的一路相伴。特别感谢社会科学文献出版社张建中老师和相关老师，他们在书稿审校过程中给我提出了许多宝贵意见，令我深受启发并为之感动。

最后，谨以此书献给所有帮助我、关心我、支持我的人，谢谢你们！

刘杨

2023 年 5 月 1 日

图书在版编目（CIP）数据

中国学术出版"走出去"研究：以"一带一路"建
设为背景 / 刘杨著. -- 北京：社会科学文献出版社，
2023.11
（明伦新闻传播学研究书系）
ISBN 978 - 7 - 5228 - 2568 - 7

Ⅰ.①中… Ⅱ.①刘… Ⅲ.①学术工作 - 出版物 - 图
书出版 - 研究 - 中国 Ⅳ.①G237

中国国家版本馆 CIP 数据核字（2023）第 188857 号

明伦新闻传播学研究书系
中国学术出版"走出去"研究
——以"一带一路"建设为背景

著　　者 / 刘　杨

出 版 人 / 冀祥德
责任编辑 / 张建中
责任印制 / 王京美

出　　版 / 社会科学文献出版社·政法传媒分社（010）59367126
　　　　　　地址：北京市北三环中路甲 29 号院华龙大厦　邮编：100029
　　　　　　网址：www.ssap.com.cn
发　　行 / 社会科学文献出版社（010）59367028
印　　装 / 三河市尚艺印装有限公司

规　　格 / 开本：787mm × 1092mm　1/16
　　　　　　印张：26.5　字数：446 千字
版　　次 / 2023 年 11 月第 1 版　2023 年 11 月第 1 次印刷
书　　号 / ISBN 978 - 7 - 5228 - 2568 - 7
定　　价 / 179.00 元

读者服务电话：4008918866